Christian Hanke

Hamburgs Straßennamen erzählen Geschichte

Medien-Verlag Schubert

ISBN 3-929229-41-2
Copyright © 1997 by Medien-Verlag Schubert, Hamburg
Alle Rechte, auch des auszugsweisen Nachdrucks und
der fotomechanischen Wiedergabe, vorbehalten.
Gestaltung: Johannes Groht
Druck: C. H. Wäser GmbH & Co KG
Printed in Germany

Inhalt

*Hamburgs Straßen und
ihre Benennungen im Wandel* 4
Einleitung 6

Alsterdorf 8
Altes Land 9
Altona (*Stadtteilrundgang*) 11
Altstadt (*Stadtteilrundgang*) 23
Bahrenfeld 42
Barmbek 45
Bergedorf (*Stadtteilrundgang*) 57
Billbrook 69
Billstedt 70
Blankenese 76
Bramfeld 82
Eidelstedt 85
Eilbek 86
Eimsbüttel 90
Eppendorf (*Stadtteilrundgang*) 98
Farmsen/Berne 107
Finkenwerder 109
Fuhlsbüttel 110
Groß Borstel 111
Groß Flottbek 114
Hafen 118
Hamm 121
Hammerbrook 127
Harburg (*Stadtteilrundgang*) 131
Harvestehude/Rotherbaum
(*Stadtteilrundgang*) 153
Hohenfelde 165
Horn 168
Hummelsbüttel 171
Jenfeld 173
Langenhorn 175
Lohbrügge 178

Lokstedt 183
Lurup 186
Neugraben-Fischbek/Hausbruch ... 186
Neustadt (*Stadtteilrundgang*) 188
Niendorf 205
Nienstedten 209
Ohlsdorf 212
Osdorf 213
Othmarschen 216
Ottensen (*Stadtteilrundgang*) 221
Poppenbüttel 230
Rahlstedt 232
Rissen 239
Rothenburgsort 240
St. Georg 242
St. Pauli (*Stadtteilspaziergang*) 247
Sasel 256
Schnelsen 257
Steilshoop 261
Stellingen 263
Sülldorf/Iserbrook 265
Tonndorf 267
Uhlenhorst 269
Veddel 273
Vier- und Marschlande 274
Volksdorf 282
Wandsbek 283
Wellingsbüttel 292
Wilhelmsburg 293
Winterhude (*Stadtteilrundgang*) ... 302
Wohldorf/Ohlstedt 311

Index 312

Quellen, Bildnachweis, Literatur 340
Der Autor 343

Die Reimerstwiete einst (siehe Titelbild) und jetzt. Im Hintergrund der Turm von St. Nikolai.

Hamburgs Straßen und ihre Benennungen im Wandel

Hamburgs Geschichte spiegelt sich in den Veränderungen des Straßennetzes und in den Benennungen und Umbenennungen seiner Straßen wider.

Katastrophen waren es in erster Linie, die das Straßennetz veränderten. Der Große Brand von 1842 vernichtete ein Drittel der damaligen Stadt und verursachte dadurch ganz neue Straßeneinteilungen. Die Cholera-Epidemie von 1892 veranlaßte die Stadtväter, ganze Viertel abzureißen und dort zum Teil neue Straßen anzulegen. Schließlich vernichtete der Zweite Weltkrieg sogar ganze Stadtteile, die nach dem Krieg teilweise mit neuen Straßenzügen versehen wurden. Als einziges positives Ereignis führte der Zollanschluß von 1888 zu größeren Veränderungen im Hamburger Straßennetz. Die Kehrwieder-Wandrahm-Insel wurde zur Speicherstadt umgebaut. Negativ war´s allerdings für die dortigen Bewohner, die ihre gemütliche Heimat verlassen mußten.

Die Benennungen der Hamburger Straßen erzählen viel von der Geschichte der Stadt, aber auch die Bezeichnungen selbst haben eine Geschichte. Straßen wurden früher nicht offiziell benannt. Der Volksmund gab ihnen Namen. Auch die Häuser trugen in alten Zeiten Namen. Sie stammten aus dem Tier- oder Pflanzenreich. Zudem wurden sie nach Gestirnen, nach christlichen Wahrzeichen oder gewerblichen Betrieben benannt. Nur bei Gaststätten und bei Apotheken hat sich diese Art der Benennung zum Teil bis heute erhalten. Außerdem schrieben die Bewohner ihren Namen neben die Haustür. Die Registrierung der Armen führte in Hamburg 1788 zur Numerierung der Häuser. In diesem Jahr öffnete die „Hamburger Armenanstalt" ihre Tore. Um die Minderbemittelten der Stadt besser erfassen zu können, erhielten alle Häuser Nummern sowie die Keller und kleinen Hütten Buchstaben. Die Einteilung erfolgte nach den Bezirken der Bürgerkompagnien des Hamburgischen Militärs. Jedes Haus bekam ein Blechschild mit einer römischen Ziffer für die Kompagnie und einer arabischen für die fortlaufende Numerierung. Außerdem waren die Schilder mit Buchstaben versehen, die für das jeweilige Kirchspiel standen (P für St. Petri usw.). Im Zuge dieser Maßnahme wurden auch die Namen, die sich für die Straßen eingebürgert hatten, durch Schilder gekennzeichnet. Da die Häuser ein- und derselben Straße aber meistens zu verschiedenen Bürgerkompagniebezirken zählten, und neue Numerierungen wahllos hinzukamen, ergab sich bald ein ziemlich unübersichtlicher Zahlensalat. Am 27. März 1833 stand darüber in den „Vaterstädtischen Blättern", der Privilegirten wöchentlichen Gemeinnützigen Nachrichten von und für Hamburg: „Die bisherige Art der Numerierung der Häuser bietet ein Chaos dar, aus welchem man selbst mit Hülfe des Adreßbuches, sich kaum herauszufinden vermag." Im selben und im drauffolgenden Jahr wurden Hamburgs Gebäude nach den Straßen numeriert, in denen sie sich befanden, und zwar fortlaufend auf einer Seite und auf der anderen wieder zurück. Die Numerierung nach geraden und ungeraden Zahlen für die verschiedenen Straßenseiten erfolgte dann allmählich in den folgenden Jahren. Die alte Art der Zählung ist aber bis heute in einigen Straßen beibehalten worden.

Mit der rasanten Vergrößerung der Stadt durch die Industrialisierung gegen Ende des 19. Jahrhunderts und den damit verbundenen Eingemeindungen von früheren Dörfern nach Hamburg, trat zunehmend das Problem von doppelten Straßennamen auf. Nachdem 1894 eine ganze Reihe von Vororten Hamburger Stadtteile geworden waren, tauchten manche Bezeichnungen nun sogar drei- und viermal auf. 1899 wurden daher 130 Straßen umbenannt und zum Teil zusammengezogen. Altona erlebte 1928 eine ähnlich große Umbenennungsaktion, als eine Reihe von Landgemeinden, darunter die meisten Elbvororte, mit der Stadt vereinigt wurden. Auch in Harburg und Wandsbek wechselten aus diesem Grund einige Namen. In der ersten Hälfte des 20. Jahrhunderts erhielt so manche Straße aus politischen Gründen eine neue Bezeichnung. Nach dem Ersten Weltkrieg wichen einige Namen aus dem Bereich der Hohenzollern-Monarchie verdienten Demokraten, die 1933 wiederum NS-Größen und braunen Märtyrern Platz machen mußten. 1938 wurden auch alle verdienten Juden von Hamburgs Straßenschildern verbannt. 1945 kehrten die meisten der von den Nazis geschaßten Demokraten und Juden zurück. In den Jahren 1947 bis 1952 erfolgte dann die größte Umbenennungsaktion, die Hamburg bisher gesehen hat. 1613 Straßennamen bekamen aus politischen Gründen, vor allem aber als Folge der Eingemeindungen von 1937 zu Groß-Hamburg neue Namen. Vor dem Zweiten Weltkrieg hatten die braunen Machthaber die Doppelungen vieler Straßennamen, die das Groß-Hamburg-Gesetz mit sich brachte, nicht mehr bewältigen können.

Einleitung

7954 amtlich benannte Straßen, Wege, Plätze und Brücken mit einer Gesamtlänge von 3930 Kilometern gab es in Hamburg am 24.2.1997. „Hamburgs Straßennamen erzählen Geschichte" bietet Erklärungen für zahlreiche Straßennamen und will dazu anregen, sich weiter mit den Namensgebern sowie mit den Stadtteilen und ihrer Geschichte zu beschäftigen.

Die ausgewählten Straßen wurden nach Stadtteilen oder größeren Stadtgebieten sortiert. So kann sich der Leser gezielt mit seinem oder einem gewünschten Stadtteil befassen. Wenn bei einer Straße der Stadtteil nicht bekannt ist, hilft das Straßenverzeichnis.

Wir haben uns auf die Straßen konzentriert, die nach Personen benannt sind, und den inneren Stadtteilen sowie denjenigen, die aus eigenständigen Städten entstanden sind wie Altona, Harburg, Wandsbek und Bergedorf die größte Bedeutung beigemessen.

Hinter dem Namen der Straße wird in Klammern das Jahr der Benennung oder der ersten Erwähnung angegeben beziehungsweise der Zeitraum, in dem die Straße benannt oder erstmals erwähnt wurde, falls diese Daten ermittelt werden konnten. Liegen unterschiedliche Angaben vor, die sich oft bei sehr alten Straßen finden, wurde die älteste Jahreszahl gewählt, wenn nicht gute Gründe dagegensprachen. Die Benennungsdaten für die Altstadt und die Neustadt sind in der Regel der Topographie der Freien und Hansestadt Hamburg von Franz Heinrich Neddermeyer aus dem Jahr 1832 entnommen. Hier finden sich die genauesten Daten. Womöglich war Neddermeyer auch der letzte Topograph, der Einblick in Dokumente hatte, die 1842 beim Großen Hamburger Brand in Flammen aufgingen. Sind zwei Zahlen genannt, so erhielt die Straße den heutigen Namen zweimal oder er wurde später amtlich bestätigt.

Die Auswahl der Stadtteile und -gebiete erfolgte nach der Zweckmäßigkeit und dem Bekanntheitsgrad. Stadtteile mit wenigen berücksichtigten Straßen und solche, deren Namen relativ unbekannt sind, wurden oft mit größeren Nachbarstadtteilen zusammen behandelt. In einem Fall, bei der Bildung der Rubrik „Hafen", wurden zweimal Stadtteilgrenzen außer Acht gelassen. Die Speicherstadt, eigentlich ein Teil der Altstadt, und der Teil des Stadtteils Klostertor, der zum Freihafen gehört, werden unter „Hafen" behandelt. Die Abgrenzung folgt hier größtenteils der sichtbaren Freihafengrenze.

In zwei anderen Fällen haben wir nicht die heutige Stadtteilgrenze zugrunde gelegt. Die alten St. Pauli-Straßen Pinnasberg und Heidritterstraße (benannt nach einem Pastor der St. Pauli Kirche), die heute zu Altona gehören, finden sich in diesem Buch unverändert bei St. Pauli, denn wer sucht den Pinnasberg schon unter Altona.

Meistens nicht berücksichtigt wurden Straßen, deren Benennung sich aus Flurnamen erschließt. Hier seien häufig zu findende Bezeichnungen gedeutet:

Bek = Bach
Brook = Bruch, feuchtes Gebiet, Niederung
Büttel = Haus mit Grund und Boden
Diek = Teich
Drift = Weide für Viehauftrieb
Dwars = Quer
Hagen = Feldstücke zwischen den Gräben
Horn = spitz zulaufendes Landstück
Hörn = Ecke
Hoop = Hof (auch Anhöhe)
Horst = inselartig aus feuchtem Land herausragende bewaldete
    Stelle, auch ganz allgemein Gehölz, Gestrüpp oder Wald
Kamp = Feld, Ackerstück
Koppel = eingezäuntes Feld oder eingezäunte Weide
Lo(h) = Waldlichtung oder Waldgebiet
Rade, Raa = gerodetes Land im oder an einem Wald
Redder = von Knicks eingefaßter Feldweg (oft Sackgasse)
Reye, Rei = kleiner Wasserlauf
Stegel = vom Deich abwärts führende Nebenstraße
Twiete = schmaler Weg (kommt von „zwischen")
Werder = Insel (auch Halbinsel)
Wisch = Wiese.

Alsterdorf

ALSTERDORF

ALSTERKRUGCHAUSSEE s. Groß Borstel.

ALSTERDORFER STRASSE (1863); die Alsterdorfer Straße ist die alte Landstraße von Winterhude nach Alsterdorf. 1920 wurde sie um die zwischen Alsterdorf und Ohlsdorf verlaufende Ohlsdorfer Straße verlängert.

BEBELALLEE (1922), August Bebel (1840-1913), sozialdemokratischer Politiker, Mitbegründer und einer der maßgeblichen Führer der Sozialdemokratie, langjähriger Vorsitzender der SPD, seit 1867 Reichstagsabgeordneter (Norddeutscher Bund, ab 1871 Deutsches Reich). Während der NS-Zeit: Adolf-Hitler-Straße.

BILSER STRASSE; das holsteinische Dorf Bilsen wurde 1803 von Hamburg zusammen mit Poppenbüttel, Spitzerdorf und einem Teil von Hoisbüttel abgetreten. Dafür erhielt die Hansestadt das bislang vom Amt Trittau verwaltete Alsterdorf.

BODELSCHWINGHSTRASSE (1908), Friedrich von Bodelschwingh (1831-1910), Pastor, Leiter der Heilanstalt für Epileptiker in Bethel.

BRABANDSTRASSE (1922), Dr. Carl Braband (1870-1914), Hamburger Bürgerschafts- und Reichstagsabgeordneter.

CARL-COHN-STRASSE s Winterhude.

DOROTHEA-KASTEN-STRASSE (1993), Dorothea Kasten (1907-1944), NS-Euthanasieopfer, lebte bis 1943 in den Alsterdorfer Anstalten, wurde 1944 in Wien umgebracht.

ELSA-BAUER-WEG (1985), Elsa Bauer (1875-1942), jüdische Lehrerin an der Schule Curschmannstraße, beging 1942 Selbstmord.

GERTRUD-PARDO-WEG (1985), Gertrud Pardo (1883 - ?), jüdische Gewerbeoberlehrerin, leitete ab 1935 die Haushaltungsschule Heimhuder Straße 70, wurde 1941 nach Lodz deportiert.

HINDENBURGSTRASSE s. Winterhude.

IRMA-SPERLING-WEG (1985), Irma Sperling (1930-1944), NS-Euthanasieopfer, lebte bis 1943 in den Alsterdorfer Anstalten, wurde 1944 in Wien umgebracht.

JULIA-COHN-WEG (1985), Julia Cohn (1888- zw. 1941 und 1945), jüdische Lehrerin an der Schule Meerweinstraße in Winterhude, wurde 1941 nach Riga deportiert.

MAIENWEG s. Ohlsdorf.

Altes Land

MOLTRECHTWEG (1929), Hannibal Moltrecht (1812-1882) , 1858-1862 Spritzenmeister, Mitglied der Hamburger Bürgerschaft. 1928-29 Hinter der Hofstelle.

PAUL-STRITTER-WEG (1936), Paul Stritter (1863-1944), Direktor der Alsterdorfer Anstalten.

RATHENAUSTRASSE (1922), Dr. Walther Rathenau (1867-1922), Industrieller, Schriftsteller und Politiker der DDP, seit 1915 Präsident der AEG, 1921 Wiederaufbau- und 1922 Reichsaußenminister, von Rechtsradikalen ermordet. 1933-1948: Skagerrakstraße.

ROBERT-FINNERN-WEG (1985), Robert Finnern (gest. 1940), Sozialdemokrat, im KZ umgekommen.

SENGELMANNSTRASSE (1899), Dr. Heinrich Matthias Sengelmann (1821-1899), Pastor, Gründer und langjähriger Leiter der Alsterdorfer Anstalten.

WILHELM-BOCK-WEG (1985), Wilhelm Bock (1886-1940), Sozialdemokrat, im KZ umgekommen.

WILHELM-METZGER-STRASSE (1949), Wilhelm Metzger (1848-1914), Klempner, SPD-Politiker und langjähriger Hamburger Reichstagsabgeordneter. Vor 1949: Metzgerstraße, Admiral-Scheer-Straße.

WOLFFSONWEG (1922), WOLFFSONSTIEG (1922), Dr. Isaak Wolffson (1817-1895), Jurist und Politiker, Hamburger Reichstagsabgeordneter, Mitarbeiter am Bürgerlichen Gesetzbuch.

YVONNE-MEWES-WEG (1985), Yvonne Mewes (1900-1945), Hamburger Lehrerin, Gegnerin des NS-Regimes, starb 1945 im KZ Ravensbrück an Typhus.

ALTES LAND (CRANZ, NEUENFELDE, FRANCOP)

ARP-SCHNITGER-STIEG (1948), Arp Schnitger (1648-1719), Orgelbauer, bedeutendster Vertreter des älteren norddeutschen Orgelbaus, ist in Neuenfelde gestorben und begraben.
Bis 1948: Kirchenstieg.

CRANZER HAUPTDEICH, CRANZER ELBDEICH, Cranz hat seinen Namen vermutlich von den an der Estemündung beziehungsweise am Elbufer liegenden Deichkränzen. Der Cranzer Hauptdeich löste den Cranzer Elbdeich nach der Flutkatastrophe von 1962 als neue Hauptdeichlinie ab.

DOMÄNENWEG siehe SEEHOFRING.

Altes Land

FRANCOPER HINTERDEICH (1948), das 1280 erstmals erwähnte Francop wurde von Niederfranken, den späteren Holländern, besiedelt.

HASSELWERDER STRASSE (1943), Hasselwerder bedeutet vermutlich eine mit Haselnußsträuchern bewachsene Insel. Unter diesem Namen waren ursprünglich die Orte des heute zu Hamburg gehörenden Teiles des Alten Landes mit Ausnahme von Cranz zusammengefaßt. Bis 1650 hieß auch das dortige Kirchspiel Hasselwerder. 1929 wurde Hasselwerder mit Nincop zur Gemeinde Neuenfelde zusammengelegt. Die Hasselwerder Straße ist ein Teil des alten Deichweges am Elbdeich, der zwischen 1872 und 1884 gepflastert wurde.

HOHENWISCHER STRASSE, der Name der in Francop eingemeindeten früheren Ortschaft Hohenwisch könnte von der Bezeichnung „De hoge Wisch" herrühren, womit in Cranz das etwas höher liegende Außendeichsgelände bezeichnet wurde.

NEUENFELDER HAUPTDEICH, NEUENFELDER FÄHRDEICH (1943), der Name Neuenfelde rührt von dem von Holländern nach 1150 besiedelten Neuen Feld („Nige Feld") her, das zwischen Vierzigstücken und dem Nincoper Deich lag. Ab 1650 hieß das Kirchspiel Hasselwerder (siehe Hasselwerder Straße) Neuenfelde und 1929 erhielten die zusammengelegten Gemeinden Nincop und Hasselwerder diesen Namen. Der Neuenfelder Fährdeich ist ein Teil des alten Deichweges am Elbdeich. Der Neuenfelder Hauptdeich wurde nach der Flutkatastrophe von 1962 angelegt.

NINCOPER STRASSE (1943), **NINCOPER ORT** (1948), **NINCOPER DEICH, AM ALTEN NINCOP** (1956), das 1257 erstmals erwähnte Nincop lag ursprünglich westlich des Nincoper Deiches. Nincop wurde 1929 mit Hasselwerder zu Neuenfelde zusammengelegt. Die Nincoper Straße verlief ursprünglich entlang der heutigen Stellmacherstraße und der Straße „Nincoper Ort". Der westliche Teil der jetzigen Nincoper Straße bis zum Marschkamper Deich hieß früher „Hoher Weg", der östliche Teil einfach „Die Straße". Beide Teile führten danach bis 1943 den Namen „Neuenfelder Straße".

SEEHOFRING (1963), der hier gelegene Seehof ist eines der größten Gehöfte der Umgebung. Er war von 1715 bis 1942 eine Königs- und Staatsdomäne. An diese Vergangenheit erinnert noch heute der benachbarte DOMÄNENWEG (1943).

ZUR GRAFT, die Graft war eine uralte Fährstelle, die schon 1266 erwähnt wird.

Altona

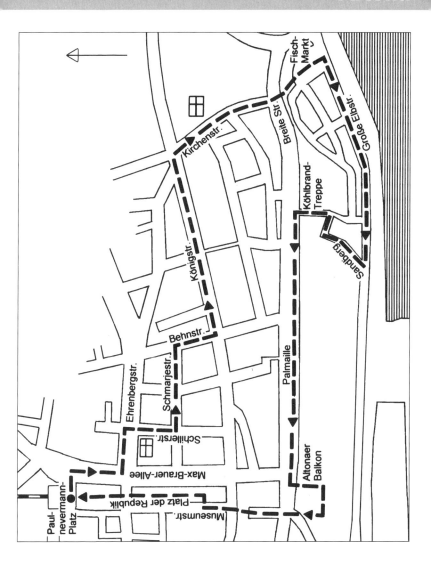

Stadtteilrundgang

Der Rundgang beginnt vor dem Altonaer Bahnhof auf dem **Paul-Nevermann-Platz**. Er wendet sich nach rechts in die **Max-Brauer-Allee**, dann nach links in die **Ehrenbergstraße** und anschließend wieder nach rechts in die hübsche verkehrsberuhigte **Schillerstraße.** Linker Hand steht die 1880-83 erbaute St. Petrikirche. Hier biegen wir links in die **Schmarjestraße,** an deren Ende der Rundgang nach rechts der

Altona

Behnstraße folgt. An der Kreuzung mit der Königstraße steht der Behn-Brunnen, der an den verdienten Altonaer Bürgermeister Carl Heinrich Behn erinnert. Wir wenden uns nun nach links in die **Königstraße** und passieren Altonas Bismarck-Denkmal.

Der Rundgang verläuft entlang der nach dem Zweiten Weltkrieg mehrspurig ausgebauten Königstraße in Richtung auf die frühere Altonaer Altstadt, die im Krieg nahezu vollständig zerstört wurde. Wiederaufgebaut wurde die Altonaer Hauptkirche St. Trinitatis an der **Kirchenstraße,** in die wir nach rechts einbiegen. Schräg gegenüber der Einmündung Kirchenstraße/Königstraße befindet sich der erhalten gebliebene Jüdische Friedhof mit vielen alten Gräbern aus dem 17. Jahrhundert. Er kann nur mit der besondere Erlaubnis der Jüdischen Gemeinde betreten werden.

Wir folgen der Kirchenstraße bis zu ihrem Ende, überqueren die **Breite Straße** und steigen die Treppe zum **Fischmarkt** hinunter. Der sich zum Elbufer öffnende Platz ist von Kneipen, Cocktailbars und Restaurants umgeben. Aber nicht nur an lauen Sommerabenden herrscht hier mitunter dichtes Gedränge, viel mehr Menschen schieben sich am frühen Sonntagmorgen über den Fischmarkt sowie über den entlang der Elbe verlaufenden Straßenzug **St. Pauli Fischmarkt - Große Elbstraße.** Hier auf Hamburgs orginellstem Markt gibt´s so ziemlich alles zu kaufen.

Der Rundgang, der hier auch am Sonntagmorgen begonnen werden kann, setzt sich nach rechts in die Große Elbstraße fort. Links steht die alte Altonaer Fischauktionshalle, die heute als Veranstaltungszentrum genutzt wird. Hinter dem schmucken Gebäude aus den Jahren1895/96 liegt die Altonaer Landungsbrücke, die den Blick über Elbe und Hafen freigibt.

Wir folgen der Großen Elbstraße noch gut 400 Meter durch eine typische schmuddelige Hafengegend. Wer sich nun der Umgebung angemessen verköstigen möchte, kann das nicht ganz billige Fischereihafen-Restaurant aufsuchen. Ansonsten geht´s nach rechts wieder aufwärts.

Über den **Sandberg**, der noch sein altes Pflaster besitzt und an dessen Ecke mit der Großen Elbstaße ein letztes Gebäude aus dem 18. Jahrhundert steht (Nr. 146), führt der Rundgang dann nach rechts über **Baumanns Treppe** und die hübsche **Köhlbrandtreppe zur Breiten Straße**, in die wir nach links einbiegen.

Die Verlängerung der Breiten Straße ist Altonas Prachtstraße, die **Palmaille**. Trotz starker Zerstörungen im Zweiten Weltkrieg blieben einige der klassizistischen Bürgerhäuser erhalten. Andere wurden rekonstruiert.

Am Ende der Palmaille erhebt sich rechts das ehemalige 1896-98 erbaute Altonaer Rathaus, in dem heute das Bezirksamt seinen Sitz hat. Ihm gegenüber liegt die Grünanlage „Altonaer Balkon", die einen weiten Blick über die Elbe ermöglicht.

Der Rundgang führt nun links am Bezirksamt vorbei durch die **Betty-Levy-Passage** und dann in gerader Fortsetzung des alten Rathauses durch die Grünanlage **„Platz der Republik"** zurück zum **Paul-Nevermann-Platz**. Links neben dem Platz der Republik an der **Museumstraße** liegen das Altonaer Theater, das ein attraktives Programm hintergründiger Komödien anbietet, und das Altonaer Museum, das auch Norddeutsches Landesmuseum ist.

Altona

ALTONA

ALSENSTRASSE (1893), **ALSENPLATZ** (1893); an die Besetzung der Insel Alsen durch preußische Truppen während des deutsch-dänischen Krieges im Jahre 1864 erinnern diese beiden Straßen. Einige benachbarte Straßen tragen Namen, die im Zusammenhang mit den deutsch-dänischen Auseinandersetzungen von 1848/49 und 1864 eine Rolle spielten.

ALTE KÖNIGSTRASSE siehe **KÖNIGSTRASSE.**

AMUNDSENSTRASSE (1950), Roald Amundsen (1872-1928), norwegischer Polarforscher. Bis 1950: Große Mühlenstraße.

BALTHASARWEG (1950), Balthasar Denner (1685-1799), Altonaer Porträtmaler. Bis 1950: Dennerstraße.

BEHNSTRASSE (1859), Carl Heinrich Caspar Behn (1799-1853), 1838-1853 Bürgermeister von Altona.

BERNSTORFFSTRASSE (1948), Johann Hartwig Ernst von Bernstorff (1712-1772) und sein Neffe Andreas Peter Graf von Bernstorff (1735-1797), dänische Staatsmänner, wahrten die deutschen Interessen in Dänemark. Vor 1948: Adolfstraße und davor z.Tl. Brunnenstraße.

BIERNATZKISTRASSE (1950), Nach der Familie Biernatzki, aus der viele Altonaer Geistliche und Gelehrte hervorgegangen sind, wurde 1950 die Sonninstraße umbenannt.

BILLROTHSTRASSE (1950), Theodor Billroth (1829-1894), Chirurg. Bis 1950: Blumenstraße.

BLÜCHERSTRASSE, Conrad Daniel Graf von Blücher (1764-1845), ab 1808 Oberpräsident von Altona, Neffe des preußischen Feldmarschalls Blücher.

BREITE STRASSE (1629), Zu den ältesten Straßen Altonas zählt die einst durch ihre besonders große Breite auffällige Breite Straße.

BODENSTEDTSTRASSE (1893), Friedrich von Bodenstedt (1819-1892), Dichter.

CARLEBACHSTRASSE (1960), Dr. Josef Carlebach (1883-1945), 1926-1941 Oberrabbiner von Altona und Hamburg.

CARSTEN-REHDER-STRASSE (1950), Carsten Rehder (1866-1930), Reeder und Begründer der Altonaer Hochsee-Fischereiflotte. Bis 1950: Hafenstraße.

Altona

CHEMNITZSTRASSE (1951), Matthäus Chemnitz (1815-1870), Dichter des Schleswig-Holstein-Liedes. Bis 1951: Wilhelmstraße.

DE-VOSS-STRASSE siehe PAUL-ROOSEN-STRASSE.

DOHRNWEG (1908), Henning Dohrn (1836-1995), erster Pastor der Altonaer Johanniskirche.

DOSESTRASSE (1950), Cai Dose (gest. nach 1756), Baumeister der Altonaer Hauptkirche. Bis 1950: Lange Straße.

DUSCHWEG (1951), Jacobus Dusch (1725-1785), Direktor des Christianeums. Bis 1951: Sedanstraße.

EGGERSTEDTSTRASSE (1951), Otto Eggerstedt, 1929-1933 Polizeipräsident von Altona. Bis 1951: Viktoriastraße.

EHRENBERGSTRASSE (1950), Prof. Richard Ehrenberg (1857-1921), Volkswirt, verfaßte viele heimatkundliche Schriften. Bis 1950: Marktstraße.

ELMENHORSTSTRASSE (1963), Peter Daniel Elmenhorst (1767-1816), Mitbegründer des Altonaischen Unterstützungs-Instituts von 1799.

E**SCHELSWEG** (1950), Jens Jacob Eschels (1757-1842), Kapitän, verfaßte die „Lebensgeschichte eines Seemanns". Bis 1950: Feldstraße.

Der Fischmarkt und die Große Elbstraße erleben an jedem Sonntagmorgen reges Treiben. Im Vordergrund die Fischauktionshalle.

Altona

ESMARCHSTRASSE (1950), Prof. Dr. Friedrich von Esmarch (1823-1908), Chirurg, erwarb sich Verdienste um das Lazarettwesen. Bis 1950: Lohmühlenstraße.

FISCHMARKT (1604); der Fischmarkt, heute ein von Kneipen und Restaurants umgebener Platz für Fußgänger, wurde 1604 auf Anregung des Grafen Ernst von Schauenburg als Marktplatz für die Altonaer Fischer eingerichtet, die ihr Gewerbe im Laufe der Jahrhunderte zum wichtigsten Erwerbszweig von Hamburgs Nachbarstadt entwickelten. Zu Altona gehört heute auch der benachbarte **ST. PAULI FISCHMARKT**, das Herzstück der bunten Verkaufsmeile, die am Sonntagmorgen von Frühaufstehern geschätzt wird.

FUNKSTRASSE (1860), Dr. Nikolaus Funk (1767-1847), Begründer der „Sonntagsschule" (Kunst- und Gewerbeschule) in Altona. Ein Teil der Funkstraße hieß früher Teichstraße.

GADEMANNSTRASSE (1684), Joch. Gademann (um 1684), Bau- und Zimmermeister, dortiger Grundeigentümer.

GÄHLERSTRASSE (1853), Wilhelm Gähler (1781-1855), ab 1820 Senator und ab 1853 Bürgermeister in Altona.

GERRITSTRASSE siehe PAUL-ROOSEN-STRASSE.

GILBERTSTRASSE (1948), Jean Gilbert, Pseudonym des Komponisten Max Winterfeld (1879-1942). Bis 1948: Gustavstraße.

GOETHESTRASSE (1867), **GOETHEALLEE** (1928), Johann Wolfgang von Goethe (1749-1832), Dichter. Die Goethealle hieß bis 1928 Fritz-Reuter-Straße.

GOLDBACHSTRASSE (1950), Anton Goldbach (1604-1680), Kirchenvogt von Ottensen, ab 1664 Bürgermeister von Altona. Bis 1950: Jahnstraße.

GOVERTSWEG siehe **PAUL-ROOSEN-STRASSE**

GRABBESTRASSE (1950), Dietrich Christian Grabbe (1801-1836), Dichter. Bis 1950: Körnerstraße.

GROSSE BERGSTRASSE (nach 1700), **KLEINE BERGSTRASSE** (1960), **NEUE GROSSE BERGSTRASSE** (1963); der „Berg", nach dem die Große Bergstraße, eine von Altonas alten Hauptstraßen, benannt wurde, war eine Bodenerhebung, die sich westlich des alten Grenzbachs zu Hamburg befand. Die Straße wurde 1665 als „Bergstraße" angelegt. Der westliche Teil hieß um 1700 „Langer Balken". Nachdem die Große Bergstraße im Zweiten Weltkrieg weitgehend zerstört worden war, wurde ihr östlicher Teil als von Geschäften gesäumte Fußgängerzone neu gestaltet.

Altona

Diese Einkaufspassage findet in der neu angelegten „Neuen Großen Bergstraße" ihre Fortsetzung nach Westen. Die „Kleine Bergstraße" entstand als Zulieferstraße für das neue Einkaufszentrum.

GROTJAHNSTRASSE, Johann Christoph Grotjahn, dortiger Grundeigentümer um 1800.

HAMBURGER HOCHSTRASSE (1887); die Hamburger Hochstraße, deren östlicher Teil zunächst nur Hochstraße hieß, hat ihren Namen von der 1887 gegründeten Hamburg Altonaer Hochbahn, einer Straßenbahn, die von St. Georg nach Ottensen unter anderem durch diese Straße fuhr. Sie wurde schon vier Jahre später von der Straßeneisenbahn-Gesellschaft übernommen.

HANS-SACHS-STRASSE (1933), Hans Sachs (1494-1576), Meistersinger aus Nürnberg.

HARKORTSTRASSE (1950), **HARKORTSTIEG** (1950), Friedrich Harkort (1793-1887), Industrieller, förderte den Eisenbahnbau, war Mitglied der Deutschen Nationalversammlung von 1848. Bis 1950 Rainweg (Harkortstraße) und Rainkamp.

HAUBACHSTRASSE (1947), Dr. Theodor Haubach (1896-1945), sozialdemokratischer Journalist und Widerständler gegen das NS-Regime, wurde 1945 hingerichtet. Bis 1947: Herderstraße.

HELENENSTRASSE (1893), **HELENENSTIEG** (1953), Helene von Donner (1819-1909), Etatsrätin, ließ das hier liegende Helenenstift mit einer Kapelle erbauen.

Von dieser Bebauung der Holstenstraße ist wenig geblieben.

Altona

HEXENBERG (1950); eine alte heidnische Stätte soll der kleinen Straße „Hexenberg" ihren Namen gegeben haben. Bis 1950: Wilhelminenstraße.

HOHESCHULSTRASSE; hier befanden sich die 1725 gegründete Lateinschule und das 1744 eröffnete Akademische Gymnasium von Altona. Die Straße hieß zunächst Schulstraße und dann zum Teil Bäckerstraße.

HOLSTENSTRASSE (1846), **HOLSTENPLATZ** (1893); der alte germanische Stamm der Holsten gab der Holstenstraße ihren Namen. Sie wurde nach dem Zweiten Weltkrieg im Rahmen der Umgestaltung der weitgehend zerstörten Altonaer Altstadt als moderne Autopiste zum Nobistor verlängert. Vor 1846 und z. Tl. auch nachher: Pinneberger Weg.

HOSPITALSTRASSE; das erste 1860 erbaute Altonaer Krankenhaus an der Ecke zur Max-Brauer-Allee gab der Hospitalstraße ihren Namen, die früher zum Teil Steinstraße hieß.

IMMERMANNSTRASSE (1910), Karl Liebrecht Immermann (1796-1840), Dichter.

JESSENSTRASSE (1950), Matthias Jessen (1641-1712) und sein Sohn Matthias (1677-1736), Präsidenten der Stadt Altona (der Vater ab 1681 und der Sohn ab 1732). Bis1950: Große Westerstraße.

JULIUS-LEBER-STRASSE (1951), Julius Leber (1891-1945), Journalist und SPD-Reichtstagsabgeordneter, Widerstandskämpfer gegen das NS-Regime, wurde 1945 hingerichtet. Bis 1951: Lessingstraße.

KALTENKIRCHER PLATZ (1950), **KALTENKIRCHER STRASSE** (1912), Am Kaltenkircher Platz befand sich früher der Bahnhof der AKN (Altona-Kaltenkirchen-Neumünstersche Eisenbahn), die heute in Eidelstedt startet. Bis 1950: Sonderburger Platz.

KIELER STRASSE siehe Stellingen.

KLEINE BERGSTRASSE siehe **GROSSE BERGSTRASSE**

KÖNIGSTRASSE (1665); die Königstraße verbindet das verschwundene alte Zentrum des Stadtteils an der Grenze zu St. Pauli mit dem neuen am Bezirksamt. Die Königstraße war ein Teil der alten Königs- oder Heerstraße von Hamburg in Richtung Westen, die wohl schon von Karl dem Großen angelegt wurde. Ihr Namensgeber aber war der im 17. Jahrhundert regierende König Friedrich III. von Dänemark, der damals Landesherr von Altona war. Nach den Zerstörungen des Zweiten Weltkrieges hat die Königstraße ihr Gesicht erheblich verändert. Die Einmündung am Bezirksamt wurde verlegt. Die alte Einmündung heißt nun **ALTE KÖNIGSTRASSE**.

Altona

Die Königstraße hat ihr altes repräsentatives Gesicht in den Bombennächten des Zweiten Weltkrieges verloren. Vorbei sind die Zeiten, a Pferdefuhrwerk an reich verzierten Fassaden vorbeifuhren.

KOMÖDIENSTIEG (1950); an das erste Altonaer Schauspielhaus (1783-1869), das an der Ecke Breite Straße/Sägemühlenstraße stand, erinnert der Komödienstieg. Bis 1950: Kurze Straße.

LAHRMANNSTRASSE (1865), Franz Otto Lahrmann (1823-1880), Besitzer einer Lederfabrik, Altonaer Stadtverordneter und Armenvorsteher.

LAMMSTRASSE (zw. 1860 und 1867); der Name erinnert an das Wirtshaus „Zum weißen Lamm", das sich um 1865 in der Paul-Roosen-Straße befand.

LAMP´LWEG (1965), Dr. Walther Lamp'l (1891-1933), Altonaer Senator. Bis 1965: Teil der Schillerstraße.

LAWAETZWEG (1950), Johann Daniel Lawaetz (1750-1826), Altonaer Fabrikant, bekämpfte die Armut nicht durch Almosen sondern durch Hilfe zur Selbsthilfe. Bis 1950: Kleine Westerstraße.

LESSERS PASSAGE (1858), Theodor Lesser (1806-1885), Besitzer einer Buchdruckerei.

LÖFFLERSTRASSE (1947), Prof. Dr. Friedrich Löffler (1852-1915), Hygieniker, entdeckte unter anderem die charakteristischen Membranen des Diphteriebakteriums. Bis 1947: Otto-Billmann-Straße.

LORNSENSTRASSE (1873), **LORNSENPLATZ** (1889), Uwe Jens Lornsen (1793-1838), Vorkämpfer für die Unabhängigkeit von Schleswig-Holstein.

LOUISE-SCHROEDER-STRASSE (1960), Louise Schroeder (1887-1957), SPD-Politikerin, 1919-1933 Stadtverordnete von Altona, Präsidentin des Deutschen Städtetages, 1946 Bürgermeisterin in Berlin, 1949-1951 stellvertretende Bürgermeisterin von West-Berlin.

Altona

MAX-BRAUER-ALLEE (1975); Altonas Hauptstraße in Richtung Norden wurde 1844 angelegt und mit zwei Reihen von Bäumen bepflanzt. Sie war „die" Allee von Altona und erhielt daher diesen Namen. Ihre Fortsetzung nach Norden hieß zunächst Hamburger Straße. Sie wurde später zur Allee hinzugezogen.1975 wurden die Allee und die Altonaer Bahnhofstraße unter dem Namen Max-Brauer-Allee zusammengefaßt. Der Sozialdemokrat Max Brauer (1887-1973) war von 1926 bis 1933 Oberbürgermeister von Altona und von 1946 bis 1953 sowie von 1957 bis 1960 Erster Bürgermeister von Hamburg.

MÖRKENSTRASSE (1635), „Möörken" bedeutet kleines Moor.

MUMSENSTRASSE (1950), Jacob Mumsen (1737-1819), Stadtphysikus von Altona. Bis 1950: Georgstraße.

NEUE GROSSE BERGSTRASSE siehe **GROSSE BERGSTRASSE**.

NOBISTOR (1948); das Nobistor, das einst den Grenzübergang von Hamburg nach Altona bildete, wurde im 17. Jahrhundert nach dem Nobishaus benannt, einer alten Grenzwache mit Schankgerechtigkeit, die an verdiente Ratsherren verpachtet war. Der Name von Haus und Tor könnte sich vom lateinischen „nobis" = „wir" oder von „in obis" = „in die Tiefe" ableiten. Die Bedeutung „wir" hing mit der Grenzlage zusammen. Hier wurden oft Grenzstreitigkeiten ausgetragen und die Sieger konnten stolz behaupten, daß „wir" gewonnen haben.

OELKERSALLEE (1864), Jacob Oelkers (1713-1804), dortiger Grundeigentümer seit 1756.

ÖVELGÖNNER STRASSE (1903); der Name soll mit einem Streit um das umliegende Gebiet zwischen Hamburg und Holstein zusammenhängen, der erst 1881 zugunsten von Hamburg entschieden wurde. Övelgönne ist eine weit verbreitete Ortsbezeichnung in Gebieten, die Gegenstand eines Streites waren. Der Name bedeutet „das ungern Gegönnte". Heute gehört die Övelgönner Straße wieder zu Altona. Später Sieg der früheren Holsteiner (siehe auch Övelgönne/Othmarschen).

OLBERSWEG (1951), Heinrich Wilhelm Matthias Olbers (1758-1840), Bremer Arzt und Astronom, war des öfteren bei dem Altonaer Astronom Schumacher zu Gast. Bis 1951: Carolinenstraße.

PALMAILLE (1638); Altonas vornehmste Straße, an der sich noch heute einige zum Teil nach Kriegsschäden rekonstruierte Großwohnhäuser aus dem 18. und 19. Jahrhundert bewundern lassen, wurde 1636-39 von Graf Otto V. von Schauenburg als Bahn für das damals in Mode gekommene italienische Pallemalspiel („palle"= ital. Ball, „maglio" = Bezeichnung für einen Holzschläger) angelegt. Die Bahn sollte Besucher aus Hamburg anlocken. Das Spiel kam jedoch bald aus der Mode

Altona

und die Bahn wurde an Reepschläger verkauft.

PAUL-NEVERMANN-PLATZ (1984), Paul Nevermann(1902-1979), in Altona geborener Ersten Bürgermeister von Hamburg, amtierte von 1961 bis 1965. Vor 1984: Am Hauptbahnhof, 1950-1984 Altonaer Bahnhofsplatz.

PAUL-ROOSEN-STRASSE (1948), Paul Roosen (1582-1649), Vorsteher der Mennonitengemeinde in Altona. Bis 1948; Große Roosen-straße. An die Mennoniten, die im 17. Jahrhundert in Altona im Bezirk „Freiheit" (siehe Große Freiheit/St. Pauli) Zuflucht fanden, erinnern auch der **GOVERTS-WEG** (1950, vorher Mühlendamm), die **DE-VOSS-STRASSE** (1950, vorher Große Brauertraße) und die **VAN-DER-SMISSEN-STRASSE** (1991), die nach renommierten Altonaer Mennonitenfamilien benannt sind, sowie die **GERRITSTRASSE** (1861/63), die 1861 von Mennoniten angelegt und nach deren Prediger und Verfasser von religiösen Schriften, Gerrit Roose (1611-1711) benannt wurde.

Klassizistische Pracht in der Palmaille.

PAULSENPLATZ (1925), Dr. theol. F. Paulsen (1849-1934), Probst in Altona.

PLATZ DER REPUBLIK (1922/1945); an den Benennungen für den aus einer Grünanlage bestehenden Platz im neuen Zentrum von Altona läßt sich deutsche Geschichte ablesen. 1897 als Kaiserplatz angelegt, erhielt er 1922 seinen heutigen Namen, wurde aber 1933 in Adolf-Hitler-Platz umbenannt und 1938 nach der Zusammenlegung von Altona und Hamburg auf den Namen Reichsplatz getauft, da es in Hamburg bereits einen Adolf-Hitler-Platz gab.
Seit 1945 heißt er wieder Platz der Republik.

PEPERMÖLENBEK (1948); der Pepermölenbek war über Jahrhunderte der Grenzbach zwischen St. Pauli und Altona. Seinen Namen hat er vermutlich von einer hier gelegenen Pfeffermühle, die der Stadt Hamburg gehörte.
Vor 1948: Am Bache (seit 1618, ältester Name Altonas), Bachstraße.

PRÄSIDENT-KRAHN-STRASSE (1894), Karl Krahn, 1884-1894 erster Präsident der Eisenbahndirektion Altona.

Altona

PROFESSOR-BRIX-WEG (1965), Prof. Dr. Ing. Joseph Brix (1859-1943), Altonaer Stadtbaurat.

SÄGEMÜHLENSTRASSE (1950); nach dem Gasthof „Zur Sägemühle", der sich im 17. und 18. Jahrhundert hier befand, wurde 1950 die Röperstraße umbenannt.

SASSTRASSE (1951), Daniel Saß (gest. 1707), Pastor der Altonaer Hauptkirche. Bis 1951: Teil der Jakobstraße.

SCHEPLERSTRASSE (1951), Arnold Schepler (1599-1681), Pastor, seit 1626 in Ottensen und ab 1650 an der Altonaer Hauptkirche. Bis 1951: Adlerstraße.

SCHILLERSTRASSE, Friedrich von Schiller (1759-1805), Dichter. Der südliche Teil der Schillerstraße (Königstraße bis Ehrenbergstraße) hieß bis 1950 Mathildenstraße.

SCHLEESTRASSE (1950), Dr. Ernst Schlee (1834-1905), Altonaer Schulreformer und Realschuldirektor. Bis 1950: Katharinenstraße.

SCHMARJESTRASSE (1950), Johannes Schmarje (1842-1922), Rektor und Schriftsteller in Altona. Bis 1950: Turnerstraße.

SCHMIDTS PASSAGE (1859), F. H. Schmidt, Zimmermeister und dortiger Grundeigentümer.

SCHNELLSTRASSE (1950), Dr. Hermann Schnell (1860-1901), Schriftsteller, Lehrer am Altonaer Realgymnasium und Schöpfer des neuen Schlagballspiels. Bis 1950: Graf-Bose-Straße.

SCHOMBURGSTRASSE (1950), Bernhard Leopold Volkmar Schomburg (1705-1774), 1737-1746 Stadtpräsident von Altona. Bis 1950: Schauenburgerstraße.

SOMMERHUDER STRASSE (1871); hier befand sich die Gastwirtschaft mit Tanzlokal „Sommerhude".

STRESEMANNSTRASSE (1945), Dr. Gustav Stresemann (1878-1929), nationalliberaler Politiker, 1918-1929 Vorsitzender der Deutschen Volkspartei, Aug.-Nov. 1923 Reichskanzler, 1923-1929 Reichsaußenminister. Vor 1945: Kleine Gärtnerstraße (Neuer Pferdemarkt-Holstenstraße) und Bahrenfelder Weg sowie danach Kreuzweg (Holstenstraße-Bornkampsweg),1933-1945: General-Litzmann-Straße (Neuer Pferdemarkt-Holstenstraße) und Schlageterstraße (Holstenstraße-Bornkampsweg).

STRUENSEESTRASSE (1950), Johann Friedrich Graf von Struensee (1737-1772), Arzt und Politiker, 1758-1768 Stadt- und Landphysikus von Altona, dann Leibarzt

Altona

des dänischen Königs Christians VII. und geheimer Kabinettsminister, begann umfangreiche Reformen im Geiste der Aufklärung, 1772 des Ehebruchs mit der Königin und der Anmaßung königlicher Gewalt beschuldigt und hingerichtet.bis 1950: Kleine Mühlenstraße.

STUHLMANNSTRASSE (1882), **STUHLMANNPLATZ** (1882), Günther Ludwig Stuhlmann (gest. 1872), Kaufmann, Stifter des Stuhlmann-Brunnens vor dem Altonaer Bahnhof und des Turms der Christianskirche in Ottensen.

SUTTNERSTRASSE (1950), Bertha von Suttner (1843-1914), Schriftstellerin, Pazifistin. Bis 1950: Wielandstraße.

THADENSTRASSE (1948), Friedrich von Thaden (1809-1886), 1856 bis 1883 Erster und dann Oberbürgermeister von Altona. Bis 1948: Große Gärtnerstraße.

THEDESTRASSE (1951), Reimer Thede (1834-1899), Pädagoge, Leiter der Knabenschule in der Bürgerstraße in Altona. Bis 1951: Bürgerstraße.

UNZERSTRASSE (1867); nach der Altonaer Arztfamilie Unzer wurde die Unzerstraße benannt.

VAN-DER-SMISSEN-STRASSE siehe PAUL-ROOSEN-STRASSE.

VEREINSWEG (1912); hier erbaute der Altonaer Spar- und Bauverein Häuser.

VIRCHOWSTRASSE (1950), Prof. Dr. Rudolf Virchow (1821-1902), Mediziner und Politiker, Bergründer der Zellularpathologie, Mitbegründer der Forschrittspartei. Bis 1950: Weiden- und Norderstraße.

WILLEBRANDSTRASSE (1950), Johann Peter Willebrand (1719-1786), 1739-1767 Polizeidirektor von Altona, Verfasser einer hansischen Chronik. Bis 1950: Humboldtstraße.

WINKLERS PLATZ (1891), Hinrich Oswald Winkler (1819-1889), Altonaer Stadtbaumeister.

WOHLERS ALLEE (1836), Claus Wohlers (1764-1815), Vorbesitzer des Geländes.

ZEISEWEG (1951), Heinrich Zeise (1718-1794), 1750-1794 Pastor an der Heiligen-Geist-Kirche in Altona. Bis 1950: Zeisestraße.

Altstadt

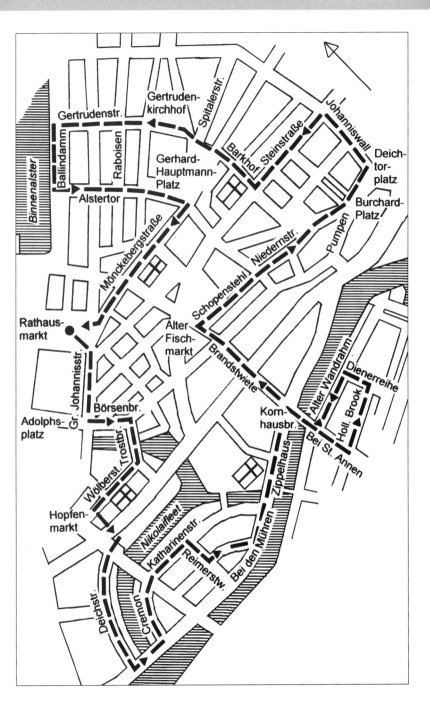

Altstadt

Stadtteilrundgang

Der Ausgangspunkt ist der **Rathausmarkt** vor dem 1897 errichteten Rathaus. Links geht es nun am Rathaus vorbei durch die **Große Johannisstraße** bis zur nächsten großen Kreuzung. Zur rechten ist am **Adolphsplatz** die 1841 errichtete und vielfach an- und umgebaute Börse zu sehen. Wir wenden uns nach links in die **Börsenbrücke** und biegen dann rechts in die **Trostbrücke** ein, die die ersten beiden Teile der Stadt, die erzbischöfliche Alt- und die gräfliche Neustadt miteinander verband. Statuen der beiden bedeutensten Repräsentanten dieser frühesten Hamburger Stadtteile, der Bischof Ansgar, und Graf Adolf III. von Schauenburg, stehen auf der Brücke.

Rechts vor der eigentlichen Brücke steht der neugotische Backsteinbau der Patriotischen Gesellschaft. An dieser Stelle befand sich bis zum Großen Brand von 1842 das Rathaus. Links gegenüber wurde damals die erste Hamburger Börse samt Waage und Hamburger Bank vernichtet. Alle diese Gebäude lagen an dem ersten Alsterhafen. Das Nikolaifleet, über das die Trostbrücke führt, ist der alte Alsterlauf. Die Trostbrücke leitet geradewegs auf die Ruine der alten Nikolaikirche zu. Der 1846-1874 errichtete neugotische Bau wurde im Zweiten Weltkrieg zerstört. Die Ruine dient nun als Mahnmal für die Opfer von Krieg und Naziherrschaft. Der Rundgang führt durch den **Wölberstieg** rechts an der Nikolaikirche vorbei auf den vor dem Turm gelegenen **Hopfenmarkt**, einen der ältesten Plätze der Stadt.

Wir überqueren mittels einer Fußgängerbrücke die große Kreuzung mit der **Ost-West-Straße** und wenden uns schräg rechts in die gebogene **Deichstraße**. Hier brach im Haus Nr. 38 der Große Brand von 1842 aus. Da sich das Feuer nach Norden ausbreitete, blieben die Fachwerkhäuser im südlichen Teil der Straße erhalten – einige von ihnen bis heute. Andere wurden rekonstruiert. Die ganze Fachwerkfront am Fleet läßt sich am besten von der **Hohen Brücke** am südlichen Ende der Deichstraße aus bewundern.

Ist diese Brücke überquert, so biege man links in die Straße **Cremon** ein, in der noch einige Speicher aus dem 19. Jahrhundert stehen. Geradeaus setzt sich der Rundgang durch die einstmals von barocken Bürgerhäusern gesäumte **Katharinenstraße** fort, die im Zweiten Weltrkrieg vollständig zerstört wurde. Links geht es nun in die **Reimerstwiete**, die noch so schmal wie Anno dazumal ist. Auch hier stehen noch einige letzte Fachwerkhäuser.

Gleich links in der Straße **Katharinenfleet** kann das neue Wohnen in der City bewundert werden.

Der Rundgang folgt dann rechts der Straße **Bei den Mühren** bis zur schmucken Katharinenkirche, die auch im Krieg zerstört, aber anschließend orginalgetreu wiederaufgebaut wurde.

Weiter geht es geradeaus entlang der Straße **Zippelhaus** bis zur **Kornhausbrücke**, in die wir rechts einbiegen. Damit begeben wir uns in die Speicherstadt, die bereits im Freihafen liegt. Hier befand sich bis 1888 ein bürgerliches Wohnviertel, das nach dem Zollanschluß Hamburgs an das Deutsche Reich den heutigen massiven Speichern weichen mußte. An der Ecke mit der Straße **Alter Wandrahm** befindet

Altstadt

sich das Deutsche Zollmuseum. Ein kleiner Rundgang (von der Kornhausbrücke nach links in die Straße Alter Wandrahm, dann immer nach rechts durch die **Dienerreihe**, den **Holländischen Brook** und **Bei St. Annen** zurück zur Kornhausbrücke) vermittelt einen Eindruck von der eindrucksvollen Speicherlandschaft (Straßennamen Speicherstadt siehe Hafen).

Über die Kornhausbrücke geht es nun geradeaus durch die **Brandstwiete** zum **Alten Fischmarkt**. Von Hamburgs ältestem Marktplatz ist nichts geblieben. Ebenso trist sieht es auf der zur Rechten liegenden Fläche aus, auf der einst der Mariendom, Hamburgs älteste und größte Kirche sowie nach deren Abriß in den Jahren 1804-1806 das Johanneum, Hamburgs älteste Schule, standen. Heute parken auf der geschichtsträchtigen Stätte Autos. Alt ist hier nur noch die spätbarocke Fassade des südlich von dieser Fläche liegenden Hauses **Schopenstehl** 32/33.

Durch den Schopenstehl und die geradeaus anschließende **Niederstraße** setzt sich der Rundgang über den **Burchardplatz** und durch die **Burchardstraße** bis zum Chilehaus an der Ecke dieser Straße mit der Straße **Pumpen** fort. Hier befinden wir uns mitten in dem Kontorhausviertel, das ab 1921 auf dem Areal eines abgerissenen Gängeviertels errichtet wurde. Das 1922-24 erbaute Chilehaus von Fritz Höger ist das markanteste Gebäude dieses Viertels.

Wir folgen der Burchardstraße, die auf die große, teilweise untertunnelte Kreuzung am **Deichtorplatz** führt. Kunstfreunden sei hier ein Abstecher in die gegenüber dieser Kreuzung liegenden Deichtorhallen empfohlen. Die früheren Markthallen wurden Anfang der 90er Jahre in Ausstellungsräume umgebaut.

Der Rundgang folgt von der Burchardstraße linker Hand dem **Johanniswall** und führt dann wieder links in die **Steinstraße** bis zur Jacobikirche. Die im Krieg zerstörte Kirche bekam 1959-62 einen neugestalteten Turm. Vor der Jacobikirche biegt der Rundgang rechts in den **Jacobikirchhof** ein und folgt der nur für Fußgänger passierbaren Straße **Barkhof**.

Wir überqueren die **Mönckebergstraße**, Hamburgs 1909 angelegte Hauptgeschäftstraße, und begeben uns geradeaus an der zur Fußgängerzone umgebauten **Spitalerstraße** vorbei zum **Gertrudenkirchhof**. Hier stand bis zum Brand von 1842 die hübsche Gertrudenkapelle.

An der Grünanlage vorbei geht es geradeaus weiter durch die **Gertrudenstraße** zum **Ballindamm**, in den wir links einbiegen. Hier erstreckt sich zur Rechten die Binnenalster und links erhebt sich das monumentale Gebäude der HAPAG, heute Firmensitz von HAPAG-Lloyd.

Wir biegen links in die Straße **Alstertor**, die am 1911/12 errichteten Thalia-Theater vorbeiführt. Die Straße Alstertor führt auf den **Gerhart-Hauptmann-Platz**, den alten Pferdemarkt. Von hier aus kann man zum Ausklang nach rechts in die Mönckebergstraße einbiegen und bummelnd und Schaufenster betrachtend den **Rathausmarkt** erreichen. Auf dem Wege liegt zur LInken St. Petri, die älteste der fünf Hamburger Hauptkirchen. Der heutige Bau stammt aus den Jahren 1844-49.

Altstadt

ALTSTADT

ADOLPHSPLATZ (1821), **ADOLPHSBRÜCKE** (1842); die Börse steht an diesem Platz im Zentrum Hamburgs, auf dem bis 1807 die um 1230 erbaute Maria-Magdalenen-Kirche stand. Sie gehörte zu dem gleichnamigen 1837/38 abgerissenen Kloster, an dessen Stelle 1839-41 die neue Börse erbaut wurde. Der Platz hieß seit 1807 Maria-Magdalenen-Kirchhof und wurde 1821 nach dem holsteinischen Grafen Adolph IV. von Schauenburg benannt, der nach der siegreichen Schlacht von Bornhöved über die Dänen 1227 das Maria-Magdalenen-Kloster gegründet hatte, in das er selbst 1239 eintrat.

ALSTERTOR (1842); das Alstertor war ein zur ältesten Stadtbefestigung gehörendes Wassertor. Es verlor durch das 1615-1626 angelegte neue Festungswerk seine Bedeutung und wurde 1726 abgebrochen. Die Straße wird 1346 unter dem Namen „Beim Alstertor" erwähnt. Am Alstertor ist seit 1843 das Thalia-Theater ansässig, dessen heutiges Gebäude 1912 gegenüber dem ersten Bau auf dem Gelände der alten 1911 abgebrochenen Markthalle errichtet wurde, an die noch heute die kleine Straße **HINTER DER MARKTHALLE** erinnert.

Die Straße Alstertor um die Jahrhundertwende: Im Hintergrund erhebt sich der alte Turm der Jacobikirche.

ALTER FISCHMARKT (1949); am Alten Fischmarkt erinnert heute nichts mehr daran, daß sich hier einst Hamburgs ältester Marktplatz befand, der zuerst schlicht als „Markt" und nach Anlage eines zweiten Marktes bei der Nikolaikirche (des späteren Hopfenmarktes) als „Alter Markt" bezeichnet wurde. Seit 1358 hieß er Fischmarkt, da die Meerestiere hier zum Kauf angeboten wurden. „Alt" wurde er dann wieder nach dem Zweiten Weltkrieg, um ihn von dem seit 1937 zu Hamburg gehörenden Fischmarkt in Altona zu unterscheiden.

ALTER WALL (1549); der Alte Wall, der vermutlich um 1246 aufgeworfen wurde, bildete bis 1549 von der kleinen Alster bis zum alten Millerntor beim heutigen U-Bahnhof Rödingsmarkt die nordwestliche Befestigung der Stadt. 1549 übernahm diese Aufgabe der dem Alten Wall vorgelagerte Neue Wall. Der Alte Wall diente fortan als Müllkippe und wurde daher auch despektierlich Dreckwall genannt. Auf dem „Gassenkummer" wurde dann eine Straße angelegt, an der sich heute Kontorhäuser und Bankzentralen aneinander reihen.

Altstadt

ALTSTÄDTER STRASSE (1899), Die Altstädter Straße wurde im Rahmen der Sanierung der östlichen Altstadt neu angelegt.

Der Ballindamm wird von dem wuchtigen Bau der HAPAG-Lloyd-Zentrale dominiert, in der Namensgeber Albert Ballin einst das Sagen hatte.

BALLINDAMM (1947); unter dem Namen Alsterdamm wurde der Ballindamm nach dem Großen Brand von 1842 an der östlichen Seite der Binnenalster angelegt. 1947 erhielt die Straße seinen heutigen Namen nach dem einstigen Generaldirektor der HAPAG (Hamburg-Amerika-Linie), Albert Ballin (1857-1918), der die HAPAG zur größten Reederei der Welt machte. An der nach ihm benannten Straße residierte Ballin seit 1903, als hier das Verwaltungsgebäude der HAPAG fertiggestellt wurde. Noch heute zeugt das 1912-1923 von Fritz Höger monumental umgebaute Gebäude vom Ruhm der Reederei, die 1970 mit dem Norddeutschen Lloyd aus Bremen zur HAPAG-Lloyd AG fusionierte.

BARKHOF (1909); der Name der kleinen, die Mönckebergstraße kreuzenden Fußgängerzone, geht auf zwei alte Gassen oder Höfe mit Namen Kleiner und Großer Barkhof zurück, die vermutlich nach Vorbesitzern des Geländes, wahrscheinlich nach der Familie von Bargen benannt wurden. Den Namen Barkhof trägt auch das Kontorhaus an der Ecke Mönckeberg- und Spitalerstraße. Früher hieß auch die heutige U-Bahnstation Mönckebergstraße so.

BEI DEM NEUEN KRAHN; dieser Name erinnert an einen hölzernen Krahn, der hier 1567 einen älteren ersetzte und 1676 abbrannte.

BEI DER ALTEN BÖRSE (1841); an einer der geschichtsträchtigsten Stätten Hamburgs verläuft heute die ruhige, für den Autoverkehr gesperrte Straße „Bei der alten Börse". Hier, am ursprünglichen Alsterlauf, dem heutigen Nikolaifleet, lag der erste Hafen der Stadt und hier wurde 1558 die erste Börse unter freiem Himmel abgehalten. 1578-1583 entstand das erste Börsengebäude, das 1842 abbrannte. Ein halbes Jahr zuvor war die Börse allerdings bereits in das heutige Gebäude am Adolphsplatz umgezogen.

Altstadt

BEIM ALTEN WAISENHAUSE (1781); die äußerst kurze Straße hat ihren Namen von dem hier gelegenen ältesten Waisenhaus der Stadt, das 1597-1604 erbaut und 1801 abgebrochen wurde.

BERGSTRASSE (1838); die zentrale Geschäftstraße zwischen Jungfernstieg und Petrikirche gehört zu den ältesten Straßen Hamburgs. Sie hieß bis 1838 „Hinter St. Peter" und hat ihren Namen von dem ältesten Platz Hamburgs, dem „Berg", der zwischen der Großen Johannisstraße und dem Speersort lag. Nach dem Brand von 1842 ließen ihn die Stadtplaner verschwinden. Wer die Bergstraße entlanggeht, wird aber noch heute merken, warum dieser Platz so hieß.

BÖRSENBRÜCKE, die nach der Börse, auf die sie zuführt, benannte Börsenbrücke überbrückte bis 1880 das Bäckerstraßenfleet.

BRANDSENDE (1843); die nach dem Brand von 1842 neu angelegte Straße bezeichnet die Stelle, an der das große Feuer kurz vor den Befestigungsanlagen zum Stillstand kam.

BRANDSTWIETE (1899); die Straße zwischen dem Alten Fischmarkt und der Speicherstadt, deren nördlicher Teil (früher Erste Brandstwiete) schon 1299 entstand, ist vermutlich nach einem einst dort ansässigen Bürger namens Brand benannt. Bis 1899 bestand diese Straße aus der Ersten und der Zweiten Brandstwiete.

BRODSCHRANGEN (um 1248); hier befanden sich einst die Brotverkaufsstellen (Schrangen) der Bäcker, die diese anmieten konnten.

BURCHARDSTRASSE (1916), **BURCHARDPLATZ** (1916), Burchardstraße und Burchardplatz wurden im Rahmen der Sanierung der östlichen Altstadt ab 1913 angelegt. Die Burchardstraße ersetzte im südlichen Teil die frühere Bergedorferstraße. Beide Straßen sind nach dem Hamburger Bürgermeister Johann Heinrich Burchard (1852 - 1912) benannt, der seit 1885 Mitglied des Senats war.

CREMON (1259); Cremon hieß ursprünglich das ganze umliegende Gebiet, das einmal eine Marschinsel war, die 1188 den Siedlern der Neuen Burg als Weideland überlassen, in den folgenden Jahren aber bebaut und in die Stadtbefestigung miteinbezogen wurde. Der Name Cremon (früher Cremun oder Crimun)

Bürgermeister Johann Heinrich Burchard in seiner „Berufskleidung".

Altstadt

könnte seinen Grund in der gekrümmten Lage der Straße haben (von Krummohn = krummer Mond oder „in de Krümm") oder von dem in Hamburg ansässigen Adelsgeschlecht Cremon oder Cramon stammen.

CURIENSTRASSE (1840); die Curienstraße ist nach den Domcurien, den Herrenhöfen der 1804-06 abgerissenen Domkirche benannt. Sie war bis 1840 Bestandteil des Domplatzes, auf dem 1837-40 der Neubau des Johanneums entstand.

DEICHSTRASSE (1304); die Deichstraße ist mit ihren erhalten gebliebenen malerischen Fachwerkhäusern ein Symbol für das alte Hamburg geworden: eine Sehenswürdigkeit der Stadt. Ausgerechnet hier begann am 5. Mai 1842 der Große Brand, der ein Drittel der Stadt vernichtete - unter anderem auch Häuser im nördlichen Teil der Deichstraße. Im südlichen Abschnitt stehen aber noch fünf Gebäude aus dem 17. Jahrhundert. Andere wurden orginalgetreu rekonstruiert. Die Straße ist vermutlich nach einem Deich benannt, den die ersten Siedler hier im 12. Jahrhundert errichteten.

Zu den letzten Zeugen des alten Hamburg zählen einige Fachwerkhäuser in der Deichstraße.

DEICHTORPLATZ (1963); viele Verkehrsströme kreuzen sich am südlich vom Hauptbahnhof gelegenen Deichtorplatz, der außerdem noch untertunnelt ist (Deichtortunnel). Am Deichtorplatz lag bis 1962 der 1906-1911 angelegte Deichtormarkt, der bei seiner Gründung ebenfalls eine moderne Konzentration der Kräfte darstellte. Hier wurden damals die Hamburger Märkte zusammengelegt, die künftig in drei zu diesem Zweck neuerbauten Hallen stattfanden, den heute für Ausstellungen genutzten Deichtorhallen. Ihren Namen haben beide Plätze von dem 1615 im Rahmen der damaligen Neubefestigung Hamburgs errichteten Deichtor, das 1828 abgebrochen wurde.

DEPENAU (1326); der Name der kleinen Straße zwischen Niedernstraße und Klingberg hängt vermutlich mit dem Wort „tief" zusammen. Die früher Depenowe genannte Twiete lag verhältnismäßig tief. Sie könnte auch neben einem tief liegenden Zufluß zum ältesten Stadtgraben entlangeführt haben.

Altstadt

DOMSTRASSE (1957); die Domstraße wurde auf den Trümmerflächen des Zweiten Weltkriegs zwischen der Ost-West-Straße und dem Speersort angelegt. Sie ist nach der 1804-1806 abgebrochenen Domkirche benannt, die in unmittelbarer Nähe lag. Eine kleine Straße mit demselben Namen, die vom Schopenstehl zum Speersort führte, fiel dem Bau der neuen Domstraße zum Opfer.

DORNBUSCH (Anfang 18. Jhdt.); die platzartige Straße Dornbusch ist eine der kürzesten und ältesten Straßen Hamburgs. Der Bereich, in dem sie liegt, gehörte vermutlich schon zur Siedlung der Hammaburg. In dem Eimbeckschen Haus, das bis 1842 am Dornbusch lag und in dem der Ratsweinkeller untergebracht war, befand sich wahrscheinlich Hamburgs erstes Rathaus. Nach einem an diesem Haus angebrachten Weinkranz erhielt die Straße ihren Namen, die vorher Hökerstraße(1271), Garbraderstraße (1298) und Braderstrate (1337 hieß.

DOVENFLEET (Anfang 17. Jhdt.); heute ein Teil der Hauptverkehrsstraße am Hafenrand mit wenigen modernen Bürogebäuden, früher eine winkelige dichtbebaute Straße mit windschiefen Speichern: die Straße Dovenfleet hat schon viel gesehen. Ihren Namen hat sie von einem gleichnamigen Graben, der das älteste Hamburg im Osten begrenzte und die Straße in zwei Teile teilte. Das Dovenfleet verschlammte nach dem Bau der neuen Festungswerke im 17. Jahrhundert und wurde 1878 zugeschüttet. Dov oder dof bedeutet taub, leer.

FERDINANDSTRASSE (1843), **FERDINANDSTOR** (1832); beide Straßen sind nach der im Rahmen der 1615-1626 neuangelegten Befestigung erbauten Bastion Ferdinandus oder Ferdinandsschanze benannt, die sich in der Außen-Alster befand und somit dem eigentlichen Festungsring vorgelagert war. Alle Bastionen hießen nach männlichen Vornamen. Unweit der früheren Bastion Ferdinandus entstand 1832 das Ferdinandstor mit einer Brücke über den Stadtgraben als neuer Übergang nach St. Georg. Die Ferdinandstraße wurde nach dem Brand von 1842 schnurgerade angelegt.

GERHART-HAUPTMANN-PLATZ (1946); nach dem Dichter und Dramatiker Gerhart Hauptmann (1862-1946) wurde 1946 der Pferdemarkt im Herzen der Altstadt umbenannt, der 1266 erstmals erwähnt wurde. Seinen geschlossenen Platzcharakter verlor der alte Marktplatz zwar durch den Durchbruch der Mönckebergstraße, aber der nördliche Teil wird noch heute gern für Veranstaltungen wie zum Beispiel den Weihnachtsmarkt genutzt.

GEORGSPLATZ (1846); der gegenüber von Kunsthalle und Hauptbahnhof gelegene Georgsplatz hat seinen Namen von der früheren Vorstadt und dem heutigen Stadtteil St. Georg, „dem er sich zuwendet".

GERTRUDENKIRCHHOF (1391), **GERTRUDENSTRASSE** (1843); der Gertrudenkirchof entstand um 1350 als „wüster Kirchhof", auf dem die Pestleichen beerdigt wurden. Seinen heutigen Namen erhielt er von der 1391 erbauten Ger-

Altstadt

trudenkapelle, die 1842 abbrannte. Die hübsche kleine Kirche gab auch der Gertrudenstraße ihren Namen, die nach dem Brand von 1842 angelegt wurde.

GLOCKENGIESSERWALL (1843); die vierspurige Hauptstraße, Bestandteil des Wallrings oder Ring 1, führte bis 1870 nahe an einer 1549 errichteten Glockengießerei vorbei, die sich in der Spitalerstraße befand. 1870 wurde sie abgebrochen. Am G. liegen, wenn auch etwas entrückt, die alte und die neue Kunsthalle.

GÖRTTWIETE (1367); nur noch wenige Häuser und ein Bürgersteig sind von der Görttwiete geblieben, deren Rest dem Durchbruch der Ost-West-Straße zum Opfer fiel. Obwohl die Straße fast verschwunden ist, blieb der Name, der an die Grützmacher erinnert, die dort gewohnt haben sollen. Denn „Grütze" hieß auch „Gört", weshalb die Görttwiete auch Grütztwiete hieß.

GRASKELLER (1750); Gras von den Elbinseln gab der Straße Graskeller ihren Namen, die über das Alsterfleet führt. An einer Treppe, die bei dieser Brücke lag, wurde das Gras einst ausgeladen. Der benachbarte Keller hieß Graskeller. Die Straße hieß früher „Bei den Mühlen".

GRIMM (1248); Grimm hieß ursprünglich eine ganze Insel, die im 13. Jahrhundert besiedelt und in die Hamburger Stadtbefestigung miteinbezogen wurde. Das Wort „Grimm" könnte „wild", „unwirtlich" oder „unsicher" bedeuten und an die Zeit erinnern, als die Insel noch nicht befestigt war. Ein anderer Interpret führt die Bezeichnung auf den Fischer Grimmake zurück, der im 14. Jahrhundert ein städtisches Fischwehr auf der Grimm-Insel gepachtet hatte. Am Grimm standen noch bis 1973 alte Fachwerkhäuser, die in den Jahren zuvor abgebrochen wurden.

GROSSE BÄCKERSTRASSE (1260); die Große Bäckerstraße, die früher auch Neue Bäckerstraße hieß, gehört zu den ältesten Straßen Hamburgs. Hier wie in der den Neubauten der Nachkriegszeit zum Opfer gefallenen Kleinen Bäckerstraße waren einst die Bäcker der Stadt zuhause.

GROSSE JOHANNISSTRASSE (1248), **KLEINE JOHANNISSTRASSE** (1269); beide Straßen haben ihre Namen von dem 1235 bezogenen und 1837-41 abgebrochenen St. Johanniskloster, das etwa dort stand, wo sich heute das Rathaus befindet. Bis zur Reformation wurde es von Mönchen des Dominikaner-Ordens bevölkert, danach von den Nonnen des Klosters Herwardeshude (siehe Harvestehuder Weg/Harvestehude), die nun unter dem Namen „Kloster St. Johannis" firmierten. Außerdem quartierte Reformator Johannes Bugenhagen dort die später nach diesem Standort Johanneum benannte Gelehrtenschule ein.

GROSSER BURSTAH (Ende 11. Jhdt.), **KLEINER BURSTAH** (1270); der Große Burstah entstand als sogenannter Niederdamm zur ersten Aufstauung der Alster. Dieser Staudamm wurde durch Bauern aufgeschüttet, die damit ihre Handdienste ableisteten, zu denen sie verpflichtet waren. Der Damm bekam daher

Altstadt

auch den Namen Burstade, was so viel wie Uferstrecke der Bauern bedeutet. Um die Mitte des 14. Jahrhunderts hieß die Straße „Up dem Burstade". Nach einer anderen Deutung leitet sich Burstah von Borstel oder Burstal ab, was einfach Hausstelle („Bur" = Haus und „stah" = Stelle) heißt.

GROSSE REICHENSTRASSE (17. Jhdt.), **KLEINE REICHENSTRASSE** (17.Jhdt.), Beide Straßen, die 1264 unter dem Namen „Reichenstraße" bebaut wurden, sind entweder nach ihren reichen Bewohnern oder nach einer hier ansässigen Familie mit Namen Reich benannt.

HAHNTRAPP (17. Jhdt.), der ungewöhnliche Name dieser Straße hängt vermutlich mit ihrer geringen Länge zusammen. Das kleine Gäßchen zwischen dem Großen Burstah und dem Hopfenmarkt wurde als so kurz angesehen wie der Tritt („Trapp") eines Hahnes. Eine andere Erklärung führt den Namen auf flämische Weber zurück, die sich hier im 16. Jahrhundert ansiedelten und als „Handdraper" (= „Tuchwirker") bezeichnet wurden. Schließlich könnte Hahntrapp auch „Hohe Treppe" heißen. Eine solche führte hier zum Alsterstaudamm.

HERMANNSTRASSE (1843), Die nach dem Brand von 1842 angelegte Hermannstraße ist nach dem Germanenfürsten Hermann, der Cherusker, benannt worden. Durch diese deutschpatriotische Benennung wollten Hamburgs Stadtväter ihren Dank für die umfangreiche Hilfe ausdrücken, die der Stadt aus vielen Teilen Deutschlands nach der Brandkatastrophe von 1842 zuteil geworden war.

Die „Herrlichkeit" war einst eine von Fachwerkhäusern gesäumte enge Gasse.

HERRLICHKEIT (1589), traurig ist es heute um die Straße Herrlichkeit bestellt, die zwischen Alsterfleet und modernen Zweckbauten ein kümmerliches Dasein fristet. Einst lagen hier die Gärten der „Herren" von Hamburg, der Mitglieder des Rates, woher die Straße wohl ihren Namen hat. Herrlich anzusehen war sie jedenfalls auch 1810 nicht. Damals schrieb der Topograph v. Hess: „Diese mit einem so stolzen Namen gezierte Gasse kann sich im Äußeren keiner besondern Herrlichkeit rühmen."

Altstadt

HINTER DER MARKTHALLE siehe ALSTERTOR.

HOHE BRÜCKE (1260); hoch genug für die nicht sonderlich großen Schiffe, die im Mittelalter den ältesten Hamburger Hafen an der Alster im heutigen Nikolaifleet ansteuerten, war die Hohe Brücke, die sich von den anderen Brücken der Stadt im wahrsten Sinne des Wortes abhob und daher ihren Namen hat.

HOLZBRÜCKE (1266); die Holzbrücke war bis 1842, als sie abbrannte, wirklich aus Holz. Ihr Name könnte aber auch darauf hindeuten, daß hier Handel mit Holz getrieben wurde.

HOPFENMARKT (1346); der Hopfenmarkt an der alten Nikolaikirche war nach dem Fischmarkt (s. auch Alter Fischmarkt) der zweite Markt Hamburgs. Er hieß daher zunächst Neuer Markt und erhielt seinen heutigen Namen um die Mitte des 14. Jahrhunderts, als sich der Handel mit dem für die Bierstadt Hamburg wichtigen Hopfen hierher verlagerte. Es wurden aber weiterhin auch die verschiedensten Lebensmittel verkauft. Der Hopfenmarkt war der quirligste Hamburger Markt. Der Topograph Ludwig v. Hess schrieb 1810: „An keiner Stelle in der Welt kann des Gewimmels von Menschen leicht mehr sein als auf diesem Hopfenmarkt ...".

Der Hopfenmarkt war der lebendigste der alten Hamburger Märkte.

HOPFENSACK; noch vor der Existenz des Hopfenmarktes soll in dieser kleinen Straße, die einst an der Landspitze zwischen zwei Fleeten als Sackgasse endete, der Hopfenhandel betrieben worden sein. Die Straße, die ihren Namen nach diesem Gewerbe und von ihrer Form hat, wurde früher auch nach einer nahegelegenen erzbischöflichen Burg aus dem 9. Jahrhundert Wiedeburg genannt.

Altstadt

JACOBIKIRCHHOF (1268); der Jacobikirchhof ist der einzige Platz rund um eine Hamburger Hauptkirche, dessen ursprüngliche Form noch annähernd erhalten geblieben ist. Die Jacobikirche wurde 1255 erstmals erwähnt, im Zweiten Weltkrieg zerstört und 1951-1963 wieder aufgebaut.

JOHANNISWALL siehe KLOSTERWALL.

JUNGFERNBRÜCKE siehe Hafen.

KAJEN (1562); die Straße Kajen bestand bis 1887 aus zwei eng bebauten wingligen Gassen, den Binnen- und den Butenkajen. Der Name bedeutet Uferplatz oder Hafendamm mit gemauerter Einfassung, eben ein Kai, an dem Schiffe ein- und ausgeladen werden, was an den Kajen gang und gebe war.

KATHARINENSTRASSE (1353), **KATHARINENKIRCHHOF** (15. Jhdt.), **KATHARINENBRÜCKE** (1269); die schmucke Katharinenkirche am Zollkanal, die vermutlich im 14. Jahrhundert errichtet wurde, stand Pate bei der Benennung aller drei Straßen. Die Katharinenstraße stellte mit ihren prächtigen Bürgerhäusern bis zum Zweiten Weltkrieg ein eindrucksvolles Beispiel hanseatischer Baukultur dar. 1943 sank alles in Schutt und Asche. Heute dominieren nüchterne Bürohäuser.

KATHARINENFLEET (1960); auf einem zugeschütteten Fleet entstand die Straße Katharinenfleet. 1519-21 war der Wasserweg auf der Cremon-Insel von einem Entwässerungsgraben zu einem schiffbaren Fleet ausgebaut worden. Nach dem Zweiten Weltkrieg versank das Katharinenfleet im Trümmerschutt.

KATTREPEL (1278), **KATTREPELSBRÜCKE** (1564); zu den rätselhaftesten Straßenbezeichnungen Hamburgs gehört der Name Kattrepel, der sich auch in anderen norddeutschen Städten findet. Der Erklärungsversuche gibt es viele. Am wahrscheinlichsten erscheint die Ableitung von dem Wort „Katenrep", das einen Platz bezeichnete, an dem Katenplätze, also Ansiedelungen, mit einem Seil („rep") ausgemessen wurden. Einige Grundstücke am Kattrepel entsprachen ungefähr dem Längenmaß des „rep".

KLEINE JOHANNISSTRASSE siehe GROSSE JOHANNISSTRASSE.

KLEINER BURSTAH siehe GROSSER BURSTAH.

KLEINE REICHENSTRASSE siehe GROSSE REICHENSTRASSE.

KLEINE ROSENSTRASSE siehe LILIENSTRASSE.

KLINGBERG (1265); für den Namen der kleinen Straße beim Meßberg gibt es eine Fülle von Deutungen, die von Klinke als Bezeichnung für eine gewinkelte Straße über das altdeutsche Wort Kling für enges Tal und „klingendes" sprudeln-

Altstadt

des Wasser bis zu der einfachen Erklärung reichen, daß der Name eines Anwohners der Anlaß für die Straßenbezeichnung war. Tatsächlich war die Straße „Klingberg" früher ein enges Gäßchen in der Nähe eines Fleetes, das zur Depenau einen Winkel bildete.

KLOSTERWALL (1875), **JOHANNISWALL** (1922); der zum Wallring oder Ring einst gehörende Klosterwall und der parallel verlaufende Johanniswall erinnern an den 1834-1836 hier errichteten Neubau für das Damenstift „Kloster St. Johannis" (s. auch Große Johannisstraße), das 1914 nach Eppendorf in die Heilwigstraße verlegt wurde.

KNOCHENHAUERTWIETE; in der schon 1248 erwähnten Knochenhauertwiete, die früher Knochenhauerstraße hieß, wohnten in früheren Zeiten die Schlachter, die damals Knochenhauer hießen.

KORNHAUSBRÜCKE (1872); die über den Zollkanal in die Speicherstadt führende Kornhausbrücke hat ihren Namen von dem 1871 abgerissenen städtischen Kornhaus, das hier stand.

KREUSLERSTRASSE (1910); Adolph Kreusler (1824-1894), Hauptpastor von St. Petri, auch Senior der evangelischen Geistlichkeit von Hamburg. Bis 1910: Teil der Paulstraße.

KURZE MÜHREN (16. Jhdt.), **LANGE MÜHREN** (1913), **BEI DEN MÜHREN** (13. Jhdt.); alle drei Namen sind von den Mauern (Mühren) der Stadtbefestigung abgeleitet, in deren Nähe diese Straßen lagen.

LILIENSTRASSE (16. Jhdt.), **ROSENSTRASSE** (1326), **KLEINE ROSENSTRASSE** (1843); diese Straßen wurden spöttisch so benannt, da in ihrer Nähe im 14. und 15. Jahrhundert die Abdeckerei der Stadt lag, von der gerade keine Lilien- und Rosendüfte ausgingen.

LOMBARDSBRÜCKE (1651); ihre Kandelaber gehören zu den Markenzeichen Hamburgs: die Lombardsbrücke, die die Binnen- von der Außenalster trennt, findet sich in vielen Büchern und Broschüren über Hamburg an erster Stelle. Die heutige Brücke wurde für den Bau der Verbindungsbahn zwischen Hamburg und Altona 1864-68 gebaut. Die erste Lombardsbrücke entstand aber bereits 1615-26 im Rahmen der Neubefestigung Hamburgs. Benannt wurde sie nach dem von 1651 bis 1828 am Westende der Brücke gelegenen Lombardsgebäude, dem städtischen Leihhaus, das nach dem italienischen Wort für Leihhaus, Lombard, genannt wurde.

MATTENTWIETE (1352); die Mattentwiete könnte ihren Namen von den Mattenflechtern haben, die hier in großer Zahl lebten. Eine ältere Deutung besagt, daß sich die Bezeichnung von Maatstwiete abgeleitet hat und dieser Name auf die

Altstadt

vielen Seeleute zurückzuführen ist, die hier in der Nähe des Hafens wohnten. Sie ist seit 1299 als Salighentwiete bekannt und hieß ab 1352 auch Haartwiete.

Der Meßberg war bis zur Sanierung der östlichen Altstadt ein geschäftiger Marktplatz. Hier stand der Vierländerinnenbrunnen, der heute den Hopfenmarkt ziert.

MESSBERG (16. Jhdt./1916); der Meßberg, heute eine große Straßenkreuzung, war einst ein viel bevölkerter Marktplatz, auf dem vor allem mit Korn und Getreide gehandelt wurde. Sein Name leitet sich entweder von der Bezeichnung „Mistberg" her, was auf große Müllmengen auf diesem Platz schließen läßt, oder er heißt so, weil das von der Oberelbe angelandete Korn hier gemessen wurde.

MÖNCKEBERGSTRASSE (1909); Hamburgs zentrale Geschäftsstraße zwischen Rathausmarkt und Hauptbahnhof wurde 1909 dem Verkehr übergeben. Sie konnte durch die verwinkelte östliche Altstadt gebaut werden, weil dieses verrufene Viertel komplett saniert wurde. Prachtvolle Kontorhäuser ersetzten windschiefe Fachwerkhäuser. Die neue Hauptstraße der Hamburger City wurde nach dem Hamburger Bürgermeister Dr. Johann Georg Mönckeberg (1839-1908) benannt, der 1889 zum ersten Mal das höchste Amt der Stadt bekleidete. Er leitete außerdem die Kommission für die Sanierung der östlichen Altstadt.

MÖNKEDAMM (16. Jhdt.); der Mönkedamm hat seinen Namen von den Mönchen des auf dem Platz der heutigen Börse gelegenen Maria-Magdalenen-Klosters (s. auch Adolphsplatz), die hier spazierengegangen sein sollen. Die zwischen 1544 und 1580 entstandene Straße hieß ursprünglich nur „Damm" nach einer Aufschüttung, die schon 1364 erwähnt wurde. „Mönch" könnte aber auch Siel oder Durchlaß eines Freiwassers bedeuten und somit die zum Mühlenteich gestaute Alster beschreiben.

MOHLENHOFSTRASSE (1899); nach einem ehemaligen Besitz der Grafen von Schauenburg, dem Schauenburgerhof oder Mohlenhof, wurde 1899 die im Bereich dieses früheren Anwesens gelegene Altstädter Fuhlentwiete umbenannt.

Altstadt

NESS (1266); diese Straße aus dem ältesten Teil Hamburgs könnte ihren Namen von ihrer früheren Lage als Landzunge zwischen zwei Fleeten haben. Neß wird als ein altes Wort für „Nase" gedeutet oder einfach für Landzunge.

NEUE BURG (1164); von der ältesten nachgewiesenen Straße Hamburgs ist nur noch ein kurzes Stück geblieben. Bis zum Bau der Ost-West-Straße führte sie in einem Halbkreis um die Nikolaikirche herum und bildete damit die rundliche Form der 1061 vom Sachsenherzog Ordulf errichteten Neuen Burg nach, die die Keimzelle der ersten Neustadt, des späteren Nikolaikirchspiels, darstellte. Die Neue Burg wurde schon 1072 wieder zerstört.

NEUE GRÖNINGERSTRASSE (1821); die Neue Gröningerstraße, die heute zwischen Ost-West-Straße und Hafenrand fast erdrückt wird, wurde nach der viel älteren Gröningerstraße benannt, die in den 50er Jahren dem Bau der Ost-West-Straße weichen mußte. Diese, die auch als Grünstraße bekannt war, hat ihren Namen vielleicht nach vielen Bäumen, die hier standen, oder von den Grünwaren, die im hinter der Straße verlaufenden Fleet entladen wurden. Sie könnte aber auch nach zwei ihrer ersten Bewohner, den Holländern Elwardus und Otto de Groninge benannt sein.

Die Mönckebergstraße, die 1909 als neue Durchgangsstraße der östlichen Altstadt eingeweiht wurde, darf heute nur noch von Taxen, Bussen und Fahrrädern befahren werden.

NIEDERNSTRASSE (1265); die Niedernstraße verlief unterhalb des Geestabhangs in der Niederung der Marsch. Sie war eine der ersten Hauptstraßen der östlichen Altstadt und bis zur Sanierung dieses Gebietes eine ziemlich verrufene Adresse. Hier befand sich Hamburgs Rotlichtviertel für die unteren Schichten.

OBERBAUMBRÜCKE siehe NIEDERBAUMBRÜCKE (Neustadt).

OST-WEST-STRASSE (1963); mit der Ost-West-Straße hat der Fortschrittsglaube der Aufbaujahre nach dem Zweiten Weltkrieg eine deutliche Spur in der Hamburger Innenstadt hinterlassen. Die sechsspurige Autopiste wurde von 1952 bis 1962 in Ost-West-Richtung quer durch Alt- und Neustadt geführt. Sie verläuft

Altstadt

größtenteils über ehemalige Trümmerfelder. Im östlichen Teil wurden der neuen Verkehrsachse aber auch ein Fleet und einige alte Bürgerhäuser geopfert. Heute heißt nur noch der Abschnitt, der durch die Altstadt verläuft, Ost-West-Straße (s. Neustadt: Ludwig-Erhard-Straße).

OTTO-SILL-BRÜCKE (1991); Otto Sill (1907-1984), 1964-1971 Oberbaudirektor von Hamburg.

PAULSTRASSE (1808); die Paulstraße wurde nach dem Abriß des Doms und der zu der Kirche gehörenden Besitzungen zwischen Speersort und dem Zuchthaus an der Binnenalster neu angelegt und nach dem 1807 oder 1808 verstorbenen Kämmereibürger Paul Amsinck benannt, der den Abbruch des Doms im besonderen Maße vorangetrieben hatte. Die Paulstraße wurde durch den Brand von 1842 und die Abtrennung ihres südlichen Teils durch den Bau der Mönckebergstraße (s. auch Kreuslerstraße) erheblich verkürzt.

PELZERSTRASSE (1266); hier wohnten einst die Pelzer oder Kürschner.

PLAN (1843); die Straße Plan wurde im Rahmen des Wiederaufbaus nach dem Großen Brand von 1842 zwischen dem Rathausmarkt und der Bergstraße angelegt. Vor der Katastrophe bezeichnete dieser Name die Fläche zwischen dem Johannis- und dem Maria-Magdalenen-Kloster, also etwa das Gebiet des heutigen Rathausmarktes. Er wird vom niederländischen „plein" abgeleitet, was freier Platz oder Marktplatz bedeutet.

PUMPEN (1527); die Straße, die früher „Bei den Pumpen" hieß, verdankt ihren Namen drei Wasserpumpen, die sich im Süden der Straße befanden. In alten Zeiten, als Hamburgs Töchter noch selbst Wasser schöpften, soll es hier zu so manchem Rendezvous gekommen sein.

RABOISEN (1591); viele Deutungen gibt es für den Namen Raboisen. Ein in städtischen Diensten stehender Herr „von der Raboise" soll in einem Turm der Stadtmauer gewohnt haben, die einst in der Nähe der Straße Raboisen verlief, lautet eine Erklärung. Vielleicht hieß dieser Turm auch Raboisen oder Rabotysen, was soviel wie Schleusenschütz bedeutet und darauf hinweisen würde, daß der Turm eine Schleuse an der Alster beschützte. Auch die Raben, die den hinter den Raboisen liegenden Schindanger und die Abdeckerei umkreisen, werden als Erklärung des ungewöhnlichen Namens herangezogen.

Ein Fleet verlief bis 1886 in der Mitte des Rödingsmarktes.

Altstadt

RATHAUSMARKT (1843); der zentrale Platz von Hamburg entstand nach dem Großen Brand von 1842. 54 Jahre lang war er nach einem geplanten beziehungsweise im Bau befindlichen Gebäude benannt, denn das neue Rathaus wurde erst 1897 eingeweiht. Seitdem ist er mehrfach umgestaltet worden. Sein heutiges Gesicht erhielt der Rathausmarkt 1982. Während der NS-Zeit hieß der Rathausmarkt Adolf-Hitler-Platz.

RATHAUSSTRASSE (1843); auch die nach dem 1897 eingeweihten Rathaus benannte Rathausstraße wurde nach dem Großen Brand von 1842 neu angelegt.

Der Rathausmarkt hieß schon 54 Jahre vor der Einweihung des Rathauses so.

REESENDAMM (1852), **REESENDAMMBRÜCKE** (1842); der erste Reesendamm war der heutige Jungfernstieg. Er bildete den Oberdamm, durch den die Alster zum zweiten Mal aufgestaut worden war. Seinen Namen erhielt er entweder von dem Müller Heine Rese, der 1270 die hier gelegene Obermühle pachtete, oder von dem niederdeutschen Wort „risen", das „aufhöhen" oder „aufbrechen" (daher auch „reisen") bedeutet. Im Rahmen des Wiederaufbaus nach dem Großen Brand von 1842 wurde der Name Reesendamm für die heutige Straße neu verwendet. Nur die Reesendammbrücke, die größte Brücke im damaligen Wiederaufbaugebiet, liegt noch ungefähr dort, wo sich der alte Reesendamm befand.

REIMERSTWIETE (1331), **REIMERSBRÜCKE** (1279); beide Straßen sind vermutlich nach dem Eigentümer eines dort gelegenen Grundstücks benannt. In der Reimerstwiete befinden sich noch einige Fachwerkhäuser aus dem 18. und 19. Jahrhundert.

RÖDINGSMARKT (16. Jhdt.); ein Marktplatz ist der Rödingsmarkt nie gewesen. Die bereits 1251 erwähnte Straße hieß ursprünglich Rodigesmarke oder Rodersmarke. Diese Bezeichnung könnte von einem frühen Anwohner namens Rodiger Witte und von dem Wort „marke" herrühren, das auch Grenzland bedeutet. Der Rödingsmarkt bildete bis ins 16. Jahrhundert die westliche Stadtgrenze. Die spätere Besitzung der Familie Roding oder Röding an dieser Straße wird vielleicht die Namensänderung in Rödingsmarkt verursacht haben. Der heutige Name ist seit dem 16. Jahrhundert bekannt. Der Rödingsmarkt hatte bis 1886 Amsterdamer Grachtenflair. In der Mitte der Straße verlief ein Fleet. Heute führt stattdessen der Hochbahnviadukt durch die daher breite Straße.

Altstadt

ROLANDSBRÜCKE (1342); die Rolandsbrücke, die seit der Verschüttung des Bäkkerstraßenfleets 1877/1880 keine Brücke mehr ist, hat ihren Namen von der Rolandssäule, die in unmittelbarer Nähe am Dornbusch stand. Sie soll 1368 über diese Brücke geworfen worden sein, weil Kaiser Karl IV. die Privilegien der Stadt nicht eindeutig bestätigt hatte. Die Rolandssäule, die sich in vielen nord- und miteldeutschen Städten findet, war vermutlich ein Symbol für vom Kaiser gewährte Rechte.

SCHAUENBURGERSTRASSE (1843); die nach dem Großen Brand von 1842 angelegte Straße wurde nach dem Grafengeschlecht der Schauenburger benannt, die als Herrscher über Holstein von 1111 bis 1460 die Landesherren von Hamburg waren. Insbesondere die Grafen Adolf III. und Adolf IV. haben sich um Hamburg verdient gemacht (s. auch Adolphsplatz).

SCHMIEDESTRASSE (1391); die 1391 als Smedestrate erwähnte Verlängerung der Bergstraße hieß vorher Remensniderstrate (1369) und um 1501 Schusterstraße. Der südliche Teil ist bis 1454 auch als Sattlerstraße bekannt. Die im ältesten Teil Hamburgs liegende Straße hat ihren jetzigen Namen von den früher hier ansässigen Schmieden.

SCHOPENSTEHL (1352); nicht eindeutig geklärt ist der Name Schopenstehl. Er könnte „Schöffenstuhl" bedeuten, weil Schöffen in Hamburgs ältesten Zeiten vermutlich am nahegelegenen Fischmarkt zu Gericht saßen, wo sich vielleicht das erste Rathaus der Stadt und die Gerichtshalle befanden. Möglicherweise geht der Straßenname aber auch auf das Wort „Schöpfkellenstiel" zurück, das scherzhaft für die Straße gebraucht wurde, weil hier viele Brauer lebten.

SPEERSORT (1472); die Straße im Herzen des ältesten Hamburgs ist vielleicht nach Ditmar Speer benannt, der hier 1468 ein Eckhaus gekauft hat. Eine Ecke wurde damals als „Ord" bezeichnet. Der Name könnte aber auch schlicht die Kontraktion von St. Peters-Ort sein. Die Straße führt an der Petrikirche vorbei.

SPITALERSTRASSE (1268); die Spitalerstraße, heute Fußgängerzone und belebte Shopping-Meile der östlichen Altstadt, führte einst zum Spitalertor, durch das man zum 1220 erstmals erwähnten Hospital St. Georg gelangte. Die Straße könnte ihren Namen aber auch von dem hier gelegenen Hiobs-Hospital haben.

SPRINGELTWIETE (1392); die kleine durchs Kontorhausviertel führende Straße hat ihren Namen von dem Schmied oder Holzhändler Johann Sprinke(n), der hier 1384 ein Grundstück erwarb.

STECKELHÖRN (1316); der nicht eindeutig geklärte Name der kleinen Straße bei der Katharinenkirche könnte von den Worten „Stegel", das die Auffahrt von einem Landungsplatz bezeichnet, und „Hörn" für Landzunge abgeleitet sein. Die Straße bildete früher eine Landzunge zwischen dem Doven- und dem Steckel-

Altstadt

hörnfleet. Steckelhörn bedeutet aber vielleicht auch Uferbefestigung („Stack")
oder die Ecke, wo Disteln („Steckel") wachsen.

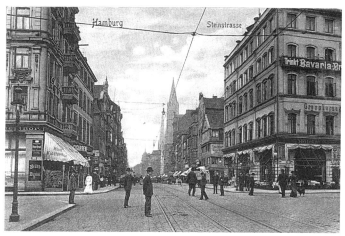

Die Steinstraße gilt als die erste gepflasterte Straße Hamburgs. Im Hintergrund ist der alte Turm der Jacobikirche zu sehen.

STEINSSTRASSE (1273); die Steinstraße gilt wegen ihres Namens als die erste mit Steinen gepflasterte Straße Hamburgs. Immer war sie breit und wichtig. Zur Zeit des ältesten Hamburgs lag die Steinstraße noch außerhalb der Stadt und führte als Landstraße vom Marientor nach Osten. Im 13. Jahrhundert wurde sie eine Hamburger Hauptstraße und das ist sie bis heute geblieben.

STEINTWIETE (1273), **STEINTWIETENHOF** (1963); der Name Steintwiete läßt auf eine frühe Steinpflasterung schließen. Der Steintwietenhof wurde über dem zwischen 1945 und 1949 zugeschütteten Deichstraßenfleet angelegt.

TROSTBRÜCKE (1266); die nach einem Anwohner mit Namen Trost benannte Brücke über den Teil der Alster, der heute Nikolaifleet heißt, bildete im 12. Jahrhundert die erste Verbindung zwischen der Altstadt um St. Petri und der ersten Neustadt um St. Nicolai. Daher wurde das Rathaus um 1290 hierher verlegt. An seiner Stelle steht heute das Haus der Patriotischen Gesellschaft. Die Brücke zieren Statuen von Erzbischof Ansgar und dem Grafen Adolf III. von Schauenburg als den Begründer der erzbischöflichen Altstadt und der gräflichen Neustadt.

WÖLBERSTIEG (1991), Hans-Otto Wölber (1913-1989), Hauptpastor von St. Nikolai, 1964-1976 Bischof der Hamburgischen Landeskirche, 1977-1983 Bischof der Nordelbischen Kirche.

ZIPPELHAUS (1581); das 1535 an dieser Straße erbaute Zippel- oder Zwiebelhaus diente den Verkäuferinnen aus Bardowiek bei Lüneburg als Unterkunft, die unter anderem auch Zwiebeln anzubieten hatten.

Bahrenfeld

BAHRENFELD

AM DIEBSTEICH (1950), **DIEBSTEICHWEG** (1952); ein früher hier gelegener Teich befand sich in der Nähe der Hinrichtungsstätte von Altona. Die Straße „Am Diebsteich" hieß bis 1950 Friedhofstraße.

AUGUSTENHÖH, Auguste Sagemann (1865-1945), Ehefrau des dortigen Grundeigentümers Richard Sagemann.

AUGUST-KIRCH-STRASSE, August Kirch, 1945-1954 Bezirksamtsleiter von Altona, 1919-1933 Senator in Altona. Vorher: Teil der Schnackenburgalee.

BAHRENFELDER CHAUSSEE (um 1900), **BAHRENFELDER MARKTPLATZ** (1950); der Ort Barenvelde wurde 1256 erstmals erwähnt. Der Name könnte sich aus dem Wort Born für Quelle entwickelt haben (hier gab es viele Quellen) oder von dem Eigennamen Ebar abgeleitet sein. Der Bahrenfelder Marktplatz hieß vor 1950 nur „Marktplatz".

BAHRENFELDER KIRCHENWEG (um 1870); diesen alten Weg benutzten die Bahrenfelder einst für den Kirchgang zur Ottensener Kirche. Der südlichste Teil (Hegarstraße-Friedensallee) hieß bis 1948 Glashüttenstraße.

BAHRENFELDER STEINDAMM (um 1878); die alte Straße von Altona nach Bahrenfeld war schon früh gepflastert.

BAURSTRASSE (1912), J. D. Baur (1700-1744) und J. H. Baur (1730-1819), Bürgermeister von Altona.

BESSEMERWEG (1950), Henry Bessemer (1813-1898), englischer Ingenieur, Erfinder des „Bessemer-Verfahrens" zur Stahlgewinnung. Bis 1950: Rückertstraße.

BOCKRISWEG (1939); die Bahrenfelder Bauernfamilie Bockris gab dieser Straße ihren Namen.

BOSCHSTRASSE (1950); Robert Bosch (1861-1942), sozialpolitisch fortschrittlicher Industrieller, gründete 1886 eine Firma für Feinmechanik und Elektroindustrie. Bis 1950: Apenrader Straße.

CELSIUSWEG (1965), Andres Celsius (1701-1744), schwedischer Astronom, Erfinder einer Thermometereinheit.

DAIMLERSTRASSE siehe Ottensen.

EBERTALLEE (1945), Friedrich Ebert (1871-1925), SPD-Politiker, 1913-1919 Vorsitzender der SPD, 1919-1925 Reichspräsident. 1933-1945: Horst-Wessel-Allee.

Bahrenfeld

GAYENSWEG siehe THEODORSTRASSE.

GRÜNEWALDSTRASSE (1928), Mathias Grünewald (1480-1528), Maler.

HÄNDELSTRASSE (1895), Georg Friedrich Händel (1685-1759), Komponist.

HAYDNSTRASSE (1895), Joseph Haydn (1732-1809), Komponist.

HEGARSTRASSE (1950), Friedrich Hegar (1841-1927), Schweizer Komponist. Bis 1950: Gurlittstraße.

HUMPERDINCKWEG (1957), Engelbert Humperdinck (1854-1921), Komponist.

JULIENSTRASSE siehe THEODORSTRASSE

LANGBEHNSTRASSE (1950), August Julius Langbehn (1851-1907), Kulturkritiker. Bis 1950: Hadeslebener Straße.

LUTHERHÖHE (1950); nach der hier gelenenen Lutherkirche ist die Lutherhöhe benannt worden. Die umliegenden Straßen tragen Namen von Orten, die im Leben des Reformators Martin Luther eine Rolle spielten. Bis 1950: Lutherstraße.

LYSERSTRASSE (1929), Johann Peter Lyser (1803-1870), in Altona verstorbener Maler, Musiker und Schriftsteller.

MARLOWRING (1965), Franz Marlow (1856-1940), Senator in Altona.

MENDELSSOHNSTRASSE (1952), Felix Mendelssohn-Bartholdy (1809-1847), in Hamburg geborener Komponist. Bis 1952: Adickesstraße.

NANSENSTRASSE (1950), Fridtjof Nansen (1861-1930), norwegischer Polarforscher, Zoologe, Philanthrop und Staatsmann; 1921-1930 Hochkommissar des Völkerbundes, erhielt 1922 den Friedensnobelpreis. Bis 1950: Krieshöhe.

NETTELBECKSTRASSE (1913), Joachim Christian Nettelbeck (1738-1924), Seemann, Volksheld, zeichnete sich 1806/07 bei der Verteidigung von Kolberg gegen die Franzosen aus.

NICKISCHSTRASSE (1950), Artur Nickisch (1855-1922), Dirigent, seit 1895 Leiter der Gewandhauskonzerte. Bis 1950: Lortzingstraße.

NOTKESTRASSE (1951), Bernt Notke (1440-1509), Maler und Bildschnitzer, führender spätgotischer Meister des Ostseeraumes. Bis 1951: Möllner Straße.

OSDORFER LANDSTRASSE siehe Osdorf.

Bahrenfeld

PFITZNERSTRASSE (1950), Hans Pfitzner (1869-1949), Komponist und Musikschriftsteller. Bis 1950: Mozartstraße.

REGERSTRASSE (1950), **REGERSTIEG**, Max Reger (1873-1916), Komponist. Bis 1950: Schumannstraße.

REICHARDTSTRASSE (1929), Johann Friedrich Reichardt (1752-1814), Komponist.

REINECKESTRASSE (1919), Carl Reinecke (1824-1910), in Altona geborener Komponist.

RIEMENSCHNEIDERSTIEG (1947), Tilman Riemenschneider (1460-1531), Bildhauer und -schnitzer. Bis 1947: Emmich Straße.

SCHNACKENBURGALLEE (1928), Bernhard Schnackenburg (1867-1924), 1910-1924 Oberbürgermeister von Altona.

SCHÜTZENSTRASSE (1889); „Schützen" wurden im Volksmund einst die Ottensener Zollwächter genannt.

SIEVERTSTRASSE (1947), Wilhelm Sievert (1864-1945), 1920-1933 Senator in Altona. Bis 1947: Lohweg.

STAHLTWIETE (1950); Berthold Stahl (1847-1906), Stadtbaurat in Altona, gab mit Ehrenberg (s. Ehrenbergstraße/Altona) „Die topographische Entwicklung Altonas" heraus. Bis 1950: Jägerstraße.

STRESEMANNSTRASSE siehe Altona.

SYLVESTERALLEE (1928), Friedrich Sylvester (1871-1914), Senator und Stadtbaurat in Altona.

THEODORSTRASSE (1890), **THEODORSTIEG, GAYENSWEG** (1939), Theodor A. Gayens (1824-1900), Kaufmann und Reeder, Vorbesitzer des Geländes. Nach Gayens Frau Julie (1832-1886) wurde 1898 die **JULIENSTRASSE** benannt.

THOMASSTRASSE (1945), Hermann Thomas (1865-1924), Zigarrenarbeiter, SPD-Politiker, seit 1909 Stadtverordneter und seit 1918 Senator in Altona, ab 1920 preußischer Landtagsabgeordneter. Bis 1945: Vinkestraße.

VEIT-STOSS-WEG (1950), Veit Stoß (um 1455-1533), Nürnberger Bildhauer. Bis 1950: Grenzstieg

VON-HUTTEN-STRASSE (1950), Ulrich von Hutten (1488-1523), Reichsritter, Dichter und humanistischer Freiheitskämpfer. Bis 1950: Burgstraße

Barmbek

VON-SAUER-STRASSE (1950), Prof. Emil Ritter von Sauer (1862-1925), Komponist. Bis 1950: Wagnerstraße.

VORBECKWEG (1964), Franz Vorbeck (1869-1952), Gemeindevertreter von Groß Flottbek.

WICHMANNSTRASSE (1947), **WICHMANNSTIEG** (1954), Ernst Heinrich Wichmann (1823-1896), Verfasser der Geschichte der Stadt Altona von 1865. Bis 1947: Kluckstraße.

WIENBARGSTRASSE (1929), Dr. phil. Ludwig Wienbarg (1802-1872), Journalist, gab ab 1846 die „Hamburger literarischen und kritischen Blätter" heraus, Gegner des Plattdeutschen.

WOYRSCHWEG (1950), Felix von Woyrsch (1860-1944), Komponist. Bis 1950: Weberstraße.

ZÖLLNERSTRASSE (1951), Heinrich Zöllner (1854-1941), Komponist. Bis 1951: Schubertstraße.

BARMBEK (DULSBERG)

ADOLPH-SCHÖNFELDER-STRASSE (1970), Adolph Schönfelder (1875-1966), Zimmermann aus Barmbek, Hamburger SPD-Politiker, 1925-1926 Bausenator, 1926-1933 Polizeisenator, 1945-1946 Zweiter Bürgermeister, 1946-1960 Präsident der Bürgerschaft. Bis 1970: Rönnhaidstraße.

ALBERS-SCHÖNBERG-WEG, ALBERS-SCHÖNBERG-STIEG (1960), Albers Schönberg (1865-1921), Oberarzt und Röntgenologe am Krankenhaus St. Georg.

ALDENRATHSWEG (1921), Heinrich Jacob Aldenrath (1775-1844), Hamburger Miniaturmaler und Lithograph.

ALTE WÖHR (1922); nach einer alten Flur dieses Namens wurde 1922 der nach Winterhude führende Feldweg Nr. 64 benannt.

ALTER TEICHWEG (1877); der Alte Teichweg ist ein früherer Feldweg, der seinen Namen von den hier gelegenen Fluren „Ohlen Diek" und „bam Ohlendiek" hat, die den Rest eines früheren Mühlenteichs bezeichneten.

BACHSTRASSE (1860); die Bachstraße ist ein alter Landweg zwischen der Uhlenhorst und der Rönnhaide. Sie bildete seit 1744 die Grenze zwischen Barmbek und Uhlenhorst und hat ihren Namen von dem nahegelegenen Bach Osterbek.

Barmbek

BARMBEKER MARKT (1948); Barmbeker Markt heißt heute eine breite Hauptverkehrsstraße, die einmal ein Platz war, auf der bis zum Ende des 19. Jahrhundert die Barmbeker Jahrmärkte stattfanden. Bis 1948: Am Markt.

BARTHOLOMÄUSSTRASSE (1862); die schon 1844 von den dortigen Grundeigentümern B.J. Bull und H. E. Harder angelegte Straße wurde nach dem englischen Namen des 1791 in London geborenen Bull (gest.1857) benannt. Er hieß ursprünglich Bartholomew John. Von seinem ältesten Enkel hat die RICHARDSTRASSE (1861) ihren Namen.

BEETHOVENSTRASSE (1863), Ludwig van Beethoven (1770-1827), Komponist.

BEIM ALTEN SCHÜTZENHOF; hier befand sich von 1862 bis 1901 der Schützenhof der Hamburgischen Schützengesellschaft.

BEIMOORSTRASSE (1948); die Beimoorstraße ist wie viele umliegende Straßen nach einer in der Nähe von Hamburg gelegenen holsteinischen Siedlung benannt. Beimoor liegt bei Großhansdorf. Vor 1948: Martinstraße (ab 1899), Farmsener Straße.

BENDIXENWEG (1929), Siegfried Bendixen (geb. 1784), Hamburger Maler.

BENZENBERGWEG (1928), Johann Friedrich Benzenberg (1777-1845), Physiker.

BIEDERMANNPLATZ (1947), Adolf Biedermann (1881-1933), SPD-Bürgerschafts- und Reichstagsabgeordneter. Bis 1947: Schleidenplatz.

BRAMFELDER STRASSE (1862); die Bramfelder Straße ist die alte Landstraße von Barmbek nach Bramfeld.

BRUCKNERSTRASSE (1938), Anton Bruckner (1824-1896), österreichischer Komponist. Bis 1938: Hinrichsenstraße.

BRÜGGEMANNSWEG (1914); Hans Brüggemann (um 1480 - um 1540), Bildschnitzer aus Schleswig-Holstein, schuf 1521 den Bordesholmer Altar.

DAMEROWSWEG (1913); Prof. Dr. Heinrich Damerow (1798-1866), Irrenarzt, verbesserte die Anstaltsbedingungen für Irrenhausinsassen.

DEHNHAIDE (1899); hier befand sich eine alte Flur dieses Namens, die auch als „Dänn Heide" bekannt war. Denne oder dene heißt auf niederdeutsch Niederung. Bis 1899 Wandsbeckerstraße.

DENNERSTRASSE (1914), Balthasar Denner (1685-1749), Altonaer Portraitmaler.

Barmbek

DESENISSTRASSE (1870), Johann Hermann Deseniß (1768-1841), Zuckerbäcker, früherer Eigentümer der hier gelegenen Franheimschen Hofstelle, Bauernvogt von Barmbek.

DETMERSTRASSE (1910), Alexander Detmer (1814-1903), Pastor in St. Georg, Mitbegründer des früher hier gelegenen Pestalozzistifts.

DIESELSTRASSE, Rudolf Diesel (1858-1913), Maschineningenieur, Erfinder des Dieselmotors.

DIESTERWEGSTRASSE (1910), Friedrich Adolph Wilhelm Diesterweg (1790-1866), Pädagoge, seit 1832 Direktor des Berliner Lehrerseminars, setzte das Werk Pestalozzis fort (siehe Pestalozzistraße).

DRÖGESTRASSE (1880); Wilhelm Dröge (1807-1879), stellte das Grundstück für das hier gelegene Pestalozzistift zur Verfügung und schoß die für den Bau notwendigen finanziellen Mittel vor.

DULSBERG-NORD (1920), **DULSBERG-SÜD** (1920); die beiden Straßen und der gleichnamige Stadtteil, der als an den Reformvorstellungen der Zeit orientierte Mustersiedlung der 20er Jahre entstand, wurden nach einem knapp 20 Meter hohen Hügel dieses Namens benannt, der vor der Bebauung östlich von Dulsberg lag (Zur Benennung der Dulsberger Straßen siehe Straßburger Straße).

ECKMANNWEG (1928), Otto Eckmann (1865-1902), Hmb. Maler und Kunstgewerbler.

ELLIGERSWEG (1914), Ottomar (Othmar) Elligers (1633-1679), Hamburger Maler.

ELSASTRASSE (1886); Elsa hieß die Ehefrau des dortigen Grundeigentümers Franz Wagner (s. Wagnerstr.). Elsa heißt aber auch eine Figur aus der Oper „Lohengrin" von Richard Wagner. Diese zweite Elsa-Wagner-Beziehung hat möglicherweise zu der Benennung der **ORTRUDSTRASSE** (1903) und der **SENTASTRASSE** (1903) geführt, deren Namensgeberinnen sich ebenfalls in Wagnerschen Opern wiederfinden. Der nördliche Teil der Sentastraße hieß bis 1910 Wotansweg.

FESSLERSTRASSE, Ignaz Aurelius Feßler (1756-1839), Besitzer des hier gelegenen Garten- und Gemüselands.

FLACHSLAND (1884); 1796 befand sich hier ein Feldstück mit dem Namen „Up'n Flachsland-Wisch", auf dem die Barmbeker Bauern ihren Flachs anbauten.

FLOTOWSTRASSE (1899), Friedrich Freiherr von Flotow (1812-1883), in Mecklenburg geborener Opernkomponist, war von 1855 bis 1863 Hoftheaterintendant in Schwerin.
Bis 1899: Weidendamm.

Barmbek

FÖTTINGERGARTEN (1952), Prof. Dr. ing. Hermann Föttinger (1877-1945), Erfinder des Flüssigkeitsgetriebes ("Föttinger Transformator").

FRAENKELSTRASSE (1945), Prof. Dr. med. Eugen Fraenkel (1873-1925), langjähriger Leiter des pathologischen Instituts am Universitäts-Krankenhaus Eppendorf. Bis 1945: Schaudinnsweg.

FRAMHEINSTRASSE (1907); die Framheinstraße wurde nach einer alten Barmbeker Hufnerfamilie dieses Namens benannt, aus der auch ein Senator (O. H. Framhein 1823-1879) hervorgegangen ist.

FRIEDRICHSBERGER STRASSE (1866); die Friedrichsberger Straße, die an dem Allgemeinen Krankenhaus Eilbek, der früheren "Irrenanstalt Friedrichsberg", vorbeiführt, hat ihren Namen vermutlich von einem Hügel auf dem einstigen Anwesen der alten Barmbeker Hufnerfamilie Friederichs, die sich 1528 hier ansiedelte.

FRITZ-NEUBERS-WEG; Fritz Neubers (1837-1889), Hamburger Bildhauer, schnitzte unter anderem den Altar der Harvestehuder Johanniskirche.

FUHLSBÜTTLER STRASSE (1862); die nur als "Fuhle" bekannte Hauptgeschäftsstraße von Barmbek-Nord wurde entlang eines alten Feldwegs angelegt, der von Barmbek nach Fuhlsbüttel führte.

FUNHOFWEG (1929), Hinrich Funhof (gest. 1484), in Hamburg verstorbener Maler. Vorher: Funhof.

GENSLERSTRASSE (1914), Günther Gensler (1803-1884), Jacob Gensler (1808-1845) und Martin Gensler (1811-1881), Brüder und Hamburger Maler.

GLUCKSTRASSE (1881), Christoph Willibald Gluck (1714-1787), Opernkomponist.

GRÖGERSWEG (1922), Carl Gröger (1766-1838), Hamburger Portraitmaler.

Schnurgerade verläuft die Habichtstraße durch ein Neubaugebiet der 20er Jahre in Barmbek-Nord.

Barmbek

GROVESTRASSE (1904), Adolph Grove (gest.1900), früherer Besitzer des umliegenden Geländes, 1871-1883 Bürgerschaftsabgeordneter, Fürstlich Schaumburg-Lippescher Konsul.

GUERICKEWEG, Otto von Guericke (1602-1686), Bürgermeister von Magdeburg, Physiker, erfand die Luftpumpe.

HABICHTSTRASSE (1888); die zum Ring 2 gehörende Hauptstraße ist wie viele Barmbeker Straßen nach einem Vogelnamen benannt worden.

Die Hamburger Straße und die Oberaltenallee (rechts) vor dem Zweiten Weltkrieg: die Flächen zwischen den beiden Straßen waren bebaut.

HAMBURGER STRASSE (1862); die Hamburger Straße, die ursprünglich Hauptstraße hieß, war und ist Barmbeks Straße der Superlative: hier stand bis zu seiner Zerstörung 1943 das größte Kaufhaus des Stadtteils (Karstadt) und heute befindet sich dort Hamburgs größtes Einkaufszentrum, das auch den Namen von Barmbeks Superstraße trägt. Da Barmbek das größte nach Hamburg eingemeindete Dorf war, durfte die Hamburger Straße, die von Barmbek in Richtung Hamburg führte, 1900 als einzige von vielen Hamburger Straßen ihren Namen behalten.

HARDORFFSWEG, Gerdt Hardorff (1769-1864), Hamburger Maler und Kupferstecher.

HARZENSWEG (1914), Georg Ernst Harzen (1790-1860), Hamburger Radierer und Kupferstecher.

HEINSKAMP (1885); der Heinskamp wurde nach dem Vorbesitzer des Geländes benannt.

Barmbek

HEITMANNSTRASSE (1877); der Vorbesitzer des Geländes gab der Heitmannstraße ihren Namen.

HELLBROOKSTRASSE (1899); östlich von Barmbek lag einst das Dorf Hellbrook, das heute ein Bestandteil von Bramfeld ist. Hell bedeutet Abhang, Brook Bruch.

HERBSTSWEG, Thomas Herbst (1848-1915), Hamburger Maler.

HERMANN KAUFMANN STRASSE (1914), Hermann Kaufmann (1808-1889), Hamburger Kunstmaler.

HIDDINGAWEG, Gerlof Hiddinga (1683-1766), holländischer Mathematiker, Zeichenlehrer am Johanneum.

HOLSTEINISCHER KAMP (1862); der Holsteinische Kamp wurde nach einem verstümmelt überlieferten Flurnamen benannt. Auf einer Flurkarte von 1767 wird die umliegende Gegend als Hagelstein1/2s Kamp bezeichnet.

HUFNERSTRASSE (1862); hier lagen einst die Höfe der Barmbeker Voll- und Halbhufner.

Die Hufnerstraße glich in den ersten Jahren des 20. Jahrhunderts noch einer ruhige Dorfstraße.

HUMBOLDTSTRASSE (1859), Alexander von Humboldt (1769-1859), Naturforscher und Geograph.

IMSTEDT (1904); der Name leitet sich von den einst an der Ecke mit der Weidestraße gelegenen Imstedtwiesen ab, auf denen sich die Bienen (Immen) tummelten.

IVENSWEG; Mitglieder der Familie Ivens machten sich um Hamburg verdient. Michael Ivens (1686-1777) erbaute das Konvoischiff „Das Wapen von Hamburg".

Barmbek

JAKOB-MORES-WEG (1929), Jakob Mores (um 1550 - vor 1610), Goldschmiedemeister.

KÄTHNERORT (1862); hier lebten früher die ersten vier Käthner (Kleinbauern) von Barmbek.

KERNERREIHE, Georg Reinhold Kerner (1810-1858), Wasserbautechniker, Mathematiker.

KIESSLINGSTIEG, Prof. Johannes Kießling (1835-1905), Physiker und Mathematiker, Professor am Johanneum.

KINDTSWEG, David Kindts (1580-1650), Maler.

KLINIKWEG (1913); bis 1943 befand sich hier eine Poliklinik, die im Zweiten Weltkrieg zerstört wurde.

KRAEPELINWEG (1938), Prof. Emil Kraepelin (1856-1926), Psychiater, und Prof. Dr. Karl Kraepelin (1848-1918), Direktor des Naturhistorischen Museums, Brüder. Bis 1938: Juliusweg.

KRAUSESTRASSE (1950); Emil Krause (1870-1943), SPD-Politiker, war von 1907 bis 1933 Mitglied der Hamburger Bürgerschaft und von 1921 bis 1933 Schulsenator. Bis 1950: Ahrensburger Straße.

KRÜSISTRASSE, Hermann Krüsi, erster Gehilfe des Pädagogen Johann Heinrich Pestalozzi.
Eine Straße dieses Namens war bereits 1910 zwischen der Detmer- und der Lienhardstraße angelegt worden. Sie wurde nach den Zerstörungen des Zweiten Weltkrieges aufgegeben.

KRÜSSWEG, Prof. Dr. Dr. Hugo Krüß (1835-1925), Optiker und Naturforscher.

LACHNERSTRASSE (1906), F. Lachner (1803-1890), Komponist und Orchesterdirigent, dessen Brüder Ignaz (1807-1895) und Vincenz (1811-1893) ebenfalls Musiker waren.

LAMBRECHTSWEG (1914), Hans Lambrecht (um 1650), Hamburger Goldschmied.

LANGERMANNSWEG (1912), Dr. Johann Langermann (1768-1832), Arzt, begründete die wissenschaftliche Behandlung von Geistesstörungen in Deutschland, unterschied erstmalig zwischen Heil- und Pflegebehandlung.

LAUENSTEINSTRASSE (1957), Prof. Dr. Carl Lauenstein (1850-1915), Chirurg. Bis 1957: Teil der Dennerstraße.

Barmbek

LIENHARDSTRASSE (1910); die Lienhardstraße ist nach einer Figur aus dem Erstlingswerk des Pädagogen Johann Heinrich Pestalozzi (siehe Pestalozzistraße), „Gertrud und Lienhard", benannt.

LINDNERSWEG, Friedrich Otto Lindner (1863-1927), Architekt, dortiger Grundeigentümer.

LISSMANNSECK, Fritz Lißmann (1880-1915), Kunstmaler.

LORICHSSTRASSE (1914); Melchior Lorichs (ca. 1527- nach 1583), Maler, fertigte um 1568 eine große Elbkarte an.

LORTZINGSTRASSE (1901), Albert Lortzing (1803-1851), Opernkomponist.

LÜNKENWEG (1909); Lünke oder Lünnik ist eine niederdeutsche Bezeichnung für den Sperling oder Spatz.

MANSTADTSWEG (1914); Johann Wilhelm Manstadt (1722-1788), Hamburger Bildhauer.

MARSCHNERSTRASSE (1895), Heinrich August Marschner (1795-1861), Komponist, 1831-1859 Hofkapellmeister in Hannover.

MARTENSWEG (1907), Andreas Ehrenfried Martens (1755-1828), 1823-1828 Oberalter (1825 Präses des Oberaltenkollegiums) (s. Oberaltenallee), erwarb sich Verdienste um die Hamburgischen Straf- und Besserungsanstalten.

MATTHIAS-SCHEIDTS-WEG (1929), Matthias Scheidts (1630-1700), Hamburger Maler.

MAURIENSTRASSE (1866), H. W. Maurien (1825-1882), Mitbegründer der hier ansässigen New-York-Hamburger Gummiwaren-Kompanie. In den Gebäuden dieser größten Barmbeker Fabrik ist jetzt das Museum der Arbeit untergebracht.

MEISTER-BERTRAM-STRASSE (1922), Meister Bertram von Minden (ca. 1340-1415), Maler, Vorsteher einer großen Altarwerkstatt, wirkte von 1367 bis 1415 in Hamburg, schuf den Altar von St. Petri.

MEISTER-FRANCKE-STRASSE (1922), Meister Francke, Maler, war von ca. 1410 bis ca. 1430 in Hamburg tätig.

MIDDENDORFSTRASSE (1951), Friedrich Middendorf (1842-1903), Schiffsbauingenieur, Direktor des Germanischen Lloyds.

MILDESTIEG (1919), Julius Milde (1803-1875), Hamburger Maler.

Barmbek

MIROWSTRASSE (1905), A.H.C. Mirow (1840-1900), seit 1884 Bürgerschaftsabgeordneter, machte sich um ein Bebauungsplangesetz für Barmbek verdient, wohnte hier.

MORGENSTERNWEG (1927), Christian Morgenstern (1805-1867), in Hamburg geborener Landschaftsmaler.

MOZARTSTRASSE (1863), Wolfgang Amadeus Mozart (1756-1791), Musiker und Komponist.

MÜNSTERMANNSWEG (1922), Ludwig Münstermann (gest. 1637/38), Bildhauer, war zu Beginn des 17. Jahrhunderts in Hamburg tätig.

NÖLKENSWEG (1927), Franz Nölken (1884-1918), Hamburger Maler.

OBERALTENALLEE (1862); die parallel zur Hamburger Straße verlaufende Oberaltenallee durfte früher nur von den Oberalten befahren werden, die Barmbek von 1529 bis 1830 regierten. Das Kollegium der Oberalten hatte im alten Hamburg für die notleidenden Bürger der Stadt zu sorgen und war nach den ersten Hamburger Verfassungen entscheidend an der Regierung der Stadt beteiligt.

OERTZWEG (1930); Max Oertz (1871-1929), Schiffskonstrukteur, entwickelte das „Oertz-Ruder", mit dem die Geschwindigkeit von Schnelldampfern gesteigert werden konnte.

OLDACHSTRASSE (1914), Julius Oldach (1804-1830), Hamburger Maler.

OTTO-SPECKTER-STRASSE (1928), Otto Speckter (1807-1871), Hamburger Maler, Radierer und Lithograph.

ORTRUDSTRASSE siehe ELSASTRASSE.

PEIFFERSWEG (1914), Engelbert Peiffer (1830-1896), Hamburger Bildhauer.

PESTALOZZISTRASSE (1880), Johann Heinrich Pestalozzi (1746-1827), Schweizer Pädagoge und Sozialreformer, Schöpfer der modernen Volksschule.

PINELSWEG (1912); Philippe Pinel (1745-1826), französischer Irrenarzt, setzte als erster eine ärztliche Behandlung ohne Zwangsmaßnahmen durch.

PLATHWEG, Christian Wilhelm Plath (1820-1894), Oberingenieur in Hamburg.

POPPENHUSENSTRASSE (1910), Conrad Poppenhusen (1818-1883), Begründer der New-York-Hamburger Gummiwaren-Compagnie (s. auch Maurienstraße).

Barmbek

REESESTRASSE (1903); der Hof der Hufnerfamilie Reese stand einst an der Ecke dieser Straße mit dem Barmbeker Markt (damals Am Markt). Ein Mitglied dieser Familie, Eggert Reese, war von 1803-1841 Vogt in Barmbek.

REYESWEG (1912), Dr. Daniel Wilh. Reye, 1866-1908 Dir. der Irrenanst. Friedrichsberg.

RICHARDSTRASSE siehe BARTHOLOMÄUSSTRASSE

RICHEYSTRASSE siehe Bramfeld.

ROSAMSTWIETE (1929), Walter Alfred Rosam (1883-1916), Hamburger Maler.

RÜMKERSTRASSE (1930), Charles R. Rümker (1788-1862), Direktor der Navigationsschule in Hamburg und der Hamburger Sternwarte.

RUNGESTRASSE (1929), **RUNGESTIEG** (1930), Philipp Otto Runge (1777-1810), bedeutendster Maler der Romantik, dessen Werk sich fast vollständig in der Hamburger Kunsthalle befindet.

RUTHSWEG (1914), Johann Georg Valentin Ruths (1825-1905), Hamburger Maler.

SCHAUDINNSTWIETE (1938), Dr. Fritz Schaudinn (1871-1906), Zoologe, Entdecker des Syphilis-Erregers, Abteilungsleiter im Institut für Schiffs- und Tropenkrankheiten. Bis 1938: Fraenkelsweg.

SCHLEIDENSTRASSE (1904), Mathias Jakob Schleiden (1804-1881), in Hamburg geborener Naturforscher und Mediziner.

SCHLICKSWEG (1914); Dr. Ing. Otto Schlick (1840-1913), Ingenieur, erfand das Massenausgleichsverfahren, das den Schiffsmaschinenbau revolutionierte.

SCHMACHTHÄGER STRASSE; das holsteinische Dorf Schmachthagen (im Kirchspiel Rahlstedt) wurde 1347 erstmals erwähnt und 1573 als „wüste Feldmark" bezeichnet. Es war niedergelegt worden.

SCHUBERTSTRASSE (1905), Franz Schubert (1797-1828), Komponist.

SCHUMANNSTRASSE (1876), Robert Schumann (1810-1856), Komponist.

SENTASTRASSE siehe ELSASTRASSE.

SPOHRSTRASSE (1904), Louis Spohr (1784-1859), Komponist und Violinspieler, ab 1822 Hofkapellmeister in Kassel.

STEILSHOOPER STRASSE (1862); die Steilshooper Straße verläuft auf dem al-

Barmbek

ten, erst seit 1877 teilweise gepflasterten Feldweg von Barmbek nach Steilshoop. Der in Steilshoop gelegene Teil hieß bis 1948 Bismarckstraße.

STÖTTRUPWEG (1930), Andreas Stöttrup (1754-1811), Maler und Kupferstecher.

STRADELLAKEHRE (1930); die am 30.12. 1914 in Hamburg uraufgeführte Oper „Alessandro Stradella" von Friedrich Frhr. von Flotow (s. Flotowstraße) gab dieser Straße ihren Namen.

STRASSBURGER STRASSE (1922); die Straßburger Straße wurde nach der elsässischen Metropole Straßburg benannt, weil diese nach dem Ersten Weltkrieg von Deutschland an Frankreich abgetreten werden mußte. Fast alle Dulsberger Straße haben ihre Namen von Städten und Gebieten, die dieses Schicksal teilten.

SUHRSWEG (1914), Christopher Suhr (1771-1842), Hamburger Maler.

THEODOR-RUMPEL-WEG (1929), **THEODOR-RUMPEL-STIEG** (1960), Prof. Theodor Rumpel (1862-1923), Arzt, Leiter des Barmbeker Krankenhauses.

TISCHBEINSTRASSE (1922); Johann Heinrich Wilhelm Tischbein (1751-1829), Hamburger Maler, malte Goethe in Italien.

VOGELWEIDE siehe VON-ESSEN-STRASSE

VOGTEIWEG (1899); zur Erinnerung an die 1894 aufgehobenen Vogteien in den geestländischen Vororten von Hamburg, zu denen Barmbek zählte, wurde die Kleine Weidestraße 1899 in Vogteiweg umbenannt.

VOLKMANNSTRASSE (1906), Robert Volkmann (1815-1883), Komponist.

VOLLMERSWEG (1927), Adolph Friedrich Vollmer (1806-1975), in Hamburg gestorbener Landschaftsmaler.

VON-AXEN-STRASSE (1907); Otto von Axen, 1814-1831 Oberalter (s. Oberaltenallee), machte sich während der französischen Besetzung von Hamburg um die Verwaltung der Hospitäler verdient.

VON-ESSEN-STRASSE (1862); die einem alten Weg folgende Von-Essen-Straße wurde nach Gerhard Heinrich von Essen (1770-1833), dem Besitzer einer hier gelegenen Gartenwirtschaft, benannt. Da von Essen ein großer Vogelliebhaber war, sind viele umliegende Straßen nach Vogelnamen benannt worden. Auch der Straßenname VOGELWEIDE (1888) erklärt sich aus diesem Zusammenhang.

WAGENFELDSTRASSE (1929), Otto Wagenfeld (17. Jht.), Hamburger Maler. Vorher: Wagenfeld.

Barmbek

WAGNERSTRASSE (1877); die Wagnerstraße ist zwar nach dem früheren Eigentümer des umliegenden Geländes, Franz Heinrich David Wagner, benannt, sie erinnert aber auch an den Opernkomponisten Richard Wagner (1813-1883). Figuren seiner Opern finden sich immerhin in drei Straßen der näheren Umgebung wieder (s. Elsastraße).

WASMANNSTRASSE (1914), Friedrich Wasmann (1805-1886), Hamburger Maler.

WEBERSTRASSE (1906), Carl Maria Freiherr von Weber (1786-1826), Opernkomponist („Der Freischütz").

WINTERHUDER WEG siehe Uhlenhorst.

Bergedorf

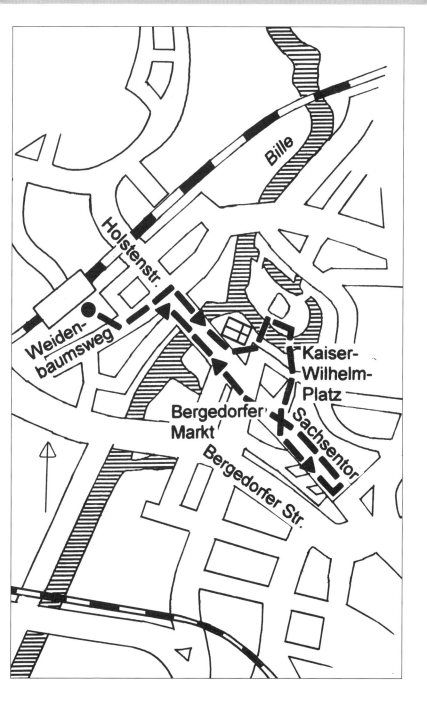

Bergedorf

Stadtteilrundgang

Der Rundgang beginnt am Bergedorfer Bahnhof (Ausgang Busbahnhof, Weidenbaumsweg). Wir wenden uns nach links in den **Weidenbaumsweg** und anschließend nach rechts in die **Alte Holstenstraße**, die kurz vor der Brücke über den Serrahn zur Fußgängerzone wird.

Über diese Brücke erreicht man den letzten erhalten gebliebenen Teil der Bergedorfer Altstadt. Gleich links ist nach wenigen Metern das um 1630 erbaute Hasse-Haus zu sehen, in dem der Komponist Johann Adolf Hasse geboren wurde. Gegenüber stehen zwei weitere Fachwerkhäuser aus dem 17. Jahrhundert, die allerdings erneuert wurden. Daneben fällt das Gebäude der alten Kornwassermühle ins Auge, das aber in dieser Gestalt erst 1839 errichtet wurde. Die ganze Szenerie wird von der St. Petri und Pauli Kirche überragt, die um 1500 erbaut und in den fogenden Jahrhunderten vielfach erweitert wurde. Der Innenraum der dörflich anmutenden Kirche lohnt unbedingt einen Besuch!

Der Rundgang führt nach links um die Kirche herum in die **Bergedorfer Schloßstraße**, von der man über eine Fußgängerbrücke in die Wallanlagen gelangt, die das Bergedorfer Schloß umgeben. Der West- und der Südtrakt der Residenz stammen aus dem 17. Jahrhundert, der Ostflügel, unter dem sich mittelalterliche Mauerreste befinden, wurde schon 1589/90 erbaut. Der eindrucksvollste Teil des Schlosses ist der 1897-1901 neu gestaltete Nordflügel. Im Schloß informiert ein Museum über die Kulturgeschichte von Bergedorf und den Marschlanden.

Wir verlassen die Wallanlagen über die Fußgängerbrücke im Südosten des Schlosses, die zum **Kaiser-Wilhelm-Platz** führt, einem idyllischen kleinen Platz mit Springbrunnen. Eine Bronzebüste des Kaisers weist auf den Namensgeber hin.

Wir überqueren diesen Platz und gelangen zum **Bergedorfer Markt**, der wie das Zentrum einer Kleinstadt anmutet. Hier und in der Straße **Sachsentor**, in die wir nach links einbiegen, stehen zahlreiche Fachwerkhäuser aus dem 17. und 18. Jahrhundert. Die Fußgängerzone Sachsentor lädt zum Bummeln oder zur Einkehr in die zahlreichen Restaurants ein. Wir kehren zurück zum Bergedorfer Markt und folgen der Straße Sachsentor in Richtung Westen, um über die Alte Holstenstraße und den Weidenbaumsweg zum Bergedorfer Bahnhof zurückzukehren.

Bergedorf

ACHTERSCHLAG siehe Vier- und Marschlande.

AGNES-WOLFFSON-STRASSE (1985), Agnes Wolffson (1849-1936), Förderin der Frauenbildung, Initiatorin des Hauswirtschaftsunterrichts an Hamburgs allgemeinbildenden Mädchenschulen, Begründerin eines Arbeiterinnenwohnheims, gründete 1902 eine Lehranstalt für Haushaltskunde.

ALTE HOLSTENSTRASSE siehe Lohbrügge.

AM BAUM; um 1800 verschloß ein Schlagbaum die Auffahrt zu dieser Straße

AM BRINK; urspr. trug ein Grasanger vor den Toren der Stadt diesen Namen, dort, wo die Brinksitzer wohnten, die keinen Anteil an der Geimeinweide hatten.

AM HOHEN STEGE; ein alter Steg, der über die Brookwetterung zwischen der früheren Holzhude und dem Curslacker Deich führte, gab dieser Straße ihren Namen.

AM POOL(1949), „Pool" bedeutet Pfuhl. So hieß hier früher eine Flur. Bis 1949: Deichstraße.

ANITA-RÉE-STRASSE (1984), Anita Rée (1885-1933), Hamburger Malerin, Gründungsmitglied der Hamburger Sezession, beging 1933 Selbstmord.

ANNA-SIEMSEN-GANG (1984), Anna Siemsen (1882-1951), Bildungspolitikerin, Oberschulrätin in Hamburg, Pazifistin.

ANNA-VON-GIERKE-RING (1992), Anna von Gierke (1874-1943), Kinderfürsorgerin, leitende Mitarbeiterin verschiedener Kinderfürsorge- und Jugendwohlfahrtsorganisationen, Tochter des Rechtshistorikers Otto von Gierke, Schöpferin des Begriffs „Sozialpädagogik".

ANNEMARIE-LADEWIG-KEHRE (1987); Annemarie Ladewig (1919-1945), Widerstandskämpferin gegen das NS-Regime, wurde 1945 ohne Prozeß hingerichtet.

ARNDTWEG, Ernst Moritz Arndt (1796-1868), Dichter, Mitglied der Deutschen Nationalversammlung in Frankfurt 1848/49.

ARNOLDISTIEG (1949), Jochim Arnoldi (gest.1694), Bergedorfer Amtsschreiber. Seine Witwe stiftete das nach ihm benannte Altersheim Jochimsstift. Bis 1949: Rosenstraße.

AUGUSTASTRASSE (vor 1936), Augusta von Sachsen-Weimar (1811-1890), Deutsche Kaiserin, Gemahlin Wilhelms I.

Bergedorf

AUGUST-BEBEL-STRASSE (1945), August Bebel (1840-1913), Mitbegründer und Vorsitzender der SPD.
Bis 1945: Bergstraße, während der NS-Zeit z.Tl. Hitlerstraße.

AUGUSTE-SCHMIDT-WEG (1987), Auguste Schmidt (1833-1902), Frauenrechtlerin und Gewerkschafterin, 1894-1899 Vorsitzende des Bundes Deutscher Frauenvereine.

BAEDEKERBOGEN siehe Vier- und Marschlande.

BERGEDORFER MARKT (1949); Bergedorf hat seinen Namen vermutlich von seiner Lage am Geestabhang. In der platten norddeutschen Landschaft war es das Dorf der Bergbewohner. Sein schon 1438 erwähnter Markt hieß bis 1949 auch offiziell so.

BERGEDORFER STRASSE siehe Lohbrügge.

BOLDTSTRASSE (1949); Carl Boldt (1887-1945), Maschinenmeister und Bergedorfer Bürgervertreter, starb als Häftling des KZs Neuengamme in der Neustädter Bucht durch Luftangriffe. Bis 1949: Ellernweg.

BULT (1947), die nach dem Flurnamen „Auf" oder „In der Bult" (Anhöhe, Erhebung) benannte Straße hieß vor 1947 Immelmannstraße und Schulstraße.

CHRYSANDERSTRASSE (1949); Dr. Friedrich Chrysander (1826-1901), Musikgelehrten, lebte unter anderem in Bergedorf und gab hier ab 1866 eine 100 Bände starke Gesamtausgabe der Werke Händels heraus.
Bis 1949: Brauerstraße.

CORTHUMSTRASSE (1949); die alte Bergedorfer Familie Corthum stellte von 1590 bis 1704 drei Pastoren und von 1735 bis 1740 einen Bürgermeister. Bis 1949 Freiligrathstraße.

DANIEL-HINSCHE-STRASSE (1949), Daniel Hinsche (1771-1848), Schriftsteller und Bergedorfer Bürgermeister. Bis 1949: Goethestraße.

DEL-BANCO-KEHRE (1985), Alma del Banco (1862-1943), Hamburger Malerin, Mitglied der „Hamburger Sezession".

DIETRICH-SCHREYGE-STRASSE; Dietrich Schreyge (gest. 1420), Hamburger Offizier, fiel bei der Eroberung des Bergedorfer Schlosses durch Hamburg und Lübeck.

DOKTORBERG (1949), hier starb am 3.5.1797 ganz plötzlich der einstige kaiserlich-russische Staatschirurg Dr. med. Carsten Mathias Thode. Bis 1949: Hohler Weg.

Bergedorf

DREIEICHENWEG (1947); das Bergedorfer Stadtwappen, das drei Eichen zeigt, stand Pate bei der Umbenennung der Roonstraße, die zeitweise Brabandstraße (ab 1922) hieß. Die Umgebung hieß außerdem um 1810 „Bei den drei Eichen".

DUWOCKSKAMP (1947); Duwock ist die niederdeutsche Bezeichnung für den Schachtelhalm. Die Straße setzte sich ursprünglich aus der Jacobs- und der Heuerstraße zusammen und hieß anschließend Richthofenstraße.

EBNER-ESCHENBACH-WEG (1984), Marie von Ebner-Eschenbach (1830-1916), österreichische Schriftstellerin.

ELISABETH-THOMANN-WEG (1949), Elisabeth Thomann (1856-1919), Bergedorfer Heimatschriftstellerin. Bis 1949: Moltkestraße (zwischenzeitlich ab 1922: Réestraße).

ELISABETH-VON-THADDEN-KEHRE (1987); Elisabeth von Thadden (1890-1944), Gründerin und Leiterin eines Landerziehungsheims, wurde 1944 als Nazigegnerin hingerichtet.

ELLY-HEUSS-KNAPP-RING (1991), Elly Heuss-Knapp (1881-1952), Lehrerin, Sozialpolitikerin, gründete 1950 das Müttergenesungswerk, Ehefrau von Theodor Heuss.

ERIKA-ETTER-KEHRE (1985); Erika Else Etter (1922-1945), Mitglied einer Widerstandsgruppe gegen das NS-Regime, wurde 1945 ohne Prozeß hingerichtet.

ERNA-BEHLING-KEHRE (1987); Erna Behling (1884-1945), Kommunistin, Widerstandskämpferin gegen das NS-Regime, wurde 1945 ohne Prozeß hingerichtet.

ERNA-MOHR-KEHRE (1984), Dr. h.c. Erna Mohr(1894-1968), wissenschaftliche Autorin, Volksschullehrerin, Kustodin des Zoologischen Museums in Hamburg.

ERNST-HENNING-STRASSE (1949), Ernst Henning (gest. 1931), Bergedorfer KPD-Abgeordneter in der Hamburger Bürgerschaft, erstes Bergedorfer Opfer des Nazi-Regimes aus politischen Gründen. Bis 1949: Walter-Flex-Straße.

ERNST-MANTIUS-STRASSE (1900), Dr. Ernst Mantius (1838-1897), Rechtsanwalt und Bürgermeister von Bergedorf (ab 1882), machte sich um die fortschrittliche Entwicklung Bergedorfs verdient.

FANNY-ELSSLER-BOGEN (1987), Fanny Elßler (1810-1884), österreichische Ballettänzerin, die zeitweise in Hamburg lebte und wirkte.

FANNY-LEWALD-RING (1984), Fanny Lewald (1811-1889), Schriftstellerin, Verfechterin der Frauenemanzipation.

Bergedorf

FREIWEIDE (1949); die Bergedorfer Bürger konnten hier einst ungehindert ihr Vieh auf die Weide schicken. Bis 1949: Feldstraße.

FRIEDRICH-FRANK-BOGEN (1968), Friedrich Frank (1884-1960), SPD-Politiker, 1931-1933 Bürgermeister von Bergedorf, 1926-1933 und 1946-1947 Hamburger Bürgerschaftsabgeordneter, 1946-1953 Senator für Bezirksverwaltung sowie für Ernährung und Landwirtschaft.

FRITZ-STOFFERT-STRASSE (1939), Friedrich Stoffert (1817-1910), Kaufmann, Mitbegründer des Bergedorfer Bürgervereins, Kunstmaler.

GERHARD-FALK-STRASSE (1995), Gerhard Falk (1922-1983), Kartograph, Gründer des in Bergedorf ansässigen Falk-Verlages.
1986-1995: Im Gleisdreieck.

GERTRUD-BÄUMER-STIEG (1984), Gertrud Bäumer (1873-1954), Schriftstellerin und Frauenrechtlerin, 1918 Mitbegründerin der Deutschen Demokratischen Partei, 1920-1923 Leiterin des Sozialpädagogischen Instituts Hamburg.

GERTRUD-SEELE-KEHRE (1987); Gertrud Seele (1917-1945), Widerstandskämpferin gegen das NS-Regime, wurde 1945 hingerichtet.

GERTRUD-WERNER-WEG (1984), Gertrud Werner (1887-1971), 1912-1957 Hebamme in Allermöhe.

GLÄSZWEG (1949), Gustav Gläsz (1863-1927), Kaufmann und Bergedorfer Heimatforscher. Bis 1949: Bülowweg.

GORDONKEHRE (1985); Klara Gordon (1866-1937), war 40 Jahre Oberin im Israelitischen Krankenhaus in Hamburg.

GRÄPELWEG (1949), Johann Gerhard Gräpel (1747-1822), in Bergedorf geborener Hamburger Senator. Die alte Bergedorfer Familie Gräpel hat außerdem die Bergedorfer Bürgermeister Carsten Gräpel (amtierte 1748-1765) und Jacob Gräpel (1743-1832, amtierte 1795-1828) hervorgebracht. Bis 1949: Hansastraße.

GRAUSTRASSE (1949), Carl Grau (1854-1935), langjähriger Dirigent der Hasse-Gesellschaft (s. Hassestraße). Bis 1949: Uhlandstraße.

GUSTAV-STILLE-WEG (1949), Gustav Stille, Arzt und niederdeutscher Schriftsteller. Bis 1949: Hans-Lody-Weg.

HANS-FREESE-WEG (1949), Hans Freese (gest. um 1611), Artilleriemeister des Bergedorfer Schlosses und Zeichner. Freese zeichnete 1593 die älteste Karte von Bergedorf. Bis 1949: Jahnweg.

Bergedorf

HANS-MATTHIESSEN-STRASSE (1949), Hans Matthiesen (1876-1944), Bergedorfer Pädagoge und Bürgervertreter. Bis 1949: Gorch-Fock-Straße (zwischenzeitlich: Herweghstraße).

HASSESTRASSE (1901), Johann Adolf Hasse (1699-1783), in Berged. geb. Komponist.

HEINRICH-HEINE-WEG, Heinrich Heine (1797-1856), Dichter, Neffe des Hamburger Bankiers Salomon Heine.

HELENE-HEYCKENDORF-KEHRE (1987), Helene Heyckendorf (1893-1945), Widerstandskämpferin gegen das NS-Regime, wurde 1945 ohne Prozeß hingerichtet.

HELMUT-NACK-STRASSE (1995), Helmut Nack (1922-1983), ab 1964 Vorsitzender des Deutschen Gewerkschaftsbundes in Bergedorf.

HENRIETTE-HERZ-RING (1984), **HENRIETTE-HERZ-GARTEN** (1984); Henriette Herz (1764-1847), führte in Berlin einen literarischen Salon, der sich zum Zentrum der Frühromantiker entwickelte.

HERMANN-DISTEL-STRASSE (1949); Hermann Distel (1875-1945), Bergedorfer Architekt, baute das Hauptgebäude der Hamburger Universität und sich selbst ein Haus in dieser Straße (Nr. 31). Bis 1949: Bismarckstraße (zwischenzeitlich ab 1922 Bebelstraße).

HERMANN-LÖNS-HÖHE, Hermann Löns (1866-1914), Dichter.

HEYSESTRASSE (1949), Paul Heyse (1830-1914), Dichter und Nobelpreisträger für Literatur (1910). Bis 1949: Beethovenstraße.

HILDA-MONTE-WEG (1986); Hilda Monte (1914-1945), Schriftstellerin und Widerstandskämpferin gegen das NS-Regime, wurde 1945 an der Schweizer Grenze erschossen.

HOFFMANN-VON-FALLERSLEBEN-STRASSE; Prof. August Heinrich Hoffmann von Fallersleben (1798-1847), Germanist und Dichter, Verfasser des Deutschlandliedes, war mit dem Bergedorfer Heimatforscher Ritter (s. Rektor-Ritter-Straße) befreundet.

HOLTENKLINKER STRASSE (1949); die Holtenklinker Straße führt zu dem Bergedorfer Ortsteil Holtenklinke, der seinen Namen von einem als „Hölzerne Klinke" bekannten Schlagbaum am früheren Wachhaus zum Weg nach Zollenspieker hat, an dem Zoll erhoben wurde. Bis 1949: Brunnenstraße.

HUDE; die durch den Durchbruch der Bergedorfer Straße arg verkürzte Straße führte früher zu einem alten Lager- und Landeplatz, einer Hude.

Bergedorf

HULBEPARK (1951), Georg Hulbe (1851-1917), Bergedorfer Fabrikant und Lederkünstler. Bis 1951: Nebenweg 1 des Doktorbergs.

IDA-BOY-ED-STRASSE (1927), Ida Boy-Ed (1852-1928), in Berged. geb. Schriftstellerin.

JEANETTE-WOLFF-RING (1992), Jeanette Wolff (1888-1976), jüdische Widerstandskämpferin gegen das NS-Regime, 1941-1945 KZ-Haft, 1953-1961 Bundestagsabgeordnete für die SPD.

JUSTUS-BRINCKMANN-STRASSE (1947); unter diesem Namen wurden 1947 der Jungfernstieg sowie die Hindenburg- und die Rathenaustraße zusammengefaßt. Die Rathenaustraße hieß während der NS-Zeit Horst-Wessel-Straße. Der in Bergedorf wohnhafte Professor Justus Brinckmann (1843-1915) gründete das Museum für Kunst und Gewerbe und erforschte die bäuerliche Kultur der Vier- und Marschlande.

KAISER-WILHELM-PLATZ (1891), Wilhelm I. (1791-1888), ab 1871 Deutscher Kaiser (seine Büste steht hier).

KAMPCHAUSSEE (1838); die nach dem Kamp, der früheren Gemeinweide, benannte Kampchaussee wurde als erste Kunststraße Bergedorfs angelegt, um eine neue zollfreie Verbindung nach Hamburg über Billwerder zu schaffen.

KIEHNSHECKEN (1949); nach der Familie eines früheren Grundeigentümers dieses Geländes wurde 1949 der Heckenweg umbenannt.

KLAUS-SCHAUMANN-STRASSE, Klaus Schaumann (1807-1880), Besitzer des Kämmereigutes Nettelnburg, Mitbegründer des Landwirtschaftlichen Vereins der Hamburger Marschlande.

Ein Brunnen ziert den malerischen Kaiser-Wilhelm-Platz.

KRAPPHOFSTRASSE siehe Vier- und Marschlande.

KUPFERHOF; der Name der alten Straße erinnert an den 1613 eingerichteten Kupferhammer für eine Schmelzmühle.

LAMPENLAND (1949); das umliegende Land stiftete Bergedorfs Amtmann Hinrich von Calvern 1491 der Kirche zum Unterhalt einer „ewigen Lampe" am Altar. Bis 1949: Ulmenweg.

Bergedorf

LAMPRECHTSTRASSE (1887), Dr. Dietrich Philipp August Lamprecht (1796-1882), Rechtsanwalt, 1848-1874 Bürgermeister von Bergedorf.

LILO-GLOEDEN-KEHRE (1987), Dr. jur. Elisabeth Charlotte gen. Lilo Gloeden (1903-1944), Widerständlerin gegen das NS-Regime, beherbergte nach dem Attentat auf Hitler einen daran beteiligten Offizier, wurde daraufhin hingerichtet.

LILY-BRAUN-STRASSE (1985), Lily Braun (1865-1916), Schriftstellerin und Frauenrechtlerin.

LINDENBERGWEG (1955); Dr. Bernhard Wilhelm Lindenberg (1781-1851), Jurist, 1814-1851 Amtsverwalter in Bergedorf, rettete das Bergedorfer Schloß nach Zerstörungen durch Franzosen und Russen vor dem Abriß.

LISBETH-BRUHN-STRASSE (1985), Lisbeth Bruhn (1894-1944), Kommunistin, Widerstandskämpferin gegen das NS-Regime in Hamburger Betrieben.

LUCIE-SUHLING-WEG (1985), Lucie Suhling (1906-1981), Kommunistin, Widerstandskämpferin gegen das NS-Regime.

LUISE-OTTO-PETERS-WEG (1985); Luise Otto-Peters (1819-1895), gründete 1848 die erste deutsche Frauenzeitung und gehörte 1856 zu den Gründerinnen des „Allgemeinen Deutschen Frauenvereins", den sie 30 Jahre leitete.

MARIA-TERWIEL-KEHRE (1987), Maria Terwiel (1910-1943), Widerstandskämpferin gegen das NS-Regime, wurde 1943 hingerichtet.

MARIE-FIERING-KEHRE (1985), Marie Fiering (1897-1945), unterstützte den Widerstand gegen das NS-Regime bei Blohm & Voss, wurde 1945 ohne Prozeß hingerichtet.

MARTA-DAMKOWSKI-KEHRE (1986), Marta Damkowski (1911-1982), Widerstandskämpferin gegen das NS-Regime, Leiterin des Frauengefängnisses in Hamburg, 1946-1953 Bürgerschaftsabgeordnete für die SPD.

MARY-MARCUS-KEHRE (1985), Mary Marcus (1844-1930), 1868 bis 1924 Schulvorsteherin der Israelitischen Mädchenschule in Hamburg.

MÖLLERS KAMP (1949), Claus Möller (1735-1770), Vorbesitzer des Geländes. Bis 1949: Karolinenstraße.

MOHNHOF; am Mohnhof oder Mahnhof lebte zu Beginn des 17. Jahrhunderts ein Mann namens Mahn, dem die Straße vermutlich ihren Namen verdankt.

NETTELNBURGER STRASSE (1924), **NETTELNBURGER LANDWEG,**

Bergedorf

NETTELNBURGER KIRCHENWEG (1957); Netelenburg wird 1208 erstmals erwähnt. Das früher hier gelegene Gut Nettelnburg wurde 1768 hamburgisch.

OTTILIE-BAADER-STRASSE (1985); Ottilie Baader(1847-1925), Fabrikarbeiterin, war maßgeblich am Aufbau der Gewerkschaften beteiligt.

PAALZOWWEG (1949), Franz Wilhelm Ludwig Paalzow (1816-1899), Postdirektor, Schöpfer der 1861 herausgegebenen Beiderstädtische (Hamburg/Lübeck) Bergedorfer Briefmarke. Bis 1949: Fritz-Reuter-Weg, davor seit 1910 Fritz-Reuter-Straße.

PANNERWEG (1956); an diesem alten Grenzweg wurde geschmuggelte Ware vom städtischen Flurwächter als Pfand („Panner") bis zur Bezahlung der Ware oder Zahlung einer Geldstrafe zurückgehalten.

PFINGSTBERG (1949); die nach dem schon 1690 erwähnten Flurnamen Pfingstberg benannte Straße, hieß bis 1949 Hochallee.

RAHEL-VARNHAGEN-WEG (1984); Rahel Varnhagen (1771-1833), führte einen Salon in Berlin, der viele Jahre der Mittelpunkt des literarischen Lebens der Stadt war.

REEPERSTIEG (1949); die kleine nach den einst hier ansässigen Reepschlägern (Seilern) benannte Straße hieß bis 1949 Reeperbahn.

REETWERDER; die nach einem Flurnamen benannte 1900 angelegte Straße hieß ursprünglich Bahnstraße.

REIMBOLDWEG (1956), Johannes Reimbold (1645-1713), 1677-1713 Amtsverwalter von Bergedorf.

REKTOR-RITTER-STRASSE (1949); unter diesem Namen wurden 1949 die Ritter- und die Sillemstraße zusammengezogen. Georg Friedrich Ritter (1800-1879) war 1829 bis 1871 Rektor der Bergedorfer Stadtschule und Mitbegründer des Bergedorfer Bürgervereins. Außerdem gründete er die Liedertafel.

RICARDA-HUCH-RING (1985), Ricarda Huch (1864-1947), Schriftstellerin und Historikerin.

RICHARD-GÖDEKE-WEG (1994), Richard Gödeke (1894-1981), Vorsitzender der Gemeinnützigen Siedlung Nettelnburg, vor 1994 Teil des Nettelnburger Kirchenweges.

ROSA-SCHAPIRE-WEG (1989), Dr. Rosa Schapire (1874-1954), Kunsthistorikerin und Übersetzerin, Förderin des Malers Karl Schmidt-Rotluff, gründete 1916 den Deutschen Frauenbund zur Förderung deutscher bildender Kunst.

ROTHENHAUSCHAUSSEE, das 1609 erbaute „Rote Haus" war ein Zoll- und Forst-

Bergedorf

haus an der Landesgrenze zum Herzogtum Lauenburg.

SACHSENTOR (1949), die Fußgängerzone und Bummelmeile im Zentrum von Bergedorf hat ihren Namen von dem östlichen Tor der ältesten Stadt Bergedorf. Die Straße wurde 1949 aus der Großen und der Sachsenstraße gebildet.

SANDER DAMM; der Name erinnert an die nach den dort gelegenen Talsandstreifen der nacheiszeitlichen Flugsande benannten Ortschaft Sande im heutigen Lohbrügge, die 1929 in der Großgemeinde Lohbrügge aufging.

SCHILLERUFER (1927), Friedrich von Schiller (1759-1805), Dichter und Dramatiker.

Durch den erhalten gebliebenen Teil des Bergedorfer Stadtkerns führt die Straße „Sachsentor".

SCHLEBUSCHWEG; die Familie der beiden Bergedorfer Ratsherrn Carl Schlebusch (1781-1852) und Iwan Schlebusch (1805-1885) legte diese Straße an.

SCHMIDTWEG (1955), Bernhard Schmidt (1879-1935), Astrooptiker an der Sternwarte, Erfinder des „Schmidt-Spiegels".

SCHORRHÖHE (1955), Professor Dr. Richard Schorr (1867-1951), Direktor der Hamburger Sternwarte, die er 1912 nach Bergedorf verlegte.

SCHULDORFFSTRASSE (1950), Hermann Schuldorff (1584-1657), Amtsverwalter in Bergedorf.

SELLSCHOPSTIEG (1949); aus der alten Bergedorfer Familie Sellschop (16. Jhdt.) ging 1722 ein Bergedorfer Bürgermeister, der Barbier Jürgen Sellschop, hervor. Bis 1949 Klaus-Groth-Straße.

SERRAHNSTRASSE (1902); als Serrahn wurde früher ein Wasserstau mit Freischützen bezeichnet. Freischützen dienen zur Regulierung der Wassermenge. Kornmüller fingen einst mit ihrer Hilfe Aale. Noch heute befindet sich hier ein Stauwehr.

Bergedorf

SICHTER (1947); als Sichter werden hölzerne Wassergerinne unter sumpfigen Wegen bezeichnet. Bis 1947: Lübecker Straße.

SOLTAUSTRASSE (1949), Dr. Diedrich Wilhelm Soltau (1745-1827), in Bergedorf geborener Sprachforscher und Schriftsteller. Bis 1949: Gärtnerstraße.

SPIERINGSTRASSE (1949), Andreas Spiering (1842-1914), Handelsgärtner und Heimatforscher, Gründer des Bergedorfer Heimatmuseums. Bis 1949: Am Birkenhain.

STUHLROHRSTRASSE (1949); nach einer früher hier befindlichen Stuhlrohrfabrik wurde 1949 die Friedrichstraße umbenannt.

THERESE-GIESE-BOGEN (1985); Therese Giese (1898-1975), Schauspielerin, Mitarbeiterin von Bertolt Brecht, wurde als „Mutter Courage" berühmt.

TÖPFERTWIETE (1753), **TÖPFERHOF** (1949); hier befand sich eine alte Töpferei, die jahrhundertelang an der Töpfertwiete lag. Der Töpferhof hieß bis 1949 Südstraße.

URSULA-QUERNER-STRASSE (1985), Ursula Querner (1921-1969), Hamburger Bildhauerin.

VINHAGENWEG (1949), Rothardt Vinhagen (gest. 1677), früherer Amtsverwalter des Bergedorfer Schlosses. Bis 1949: Knickweg.

VON-ANCKELN-STRASSE (1949), nach der alten Bergedorfer Familie von Anckeln, die im 17. und im 18. Jahrhundert zwei Bürgermeister hervorgebracht hat, wurde 1949 die Blücherstraße umbenannt, die zeitweise (ab 1922) Rathenaustraße hieß.

WACHSBLEICHE (1945); eines der ersten Unternehmen am Schleusengraben war eine Wachsbleiche.

WEIDENBAUMSWEG (1949); der Weidenbaumsweg hat seinen Namen von einem Schlagbaum, der die einstige Gemeinweide der Bergedorfer Ackerbürger, den Kamp, begrenzte. Bis 1949 Kampstraße.

WETTERINGE (1945), „Wetteringe" ist ein althochdeutsches Wort für Wetterung, ein in die Marsch führender Abflußgraben.

WIEBEKINGWEG (1949), Laurens Wiebeking (gest. 1734), 1713 bis 1734 Amtsverwalter des Bergedorfer Schlosses. Bis 1949: Kuhberg.

Billbrook

BILLBROOK

ANDREAS-MEYER-STRASSE (1924); Franz Andreas Meyer (1837-1901), Ingenieur, seit 1872 Oberingenieur von Hamburg und als solcher zuständig für das gesamte öffentliche Bauwesen, errichtete unter anderem die Speicherstadt.

BERZELIUSSTRASSE (1914); Jöns Jakob Freiherr von Berzelius (1779-1848), schwedischer Chemiker, führte die heute gebräuchlichen chemischen Symbole ein.

BILLBROOKDEICH (1914); Billbrook wurde unter diesem neu gewählten Namen 1912 als Hamburger Vorort geschaffen.

BORSIGSTRASSE (1924); August Borsig (1804-1854), Industrieller, gründete 1837 eine Maschinenfabrik zur Herstellung von Dampfmaschinen.

BREDOWSTRASSE (1973), Hans Bredow (1879-1959), Ingenieur, Vater des deutschen Rundfunks, 1926-1933 Reichs-Rundfunk-Kommissar.

GRUSONSTRASSE (1924); H.A.J. Gruson (1821-1895), Großindustrieller, erfand den Grusonschen Hartguß, der vor allem für Panzerplatten und -türme verwendet wurde.

HALSKESTRASSE (1948); Johann Georg Halske (1814-1890), Elektrotechniker, gründete 1847 mit Werner Siemens die Firma Siemens & Halske, aus der er 1867 ausschied. Bis 1948: Kruppstraße.

LIEBIGSTRASSE (1914), Justus Freiherr von Liebig (1803-1873), Chemiker, förderte die organische Chemie, entdeckte das Chloroform.

POGGENDORFSTRASSE (1930), Johann Chr. Poggendorf (1796-1877), Hamburger Chemiker und Physiker. 1914-1930 Poggendorfsweg.

PORGESRING, Georges Porges (1850-1940), Gründer der ersten größeren Fabrik in Billbrook. Früher: Porgesweg (seit 1958).

WERNER-SIEMENS-STRASSE (1924), Werner von Siemens (1816-1892), Erfinder, Begründer der Elektrotechnik, Mitbegründer der Firma Siemens & Halske, aus der die heutige Firma Siemens hervorging.

WÖHLERSTRASSE (1914), Friedrich Wöhler (1800-1882), Chemiker, einer der erfolgreichsten seiner Zunft.

Billstedt

BILLSTEDT

ARCHENHOLZSTRASSE, Johann Wilhelm von Archenholz (1743-1812), preußischer Hauptmann, früherer Besitzer des Öjendorfer Hofes.

ARNDESSTIEG (1948), Stephan Arndes (15. Jhrd.), hamburgisch-lübischer Buchdrucker. Bis 1948: Jahnstraße.

AUGUST-MACKE-WEG (1977), August Macke (1887-1914), Maler.

BARCKHUSENDAMM (1948), Hermann Barckhusen (um 1500), Rostocker Buchdrucker. Bis 1948: Hochstraße.

BAXMANNSTRASSE (1948), **BAXMANNWEG**, Johann Henning Baxmann (1730-1796), Hamburger Ingenieurkapitän, Wasserbauer und Zeichner von Elbkarten. Bis 1948: Eggersweg

BEHAIMWEG (1948), Martin Behaim (1459-1507), Nürnberger Kosmograph, stellte den ältesten Erdglobus her.

BERGEDORFER STRASSE siehe Lohbrügge.

BILLSTEDTER HAUPTSTRASSE (1951), **BILLSTEDTER PLATZ** (1969); die nach der Bille benannte Gemeinde Billstedt wurde 1928 durch die Zusammenlegung der Dörfer Schiffbek, Kirchsteinbek und Öjendorf gebildet. Die Billstedter Hauptstraße hieß vor 1951 nur Hauptstraße.

BILLSTEDTER MÜHLENWEG (1948); der Billstedter Mühlenweg führte früher auf die 700 Jahre alte Schleemer Windmühle zu, die im Zweiten Weltkrieg abbrannte. Bis 1948 Mühlenweg.

BONHOEFFERSTRASSE (1962), Dietrich Bonhoeffer (1906-1945), Theologe, führendes Mitglied der Bekennenden Kirche, die sich im Dritten Reich nicht anpaßte, wurde 1945 hingerichtet.

BORCHARDSHEIDE (1948); Hans und Thomas Borchedes, Leiter der ersten Hamburger Buchdruckerei in der Pelzerstraße, stellten 1491 die ersten Hamburger Druckerzeugnisse her. Bis 1948: Heidberg.

BRAUNSTIEG (1948), Georg Braun (1572-1622), Herausgeber des Städteatlasses „Städtebuch". Bis 1948 Finkenweg. Nach seinem Mitarbeiter Franz Hogenberg (gest. 1590) wurde der HOGENBERGKAMP (1948) benannt.

BROCKHAUSWEG (1948), Friedrich Brockhaus (1772-1823), Leipziger Verleger. Bis 1948: Auguststraße.

Billstedt

COTTAWEG (1957), Johann Friedrich Freiherr von Cotta (1764-1823), Verleger.

DANCKWERTHWEG (1948); Caspar Danckwerth (gest. 1672), Husumer Bürgermeister, brachte 1652 das Kartenwerk „Schleswig Holsteinische Landesbeschreibung" heraus. Bis 1948: Rosenweg.

DANIEL-FRESE-STRASSE (1975), Daniel Frese (1540-1611), Kartograph.

DANNERALLEE siehe Horn.

DASEWEG (1948), Johann Martin Zacharias Dase (1824-1861), Rechenkünstler aus Hamburg, trat im Alter von 15 Jahren zum ersten Mal in der Öffentlichkeit auf, zog im Kopf Quadratwurzeln mit mehrstelligen Zahlen.

DIETZWEG (1966), Heinrich Dietz (1843-1922), sozialdemokratischer Verleger, Reichstagsabgeordneter.

DUDENWEG (1950), Konrad Duden (1829-1911), Gymnasiallehrer, Verfasser des Duden-Wörterbuchs.

EDVARD-MUNCH-STRASSE (1977), Edvard Munch (1863-1907), norweg. Maler.

EVERLINGWEG (1964), Dr. h.c. Henry Everling (1873-1960), Senator, Ehrenbürger von Hamburg.

FEININGERSTRASSE (1977), Lyonel Feiniger, (1871-1956), Maler.

FELGINER WEG (1967), Theodor Christoph Felginer (1686-1726), Verleger.

FRANZ-MARC-STRASSE (1974), Franz Marc (1880-1916), Maler.

FROBENIUSWEG (1948), Georg Ludwig Frobenius (1566-1645), Hamburger Buchdrucker und Buchhändler. Bis 1948 Karlstraße.

GEERZKAMP (1975), Franz Geerz (1816-1888), Kartograph.

GLITZAWEG (1964), Dr. J. F. Adolph Glitza (1820-1894), Hauptpastor der Hamburger Katharinenkirche.

GUNDERMANNSTRASSE (1962), Tobias Gundermann (17. Jhdt.), Verleger.

GUSTAV-KLIMT-WEG (1980), Gustav Klimt (1862-1918), Maler.

HASENBANCKWEG (1948), Johann Otto Hasenbanck (1681-1759), Artillerie-Hauptmann und Kartograph. Bis 1948: Wiesenweg II.

Billstedt

HEINRICH-STÜCK-GANG (1948), Heinrich Stück (1823-1915), Leiter des Hamburgischen Vermessungswesens. Bis 1948 Nelkenweg.

HERTELSTIEG (1948), Zacharias Hertel (gest. 1676), Hamburger Verleger. Bis 1948: Heinrichstraße.

HÖFNAGELECK (1948), Joris Höfnagel (1545-1600), Kartograph. Bis 1948: Grasweg.

HOGENBERGKAMP siehe BRAUNSTIEG.

HOLLESTRASSE, Hermann Heinrich Holle (1679-1736), hochfürstlich Holstein-Gottorf priviligierter Buchdrucker, wurde durch seine Bibeldrucklegung bekannt, lebte 1712-1736 in Schiffbek, gab 1712 das „Schiffbeker Posthorn" heraus, die Vorläuferin der ältesten Hamburger Zeitung, des „Hamburger Correspondenten".

HONDIUSWEG (1975), Jodocus Hondius (1563-1610), Kartograph.

IHLESTRASSE (1962), Albert Ihle (1869-1931), Gewerkschaftsführer und Bürgerschaftsabgeordneter.

ITTENSTRASSE (1974), Johannes Itten (1888-1967), Maler aus der Schweiz,

JENKELWEG (1950); die alte Schiffbeker Bauernfamilie Jenkel gab dem Jenkelweg seinen Namen.

JULIUS-CAMPE-WEG (1945), Julius Campe (1792-1867), Hamburger Buchhändler und Patriot, nahm bei den Lützower Jägern am Befreiungskrieg gegen Napoleon teil, trat in die Buchhandlung Hoffmann & Campe ein.

KAERIUSWEG (1963); Petrus Kaerius, Verleger, verlegte die Hamburger Stadtansicht von 1619.

KANDINSKYALLEE (1980); die Hauptstraße der Siedlung Mümmelmannsberg ist nach dem russischen Maler und Graphiker Wassily Kandinsky (1866-1944) benannt.

KARL-STRUTZ-WEG (1980), Karl Strutz (1908-1974), 1946-1970 und 1971-1974 Hamburger Bürgerschaftsabgeordneter.

KASPAR-SIEMERS-WEG (1948), **KASPAR-SIEMERS-STIEG** (1948), Kaspar Friedrich Siemers, Bauernvogt von Schiffbek, Nachkomme einer seit 1640 auf dem Siemershof in Schiffbek ansässigen Bauernfamilie.

KIRCHNERWEG (1977), Ernst Ludwig Kirchner (1880-1938), Maler.

Billstedt

KORVERWEG (1948); nach den Gebrüdern Korver aus Amsterdam, die mit Hilfe ihrer 1523 nach Hamburg verlegten Buchdruckerei Luthers Neues Testament in der niederdeutschen Sprache verbreiteten, wurde 1948 die Bergstraße umbenannt.

LEGIENSTRASSE siehe Horn.

LEMKUSWEG (1960), Diedrich Lemkus (um 1700), Kupferstecher.

LEYSAHTBOGEN (1980), Otto Leysaht (1855-1920), Gründer der ersten Apotheke in Billstedt (1893), Stifter des größten Teils der Billstedter Badeanstalt.

LIEBZEITSTRASSE (1962), Gottfried Liebzeit (geb. 1711), Verleger.

MANSHARDTSTRASSE siehe Horn.

MAUKESTIEG (1949), Johann Wilhelm Mauke (1790-1859), Hamburger Buchhändler. Bis 1949: östlicher Teil der Carl-Lorenzen-Straße.

MAX-KLINGER-STRASSE (1974), Max Klinger (1857-1920), Maler.

MAX-PECHSTEIN-STRASSE (1977), Max Pechstein (1881-1955), Maler.

MEHRENSKAMP (1955), Peter Mehrens (1886-1938), Maler und Gewerkschaftsangestellter, 1928-1933 stellvertretender Gemeindevorsitzender von Billstedt.

MERIANDAMM (1948), Matthäus Merian (1593-1650), Radierer, den seine Stadtansichten bekannt machten. Bis 1948: Drosselweg.

MERKATORWEG (1949), Gerhard Merkator (1512-1594), Kartograph, Schöpfer der Merkatorprojektionen. Bis 1949: Birkenweg.

MICHAEL-HERING-WEG (1962), Michael Hering (1570-1633), Verleger.

MONDRIANWEG (1977), Piet Mondrian (1872-1944), niederländischer Maler.

MÜMMELMANNSBERG (1935), der Roman „Mümmelmann" von Hermann Löns gab dieser Straße und damit der gleichnamigen Großsiedlung ihre Namen.

MÜNTERWEG (1974), Gabriele Münter (1877-1962), Malerin.

NEDDERMEYERSTIEG (1948), Franz Heinrich Neddermeyer (1790-1849), Topograph, Mitbegründer des Museums für Hamburgische Geschichte, verfaßte 1832 eine Topographie von Hamburg.
Bis 1948 Fliederstieg.

Billstedt

NIEDERSCHLEEMS (1948); das Dorf Niederschleems lag einst dort, wo die Rote Brücke über die Bille führt Bis 1948 Parkstraße.

OBERSCHLEEMS (1948); in der Gegend der Möllner Landstraße befand sich früher das Dorf und der Gutshof Oberschleems mit einer Wind- und zwei Wassermühlen. Bis 1948 Kampstraße.

ÖJENDORFER WEG; der Öjendorfer Weg ist der alte Weg zwischen Öjendorf und Schiffbek. Öjendorf wurde 1928 mit Schiffbek und Kirchsteinbek zur Gemeinde Billstedt zusammengelegt.

OLBERSKAMP (1975), Nicolaus Hinrich Olbers (1708-1794), Kartograph.

OSKAR-SCHLEMMER-STRASSE (1974), Oskar Schlemmer (1888-1943), Maler.

PAUL-KLEE-STRASSE (1974), Paul Klee (1879-1940), Maler.

PITERSENSTIEG (1948), Arnold Pitersen (17. Jhdt.), Kartograph und Kupferstecher. Bis 1948: Dahlienweg.

RECLAMSTRASSE (1978), Anton Philipp Reclam (1807-1896), Verlagsbuchhändler.

RODEWEG (1970), Dr. Friedrich Rode (1855-1923), Hauptpastor von St. Petri.

SALOMON-PETRI-RING (1984), Salomon Petri (1609-1685), Pastor in Steinbek, führte die Steinbeker Kirchenchronik von 1639 bis 1683.

SCHIFFBEKER SCHANZE (1948), **SPÖKELBARG** (1948), **SPÖKELBARGRING** (1948); die Spökelburg war eine alte Befestigungsanlage im heutigen Schiffbek, die 1225 zerstört wurde. Über sie gibt es viele Sagen und Spukgeschichten. Vor 1948 hießen die Schiffbeker Schanze Ulmenweg und der Spökelbarg Lindenstraße. Der Spökelbargring setzte sich aus der Burg- und der Mittelstraße zusammen.

SCHIFFBEKER WEG; der Schiffbeker Weg, dessen Billstedter Teil früher Rahlstedter Weg hieß, ist der alte Weg von Schiffbek nach Rahlstedt. Schiffbek wurde 1928 mit Öjendorf und Kirchsteinbek zur Gemeinde Billstedt zusammengefaßt.

SPLIEDTRING (1966), Franz Spliedt (1877-1963), Bürgerschafts- und Reichtagsabgeordneter.

SCHÖFFERSTIEG (1948), Peter Schöffer (um 1457), Mainzer Buchdrucker, Schüler von Gutenberg. Bis 1948: Turnstraße.

Billstedt

SPÖKELBARG, SPÖKELBARGRING siehe SCHIFFBEKER SCHANZE.

STEINBEKER HAUPTSTRASSE (1951), **STEINBEKER MARKT** (1948), **STEINBEKER MARKTSTRASSE** (1948); Kirchsteinbek, das 1212 als Stenbeke und 1318 als Kerkenstenbeke erwähnt wird, soll schon seit dem 9. Jahrhundert eine Kapelle gehabt haben. Es war der kirchliche Mittelpunkt für die umliegenden Dörfer. 1928 wurde Kirchsteinbek mit Öjendorf und Schiffbek zur Gemeinde Billstedt zusammengelegt. Die Steinbeker Hauptstraße hieß bis 1951 Hamburger Straße, der Steinbeker Markt und die Steinbeker Marktstraße hieße vor 1948 „Am Markt" beziehungsweise „Marktstraße".

STEINFELDTSTRASSE (1962), Heinrich Steinfeldt (1892-1955), Gewerkschaftsführer und Bürgerschaftsabgeordneter.

TAUCHNITZWEG (1957), Bernhard Tauchnitz (1816-1895), Verleger.

TEUBNERWEG (1964), Benedictus Gotthelf Teubner (1784-1856), Verleger.

WILHELM-LEHMBRUCK-STIEG (1980), Wilhelm Lehmbruck (1881-1919), Bildhauer.

Blankenese

BLANKENESE

AM KIEKEBERG (1928); hier befand sich ein Grundstück, das wegen seiner hervorragenden Aussicht „Kiekeberg" genannt wurde.

ANNA-HOLLMANN-WEG siehe BABENDIECKSTRASSE.

ANNE-FRANK-STRASSE (1986), Anne Frank (1929-1945), Tochter einer jüdischen Familie, die sich von 1942 bis 1944 in einem Amsterdamer Hinterhaus vesteckt hielt; schrieb ein berühmt gewordenes Tagebuch über diese Zeit; wurde 1945 im KZ Bergen-Belsen umgebracht.
1928-1986: Frenssenstraße

AUGUST-BOLTEN-WEG (1949), August Bolten (1812-1887), Schiffsmakler und Reeder, Mitbegründer der zwei größten Hamburger Reedereien (HAPAG und Hamburg-Süd). Bis 1949: Ahornweg.

AUGUSTE-BAUR-STRASSE, Auguste Baur (1821-1895), Wohltäterin, gab 75.000 Mark für den Bau der Blankeneser Kirche.

AVENARIUSSTRASSE (1949), Ferdinand Avenarius (1856-1923), Schriftsteller, einflußreicher Kunsterzieher, Herausgeber des „Kunstwart" und Gründer des „Dürerbundes". Bis 1949: Charlottenstraße.

BABENDIECKSTRASSE (1947); „Otto Babendieck" heißt die Hauptfigur eines gleichnamigen Romans von Gustav Frenssen.
Nach weiteren Werken des norddeutschen Schriftstellers wurden der **GULDT-WEG** (1947, vorher Falklandsweg), der **ANNA-HOLLMANN-WEG** (1924) und der **JÖRN-UHL-WEG** benannt.
Bis 1947: Weddigenstraße.

BARGFREDESTRASSE (1950), Heinrich Bargfrede (1684-1726), Vogt in Dockenhuden.

BARTMANNS TREPPE (1927), Heinrich Bartmann (1823-1867), Schiffskapitän, dortiger Grundbesitzer.

BAURS PARK, BAURS WEG, Georg Friedrich Baur (1768-1865), Konferenzrat, dortiger Grundeigentümer.

BECKERS TREPPE (1903), Karl August Heinrich Becker (1807-1888), Uhrmacher, Kirchenältester, dortiger Grundeigentümer.

BJÖRNSONWEG (1967), Björnstjerne Björnson (1832-1910), norwegischer Schriftsteller.

Blankenese

BLANKENESER LANDSTRASSE (1929), **BLANKENESER HAUPTSTRASSE** (1928); der Name Blankenese erinnert an einen nicht mehr vorhandenen weißen Strandvorsprung, der noch auf Lorichs Elbkarte aus dem Jahre 1568 verzeichnet ist. „Blank" oder „blag" bedeutet „neben" und „Neß" ist eine stark vorspringende Landzunge. Blankenese ist somit die Stätte neben der Landzunge. Das ehemalige Fischerdorf bezaubert durch seine von vielen Treppen und kleinen Wegen durchzogene Hanglage. Mitten hindurch windet sich die Blankeneser Hauptstraße.

BOHNSTRASSE (um 1926), Heinrich Conrad Theodor Bohn (1849-1927), Gärtner, Besitzer einer dortigen Gärtnerei.

BORRACKSWEG (vor 1893), Karl Wilhelm Borrack (1810-1888), Bäckermeister, dortiger Grundeigentümer.

BRANDTS WEG, Friedrich Brandts (1790-1870), Kapitän, Blankeneser Gemeindevorsteher.

BRECKWOLDTSTRASSE (1949); die alteingesessene Blankeneser Familie Breckwoldt gab dieser Straße ihren Namen. Bis 1949: Busch.

BREMERS WEG, Johann Bremer (1796-1869), Kapitän, Schiffsführer des „Express", des ersten regelmäßig zwischen Hamburg und Bankenese verkehrenden Dampfers.

Die Blankeneser Hauptstraße unterhalb des Süllbergs.

BRÖERS TREPPE (1903), Peter Bröer (1797-1867), Fischer und dortiger Grundeigentümer.

BULCKESTRASSE (1949), Carl Bulcke (1875-1936), Schriftsteller, Herausgeber der ersten deutschen Rundfunkzeitschrift. Bis 1949: Luisenstraße.

CAPRIVISTRASSE (vor 1903), Leo Graf von Caprivi (1831-1899), preußischer General, 1890-1894 Deutscher Reichskanzler.

CHARITAS-BISCHOFF-TREPPE (1928), Charitas Bischoff (1848-1925), Schriftstellerin, Tochter von Amalie Dietrich, einer langjährigen Bewohnerin dieser Straße.

Blankenese

DANIELSENSTIEG (1953), Julius Danielsen (1846-1920), Tischlermeister und Bauunternehmer, 1905-1915 Gemeindevorsteher in Dockenhuden.

DIRKS-PAULUN-WEG (1984), Dirks Paulun, Kabarettist, Gründer und geistiger Kopf des Kabaretts „Die Wendeltreppe", pflegte das „Missingsch", Hamburger Abart des Plattdeutschen.

DOCKENHUDENER STRASSE (1919); diese alte Straße führte von Blankenese in das Dorf Dockenhuden, das 1219 als Dockenhuthe erstmals erwähnt und später in Blankenese eingemeindet wurde.

DORMIENSTRASSE (1949); Ferdinand Dormien (1851-1931), Kapitän, war viele Jahre im Seebäderdienst tätig.
Bis 1949: Magdalenenstraße.

ELBCHAUSSEE siehe Othmarschen

FERDINANDS HÖH (1908), Ferdinand Flashoff (1819-1900), Vorbesitzer des Geländes.

FLASHOFFS TREPPE (um 1870), Franz-Josef Flashoff (gest. 1874), Maler und Glaser, kam 1810 nach Blankenese, dortiger Grundeigentümer.

FRAHMSTRASSE (1949), Hinrich Frahm (1871-1947), Gemeindevorsteher von Blankenese.

FRIEDRICH-LEGAHN-STRASSE (1928), Friedrich Legahn (1832-1924), Tapezierer und Dekorateur, Vorbesitzer des Geländes.

GÄTGENSSTRASSE (1949), Johann Hinrich Gätgens (1799-1879), Dockenhudener Bauernvogt.
Bis 1949: Teil der Godeffroystraße.

GARRELSWEG (1952), Johann Heinrich Garrels (1855-1920), Hamburger Senator, wohnte seit 1910 auf dem Falkenstein.

GODEFFROYSTRASSE (vor 1921), Johann Cesar Godeffroy (1813-1885), Reeder und Kaufmann.

GOSSLERSTRASSE (1928), **GOSSLERS PARK** (1928), John Henry Gossler (1849-1914), Kaufmann, Besitzer des heutigen Park-Geländes.

GROTIUSWEG (1949); Hugo Grotius (1583-1645), niederländischer Rechtsgelehrter und Staatsmann, wohnte 1632 nach seiner politisch motivierten Flucht aus den Niederlanden vorübergehend in Dockenhuden.

Blankenese

GRUBE; der früher „In de Grov" geheißene Weg ist der älteste von Blankenese. Der bis zu 800 Jahre alte Weg war einst eine mit nur wenigen Bohlen und Steinen befestigte Rinne.

GULDTWEG siehe BABENDIECKSTRASSE.

HANS-LANGE-STRASSE (1928), Hans Lange (1834-1910), Blankeneser Gemeindevorsteher.

HARDENBERGSTRASSE (1928), Karl August Freiherr von Hardenberg (1750-1865), preußischer Politiker und Reformer.

HILGENDORFWEG (1949), Robert Hilgendorf (1852-1937), Kapitän der Reederei Laeisz, umsegelte mit der „Potosi" (s. Potosistraße) 60mal Kap Hoorn, Draufgängertyp, wurde auch „Düwel von Hamburg" genannt. Bis 1949: Fichtenweg.

HOLBERGWEG (1957), Prof. Ludwig Freiherr von Holberg (1684-1754), norwegisch-dänischer Komödiendichter und Historiker.

IBSENWEG (1955), Henrik Ibsen (1828-1906), norwegischer Dichter.

INGWERSENS WEG; die Blankeneser Schifferfamilie Ingwersen verfügte hier im 17. und 18. Jahrrundert über Grundbesitz.

JÖRN-UHL-WEG siehe BABENDIECKSTRASSE.

KAPITÄN-DREYER-WEG (1949); Kapitän Dreyer ging 1930 in der Magellanstraße mit der „Monte Cervantes", einem Passagierschiff der Hamburg-Süd, unter.

KARSTENSTRASSE (1919); Johann Carsten Bauer (1819-1897) war einer der letzten Bauern von Blankenese.

KIRSCHTENSTRASSE (1928), Dr. Walter Kirschten (1894-1922), Direktor des Realgymnasiums Blankenese.

KÖSTERBERGSTRASSE (1903); Hinrich Jürgen Kösterberg, Hamburger Auktionator, erwarb hier 1794 Gelände und erbaute 1796 ein einfaches Haus. Bis 1903: „Baven Groot Notenbarg" und „Baven Bohnstiegbarg".

KRÖGERS TREPPE, Jürgen Kröger (1811-1889), dortiger Grundeigentümer.

LESEMANNS TREPPE, Johann Nicolaus Lesemann (1759-1804), dortiger Grundeigentümer.

Blankenese

LICHTHEIMWEG (1951), Georg Lichtheim (1865-1939), 1910-1933 Drektor der Altonaer Gas- und Wasserwerke.

MÖHLMANNWEG (1949); nach der Blankeneser Schifferfamilie Möhlmann wurde 1949 der Küstersweg umbenannt.

MÖLLERS TREPPE, Claus Möller (1802-1873), dortiger Grundeigentümer.

MÖRIKESTRASSE (1928), Eduard Mörike (1804-1875), Dichter.

MOMMSENSTRASSE (1928), Prof. Theodor Mommsen (1817-1903), Historiker, 1881-1884 Reichtagsabgeordneter, bekam 1902 den Nobelpreis für Literatur.

MÜHLENBERG (1928), **MÜHLENBERGER WEG** (1928); am Strand befand sich hier im 15. Jahrhundert eine Wassermühle nebst Mühlenteich. Mühlenberg war früher ein Ortsteil von Blankenese und von Dockenhuden.

Was wäre Blankenese ohne seine Treppen ...!

OESTERLEYSTRASSE (1928), Carl Oesterley (1839-1930), Maler, langjähriger Anwohner dieser Straße.

OESTMANNS TREPPE, Jürgen Oestmann (1798-1884), dortiger Grundeigentümer aus einer Familie, die viele Seeleute hervorbrachte.

OSTERWEG; der Osterweg erinnert an die ursprüngliche Einteilung von Blankenese in: Osterende, Mittelblankenese und Westerende.

PAARMANNS WEG, Christian Hinrich Martin Paarmann (1807-1882), dortiger Grundeigentümer.

PANZERSTRASSE (1908); die Panzerstraße müßte eigentlich „Panserstraße" heißen, denn sie hat ihren Namen von dem Brauch eines Schlachters, der im Haus Nr. 13 dieser Straße immer dann einen Pansen vor die Tür zu hängen pflegte, wenn er ein Rind geschlachtet hatte.

Blankenese

PHILIPSSTROM (1928), August Philipp (1828-1893), Gemeindediener und Ortspolizist, Blankeneser Original.

POTOSISTRASSE (1949); die Fünfmastbark „Potosi" von der Hamburger Reederei Laeisz, das seinerzeit schnellste Frachtsegelschiff der Welt, lief 1895 vom Stapel. Es mußte 1920 nach Frankreich abgeliefert werden und wurde 1925 bei einem Brand zerstört. Bis 1949: Zur Fernsicht.

PROBST-PAULSEN-STRASSE (1928), Theodor Paulsen (1896-1913), Probst, Pastor in Blankenese.

RICHARD-DEHMEL-STRASSE (1928), Richard Dehmel (1863- 1920), Dichter, wohnte im Haus Nr. 1 dieser Straße.

RUTSCH; „Rutsch" nannten die Blankeneser diese abschüssige Treppe schon vor Jahrhunderten. Wem der Abstieg über die „Rutsch" zu gefährlich war, der konnte früher gegen Zahlung eines Sechslings die weniger steile SECHSLINGSTREPPE benutzen.

SACHTESTIEG (1953); Paul Sachte, ältester namentlich bekannter Vogt von Blankenese, wurde 1629 von Graf Ernst von Schauenburg zum Untervogt von Blankenese bestellt.

SAGEBIELS WEG, Wilhelm Anton Conrad Sagebiel (1828-1889), Besitzer des nach ihm benannten Fährhauses und heutigen Restaurants, das er 1868 erwarb; ließ diesen Weg anlegen.

SCHLAGEMIHLS TREPPE, Johann Melchior Schlagemihl (1764-1819), dortiger Grundbesitzer.

SCHMIDTS TREPPE, Jürgen Herm. Schmidt (1827-1904), dortiger Grundeigentümer.

SCHNUDTS TREPPE, Hermann Schnudt (1827-1904), Fischer, ließ diese Treppe anlegen.

SECHSLINGSTREPPE siehe RUTSCH

SIBBERTSTRASSE (1928), J. H. Sibbert (1851-1916), 1895-1916 Gemeindevorsteher in Blankenese.

SÖRENSENWEG (1952); die Familie Sörensen baute die besonderen Stützmauern für die vielen Blankeneser Treppen. Bis 1952: Teil der Straße „Wilmans Park".

STRINDBERGWEG (1967), Johan August Strindberg (1849-1912), schwedischer Schriftsteller.

Bramfeld

WILHELMS ALLEE, Wilhelm Geckler (1836-1895), dortiger Grundeigentümer und Erbauer dieser Straße.

WILMANS PARK (1929), Hermann Christoph Wilman (1816-1897), Kaufmann, dortiger Grundeigentümer.

WITTS ALLEE, **WITTS PARK** (1935), Johann Peter Friedrich Witt (1838-1901), Vorbesitzer des Geländes.

BRAMFELD

ANDERHEITSALLEE; nach einem früheren Grundeigentümer des Geländes wurde die Anderheitsallee benannt, deren westlicher Teil bis 1956 Teichstraße hieß.

BANNWARTHSTRASSE (1962), Dr. Ing. Albert Bannwarth (1872-1947), Generaldirektor der HEW.

BENGELSDORFSTRASSE (1972), **BENGELSDORFSTIEG** (1972), Henry Bengelsdorf (1901-1955), Hamburger Bürgerschaftsabgeordneter und Mitglied des Ortsausschusses Bramfeld.

BENZSTRASSE (1957), Carl Friedrich Benz (1844-1929), Autokonstrukteur.

BRACHETWEG siehe HEUERTWEG.

BRÄSIGWEG siehe FRITZ-REUTER-STRASSE.

BRAMFELDER DORFPLATZ (1950), **BRAMFELDER CHAUSSEE** (1950), **BRAMFELDER REDDER** (1950); der Brambusch, eine für die Heide charakteristische Pflanze, gab Bramfeld seinen Namen. Der Bramfelder Dorfplatz hieß bis 1950 „Bei der Friedenseiche". Die Bramfelder Chaussee setzte sich vor 1950 aus der Hamburger und der Lübecker Straße zusammen, und der Bramfelder Redder hieß bis 1950 Bramfelder Weg.

BUDDENBROOKSWEG siehe THOMAS-MANN-STRASSE.

CARL-BREMER-RING (1961), Carl Bremer (1883-1956), 1930-1933 Gemeindevorsteher in Bramfeld, 1945-1946 Leiter der Ortsdienststelle Bramfeld, 1945-1950 Leiter des Ortsamtes Alstertal.

CARSTEN-REIMERS-RING (1979), Carsten Reimers (1817-1898), erster Besitzer des Gutes Carlshöhe (siehe Karlshöhe).

CURT-GOETZ-STRASSE (1979), C. Goetz (1888-1960), Schriftsteller und Schauspieler.

Bramfeld

ERICH-KÄSTNER-RING (1979), Erich Kästner (1899-1974), Schriftsteller.

ERNTINGWEG siehe HEUERTWEG.

FABRICIUSSTRASSE (1945), **FABRICIUSSTIEG** (1952), Johann Alba Fabricius (1668-1736), Hamburger Gelehrter. Vor 1945: Am See, Adolf-Hitler-Straße (ab 1933).

FALLADABOGEN (1979), Hans Fallada (1893-1947), Schriftsteller.

FRITZ-REUTER-STRASSE, Fritz Reuter (1810-1874), niederdeutscher Dichter. Nach Figuren aus seinen Werken sind der **BRÄSIGWEG** (1951, vorher Steilshooper Straße), der **HAVERMANNSTIEG** (1950, vorher Kurze Straße) und der **NÜSSLERKAMP** (1951, vorher Steenkamp) benannt.

HALDESDORFER STRASSE (1950); nach dem untergegangenen Haldesdorf wurde 1950 die Sophienstraße umbenannt.

HARMSWEG; nach einem dortigen Grundeigentümer, dem Gärtner Harms, wurde der Harmsweg benannt.

HAVERMANNSTIEG siehe FRITZ-REUTER-STRASSE.

HEINRICH-HELBING-STRASSE; Heinrich Helbing (1833-1886), Wandsbeker Unternehmer, Besitzer des Sophienhofs in Bramfeld, betrieb ab 1881 Viehwirtschaft in Hellbrook. 1933-1945: Horst-Wessel-Straße.

HERTHASTRASSE; die Tochter des Bramfelder Bauern Siemers gab der Herthastraße ihren Namen.

HEUERTWEG (1949); Heuert war der germanische Name für den Monat Juli. Weitere germanische Monatsnamen tragen der **BRACHETWEG** (1942, Juni), der **HORNUNGSWEG** (1942, Februar), der **ERNTINGWEG** (1957, August), der **LENZINGWEG** (1942, März) und der **SCHEIDINGWEG** (1949, September).

HILDEBOLDTWEG (1950); Hildeboldt von Wunstorf, Erzbischof von Bremen, stellte die älteste erhaltene Urkunde aus, in der Bramfeld erwähnt wird. Bis 1950: Heinrichstraße.

JAHNKEWEG (1961), Bernhard Jahnke (1874-1928), Bauer, stellvertretender Gemeindevorsteher von Bramfeld.

KARL-MÜLLER-RING (1961), Karl Müller (1878-1952), Bramfelder Gemeindevertreter.

KARLSHÖHE (vor 1919); in dem früher hier gelegenen Gut Carlshöhe (später

Bramfeld

Karlshöhe) arbeiteten die Anstaltsinsassen des Farmsener Werk- und Armenhauses. Das Gut wurde 1919 von Hamburg angekauft.

KÖNIGSBERGER STRASSE (1954); wie die Königsberger Straße sind viele Straßen der Siedlung Hohnerkamp nach ostpreußischen Städten benannt.

KRÜGERS REDDER, von der alten Bramfelder Milchhändlerfamilie Krüger hat der Krügers Redder seinen Namen.

LENZINGWEG siehe HEUERTWEG.

MAYBACHSTRASSE (1957), Wilhelm Maybach (1846-1929), Autokonstrukteur.

MÜTZENDORPSTEED (1945); von der alten Bramfelder Bauernfamilie Mützendorp oder Metzendorp hat diese Straße ihren Namen. Vor 1945: Mittelstraße, Hermann-Göring-Straße (ab 1933).

NÜSSLERKAMP siehe FRITZ-REUTER-STRASSE.

PEZOLDDAMM (1950), **PEZOLDTWIETE** (1950), Johann Eusebius Pezzold (1735-1818), Landmesser bei Verkopplungen. Bis 1950: Berner Weg (Pezolddamm) und Marktstraße (Pezoldtwiete).

RICHEYSTRASSE (1951), Prof. Michael Richey (1678-1761), Schriftsteller und Sprachforscher. 1924-1933 Goethestraße, 1933-1951 Kaiser-Friedrich-Straße.

SCHEIDINGWEG siehe HEUERTWEG.

SOLTAUS ALLEE (1949), nach dem alten Stormarner Bauerngeschlecht Soltau.

SPOERLWEG (1979), Heinrich Spoerl (1887-1955), Schriftsteller.

STEFAN-ZWEIG-STRASSE (1961), Stefan Zweig (1881-1942), Schriftsteller.

STEILSHOOPER ALLEE siehe Steilshoop.

TIMMERMANNSREDDER (1946); von der alten Bauernvogtfamilie Timmermann hat der Timermannsredder seinen Namen.

THOMAS-MANN-STRASSE (1961), Thomas Mann (1875-1955), Schriftsteller. Nach seinem bekanntesten Roman „Die Buddenbrooks" wurde der BUDDENBROOKWEG (1961) benannt.

TRITTAUER AMTSWEG (1950); Bramfeld gehörte einst zum Amt Trittau. Bis 1950: Farmsener Straße.

Eidelstedt

TUCHOLSKYRING (1961), Kurt Tucholsky (1890-1935), Schriftsteller.

WERFELRING (1961), **WERFELSTIEG** (1971), Franz Werfel (1890-1945), Schriftsteller.

WILLY-NISSEN-RING (1961), Dr. Willy Nissen (1879-1952), Bramfelds erster Arzt.

EIDELSTEDT

ALBRECHTSTRASSE (1930); Paul Albrecht, Regierungsbaumeister, Leiter der Zweigstelle Hamburg-Altona der Wohnungsbaugesellschaft „Heimstätten" (nach der die benachbarte **HEIMSTÄTTENSTRASSE** benannt ist), machte sich um den Wohnungsbau verdient.

ANTONIE-MÖBIS-WEG (1991), Antonie Möbis (1898-1976), Arbeiterin, Kommunistin, 1931-1933 Hamburger Bürgerschaftsabgeordnete, Widerstandskämpferin gegen das NS-Regime.

BOLLWEG; ein Bollweg ist ein durch Holzbohlen passierbar gemachter Weg.

DÖRPSWEG siehe EIDELSTEDTER PLATZ

EIDELSTEDTER PLATZ (1955), **EIDELSTEDTER DORFSTRASSE**; Eidelstedt oder Edelstedt wurde als Eylstede im 14. Jahrhundert erstmals erwähnt. An den alten Dorfkern erinnert neben der Eidelstedter Dorfstraße auch der **DÖRPSWEG** (= Dorfweg, 1928). Der Eidelstedter Platz wurde 1955 als neues Stadtteilzentrum angelegt.

FANGDIECKSTRASSE; der Flurname „Fangdieck" leitet sich von einem früher hier gelegenen Teich ab, in dem das Wasser für die Eidelstedter Mühle gestaut wurde.

HEIMSTÄTTENSTRASSE siehe ALBRECHTSTRASSE.

HELLASWEG (1932), der Hellasweg erinnert an den griechischen Vizekonsul in Hamburg, Demetrius Tsakas, der 1917 in Eidelstedt einen Bauernhof erwarb.

HILPERTWEG (1964), Dr. Werner Hilpert (1897-1957), Präsident der Deutschen Bundesbahn.

HINSCHSTRASSE (1917), Jochim Hinsch, Lehrer, 1900-1921 Gemeindevorsteher in Eidelstedt, Verfasser der Eidelstedter Chronik.

HOLSTEINER CHAUSSEE siehe Schnelsen.

Eilbek

KAPITELBUSCHWEG (vor 1910); diese Straße erinnert an ein früher hier befindliches Gehölz, das dem Hamburger Domkapitel gehörte, dem Eidelstedt tribut pflichtig war. Noch 1732 hatte Eidelstedt Kornlieferungen an die Geistlichen zu leisten.

KIELER STRASSE siehe Stellingen.

LAMPÉSTRASSE (1905); Lampé hieß ein Besitzer der einst hier gelegenen Eidelstedter Mühle.

MÄHLSTRASSE (1928), Joachim Mähl (1827-1909), niederdeutscher Dichter.

MERGENTHALERWEG (1960), Ottmar Mergenthaler (1854-1899), Erfinder der Setzmaschine.

OTTOSTRASSE (um 1905), Otto Timm (1863-1939), dortiger Grundeigentümer.

RICHTBORNWEG (1955), Julius Caspar Richtborn (1680-1730), erster Erbpachtmüller der Eidelstedter Mühle, die sich bis 1857 im Besitz seiner Nachkommen befand.

SVEN-HEDIN-STRASSE (1971); Sven Anders Hedin (1865-1952), schwedischer Asienforscher, entdeckte und erforschte das Transhimalaya.

THORMANNSTRASSE (1928), nach dem ersten Schmied in Eidelstedt um 1800.

WULLENWEBERSTIEG (1959); nach der Eidelstedter Bauernfamilie Wullenweber wurde diese Straße benannt.

EILBEK

AUENSTRASSE (1904), **AUENSTIEG** (1946); beide Straßen haben ihren Namen von den früher sich hier südlich der Eilbek erstreckenden Auen. Nach dieser feuchten blumenreichen Wiesenlandschaft wurden 1874 auch die **EILENAU**, die **BLUMENAU**, und die **HAGENAU** (einst ein eingehegter Acker) sowie 1904 die **SONNENAU** benannt. Der Auenstieg hieß bis 1946 Katzenstieg.

BLUMENAU siehe AUENSTRASSE

BÖRNESTRASSE (1866), Ludwig Börne (eigentl. Löb Baruch, 1786-1837), Schriftsteller. 1933-1945: Josef-Klant-Straße.

CONVENTSTRASSE (1866); die Straße hat ihren Namen von dem 1867 von der Steinstraße an die Ecke mit der Wandsbeker Chaussee verlegten Beguinenkloster, das 1233

Eilbek

von Graf Adolf IV. als Stiftung „Convent" gegründet wurde. Beguinen waren weltliche Vereine, die sich um Krankenpflege und Kindererziehung kümmerten.

EILBEKER WEG (1856), **EILBEKTAL** (1904); der Eilbeker Weg ist ein alter nach Wandsbek führender Weg. Der Name des Flüßchens Eilbek könnte von der Eile kommen. Die Eilbek wäre somit ein besonders schnell fließendes Gewässer gewesen. Die Straße Eilbektal gehörte bis 1904 zur Eilenau.

EILENAU siehe AUENSTRASSE.

EVASTRASSE (1887); die Evastraße und die parallel verlaufende **TONISTRASSE** (1887) wurden nach der Nichte (Eva) beziehungsweise der Schwester (Toni) des Architekten Hermann Schomburgk benannt, dessen Vater die Straßen anlegen ließ.

FICHTESTRASSE (1896); Johann Gottlieb Fichte (1762-1814), Philosoph, entwickelte die vernunftorientierte Wissenschaftslehre.

FRIEDENSTRASSE (1899); die Friedenstraße hat ihren Namen vermutlich von einem 1379 geschlossenen Friedensvergleich der Hamburger Domvikare mit den hier lebenden Hufnern (Vollbauern). Die Domvikare besaßen sieben Hufen in Hamm und hatten Anspruch auf den Wald Hersebrock (Hasselbrook) erhoben, der dann zwischen ihnen und den Hufnern geteilt wurde. Die heutige Friedenstraße hieß bis 1899 Zweite Friedenstraße. Die ursprüngliche Friedenstraße wurde damals zur Hasselbrookstraße hinzugezogen.

FRIEDRICHSBERGER STRASSE siehe Barmbek.

HAGENAU siehe AUENSTRASSE.

HASSELBROOKSTRASSE (1866); die Hasselbrookstraße erinnert an ein hier gelegenes sumpfiges, teils bewaldetes Gelände namens Hasselbrook oder Hertzebrock (s. Hirschgraben), das noch bis in die Mitte des 19. Jahrhunderts existierte.

HIRSCHGRABEN (1866); der Name erinnert an die Hirsche, die in dem früher hier gelegenen Wald namens Hasselbrook oder Hertzebrock gejagt wurden. Die Bezeichnung Hertzebrock leitet sich von dem Wort „hertzt" oder „hirtz" = Hirsch ab.

KANTSTRASSE (1866), Immanuel Kant (1724-1804), Philosoph.

KERSTENSWEG (1955), Johann Dietrich Kerstens (1817-1897), 1864-1895 Vogt in Eilbek und Mitglied der Hamburger Bürgerschaft.

KIEBITZSTRASSE (1877), **KIEBITZHOF** (1974); die Namen beider Straßen erinnern an die Kiebitze, die in dem alten Hasselbrook-Wald (s. Hasselbrookstraße) nisteten.

Eilbek

KLEISTSTRASSE (1910), Heinrich Bernd Wilhelm von Kleist (1777-1811), Dichter, schrieb u.a. die Novelle „Michael Kohlhaas" und das Lustspiel „Der zerbrochene Krug".

LANDWEHR siehe Hohenfelde.

LEIBNITZSTRASSE (1907), Gottfried Wilhelm von L. (1646-1716), Universalgelehrter (u.a. Philosoph, Mathematiker, Physiker, Techniker, Schriftsteller und Jurist).

MAXSTRASSE (1866), Georg Wilhelm „Max" Tornquist (1856-1880), Sohn des dortigen Grundeigentümers Alexander Bentalon Tornquist.

MENCKESALLEE (1880), A. J. F. Menckes (1825-1901), dortiger Grundbesitzer.

PAPENSTRASSE (1866); die Papenstraße hat ihren Namen von den bis 1566 im Hasselbrook, im heutigen Hamm, gelegenen Papenhöfen, die den Hamburger Domvikaren gehörte (s. auch Hasselbrook- und Friedenstraße). Das Wort Papen leitet sich von päpstlich = kirchlich ab.

RICHARDSTRASSE siehe BARTHOLOMÄUSSTRASSE (Barmbek).

RITTERSTRASSE (1868); dem Rittergeschlecht derer von Hamme gehörte einst der Hasselbrook-Wald, dessen früheres Areal die Ritterstraße genau durchquert.

ROSSBERG (1884); der Namen erinnert an einen früher hier gelegenen Hügel, auf dem eine Windmühle stand, die 1883 abbrannte.

Von der Jungmannstraße sind weder die Bebauung noch der Name geblieben. Sie wurde im Zweiten Weltkrieg vollständig zerstört und heißt jetzt Ruckteschellweg.

RUCKTESCHELLWEG (1948), Nicolai von Ruckteschell (1853-1910), Pastor, ab 1889 an der Friedenskirche in Eilbek tätig. Bis 1948: Jungmannstraße

RÜCKERTSTRASSE (1866); Friedrich Rückert (1788-1866), Dichter, schrieb patriotische Gedichte während der Napoleonischen Zeit und übersetzte arabische Literatur.

SANDKRUG (1899); die 1884 angelegte Straße erinnert an ein Wirtshaus dieses

Eilbek

Namens, das hier an der alten Abzweigung des Eilbeker Wegs von der Wandsbeker Chaussee mindestens seit dem 17. Jahrhundert bis in die 70er Jahre des 19. Jahrhunderts gestanden hat. Bis 1899: Beim Sandkrug.

SCHELLINGSTRASSE (1866), Friedrich Wilhelm Josef von Schelling (1775-1854), Philosoph. Der westliche Teil (Von-Essen-Str.- Maxstraße) hieß ursprünglich Ottostraße.

SCHLEGELSWEG (1904), August Wilhelm von Schlegel (1775-1854), Schriftsteller, Sprach- und Literaturwissenschaftler, übersetzte Shakespeares Dramen, und sein Bruder Friedrich von Schlegel(1772-1829), Schriftsteller.

SEUMESTRASSE (1866), Johann Gottfried Seume (1763-1810), Schriftsteller.

SONNENAU siehe AUENSTRASSE.

TIECKSWEG (1904), Ludwig Tieck (1773-1853), Schriftsteller, Mitübersetzer von Shakespeare-Werken (mit Wilhelm von Schlegel).

TONISTRASSE siehe EVASTRASSE.

WAGNERSTRASSE siehe Barmbek.

Dieses Straßenbild der Wandsbeker Chaussee verschwand in den Bombennächten des Zweiten Weltkriegs.

WANDSBEKER CHAUSSEE (1856); Eilbeks Hauptstraße ist ein Teil der „Lübschen Landstraße" von Hamburg nach Wandsbek und Lübeck, die schon zur Zeit ihrer Benennung als Chaussee ausgebaut war.

Eimsbüttel

WARTENAU siehe Hohenfelde.

WIELANDSTRASSE (1866), Christoph Martin Wieland (1733-1813), Schriftsteller.

EIMSBÜTTEL (HOHELUFT-WEST)

ALARDUSSTRASSE (1900); Heinrich Alardus (1789-1866), Kaufmann, seit 1835 Senator, wohnte zeitweilig auf dem Grundbesitz, auf dem die Alardusstraße angelegt wurde.

ARMBRUSTSTRASSE (1902); Georg Armbrust (1818-1869) und sein Sohn Carl Armbrust (1849-1896) waren Organisten an der Petrikirche. Georg Armbrust tat sich auch als Dirigent der Bachgesellschaft hervor.

BEIM SCHLUMP siehe Harvestehude/Rotherbaum.

BELLEALLIANCESTRASSE (1870); die Straße hat ihren Namen von dem früheren Gasthaus „Belle Alliance" an der Ecke Eimsbüttler Straße/Eimsbüttler Chaussee, dem Stammlokal der Bauunternehmer Fehlandt, Fett, Meißner und Schmuck, die hier des öfteren „Schöne Verbindungen" zwecks neuer Bauvorhaben schlossen. Pikanterweise ist ihre Verlängerung die Waterloostraße
(Die Schlacht bei Waterloo trägt auch den Namen des bei Waterloo gelegenen Gehöft Belle-Alliance).

BISMARCKSTRASSE (1869), Otto Fürst von Bismarck (1815-1898), 1862-1890 Ministerpräsident von Preußen, Begründer des Deutschen Reiches von 1871, dessen Reichskanzler und Außenminister bis 1890.

BOGENSTRASSE siehe Harvestehude/Rotherbaum.

BOSSDORFSTRASSE (1922), Hermann Boßdorf (1877-1921), niederdeutscher Dichter.

CHARLOTTENSTRASSE siehe FETTSTRASSE.

CHRISTIAN-FÖRSTER-STRASSE (1948), Christian Förster (1825-1902), Maler und Radierer. Bis 1948: Alsenstraße

CLASINGSTRASSE (1911), Johann Heinrich Clasing (1779-1829), in Hamburg geborener Komponist und Musiklehrer, 1819 Mitbegründer und erster Dirigent der Singakademie.

CONTASTRASSE (1901), Oberst von Conta, Kommandeur des Hanseatischen Infanterie-Regiments Nr. 76 in den Kriegen von 1866 und 1870/71.

Eimsbüttel

DOORMANNSWEG (1896); der einst winzige Doormannsweg, der nach dem Zweiten Weltkrieg quer durch von Trümmern geräumte Flächen zur Hauptverkehrsstraße ausgebaut wurde, hat seinen Namen von der angesehenen hamburgischen Familie Doormann, die einen Bürgermeister stellte. Einem Oberalten (s. Oberaltenallee/Barmbek) dieses Namens gehörte zu Beginn des 19. Jahrhunderts nahegelegener Grundbesitz.

EDUARDSTRASSE (1868); die Eduardstraße wurde nach einem Sohn von Samuel Ephraim, eines Miteigentümers des dortigen Geländes, benannt. Auch die **SOPHIENALLEE** (1863) und die **PAULINENALLEE** (1864) haben ihre Namen von Ephraims Verwandten. Sophie hieß seine Frau, Pauline seine Schwägerin.

EIMSBÜTTELER CHAUSSEE (1841); die Eimsbütteler Chaussee mauserte sich nach der industriellen Revolution zur schillernden Hauptstraße des Stadtteils mit Tanzsälen und Revue-Theatern, um nach den Zerstörungen des Zweiten Weltkrieges in öde Agonie zu fallen. Heute laufen die Hauptverkehrsströme an der Eimsbütteler Chaussee vorbei, und mit Ausnahme des Delphi Musik-Theaters gibt es hier keine größeren Veranstaltungsstätten mehr.

EIMSBÜTTELER MARKTPLATZ (1895), Eimsbüttel wird als „Elmersbotele" 1275 erstmals erwähnt und war vermutlich das Dorf des Elmer. Am Eimsbütteler Marktplatz, der im Volksmund schon vor 1895 „Marktplatz" genannt wurde, erinnert heute nichts mehr an die zentrale Funktion, die er einmal hatte. Die Bomben des Zweiten Weltkrieges ließen nicht viel von ihm übrig. Heute bildet er die Verlängerung der vielbefahrenen Fruchtallee. Bis 1895: Teil der Eimsbütteler Chaussee.

ELSE-RAUCH-PLATZ (1995), Else Rauch (1888-1942), jüdische Lehrerin, unterrichtete 1926-1933 an der Grundschule Lutterothstraße in Eimsbüttel, wurde 1941 deportiert und 1942 im Vernichtungslager Chelmno ermordet.

EMILIENSTRASSE siehe TORNQUISTSTRASSE.

EPPENDORFER WEG (1863); der alte Weg von Eimsbüttel nach Eppendorf hat sich zu einer geschäftigen Straße mit vielen Läden, Restaurants und Kneipen entwickelt. 1950 wurde der Eppendorfer Weg über die Hoheluftchaussee hinaus um die Goßlerstraße bis zum Eppendorfer Baum verlängert.

FABERSTRASSE (1895), Hans Jacob Faber (1716-1800), 1748-1800 Syndikus, Vorbesitzer des Geländes.

FELIX-DAHN-STRASSE (1938), Felix Dahn (1834-1912), Hamburger Jurist, Historiker und Schriftsteller. Bis 1938: Anna-Wohlwill-Straße.

FETTSTRASSE (1870); die Straße hat ihren Namen von dem Grundeigentümer des Geländes, H. J. Fett, der die benachbarte **MARGARETHENSTRASSE** (1870) nach

Eimsbüttel

seiner Frau Margarethe und vermutlich die **MARTHASTRASSE** (1870) nach seiner Schwägerin benannte. Nach seiner Tochter wurde die **CHARLOTTENSTRASSE** (1865) benannt. Charlotte Fett war Brautjungfer bei der Hochzeit von Henriette Tornquist (s. Tornquiststraße) und kam aus diesem Anlaß zu Straßenehren.

FRUCHTALLEE (1863); versuchsweise hier gepflanzte Fruchtbäume gaben dieser Hauptstraße des Stadtteils ihren Namen. Sie wurde nach dem Zweiten Weltkrieg sechsspurig ausgebaut. Trümmerflächen machten es möglich.

GÄRTNERSTRASSE (1864); die Gärtnerstraße ist ein alter Weg. Sie hat ihren Namen vermutlich von hier bis in die Neuzeit betriebenen Gemüse-Gärtnereien.

GARBESTRASSE (1948), Robert Garbe (1878-1927), niederdeutscher Dichter. Bis 1948: Richard-Dehmel-Straße.

GNEISENAUSTRASSE (1909); August Wilhelm Anton Graf Neidhardt von Gneisenau (1760-1831), preußischer Heerführer (ab 1825 Generalfeldmarschall), bedeutender Reformer des Heeres, wirkte entscheidend an den Schlachten bei Leipzig (1813) und bei Waterloo (1815) gegen Napoleon mit.

GOEBENSTRASSE (1899); August von Goeben (1816-1880), preußischer General der Infanterie und Militärschriftsteller, zeichnete sich in den Kriegen gegen Dänemark 1864 und gegen Frankreich 1870/71 aus.

GORCH-FOCK-STRASSE (1921), Gorch Fock (1880-1916), populärer Heimatdichter aus Finkenwerder.

GRÄDENERSTRASSE (1899), Karl G. P. Grädener (1812-1883), Musiker und Komponist. Bis 1899 Erste Parkstraße.

GRUNDSTRASSE (1902), F. W. Grund (1797-1874), Musiker, Begründer der Singakademie, 1828-1862 Leiter der Philharmonischen Konzerte und deren erster Dirigent.

GUSTAV-FALKE-STRASSE (1921), Gustav Falke (1853-1916), Dichter aus Hamburg.

HARTWIG-HESSE-STRASSE (1948), Hartwig Hesse, Begründer eines Stifts in St. Georg. Bis 1948: Schenefelder Straße.

HECKSCHERSTRASSE (1948), Dr. Johann Gustav Wilhelm Moritz Heckscher (1797-1865), Rechtsanwalt in Hamburg, 1848 Minister in der Deutschen Nationalversammlung in Frankfurt, 1853-65 Hamburger Ministerresident in Wien. Bis 1948: Düppelstraße.

Eimsbüttel

HELLKAMP (1899); ein „abfallend geneigtes" Feld soll das hier gelegene Feldstück mit Namen Hellkamp gewesen sein. „Hell" heißt auf niederdeutsch Halde. Bis 1899: Zweite Parkstraße.

HENRIETTENSTRASSE siehe TORNQUISTSTRASSE.

HEUSSWEG; über viele Jahre war der Heußhof das beliebteste Eimsbütteler Ausflugslokal. 1717 erbaut, erhielt die Gastwirtschaft 1784 seinen bekannten Namen, als Peter Rudolph Christian Heuß das Anwesen erwarb. 1809 brannte der Heußhof ab, 1811 wurde er wiederaufgebaut, 1836 mit einem prächtigen Säulenvorbau neu errichtet und ab 1870 in Wohnungen aufgeteilt. Der Heußhof war nicht nur als Ausflugslokal bei den Hamburgern hoch geschätzt, sondern zeitweise auch wegen seiner Wirtin, der schönen Marianne.

HEYMANNSTRASSE (1950), Lida Gustava Heymann (1868-1943), Vorkämpferin der internationalen Frauenbewegung. Bis 1950: Liliencronstraße.

HOHELUFTCHAUSSEE siehe Eppendorf.

HOHE WEIDE (1881); Hohe Weide hieß eine hier südlich des Isebek gelegene hügelige Weide, die bis 1832 dem St. Johannis Kloster gehörte.

KAISER-FRIEDRICH-UFER (1912); Kaiser Friedrich III. (1831-1888), amtierte als Deutscher Kaiser und König von Preußen nur 99 Tage (9.3.-15.6.1888). Die Kurzform „Kaifu" hat sich als Bezeichnung für das hier gelegene Freibad eingebürgert.

KIELORTALLEE (1884), **KLEINER KIELORT**; die Kielortallee führte früher auf die Kielortwiese zu, die nach ihrer keilartigen Form so benannt wurde, denn Kiel bedeutet Keil.

KIPPINGSTRASSE (1893), Friedrich Wilhelm Kipping (1838-1892), Branddirektor, der im Dienst den Tod fand.

KLEINER SCHÄFERKAMP (1858), **SCHÄFERSTRASSE** (1875); beide Straßen haben ihre Namen von der 1560 hier angelegten Schäferei des Klosters St. Johannis.

KOOPSTRASSE (1887), H. A. Th. Koop (1820-1890), Eigentümer des dortigen Geländes, das „Koops Bleiche" genannt wurde.

KOTTWITZSTRASSE (1901); Hugo Freiherr von Kottwitz (1815-1897), General, führte im Krieg gegen Frankreich 1870/71 die 33. Hanseatische Brigade.

LAPPENBERGSALLEE (1948); die Lappenbergsallee wurde nach den Vorbesitzern der Gegend, der Familie Lappenberg benannt, deren bedeutendster Vertre-

Eimsbüttel

ter der Historiker Johann Martin Lappenberg (1794-1865) war. Er leitete das Staatsarchiv und gab das Hamburger Urkundenbuch heraus.

LASTROPSWEG (1906); ein hier gelegener Landsitz, auf dem später der Bürgermeister Lutteroth wohnte (s. Lutterothstraße), gehörte während des 18. Jahrhunderts der Hamburgischen Familie Lastrop. Der erste Besitzer war der Senator Philipp Lastrop (1691-1744).

LUTTEROTHSTRASSE (1906); die Lutterothstraße hat ihren Namen von dem Hamburger Bürgermeister Arthur W. Lutteroth (1783-1867), dessen Landsitz an der Eichenstraße lag. Er gehörte vorher der Familie Lastrop (s. Lastropsweg).

MANSTEINSTRASSE (1874); Gustav von Manstein (1805-1877), General der Infanterie, war an den Kriegen gegen Dänemark (1864), Österreich (1866) und Frankreich (1870/71) entscheidend beteiligt, starb in Billwerder.

MARGARETHENSTRASSE siehe FETTSTRASSE.

MARTHASTRASSE siehe FETTSTRASSE.

MATTHESONSTRASSE (1903), Johann Mattheson (1681-1764), Hamburger Musiker und Komponist, 1718-1741 Musikdirektor am Dom, auch Sekretär und Legationsrat beim Herzog von Holstein (ab 1744).

MEISSNERSTRASSE (1867), Adolph Hermann Meißner (1816-1880), Vorbesitzer des Geländes.

METHFESSELSTRASSE (1899), Albert Gottlieb Methfessel (1785-1869), Sänger und Komponist, war 1822-1832 Gesangslehrer und Dirigent in Hamburg, gründete hier 1825 die erste Liedertafel, komponierte die Melodie des Hamburg-Liedes „Stadt Hamburg an der Elbe Auen". Bis 1899: Dritte Parkstraße.

MOLTKESTRASSE (1873), Helmut Karl Bernhard Graf von M. (1800-1891), preußischer Generalfeldmarschall, ab 1858 Generalstabschef, entscheidender Stratege der Kriege gegen Dänemark (1864), Österreich (1866) und Frankreich (1870/71).

ODENWALDSTRASSE (1906), Theodor Odenwald (1838-1899), Begründer und langjähriger Leiter des 1882 ins Leben gerufenen Hamburger Kirchenchors.

OSTERSTRASSE (1864); die geschäftige Hauptstraße von Eimsbüttel liegt auf dem Gelände der alten Flur Osterkamp, die der Straße ihren Namen gab.

OTTERSBEKALLEE (1899); der Name erinnert an den Ottersbek, der nördlich von Eimsbüttel entsprang und zwischen Goeben- und Eichenstraße in den Isebekkanal mündete. 1877-1899: Ottersbeckstraße.

Eimsbüttel

PAULINENALLEE siehe EDUARDSTRASSE.

PRÄTORIUSWEG (1906); der Prätoriusweg ist nach einer Hamburger Musikerfamilie benannt, deren bedeutendste Vertreter der Komponist und Organist von St. Jacobi, Hieronymus Prätorius (1560-1629) und sein Sohn, der Komponist und Organist von St. Petri, Jacob Prätorius (1586-1651) waren.

ROMBERGSTRASSE (1898); die Musiker-Familie Romberg, von der vier Vertreter, unter anderem der Komponist Andreas Romberg (1767-1821), in engerer Beziehung zu Hamburg standen, gab dieser Straße ihren Namen.

ROONSTRASSE (1874), Albrecht Graf von Roon (1803-1879), preußischer Generalfeldmarschall, Heeresreformer, ab 1859 Kriegsminister.

SANDWEG (1864); der Sandweg wurde nach dem früher an seinem Nordende gelegenen Sandteich benannt.

SARTORIUSSTRASSE (1905), Erasmus Sartorius (1577-1637), Gesangslehrer, Direktor des öffentlichen Musiklebens in Hamburg, ab 1628 Kantor am Hamburger Dom.

SCHÄFERKAMPSALLEE (1858); hier befand sich einst der Schäferkamp, ein Pachthof des St. Johannisklosters.

SCHÄFERSTRASSE siehe Kleiner Schäferkamp.

SCHEIDEWEG (1879); der Scheideweg lag einst auf der Grenze („Scheide") zwischen Eppendorf und Eimsbüttel. Heute bildet er die Stadtteilgrenze zwischen Eimsbüttel und Hoheluft-West.

SCHLANKREYE siehe Harvestehude/Rotherbaum.

SCHOPSTRASSE (1938), Johann Schop (geb. vor 1600), Organist und Dirigent, Ratsmusiker. 1898-1938: Mendelssohnstraße.

SCHULWEG (1864); an der Ecke Schulweg/Osterstraße lag die erste Eimsbütteler Schule, die 1693 erbaut und 1887 abgerissen wurde. Bis 1864: Schulmeistergang.

SCHWENCKESTRASSE (1899); drei Mitglieder der Familie Schwencke erwarben sich Verdienste um das Hamburger Musikleben: Gottlieb Schwencke (1767-1822), Kantor und Musikdirektor der Katharinenkirche; sein Sohn Johann Friedrich Schwencke (1792-1852) und sein Enkel Friedrich Gottlieb Schwencke (1823-1896) als Organisten an der Nikolaikirche. Bis 1899: Teil der Ersten Parkstraße.

SELLIUSSTRASSE (1912), Thomas Sellius (1599-1663), Musiker, 1637 Kantor am Johanneum, 1641 Musikdirektor am Hamburger Dom.

Eimsbüttel

SILLEMSTRASSE (1903); mehrere Mitglieder der renommierten Hamburger Familie Sillem bekleideten öffentliche Ämter.

SOPHIENALLEE siehe EDUARDSTRASSE.

SPENGELWEG (1948), Prof. Julius Spengel (1853-1936), Musiker, Leiter des Caecilienvereins (s. Voigtstraße). Bis 1948: Collaustraße.

TEGETTHOFFSTRASSE (1885), Wilhelm Freiherr von Tegetthoff (1827-1871), österreichischer Admiral, kämpfte 1864 bei Helgoland gegen die Dänen, wurde 1866 durch eine erfolgreiche Seeschlacht gegen die italienische Flotte bei Lissa berühmt, seit 1868 Chef der Marinesektion im österreichischen Kriegsministerium.

TELEMANNSTRASSE (1901), Georg Philipp Telemann (1681-1767), bedeutender Hamburger Komponist, 1721 Kantor am Johanneum und Musikdirektor von Hamburg, Freund von Johann Sebastian Bach und Georg Friedrich Händel.

TORNQUISTSTRASSE (1868), Alexander Bentalon Tornquist (1813-1877), Eigentümer des dortigen Geländes. Nach seinen Töchtern wurden die **EMILIENSTRASSE** (1865) und die **HENRIETTENSTRASSE** (1865) benannt. Henriette bekam die Straßentaufe sogar zu ihrer Hochzeit geschenkt. Selbst Brautjungfer Charlotte Fett blieb nicht unberücksichtigt (s. Fettstraße).

TRESCKOWSTRASSE (1899), Hermann von Treskow (1808-1885), General der Infanterie, kommandierte im Krieg gegen Frankreich 1870/71 die Division, der die Hamburger Regimenter angehörten, 1873-1888 kommandierender General des IX. Armeekorps in Altona.

UNNASTRASSE (1948), Prof. Paul-Gerson Unna (1850-1929), bedeutender Hautarzt. Vor 1948: Teil des Eidelstedter Wegs.

VEREINSSTRASSE (1870); die Vereinsstraße könnte ihren Namen dem Umstand verdanken, daß sich die Bauunternehmer Fehlandt, Meißner, Fett und Schmuck, die alle durch einen Straßennamen verewigt worden sind, „vereinten", um diese und die benachbarten Straße anzulegen.

VOIGTSTRASSE (1900), Carl Voigt (1808-1879), Hamburger Musiker, Stifter und Leiter des Cäcilienvereins, einer Vereinigung zur Pflege kirchlicher Musik.

VON DER TANN-STRASSE (1885); Ludwig Freiherr von und zu der Tann-Rathsamhausen (1815-1881), bayrischer General der Infanterie, bildete 1848 ein Freikorps in Schleswig-Holstein, mit dem er erfolgreich gegen die Dänen kämpfte.

WATERLOOSTRASSE (1885), **WATERLOOHAIN**; in der Schlacht bei Waterloo im heutigen Belgien wurde der französische Kaiser Napoleon I. am 18.6.1815 von

Eimsbüttel

den Truppen der Generäle Blücher (Preußen) und Wellington (England) endgültig geschlagen.

WECKMANNWEG (1948); Matthias Weckmann (1619-1674), Musiker,1655 Organist von St. Jacobi, gründete 1660 das Kollegium musicum, eine Vereinigung zur Pflege norddeutscher Oratorien. 1902-1948: Chrysanderstraße.

WEIDENALLEE (1858); die Weidenallee ist eine alte Straße von der Sternschanze nach Eimsbüttel und hieß früher „Wichel Allee". Wichel bedeutet auf plattdeutsch Weidenbaum.

WIESINGER WEG (1948), Prof. Dr. August Wiesinger (1850-1922), Chirurg am Algemeinen Krankenhaus St. Georg. Bis 1948: Koldingstraße.

WRANGELSTRASSE (1874), Friedrich Heinrich Ernst Graf von Wrangel (1784-1877), preußischer Generalfeldmarschall, Oberbefehlshaber in den Kriegen gegen Dänemark 1848 und 1864.

Vele Eimsbüttler Straßen tragen die Namen von Generälen. An der Fassade des Hauses Von-der-Tann-Straße 9 wurde diese Motivgruppe opsch untermauert.

Eppendorf

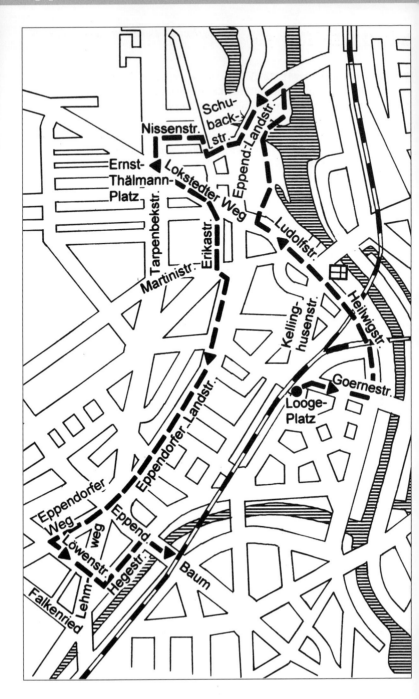

Eppendorf

Stadtteilrundgang

Der Rundgang beginnt am U-Bahnhof Kellinghusenstraße (Ausgang Loogeplatz). Wir überqueren den **Loogeplatz** und gehen geradeaus in die **Goernestraße,** vorbei an schönen Villen bis zur Kreuzung mit der **Heilwigstraße**. Hier auf der früheren „Looge", einem einstigen Sumpfgebiet am Isebek, liegt der vornehmste Teil Eppendorfs mit Einzelhäusern und Reihenvillen.

Der Rundgang führt nun nach links in die Heilwigstraße, an der rechts zwischen den beiden Hochbahnbrücken das 1912-1914 erbaute Damenstift „Kloster St. Johannis" mit Türmchen und Innenhof liegt, dessen Tradition auf das Kloster Herwardeshude (siehe Harvestehude) zurückgeht. Gleich hinter der zweiten Hochbahnbrücke steht rechts im Seelemannpark das Samuel-Heinicke-Denkmal. Heinicke (1727-1790), der die erste deutsche Taubstummenschule gründete, war Küster und Lehrer in Eppendorf.

Vor uns liegt jetzt eine der ältesten Kirchen Hamburgs, die 1267 erstmals erwähnte Johanniskirche. Das heutige Kirchenschiff stammt aus dem Jahre 1622, der alte Feldsteinturm wurde 1751 mit Backstein ummantelt. Neben der Kirche steht das alte Gemeindehaus aus dem 18. Jahrhundert.

Der Rundgang folgt der Heilwigstraße bis zur Einmündung in die **Kellinghusenstraße**, die wir überqueren, und wendet sich dann nach links in die **Ludolfstraße**. Gegenüber lockt Alma Hoppes Lustspielhaus mit Kabarettprogrammen. Auf der rechter Seite der Ludolfstraße befinden sich mit einem Fachwerkbau aus dem 18. Jahrhundert (Nr. 43) und dem wohl ältesten Gebäude des Stadtteils (Nr.19), einem früheren Landhaus, das vermutlich im 17. Jahrhundert errichtet wurde, zwei weitere reizvolle Gebäude.

Wir folgen der Ludolfstraße bis ein kleiner Fußweg nach rechts in den Hayns Park führt. Wir durchqueren diese Grünfläche an der Alster, die einst zu dem Anwesen des Senators Theodor Hayn gehörte, und wenden uns dann nach links zur **Eppendorfer Landstraße**. Wer von „grüner Lunge" noch nicht genug hat, kann die Landstraße überqueren und einen Spaziergang am Eppendorfer Mühlenteich anschließen. Wen es nun aber hungert und dürstet, der sollte ins Lokal „Zur Alten Mühle" am Rande des Hayns Parks einkehren.

Gestärkt kann der Rundgang dann auf der Eppendorfer Landstraße in Richtung Süden (nach links vom Hayns Park aus) fortgesetzt werden. Nach rechts biegen wir dann in die **Schubackstraße** und noch einmal nach rechts in die **Erikastraße** sowie nach links in die **Nissenstraße** ab, die schöne Beispiele für die großzügig gestalteten Eppendorfer Etagenhäuser bietet. Im Eckhaus Nissenstraße/ **Tarpenbekstraße** wurde der Dichter Wolfgang Borchert („Draußen vor der Tür") geboren, was einer Tafel am Hauseingang zu entnehmen ist.

Hier führt der Rundgang nach links in die Tarpenbekstraße, der wir bis zur großen Kreuzung mit dem **Lokstedter Weg** folgen. Nach Überquerung dieser Straße erreichen wir nach wenigen Metern am **Ernst-Thälmann-Platz** die Ernst-Thälmann-Gedenkstätte. Im Eckhaus mit der Tarpenbekstraße wohnte der kommunistische Parteiführer zeitweise ab 1929. Auf der anderen Seite der

Eppendorf

Tarpenbekstraße (Ecke Lokstedter Weg) gibt´s noch einmal Kabarett im „Kabarett Mon Marthe".

Wir folgen dem Lokstedter Weg vom Ernst-Thälmann-Platz aus nach rechts bis zur Erikastraße, in die wir nach rechts abbiegen. Das vor uns liegende Stück der ansonsten ruhigen Wohnstraße hat sich den besonderen Charme des alten Eppendorfs mit kleinen Traditionsgeschäften und -kneipen bewahrt.

Am Ende der Erikastraße wenden wir uns nach links in die **Martinistraße**, die überquert wird. Der Rundgang führt nun in gerader Richtung durch die Eppendorfer Landstraße, an deren rechter Seite sich in diesem Abschnitt ein breiter Grünstreifen befindet. Der belebten Hauptstraße des Stadtteils, in der sich viele Möglichkeiten zur Stärkung bieten, folgen wir bis zu ihrem Ende, an dem die große Kreuzung mit sechs Einmündungen in gerader Richtung Schritt für Schritt überquert wird.

Der Rundgang führt nun nach schräg rechts in den gemütlichen **Eppendorfer Weg,** dem wir bis zur **Löwenstraße** folgen, in die wir nach links abbiegen. Rechterhand liegen die Falkenried-Terrassen, die größte Wohnanlage dieser für Hamburg typischen Bauart. Wir folgen der Löwenstraße bis zu ihrem Ende, überqueren den **Lehmweg** und wenden uns nach schräg links in die **Hegestraße**, einer weiteren kleinen Eppendorfer Geschäftsstraße. An der Kreuzung mit dem **Eppendorfer Baum** wenden wir uns nach rechts und beenden den Rundgang am U-Bahnhof Eppendorfer Baum oder 200 Meter weiter am U-Bahnhof Klosterstern, je nach Geschäftebummellaune.

Eppendorf

EPPENDORF (HOHELUFT-OST)

ABENDROTHSWEG (1864); Dr. Amadeus August Abendroth (1767-1842), 1811-1814 Hamburger Bürgermeister, 1809-1811 und 1814-1821 Amtmann von Ritzebüttel (Hamburgischer Besitz rund um Cuxhaven), gründete das dortige Seebad. Der Besitz der Familie Abendroth lag von 1833 bis 1875 zwischen Hoheluftchaussee, Breitenfelder Straße und Abendrothsweg. Bis 1864 im Volksmund: Kirchenweg.

ARNOLD-HEISE-STRASSE (1948), Dr. Johann Arnold Heise (1747-1834), Senator, ab 1807 Hamburger Bürgermeister. Bis 1948: Godeffroystraße.

BEIM ANDREASBRUNNEN (1906); der Name erinnert an die 1824 von Georg Andreas Knauer eröffnete Gastwirtschaft mit Brunnentrinkanstalt und Kurbetrieb „Andreasbrunnen", die 1860 geschlossen und ab 1870 als Vergnügungslokal weitergeführt wurde (s. auch Knauerstraße).

BREITENFELDER STRASSE (1896); ein Feldweg mit dem Namen „Beim Breiten Feld" war der Vorläufer der zum Ring zwei gehörenden Hauptverkehrsstraße.

CURSCHMANNSTRASSE (1899), Dr. Heinrich Curschmann (1846-1910), Arzt, gründete 1888 das Eppendorfer Krankenhaus, leitete vorher in Hamburg das Hafenkrankenhaus und seit 1879 das Allgemeine Krankenhaus St. Georg, verwirklichte in Eppendorf die damals revolutionäre Idee eines aus Pavillons bestehenden Hospitals. Bis 1899: Blumenweg.

EDGAR-ROSS-STRASSE (1909), Edgar Roß (1807-1885), Hamburger Kaufmann aus einer schottischen Familie, Vorsitzender des Marineauschusses im ersten deutschen Parlament 1848, 1858 - 1874 Mitglied der Hamburger Bürgerschaft, 1867 - 1871 Mitglied im Reichstag des Norddeutschen Bundes, energischer Verfechter des Freihandels.

Dr. Heinrich Curschmann gründete das Eppendorfer Krankenhaus, das heutige Universitäts-Krankenhaus.

EISENLOHRSWEG, Carl Eisenlohr (1847-1896), Arzt (Neurologe), ab 1886 Oberarzt am damals noch im Bau befindlichen Eppendorfer Krankenhaus.

EPPENDORFER BAUM (1884); die Einkaufsstraße Eppendorfer Baum zwischen Eppendorf und Harvestehude hat ihren Namen von einem Schlagbaum, der einst

Eppendorf

schwergängigen Fuhrwerken den Weg durch den Isebek versperrte. Später nutzten die Bauern von Eppendorf, Winterhude und Ohlsdorf, die für den Erhalt des Fahrdamms zuständig waren, den Eppendorfer Baum, um von den Durchreisenden Chausseegeld zu erheben. 1831 wurde sogar ein Einnehmerhäuschen gebaut, das 1888 abgebrochen wurde. Der Schlagbaum stand bis 1865.

EPPENDORFER LANDSTRASSE (1864), **EPPENDORFER MARKTPLATZ** (1864); sie sind das Herz des vielschichtigen Stadtteils Eppendorf: die Eppendorfer Landstraße und der Eppendorfer Marktplatz, der seinen Platzcharakter weitgehend eingebüßt hat. Eppendorf wurde entweder nach dem Erzbischof Ebbo von Reims benannt, der im 9. Jahrhundert als päpstlicher Legat an der Mission Norddeutschlands beteiligt war, oder es bedeutet einfach das Dorf am Wasser, denn Eppe oder Epe heißt Fluß oder Wasser. Sicher ist, daß um 1140 der Name „Eppenthorp" für eine an einer Alsterfurt gelegene Siedlung auftaucht.

Der Eppendorfer Marktplatz war um 1904 noch ein richtiger Dorfplatz.

EPPENDORFER WEG siehe Eimsbüttel.

ERIKASTRASSE (1885); die im südlichen Teil noch von einer gemütlichen Mischung alter Ladengeschäfte geprägte Erikastraße ist die einzige Eppendorfer Straße eines für Blumennamen vorgesehenen Viertels, die tatsächlich nach einem Gewächs benannt wurde. Erika ist ein anderer Name für Heide.

ERNST-THÄLMANN-PLATZ (1985); Ernst Thälmann (1886-1944), in Hamburg geborener kommunistischer Politiker, 1919-1920 Vorsitzender der USPD in Hamburg, ab 1925 Vorsitzender der KPD, 1924-1933 Reichtagsabgeordneter, wurde 1933 verhaftet und 1944 im KZ Buchenwald ermordet. Bis 1985: Teil der Kegelhofstraße.

Eppendorf

FAASSWEG (1921), August Heinrich Faaß (1806-1887), 1837-1879 Pastor der Eppendorfer Johanniskirche.

FALKENRIED (1890); die Straße Falkenried gehört zu drei benachbarten Straßen, die nach Tiernamen benannt wurden. Neben dem Falkenried ist nur die **LÖWENSTRASSE** geblieben. Die Adlerstraße wurde 1898 in Goßlerstraße umbenannt (heute der östliche Teil des Eppendorfer Weges). Das Wort „Ried" bezeichnet eine Weidefläche, die vorher Waldboden war. Zwischen Falkenried und Löwenstraße befindet sich die größte Hamburger Wohnanlage in der für die Hansestadt typischen Terrassenbauweise. 1933-1945: Otto-Blöcker-Straße.

FRICKESTRASSE (1887), J. C. G. Fricke (1790-1841), herausragender Wundarzt und Chirurg, ab 1823 zweiter Arzt des Allgemeinen Krankenhauses St. Georg, das in diesem Jahr eröffnet wurde.

GAEDECHENSWEG (1901), Cipriano Francesco Gaedechens, Militärkommissar in Hamburg, Verfasser einer Topographie und anderer Bücher über Hamburg.

GEFFCKENSTRASSE (1900), H. Geffcken (1792-1861), Senator ab 1845, Mitarbeiter des Bürgermeisters Kellinghusen.

GESCHWISTER-SCHOLL-STRASSE (1947); Hans Scholl (1918 - 1943) und Sophie Scholl (1921 - 1943), Widerstandskämpfer gegen das Naziregime, wurden am 18. Februar 1943 nach einer Flugblattaktion in der Münchner Universität festgenommen und vier Tage später hingerichtet. Vor 1947: Albertstraße, seit 1899 Niendorfer Straße.

GOERNESTRASSE (1899); Christian Goerne (1822 - 1882), Wohltäter, begründete mit 900.000 Mark aus seinem Kapital die „Christian Goerne Stiftung", die mit diesem Geld 1887 eine Kinderheilstätte in Duhnen bei Cuxhaven eröffnen konnte.

GUSTAV-LEO-STRASSE, Gustav Leo (1868-1944), Oberbaudirektor in Hamburg. Vorher: Rehhagen.

HAHNEMANNSTRASSE, Christian Friedrich Samuel Hahnemann (1755 - 1843), Arzt, Psychiater und Pharmazeut, Begründer der Homöopathie.

HANS-MUCH-WEG (1938), Hans Much (1880-1932), Arzt, entdeckte einen später nach ihm benannten Tuberkulose-Bazillus, leitete seit 1907 das serologische Zentrum im Eppendorfer Krankenhaus und war außerdem Professor der 1919 gegründeten Universität, schrieb Gedichte und plattdeutsche Erzählungen. 1929-1938: Unnastraße.

HAYNSTRASSE (1890), Max Theodor Hayn (1809-1888), 1887-1888 Hamburger Bürgermeister, leitete viele Jahre lang die Baudeputation und die Kommission

Eppendorf

für den Neubau der 1842 abgebrannten Nikolaikirche (1865-1888), hatte in Eppendorf einen Landsitz.

HEGESTRASSE (1890), **HEGESTIEG** (1900); die im westlichen Teil belebte Einkaufsstraße hat ihren Namen von dem früheren Flurstück „Im Hegen", was soviel wie Waldstück bedeutet. An der Kreuzung beider Straßen liegt das 1902-1904 erbaute Gymnasium Eppendorf.

HEILWIGSTRASSE (1870); Gräfin Heilwig von Holstein, Gemahlin von Graf Adolf IV. von Holstein, gründete 1247 in St. Pauli das Nonnenkloster Herwerdeshude, das 1295 an die Alster verlegt wurde (s. Harvestehuder Weg). Der älteste Teil der Heilwigstraße liegt in Harvestehude in unmittelbarer Nähe des früheren Klosters.

HEINICKESTRASSE (1880), Samuel Heinicke (1727 - 1790), Kantor und Lehrer, gründete 1769 in Eppendorf die erste Taubstummen-Schule Deutschlands, war von 1768 bis 1778 der Schulmeister und der Kantor von Eppendorf.

Blick über den U-Bahnhof Hoheluftbrücke in die Hoheluftchaussee, die im Zweiten Weltkrieg nahezu komplett zerstört wurde.

HOHELUFTCHAUSSEE (1864); heute spürt man die Steigung in der Hoheluftchaussee in Süd-Nord-Richtung kaum noch, doch einst führte die Ausfallstraße in Richtung Lokstedt aus der Niederung des Isebek zu einer Anhöhe. Sie endete in einer hochgelegenen, windigen Gegend und soll daher ihren Namen haben. Anderen Quellen zufolge hat die Bezeichnung Hoheluft weitaus makabrere Gründe. Auf der Anhöhe am nördlichen Ende der Hoheluftchaussee, auf der bis 1937 die Hamburger Stadtgrenze verlief, soll einst ein Galgen gestanden haben. Einige Zeitgenossen kamen dort unfreiwillig in den Genuß „hoher Luft". Fest steht, daß der Begriff „hoge lucht" im 17. Jahrhundert zum ersten Mal Erwähnung fand.

ISEKAI, ISEPLATZ siehe ISESTRASSE (Harvestehude/Rotherbaum).

Eppendorf

KEGELHOFSTRASSE (1905); das ehemalige Arbeiterviertel von Eppendorf durchquert die Kegelhofstraße, die ihren Namen von dem vormals dort gelegenen Ackerstück „Hinter dem Kegelhof" hat.

KELLINGHUSENSTRASSE (1900); Dr. Heinrich Kellinghusen (1796-1879), 1842-1860 Hamburger Bürgermeister, 1860-1876 Präsident des Obergerichts, hatte in der Nähe dieser Straße einen Landsitz. Einige umliegende Straßen sind nach verdienstvollen Mitarbeitern von Kellinghusen benannt.

KNAUERSTRASSE (1897); die bekannte Hamburger Familie Knauer verfügte im Bereich der Knauerstraße über ausgedehnten Grundbesitz. Ihr prominentester Vertreter war der Weinhändler Georg Andreas Knauer (1759-1828), der 1824 auf seinem Besitz die Gastwirtschaft „Andreasbrunnen" mit angeschlossenem Kurbetrieb eröffnete. Künstlich hergestellte Mineralwässer lockten die feine Hamburger Gesellschaft auf das Knauersche Anwesen, denn Brunnenkuren gehörten damals zum guten Ton (s. auch Beim Andreasbrunnen).

KÖSTERSTRASSE (1901); am Westende der Kösterstraße befanden sich früher kleine Wohnungen der Heinrich und Karoline Köster-Testament-Stiftung.

KÜMMELLSTRASSE (1932), Dr. Hermann Kümmell (geb. 1852), Arzt, übernahm 1895 die Leitung der Chirurgischen Abteilung am Eppendorfer Krankenhaus, wurde 1919 als Professor der Chrirurgie Rektor an der gerade gegründeten Universität und Erster Dekan von deren medizinischer Fakultät.

KUNHARDTSTRASSE (1921), Georg Ferdinand Kunhardt (1824-1895), Richter, 1865-1867 Präsident der Bürgerschaft, 1869-1887 Senator.

LEHMWEG (1864); über den Lehmweg führte die alte Landstraße von Hamburg nach Eppendorf. Hier befanden sich Lehmgruben.

LENHARTZSTRASSE (1911); Dr. Hermann Lenhartz (1854 - 1910), Arzt, 1901-1910 Leiter des Eppendorfer Krankenhauses, reformierte ab 1895 das von ihm geleitete St. Georger Krankenhaus und führte auch in Eppendorf viele Verbesserungen ein.

LICHTWARKSTRASSE (1938), Alfred Lichtwark (1852-1914), Kunstgelehrter, ab 1886 Direktor und Erneuerer der Hamburger Kunsthalle. Bis 1938: Gabriel-Rießer-Straße.

LOEHRSWEG (1901), Dr. Hermann Rudolph Loehrs, dem Hamburger Bürgermeister Kellinghusen nahestehender Jurist: Richter am Ämtergericht und Rat am Obergericht (1863-1879), setzte sich als junger Jurist 1848 für eine freisinnige Hamburger Verfassung ein.

Eppendorf

LÖWENSTRASSE siehe FALKENRIED.

LOOGEPLATZ (1901), **LOOGESTRASSE** (1902), **LOOGESTIEG** (1864), „Die Looge" hieß die Gemeindeweide von Eppendorf, die sich einst in einer Breite von 300 bis 500 Metern von dem Isebek bis in die Gegend des heutigen Schrammswegs erstreckte. Der Name könnte mit dem lateinischen Wort lucus für Hain zusammenhängen, was darauf schließen ließe, daß sich hier auch ein kleines Gehölz befand.

LUDOLFSTRASSE (1899); die Ludolfstraße war immer eine von Eppendorfs wichtigsten Straßen und Wegen: heute als Teil einer überregionalen Hauptverkehrsstraße, früher als Verbindung zwischen Marktplatz und Kirche. Deshalb hieß sie bis 1899 Kirchweg. Dann wurde sie nach dem Pastor Johann Heinrich Ludolf (1754 - 1842) bennant, der 40 Jahre lang, von 1793 bis 1837, Seelsorger in Eppendorf war.

MARTINISTRASSE (1887); Dr. Erich Martini (1843 - 1880), war am Allgemeinen Krankenhaus in St. Georg erst Assistenz- und dann Oberarzt der chirurgischen Abteilung. Er starb bereits mit 37 Jahren an einer Wundansteckung.

NISSENSTRASSE (1909), Woldemar Nissen (1832-1896), Kaufmann, 12 Jahre Aufsichtsratsvorsitzender der Hamburg-Amerika-Linie.

ROBERT-KOCH-STRASSE (1937), **ROBERT-KOCH-STIEG** (1937), Robert Koch (1843-1910), Bakteriologe, entdeckte unter anderem 1882 das Tuberkulosebakterium und 1883 den Choleraerreger, erhielt 1905 den Nobelpreis für Medizin, leitete in Hamburg 1892 die Bekämpfung der Choleraepidemie.

SALOMON-HEINE-WEG, Salomon Heine (1767-1844), Kaufmann und Bankier in Hamburg, Wohltäter, Onkel des Dichters Henrich Heine. Vorher: Teil der Alsterkrugchaussee.

SCHEDESTRASSE (1903), Dr. Max Schede (1844 - 1902), Mitbegründer der Chirurgischen Abteilung des Eppendorfer Krankenhauses, die er bis 1895 leitete.

SCHOTTMÜLLERSTRASSE (1937), Prof. Hugo Schottmüller (gest. 1936), Arzt, 1919-1936 Leiter des Eppendorfer Krankenhauses. Bis 1937: Teil der Erikastraße.

SCHRAMMSWEG (1864); der Schrammsweg hat seinen Namen von der Hamburger Familie Schramm und im besonderen vermutlich von dem Oberalten und in der Verwaltung der evangelischen Stiftung „Kloster St. Johannis" tätigen „Klosterbürger" Johann Gottfried Schramm (1742-1822), sowie seinem gleichnamigen Sohn (1781-1827), der als Klosterschreiber tätig war. Dem Kloster gehörte Eppendorf bis 1830.

SCHUBACKSTRASSE (1910), Nikolaus Schuback (1700 - 1783), 1754 - 1782 Hamburger Bürgermeister mit Anwesen in Eppendorf.

Farmsen/Berne

SIEMSSENSTRASSE (1904), Georg Theodor Siemssen (1816 - 1903), Hamburger Kaufmann mit Firma in China (seit 1846) und früherer Besitzer des Geländes, auf dem die Siemssen-, Nissen- und Edgar-Roß-Straße liegen.

SUDEKSTRASSE (1948), Paul Sudek (1866-1945), Arzt, 1923-1945 Professor für Chirurgie am Eppendorfer Krankenhaus. Bis 1948 Naumannsweg.

TARPENBEKSTRASSE (1888); der Tarpenbek (bedeutet ganz einfach Wasserbach) fließt durch den Eppendorfer Mühlenteich nach Niendorf. Die Tarpenbekstr. wurde in den 60er Jahren zur Ausfallstraße Eppendorfs nach Norden vierspurig ausgebaut und durch eine Straßenbrücke mit der Straße Rosenbrook verbunden.

TEWESSTEG (1880), Johannes Matthias Tewes (1823-1892), Vorbesitzer des Geländes.

TRUMMERSWEG (1901), Dr. Carl Trummer, in Eppendorf wohnhafter Richter, der sich als Wissenschaftler und Schriftsteller auszeichnete.

WENDLOHER WEG siehe WENDLOHSTRASSE (Niendorf).

WOLDSENWEG (1907), August Friedrich Woldsen (1792-1868), Präses des Hamburger Militär-Kommissariats zur Amtszeit des Bürgermeisters Kellinghusen (1842-1860) und Begründer zweier mildtätiger Stiftungen.

FARMSEN/BERNE

ANDREASWEG (1919), Andreas Langhein (1830-1906), ab 1836 Besitzer des Saselheider Hofes.

AUGUST-KROGMANN-STRASSE, August Krogmann (1865-1924), 1904-1919 Gemeindevorsteher von Farmsen.

BERNER HEERWEG (1945); die alte Dorfstraße von Farmsen und Berne erhielt 1898 den Namen „Hauptstraße". Während der NS-Zeit hieß sie Adolf-Hitler-Straße.

BUCHNERWEG (1966), Heinrich Buchner (1871-1946), 1924 bis 1930 Gemeindevorsteher, 1930 bis 1933 im Gemeindevorstand von Farmsen.

BULLSKAMP (1921); der Vollhufnerfamilie Bull gehörte von 1823 bis 1899 fast ununterbrochen ein hier gelegenes Gehöft.

EGGERSWEIDE (1967); die Straße ist nach der Farmsener Bauernfamilie Eggers benannt, die hier vom 17. bis zum 20. Jahrhundert ansässig war. Bis 1967: teilweise Rahlstedter Weg.

Farmsen/Berne

ERPMANNSTIEG (1955); die Familie Erpmann war Mitbesitzer von Farmsen im 14. Jahrhundert.

IVO-HAUPTMANN-RING; Ivo Hauptmann (1886-1973), Hamburger Maler, wurde in Berlin als Sohn des Dichters Gerhart Hauptmann geboren.

KRONEWEG (1972), Christian Krone (1878-1965), Gemeindevertreter in Farmsen.

KRUMBEKSWEG (1933), Ritter Marquard von Crumbeke, bis 1361 Besitzer von Farmsen.

KUPFERDAMM (1898); hier befand sich in den 50er Jahren des 19. Jahrhunderts eine Kupfermühle. Der Name der Straße existierte im Volksmund schon vor 1898.

LIENAUSTRASSE (1927), Daniel Lienau (1739-1816), Hamburger Ratsherr, Eigentümer des Gutes Berne.

PEZOLDDAMM siehe Bramfeld.

PULVERHOFSWEG (1921); die Straße ist nach der früher an der Wandse in Tonndorf gelegenen „Mühle zum Pulverhof" benannt, die auch der Tonndorfer Straße **AM PULVERHOF** ihren Namen gab.

STUHTSWEG (1933); eine hier ansässige Brinksitzerfamilie gab dem Stuhtsweg seinen Namen.

TEGELWEG (1945); Ziegeleien lagen einst am Tegelweg, weshalb die Straße 1903 den Namen Ziegelweg erhielt. Heute heißt sie eigentlich immer noch so, denn Tegel bedeutet nichts anderes als Ziegel. 1933-1945: Hermann-Göring-Straße.

VOLZEKENWEG (1935), Hans und Klaus Volzeken, Brüder aus Hamburg, erwarben Berne 1325.

WAGNERKOPPEL (1955); die Wagnerkoppel wurde nach einer alteingesessenen Farmsener Familie dieses Namens benannt.

ZAMENHOFWEG (1960), Dr. Lazarus Zamenhof (1859-1917), Augenarzt, Erfinder der Esperanto-Sprache

Finkenwerder

FINKENWERDER

ALBERSHARDTWEG (1972), Adolph Albershardt (1892-1969), Lehrer in Finkenwerder, Förderer der heimatlichen Kulturpflege.

AUEDEICH (1903); die malerische enge Hauptstraße des alten Dorfkerns von Finkenwerder erinnert wie der **AUE-HAUPTDEICH** und die Straßen **ALTE AUE**, **AUE-SIEL** und **AUE-INSEL** an die Aue, die einst das Köhlfleet mit der Süderelbe verband.

BENITTSTRASSE (1923), Die Benittstraße erinnert an eine alte seit dem 16. Jahrhundert in Finkenwerder nachweisbare Fischerfamilie. An andere alte Finkenwerder Fischerfamilien erinnern die ebenfalls 1923 benannten Straßen **BUTENDEICHSWEG** (seit 18. Jhdt.), **FOCKSWEG** (16. Jhdt.), **MEWESWEG** (17. Jhdt.), **WRIEDESTRASSE** (Anfang 19. Jhdt.) und **SCHLOOSTRASSE** sowie der **FINKSWEG** (1927; älteste Finkenwerder Familie) und der **KÜLPERSWEG** (1936).

BODEMANNWEG (1948), Friedrich Wilhelm Bodemann (1809-1883), Finkenwerder Pastor und Heimatschriftsteller. Bis 1948: Konradtstraße.

BUTENDEICHSWEG siehe BENITTSTRASSE.

CARSTEN-FOCK-WEG, Carsten Fock (1876-1953), letzter Gemeindevorsteher des ehemals preußischen Süd-Finkenwerder.

CILLY-COHRS-WEG siehe HEIN-SASS-WEG:

FINKENWERDER LANDSCHEIDEWEG (1903); das 1236 erstmals erwähnte Finkenwerder war ursprünglich ein Teil der durch Sturmfluten auseinandergerissenen Insel Gorrieswerder. Hier gab es vermutlich besonders viele Vögel, denn unter Finken oder Vinken verstand man früher ganz allgemein Vögel. Der Landscheideweg schied von 1445 bis 1937 den hamburgischen Nordteil der früheren Elbinsel vom Süden, der zu dem jeweils südlich an Hamburg angrenzenden Herrschaftsbereich gehörte.

FINKSWEG siehe BENITTSTRASSE.

FOCKSWEG siehe BENITTSTRASSE.

HANS-HINNIK-WEG siehe HEIN-SASS-WEG.

HEIN-SASS-WEG; Hein Sass ist eine Gestalt aus den Werken von Gorch Fock (s. Gorch-Fock-Wall/Neustadt). Nach weiteren Figuren des Finkenwerder Dichters wurden der **CILLY-COHRS-WEG** und der **HANS-HINNIK-WEG** benannt.

JOHANN-CAMPER-STIEG (1986), Johann C. (1900-1979), Turnlehrer aus Finkenw.

Fuhlsbüttel

KÜLPERSWEG siehe BENITTSTRASSE.

MEWESWEG siehe BENITTSTRASSE.

NESS-HAUPTDEICH, als Folge der Flutkatastrophe von 1962, bei der auch große Teile von Finkenwerder überflutet wurden, entstand der Neß-Hauptdeich, der die Süderelbe abriegelte und Finkenwerder mit dem Festland verband. Neß ist der alte Name für die westlichste früher vor dem Deich gelegene Fläche von Finkenwerder.

PAMIRWEG (1962); das Segelschulschiff „Pamir" sank am 21.9. 1957 im Atlantik und rieß 81 Mann von der Besatzung mit in die Tiefe.

RUDOLF-KINAU-ALLEE (1977); Rudolf Kinau (1887-1975), in Finkenwerder geborener Schriftsteller, Bruder von Gorch Fock, schrieb plattdeutsche Geschichten.

SCHLOOSTRASSE siehe BENITTSTRASSE.

STEENDIEK (1903); der Steendiek war der erste mit Steinen gesicherte Deich von Finkenwerder. Hier verlief bis zum Beginn des 19. Jahrhunderts die Deichlinie. Das nördlich von dieser Linie befindliche Gebiet wurde zu dieser Zeit für die Ansiedelung von Industriebetrieben aufgeschüttet.

UHLENHOFFWEG (1946); hier befand sich früher der nach dem Besitzer benannte Bauernhof „Uhlenhoff".

VON-CÖLLN-WEG (1903); von einer hiesigen Grundeigentümerfamilie hat der „Von-Cölln-Weg" seinen Namen. Heinrich von Cölln gründete 1767 die erste Schiffswerft auf Finkenwerder.

WRIEDESTRASSE siehe BENITTSRASSE.

FUHLSBÜTTEL

FEHRSWEG (1925), J. H. Fehrs (1838-1916), plattdeutscher Dichter.

HEINRICH-TRAUN-STRASSE (1910), **HEINRICH-TRAUN-PLATZ** (1910); Dr. phil. Heinrich Traun (1838-1909), Senator und Unternehmer, machte sich um das Wohlfahrtswesen verdient.

HERMANN-LÖNS-WEG (1925); Hermann Löns (1866-1914), Schriftsteller, schrieb über die Lüneburger Heide.

HUMMELSBÜTTELER KIRCHENWEG; diese Straße ist der östliche Teil eines

Groß Borstel

alten Weges von Hummelsbüttel zur Niendorfer Kirche, zu deren Gemeinde die umliegenden Dörfer gehörten.

JENSENKNICK, Wilhelm Jensen (1837-1911), Autor historischer Romane und Erzählungen.

JUNKERSDAMM (1958); Hugo Junkers (1859- 1935), Flugzeugkonstrukteur, entwickelte das erste Ganzmetall-Verkehrsflugzeug.

LILIENTHALSTRASSE, LILIENTHALPLATZ; Otto Lilienthal (1848-1896), Ingenieur, erkannte die Vorteile des Vogelflugs für die Luftfahrt.

RATSMÜHLENDAMM (1898); eine früher hier an der Alster gelegene Wassermühle befand sich seit 1420 im Besitz von Hamburg, wurde von Ratsherren verwaltet.

RÖNTGENSTRASSE (1931), Wilhelm Conrad Röntgen (1845-1923), Physiker, Entdecker der Röntgenstrahlen.

TIMM-KRÖGER-WEG (1925), Timm Kröger (1844-1918), schleswig-holsteinischer Heimatdichter.

WILHELM-RAABE-WEG (1931), Wilhelm Raabe (1831-1910), Schriftsteller.

WODERICHWEG (1973), Adolf Woderich (1906-1963), niederdeutscher Dichter.

ZEPPELINSTRASSE (1912), Ferdinand Graf von Zeppelin (1838-1917), Erfinder und Erbauer von lenkbaren Luftschiffen.

GROSS BORSTEL

ALSTERKRUGCHAUSSEE (nach 1830); zum Alsterkrug, einem beliebten Ausflugslokal an der heutigen Ecke mit der Sportallee, führte die 1830 vollendete Alsterkrugchaussee, die bei der Eppendorfer Mühle begann. Heute führt die große Ausfallstraße nach Norden am Hotel Alsterkrug vorbei, zu dem die einstige Gastwirtschaft inzwischen umgebaut wurde.

AM LICENTIATENBERG (1960), **LICENTIATENWEG** (1903); der Licentiatenberg beherbergt vermutlich ein Hünengrab, in dem vielleicht sogar ein um das Jahr 1000 beerdigter sagenhafter Ritter begraben liegt. Früher hieß er vermutlich nach den Nonnen des Klosters St. Johannis, die hierher Ausflüge unternahmen, Jungfernberg. Der Name des Hügels rührt wahrscheinlich von der Tatsache her, daß die Vögte von Groß Borstel in unmittelbarer Nähe Recht sprachen, denn „Licentiat" heißt soviel wie „mit Erlaubnis versehen".

Groß Borstel

BORSTELER CHAUSSEE (1864); die Hauptstraße von Groß-Borstel wurde 1829 durch das Eppendorfer Moor zur Alsterkrugchaussee verlängert. Der in Holstein weit verbreitete Name Borstel geht vermutlich auf das Wort „burstal" zurück, das sich aus „bur" für Haus und „stal" für Stelle zusammensetzt.

BRÖDERMANNSWEG (1925); Schiffsmakler Johann Hinrich Brödermann (1739-1809), dem ein großes parkähnliches Gelände an dieser Straße gehörte („Brödermanns Kohlgarten"), gab 1925 dem Schulweg, der 1912 zur Straße ausgebaut worden war, einen neuen Namen. Die einzige allgemeinbildende Schule von Groß Borstel, die Carl-Götze-Schule, ist hier immer noch ansässig.

DANNMEYERSTRASSE (1961), Prof. Dr. Ferdinand Dannmeyer (1880-1959), Meteorologe.

FRUSTBERGSTRASSE (1906); der Name könnte an einen Frostschober erinnern oder von einer abgeschnittenen Flur (frustum = abgeschnittenes Stück, lat.) herrühren, die sich im Besitz der Familie von Berghe befand.
An der Frustbergstraße liegt das prächtige Stavenhagenhaus, ein alter Landsitz, der heute als Kommunikationszentrum des Stadtteils dient.

Das Stavenhagenhaus in der Frustbergstraße.

GEORGIWEG (1975), Dr. Johannes Georgi (1888-1972), Meteorologe u. Polarforscher.

GESCHWISTER-BESCHÜTZ-BOGEN (1993), Olga Beschütz (1876-1941) und Marie Beschütz (1882-1941), jüdische Lehrerinnen in Hamburg, wurden 1941 nach Riga deportiert.

KATHARINA-JACOB-WEG (1992),
Katharina Jacob (1907- 1989), ursprünglich kommunistische Pädagogin, die mehrfach in Konzentrationslagern einsaß, Ehefrau des 1944 hingerichteten KPD-Widerstandskämpfers Franz Jacob.

KÖPPENSTRASSE (1934), Professor Wladimir Köppen (1846-1940), in Rußland geborener Meteorologe, beeinflußte die Wetterkunde zwischen 1875 und 1940 stark, baute 1903 in Groß Borstel eine Drachenstation. Vor 1934: Teil der Borsteler Chaussee, 1898-1934 Violastraße.

KOLDEWEYSTRASSE (1959), Carl Christian Koldewey(1837-1908), Admiralitätsrat, Abteilungsleiter an der Deutschen Seewarte.

LICENTIATENWEG siehe AM LICENTIATENBERG.

Groß Borstel

MERCKELWEG (1948), Curt Merckel (1858-1921), Hamburger Baudirektor im Statistischen Landesamt. Bis 1948: Jahnstraße.

NIRNHEIMWEG (1931), Fritz Louis Nirnheim (1830-1906), Lehrer und Bürgerschaftsabgeordneter.

OBENHAUPTSTRASSE (1973), August Obenhaupt (1884-1967), Leiter des Bezirksamtes Hamburg-Nord.

ORTLEPPWEG (1957), Oskar O. (1867-1945), Lehrer und niederdeutscher Dichter.

PAEPLOWWEG (1950), **PAEPLOWSTIEG** (1951), Friedrich Albert Karl Paeplow (1860 - 1934), Gewerkschafter und Bürgerschaftsabgeordneter.

PLOGSTIEG (1956), Wilhelm Plog (1884 - 1946), niederdeutscher Dichter.

REITZEWEG (1951), Johanne Reitze (1878-1949), SPD-Reichstagsabgeordnete.

ROGGENBUCKSTIEG (1951), Hans Peter Roggenbuck (1822-1900), seit 1871 Grundeigentümer im Bereich der heutigen Straße.

SCHREBERSTRASSE (1932); Daniel Gottlob Schreber (1808-1861), Arzt und Orthopäde, förderte die gymnastische Erziehung und die Einrichtung von Kleingärten (Schrebergärten).

SCHRÖDERSWEG (1864); Dr. med. Christian Wilhelm Albrecht Adam Schröder (1788-1872), seit 1815 Garnisonsarzt in Hamburg, seit 1822 Besitzer des Herrenhauses von Groß Borstel (heutiges Stavenhagenhaus), war mit einer Tochter des Bankiers Salomon Heine (s. Salomon-Heine-Weg/Eppendorf) verheiratet.

SPORTALLEE (1948); die Sportallee führte früher zu der Borsteler Pferderennbahn (s. Weg beim Jäger). 1903-1948 Sportstraße.

STAVENHAGENSTRASSE (1925); Fritz Stavenhagen (1876-1906), niederdeutscher Dichter, lebte in Groß Borstel. 1864-1925: Königstraße.

STRÜVERWEG (1953), Adolf Strüver (1866-1947), früherer Eigentümer des Geländes und Gründer der nahegelegenen, nach ihm benannten Firma.

WARNCKESWEG (1864); der Warnckesweg im Zentrum von Groß Borstel ist nach der Bauernfamilie Warncke benannt, die von 1602 bis 1878 über acht Generationen in Groß Borstel am westlichen Ende des Warnckesweg ansässig war.

WEG BEIM JÄGER (1864); der Weg beim Jäger hat seinen Namen von dem 1802 angelegten Tannengehölz Borsteler Jäger, an dem er vorbeiführt. Am Weg beim

Groß Flottbek

Jäger lag früher die zweitgrößte Hamburger Pferdegalopprennbahn, auf der 1909 erste Flugversuche stattfanden. Heute befindet sich hier die Lufthansawerft.

WIGANDWEG (1959), Professor Dr. Albert Wigand (1882-1932), Meteorologe.

WOLTERSSTRASSE (1895), Ludwig Elias Wolters (1840 - 1917), früherer Besitzer dort gelegener Ländereien und Ortsvorsteher von Groß Borstel.

GROSS FLOTTBEK

ADICKESSTRASSE (1904), Franz Adickes (1846-1915), 1883-1891 Oberbürgermeister von Altona, 1891-1912 Oberbürgermeister von Frankfurt/Main.

ALEXANDER-ZINN-STRASSE (1950), Alexander Zinn (1880-1941), 1922-1933 Leiter der Senatspressestelle. Vor 1950: Alte Twiete, danach Gustav-Falke-Straße und Voß-Straße.

ANSORGESTRASSE (1951), Carl Ansorge (1849-1915), Gärtner und Blumenzüchter. Bis 1951: Ziethenstraße.

BARON-VOGHT-STRASSE (1928), Baron Caspar von Vogt (1752-1839), erwarb 1785 Besitz in Flottbek (u.a. heutiger Jenisch-Park), entwickelte ihn zu einem Mustergut (s. auch Caspar-Vogt-Straße/Hamm). Vor 1928 hieß der nördliche in Groß Flottbek gelegene Teil der Baron-Vogt-Straße zuerst Kirchenstraße und danach Bismarckstraße.

BECKMANNSTRASSE (1928), Dr. Hermann Detlev Beckmann (1861-1908), Arzt, Stifter hoher Geldbeträge für die Gemeinde Groß Flottbek.

BELLMANNSTRASSE, Carl Gottlieb Bellmann (1772-1861), Komponist des Schleswig-Holstein-Liedes. Bis 1928 hieß der westliche Abschnitt Chemnitzstraße.

BERTHA-UHL-KAMP (1979), Bertha Uhl (1867-1955), 1902-1916 Leiterin der ehemaligen Kuratoriumsschule in der Waitzstraße, die ihr zu Ehren 1915 „Bertha-Lyceum" getauft wurde.

BESELERSTRASSE (1897), **BESELERPLATZ** (1897), Wilhelm Hartwig Beseler (1806-1884), Schleswig-Holsteinischer Politiker, ab 1844 Mitglied der Ständeversammlung, 1848 Präsident der provisorischen Regierung, 1849-1951 zusammen mit Graf Reventlow (s. Reventlowstraße) Statthalter in Schleswig-Holstein. Entlang der Beselerstraße verlief ein alter Weg zwischen Groß Flottbek und Othmarschen. Ihr nördlicher Teil (ab Straßweg) hieß vor 1897 Weidenstraße.

CORNELIUSSTRASSE (1910), Peter Cornelius (1783-1867), Maler.

Groß Flottbek

CRANACHSTRASSE (1910), **CRANACHPLATZ** (1910), Lukas Cranach (1472-1553), Maler.

DÜRERSTRASSE (1910), Albrecht Dürer (1471-1528), Maler.

FEDDERSENSTRASSE (1950), Peter G. Feddersen (1849-1930), Maler. Bis 1950: Zeppelinstraße.

FEUERBACHSTRASSE (1926), Anselm Feuerbach (1829-1880), Maler.

GIESESTRASSE (1910), Dr. Otto Giese (1855-1904), 1884-1904 Oberbürgermeister von Altona.

GROSS-FLOTTBEKER-STRASSE (1928); Groß- und Klein-Flottbek werden 1308 erstmals als Superior Vlotbeke und Inferior Vlotbeke erwähnt. Von dem Bach Vlotbeke, der heutigen Flottbek, ist schon 1301 zum ersten Mal die Rede. Vlot bedeutet vemutlich flach. Die Groß-Flottbeker-Straße hieß vor 1928 Bahnhofstraße, der südliche Teil trug vor 1894 schon einmal den Namen Groß-Flottbeker-Straße.

GUTZKOWSTRASSE (1911), Karl Friedrich Gutzkow (1811-1978), Dichter.

HANS-THOMA-WEG (1935), Hans Thoma (1839-1924), Maler.

HEINRICH-BOMHOFF-WEG (1965), Heinrich Bomhoff (1879-1949), Architekt.

HEINRICH-PLETT-STRASSE (1965), Heinrich Plett (1908-1963), Förderer des Wohnungsbaus, Vorstandsvorsitzender der „Neuen Heimat".

HÖLDERLINSTRASSE (1928), Friedrich Hölderlin (1770-1843), Dichter. Bis 1928: Goethestraße.

HOLBEINSTRASSE (1910), Hans Holbein (1497-1543), Maler.

JAKSTEINWEG (1965), Dr. Ing. Werner Jakstein (1876-1961), Baurat in Altona.

JULIUS-BRECHT-STRASSE (1965), Julius Brecht (1900-1962), Bundestags- und Hamburger Bürgerschaftsabgeordneter.

KALCKREUTHWEG (1950), Leopold Graf von Kalckreuth (1855-1928), Maler. Vor 1950: Groß-Flottbeker-Weg, danach Sievekingsweg.

KALLMORGENWEG (1936), Friedrich Kallmorgen (1856-1924), in Altona gestorbener Maler.

KAULBACHSTRASSE (1910), Wilhelm von Kaulbach (1805-1874), Maler.

Groß Flottbek

LEIBLSTIEG (1950), Wilhelm Leibl (1844-1900), Maler. Vor 1950: Gustav-Adolf-Straße, danach Brinckmannstraße.

LEISTIKOWSTIEG (1950), Wilhelm Leistikow (1865-1908), Maler. Bis 1950: Augustastraße.

LENBACHSTRASSE (1912), Franz Lenbach (1836-1904), Maler.

LUDWIG-RICHTER-STRASSE (1935), Ludwig Richter (1803-1884), Maler.

LÜDEMANNSTRASSE (1926), Joachim Lüdemann (1861-1934), 1895-1925 Gemeindevorsteher in Groß Flottbek. Nach der Bauernfamilie Lüdemann wurde diese Straße schon vor der Jahrhundertwende Lüdemanstraße genannt.

MENZELSTRASSE (1922), Adolph von Menzel (1815-1905), Maler.

MILCHERSTRASSE (1895); hier wohnte der „Milcher" Schütt, der einzige Milchhändler von Groß Flottbek, der hier auch sein Geschäft hatte.

MÜLLENHOFFWEG (1950), Karl Viktor Müllenhoff (1818-1884), Germanist, Herausgeber der „Sagen, Märchen und Lieder der Herzogtümer Schleswig-Holstein und Lauenburg". Der östliche Teil des Müllenhoffweges hieß vor 1950 zuerst Theodor-Körner-Straße und danach Schenkendorfstraße, der westliche trug zunächst die Namen Herzog-Friedrich-Straße und Hebbelstraße und danach die Bezeichnung Görresweg.

NORDQUISTWEG (1951), Gustav Olof Nordquist (1866-1944), dortiger Grundeigentümer.

OELSNERRING (1965), Dr. Gustav Oelsner (1879-1956), Senator in Altona.

ONCKENSTRASSE (1951), Prof. Hermann Oncken (1869-1945), Historiker. Bis 1951: Fritz-Reuter-Straße.

OSDORFER LANDSTRASSE siehe Osdorf.

OSTERMEYERSTRASSE (1965), Friedrich Ostermeyer (1884-1963), Architekt.

RETHELSTRASSE (1928), Alfred Rethel (1816-1859), Maler.

RILKEWEG (1950), Rainer Maria Rilke (1875-1926), Dichter. Vor 1950: Hebbelstraße, danach Wilhelm-Raabe-Straße.

ROSENHAGENSTRASSE (1911), Ferdinand Rosenhagen (1830-1920), Geheimer Regierungs-Rat, 1884-1908 Zweiter Bürgermeister von Altona.

Groß Flottbek

SCHÖNAICH-CAROLATH-STRASSE (1950); Emil Prinz von Schönaich-Carolath (1852-1908), Dichter, lebte auf Schloß Haseldorf bei Uetersen. Vor 1950: Theodor-Storm-Straße, dann Klaus-Groth-Straße.

SCHWINDSTRASSE (1932), Moritz von Schwind (1804-1871), Maler.

SCHWINGEWEG (1950), Friedrich Schwinge (1852-1913), Maler.

SEESTRASSE (1926); ein einst am Nordende der Straße gelegener See, der um 1910 zugeschüttet wurde, gab der Seestraße ihren Namen.

SPITZWEGSTRASSE (1935), Karl Spitzweg (1808-1885), Maler.

STAUDINGERSTRASSE (1928), Lucas Andreas Staudinger (1770-1842), Leiter der ersten landwirtschaftlichen Schule in Schleswig-Holstein an der Seestraße in Groß Flottbek, Pächter auf dem Gut von Baron Voght.

STRASSWEG (1950), Karl Friedrich Heinrich Straß (1803-1864), Dichter der ersten Fassung des Schleswig-Holstein-Liedes. Bis 1950: Uhlandstraße.

TRÜBNERWEG (1936), Wilhelm Trübner (1851-1917), Maler.

UHDEWEG (1936), Fritz von Uhde (1848-1911), Maler.

VON-THÜNEN-STRASSE (1928), Johann Heinrich von Thünen (1783-1850), Volkswirtschaftler, Schüler der Staudinger-Schule (s. Staudingerstraße).

WAITZSTRASSE (1950), Prof. Georg Waitz (1813-1886), Historiker und Politiker, 1848 Schleswig-Holsteinischer Abgeordneter in der Deutschen Nationalversammlung in Frankfurt. Die renommierte Einkaufsstraße der Elbvororte am Bahnhof Othmarschen, die gerade schon in Groß Flottbek liegt, hieß vor 1950 Ulmenstraße und Klaus-Groth-Straße. Teile hießen zeitweise Zeisestraße und Claudiusstraße.

WISPLERSTRASSE (1964), Dr. Ing. Hugo Wispler (1890-1958), Leiter des Bauamtes Altona und Schriftsteller.

WOLSTEINKAMP (1957), Prof. Dr. Gottlieb Wolstein (1738-1820), Tierarzt, Lehrer an der landwirtschaftlichen Schule Staudinger (s. Staudingerstraße).

Hafen

HAFEN (SPEICHERSTADT, STEINWERDER, KLEINER GRASBROOK, WALTERSHOF, TEIL VON KLOSTERTOR)

ALTER WANDRAHM (1. Hälfte 17. Jhdt.), **NEUER WANDRAHM** (1666); beide Straßen haben ihre Namen von den Rahmen der Tuch- oder Wandmacher, die hier vom 14. bis zum 18. Jahrhundert ansässig waren.

AM DALMANNKAI, DALMANNSTRASSE (1893), Johannes Dalmann (1823-1875), seit 1864 Wasserbaudirektor, Schöpfer des modernen Hamburger Hafens, entschied sich für einen Tide- und gegen den Dockhafen, legte 1866 das erste moderne Hafenbecken mit Eisenbahnanschluß, Schuppen und Kaikränen, den Sandtorhafen, an. Beide Straßen hießen ursprünglich Dalmannstraße (seit 1893).

AM HOLTHUSENKAI (1912), Gottfried Holthusen (1848-1920), Kaufmann, Senator und Vorsitzender der Sektion Strom- und Hafenbau der Baudeputation, Präses der Baudeputation.

AM SANDTORKAI (1956); hier befand sich das im Rahmen der Stadtbefestigung von 1615-1626 errichtete Sandtor (zur Namensbedeutung siehe Auf dem Sande). Es wurde nach der Entfestigung ab 1819 durch einen hölzernen Sperrbaum ersetzt, der 1860, nach der Aufhebung der Torsperre, verschwand. Der Sandtorkai entstand 1866 zusammen mit dem ersten modernen Hafenbecken Hamburgs, dem Sandtorhafen.

ARNINGSTRASSE, J. E. G. Arning (1786-1862), Landherr der Hamburger Marschlande und ab 1835 Senator.

AUF DEM SANDE (1594); diese Straße führte früher in den sandigen Südteil des Großen Grasbrooks, der seit dem 16. Jahrhundert vor der Stadtbefestigung lag und durch das Sandtor (s. Am Sandtorkai) erreicht werden konnte.

BAAKENWERDER STRASSE (1893); die frühere Elbinsel Baakenwerder, die das Gebiet des heutigen Baakenhafens umfaßte, hat ihren Namen von einer an ihrem Ostende gelegenen Bake, die die Einfahrt in den Oberhafenkanal regelte. Die Insel wurde 1871 durch den Bahndamm mit dem Festland verbunden.

BEI ST. ANNEN (1869), **ST. ANNENUFER** (1866); hier befand sich die in der ersten Hälfte des 16. Jahrhunderts erbaute und 1869 abgebrochene St. Annenkapelle.
Die Straße „St. Annenufer" ist im Verlauf der früheren Holländischen Reihe entstanden.

BROOK (1886), Brook heißt niedriggelegenes feuchtes Land. So beschaffen war einst der hier gelegene nördliche Teil des Großen Grasbrooks. Die ab 1535 bebaute Straße hieß ursprünglich Schiffbauerbrook.

Hafen

BROOKTOR (1875), **BROOKTORKAI** (1865); an der Kreuzung beider Straßen befand sich das um 1620 erbaute und 1806 abgebrochene zweite Brooktor. Das erste Brooktor stand am südlichen Ende der Brandstwiete (zur Bedeutung des Namens siehe Brook).

BUBENDEYWEG (1953), Dr. Ing. Johann Friedrich Bubendey (1848-1919), Geheimer Baurat, Wasserbaudirektor von Hamburg.

BUCHHEISTERSTRASSE (1906); M. J. Buchheister (1842-1903), ab 1897 Wasserbaudirektor von Hamburg, machte sich um den Ausbau der Kuhwerder Häfen und um den Bau des Elbtunnels verdient.

DALMANNSTRASSE siehe AM DALMANNKAI.

DIENERREIHE (1953); 1677 wurden hier Wohnungen für die Diener der Bürgermeister erbaut, weshalb die Straße „Bei der Dienerreihe" hieß. Bis 1953 war sie ein Bestandteil der Holländischen Reihe.

DRADENAUSTRASSE (1955); der Name erinnert an die früher hier gelegene Elbinsel Dradenau.

ELLERHOLZDAMM (1893); das Staatspachtgut Ellerholz lag einst im Süden der Straße am Reiherstieg.

ERICUS (1907), **ERICUSBRÜCKE**; Ericus hieß die hier gelegene Bastion der Stadtbefestigung aus dem 17. Jahrhundert, die nach dem Vornamen des damals amtierenden Ratsherrn Erich Soltow benannt worden war.

Der Holländische Brook 1878, zehn Jahre bevor das Wohnviertel auf der Kehrwieder-Wandrahminsel der Speicherstadt weichen mußte.

Hafen

GRIESENWERDER DAMM; Griesenwerder hieß ursprünglich das gesamte Gebiet von Waltershof bis Kaltehofe, das von 1460 bis 1485 an Hamburg verpfändet war. 1768 erhielt Hamburg die Elbinsel Griesenwerder im Bereich des heutigen Waltershof im Rahmen des Gottorper Vergleichs mit Dänemark.

HERMANN-BLOHM-STRASSE, Hermann Blohm (1848-1930), Gründer und 1877-1929 persönlich haftender Gesellschafter der Werft Blohm & Voss.

HOLLÄNDISCHER BROOK (1559); ab 1567 siedelten sich hier Holländer an, die vor der spanischen Besatzungsmacht aus ihrer Heimat geflüchtet waren.

HÜBENERSTRASSE (1893), Hermann Hübener (1804-1876), Senator, Präses der Schiffahrts- und Hafendeputation, dann Leiter des Sektors Strom und Hafenbau der Baudeputation.

JUNGFERNBRÜCKE (1888); der Name erinnert an den Kleinen Jungfernstieg, der bis zum Bau der Speicherstadt die Straße Neuer Wandrahm über eine kleine Brücke mit der Holländischen Reihe (heute St. Annenufer) verband.

KEHRWIEDER (1537), **KEHRWIEDERSTEG** (1886), **KEHRWIEDERSPITZE**; alle drei Straßen liegen am westlichen Ende der früheren Kehrwieder-Wandrahmsinsel (Gebiet der heutigen Speicherstadt), an dem man vor dem Bau der Niederbaumbrücke wieder umkehren mußte, denn hier ging`s nicht weiter.

KIBBELSTEG (1887); Kibbeln oder Kabbeln bedeutet Schwatzen oder Zanken. Der Name erinnert an die 1557 entstandene und später wieder aufgehobene Kibbeltwiete.

KIRCHENPAUERSTRASSE (1888), Dr. Gustav Heinrich Kirchenpauer (1808-1887), ab 1868 Hamburger Bürgermeister, seit 1843 Senator.

KLÜTJENFELDER STRASSE (1903); der Name erinnert an die früher hier gelegenen Elbinsel Klütjenfeld, die 1768 hamburgisch wurde.

LOHSEPLATZ (1907), Hermann Lohse (1815-1893), Erbauer der ersten Eisenbahn-Elbbrücke und des früher hier gelegenen Venloer oder Hannoverschen Bahnhofs.

NEHLSSTRASSE (1906), Johannes Chr. Nehls (1841-1897), ab 1875 Wasserbaudirektor von Hamburg als Nachfolger von Dalmann (s. Am Dalmannkai).

NEUER WANDRAHM siehe ALTER WANDRAHM.

PICKHUBEN (1569); der Name könnte Pechhaufen bedeuten, da hier früher Pech und Teer für die nahegelegenen Schiffswerften gelagert wurden.

Hamm

POGGENMÜHLE (1623); der Name erinnert an eine 1555 am östlichen Ende des Holländischen Brooks errichtete Poch- oder Walkmühle.

ROSSDAMM (1907); der früher hier gelegene Staatspachthof Roß wurde 1768 hamburgisch.

RUGENBERGER DAMM (1927); der Name erinnert an die früher hier gelegene Elbinsel Rugenbergen.

ST. ANNENUFER siehe BEI ST. ANNEN.

STOCKMEYERSTRASSE (1948); Heinrich Christian Meyer (1797-1848), Eigentümer und Erbauer einer hier gelegenen Stockfabrik, wurde deshalb Stock-Meyer genannt. 1854-1948 Meyerstraße.

TEERHOF (1907); hier wurde 1611 ein Teermagazin errichtet, das 1731 am Stadtdeich einen neuen Standort fand.

VERSMANNSTRASSE (1890); Dr. Johannes Versmann (1820-1899), ab 1887 Hamburger Bürgermeister, 1849 Vorsitzender der Konstituierenden Versammlung, 1859-1861 Präsident der Bürgerschaft, machte sich um den Zollanschluß verdient.

WALTERSHOFER DAMM (1927); nach dem Senator Walter Beckhoff (1693-1768) erhielt ein seit dem 17. Jahrhundert von Hamburger Bürgern als Sommersitz genutztes Gut 1788 den Namen Waltershof. Es bestand aus dem hamburgischen Rugenwerder und der bis 1768 zum Königreich Hannover gehörenden Elbinsel Griesenwerder (s. Griesenwerder Damm). Das 1775 erbaute Herrenhaus von Waltershof mußte 1969 dem neuen Elbtunnel weichen.

HAMM (MIT BORGFELDE)

ALFREDSTRASSE (1866), Wilhelm Alfred Hader (1866-1884), Sohn von Hermann Hader, einem der beiden Grundeigentümer des dortigen Geländes.

ANCKELMANNSTRASSE (1879), **ANCKELMANNSPLATZ** (1879); aus der Hamburger Familie Anckelmann, die hier zeitweise Ländereien besaß, sind sechs Ratsherren, ein Syndikus, drei Oberalte, zwei Kämmereibürger und ein Professor des Akademischen Gymnasiums hervorgegangen.

AUSSCHLÄGER WEG (1865); der Ausschläger Weg, der wegen des Verkehrsamts eine wichtige Adresse für alle Autofahrer ist, wurde vermutlich schon im 14. Jahrhundert angelegt. Er ist der alte Weg zum Billwerder Ausschlag, dem heutigen Rothenburgsort.

Hamm

BAUBÜRGERWEG (1906); Baubürger hießen früher die von der Bürgerschaft in die Baudeputation gewählten Mitglieder.

BEIM GESUNDBRUNNEN (1905); der Name erinnert an eine 1633 von einem verwundeten Bauern entdeckte Quelle, der besondere Heilkräfte nachgesagt wurden. Sie befand sich gegenüber der Einmündung des Ausschläger Wegs in die Borgfelder Straße und gab einem hier gelegenen Wirtshaus den Namen.

BELTGENS GARTEN (1948), Ottavio Beltgen (1679-1716), Kaufmann, Besitzer des Geländes zwischen Grevenweg, Hammer Landstraße und Mittelkanal. Bis 1948: Claudiusstraße.

BETHESDASTRASSE (1887); an der Ecke zur Burgstraße lag früher das 1860 von Elise Averdieck (s. Elise-Averdieck-Straße) gegründete Krankenhaus Bethesda, das sich heute in Bergedorf befindet. Der Name Bethesda stammt von einem alten Teich aus Jerusalem.

BORGFELDER STRASSE (1858), **BORGFELDER ALLEE** (1884), **BORGFELDER STIEG** (1889), **OBEN BORGFELDE** (1858); vor dem Neuen Werk (s. Berliner Tor, Lübeckertordamm / St. Georg) lag einst das Borgfeld, das als Glacis (freies Schußfeld) bis zum Abbau der Befestigungsanlagen unbebaut blieb. Die Borgfelder Straße ist ein Teil der ältesten von Hamburg nach Osten führenden Landstraße.

BORSTELMANNSWEG (1865), Johann Borstelmann (1821-1875), Vorbesitzer des Geländes.

BRAUSSPARK (1910); hier befand sich eine Gartenanlage, die von 1861 bis 1889 dem Finanz-Deputierten A. H. Brauß (1815-1896) gehörte.

BREKELBAUMSPARK (1900), Carl Brekelbaum (1804-1884), Architekt, dem ein hier gelegenes, einst mit Gartenhäuschen bebautes, Grundstück gehörte.

BÜRGERWEIDE (1899); als Bürgerweide wurde die auf dem Borgfeld gelegene Schafweide zwischen Hamm und Eilbek bezeichnet, die Hamburg 1256 von den Grafen Johann und Gerhard zur Weide erhielt. 1868-1899: An der Bürgerweide.

BUNDSENSWEG (1910), Axel Bundsen (1768-1832), Architekt, errichtete auf dem früher hier gelegenen Anwesen des Senators Rücker (s. Rückersweg) ein Gartenhaus.

BURGSTRASSE (1853); die Burgstraße könnte nach einem als Burg bezeichneten Anwesen der Ritter von Hamme benannt sein, das sich zwischen Hirten- und Carl-Petersen-Straße befunden haben soll. Vielleicht hat sie ihren Namen aber schlicht von ihrer Lage auf dem Borgfeld oder Burgfelde. Bis 1887 führte die Burgstraße bis zur Lübecker Straße. Dann wurde sie durch den Bau der Eisen-

Hamm

bahn unterbrochen. Ihr nördlicher abgetrennter Teil erhielt 1889 den Namen Freiligrathstraße (s. Freiligrathstraße/Hohenfelde).

CARL-PETERSEN-STRASSE (1946), Carl Petersen (1868-1933), 1924-1929 und 1932 Erster Bürgermeister und 1930/31 Zweiter Bürgermeister von Hamburg. Bis 1946: Mittelstraße (war unter diesem 1870 amtlich festgelegten Namen schon lange vorher als alter Weg bekannt).

CASPAR-VOGHT-STRASSE (1916), Caspar Vogt (1752-1839), Kaufmann, machte sich um die Landwirtschaft und die Armenfürsorge verdient, schuf 1788 die Hamburger Allgemeine Armenordnung und wirkte an der Hamburger Armenanstalt mit, schuf außerdem in Klein Flottbek ein Mustergut (s. dazu Baron-Vogt-Straße/ Groß Flottbek).

CHAPEAUROUGEWEG (1927), Jacques de Chapeaurouge (1744-1805), Besitzer des Hammer Hofs bis 1829.

CURTIUSWEG siehe METTLERKAMPSWEG.

DALENSTIEG (1914); der Dalenstieg wurde nach einem im 13. und 14. Jahrhundert an der Mündung der Bille in die Elbe vorhandenen Ort namens Dale benannt.

DIMPFELWEG (1911); die Familie Dimpfel besaß zu Beginn des 18. Jahrhunderts dort ein Grundstück, wo diese Straße ursprünglich angelegt worden war (neben Beltgens Garten). Nach dem Zweiten Weltkrieg bekam der Dimpfelweg seine heutige neue Lage.

DOBBELERSWEG (1907); die 1585 aus Holland nach Hamburg eingewanderte Familie Dobbeler besaß hier zu Beginn des 18. Jahrhunderts einen Landsitz.

DÖHNERSTRASSE (1904), August Döhner (1814-1888), Besitzer des Geländes um die Mitte des 19. Jahrhunderts, seine Frau begründete das Sophie Döhner-Hube-Stift.

DROOPWEG (1909); die Familie Droop genoß vom 17. bis 19. Jahrhundert in Hamm großes Ansehen. Johann Friedrich Droop (1739-1810) brachte es sogar bis zum Oberalten (siehe Oberaltenallee/Barmbek).

EIFFESTRASSE (1886), Franz Ferdinand Eiffe (1825-1875), Kaufmann, ab 1856 Senator, seit 1872 Vorsitzender der ersten Sektion der Baudeputation.

ELISE-AVERDIEK-STRASSE (1896); Elise Averdiek (1808-1907), Lehrerin und Jugendschriftstellerin, gründete 1837 eine Knabenschule und 1860 das Krankenhaus Bethesda (s. Bethesdastraße), das sie 25 Jahre lang leitete.

Hamm

EWALDSWEG (1910); Ehrenreich Gotthold Ewald besaß den späteren Braußpark (s. Braußpark) von 1787 bis 1798.

GREVENWEG (1539); der Grevenweg ist ein alter „Grafen Weg" von der Landstraße zur Bille. Als der Hammerbrook im 13. Jahrhundert eingedeicht wurde, sparte der Graf diesen Verbindungsweg vermutlich aus.

GRIESSTRASSE (1910), Dr. Johann Michael Gries (1772-1827), Syndikus, 1815 Hamburger Vertreter im Bundestag des Deutschen Bundes, Freund von Karl Sieveking, dem Besitzer des Hammer Hofs (s. Sievekingsallee).

GROOTSRUHE; Hugo de Groot (Grotius) (1583-1645), niederländischer Rechtsgelehrter und Staatsmann, fand hier bei Freunden Unterkunft, als er aus politischen Gründen 1632 seine Heimat verlassen mußte.

HAMMER DEICH (1896); der Hammer Deich ist eine alte Straße, die nach einem um die Mitte des 13. Jahrhunderts zum Schutz gegen die Bille erbauten Deich benannt ist.

HAMMER HOF (1916); der Name erinnert an das früher auf dem Geländes des 1914 bis 1920 angelegten Hammer Parks befindliche Anwesen der renommierten Hamburger Familien de Chapeaurouge (1773-1829) (s. Chapeaurougeweg) und Sieveking (s. Sievekingsallee).

HAMMER LANDSTRASSE; die Hauptstraße des 1256 erstmalig erwähnten Pachthofs Hamm, der einst den Rittern von Hamme gehörte, ist ein Teil der ältesten Landstraße von Hamburg in Richtung Osten. Sie hieß früher „Unten in Hamm".

HAMMER STEINDAMM (1835); der Hammer Steindamm gilt als der älteste Weg der Gegend. Er führte ursprünglich zur Kuhmühle und später zur Eilbeker Mühle, weshalb er auch Mölenweg hieß. Seinen heutigen Namen erhielt er 1835 durch die Pflasterung.

HINRICHSENSTRASSE (1948), Siegmund Hinrichsen (1841-1902), ab 1892 Präsident der Bürgerschaft. Bis 1948: Baustraße.

HIRSCHGRABEN siehe Eilbek.

HIRTENSTRASSE (um 1810); die Hirtenstraße, die bis in die 50er Jahre zur Hammer Landstraße herunterführte, hat ihren Namen von der hier bis 1887 gelegenen Kate des Hammer Dorfhirten. Sie hieß früher Mittelweg.

HOHE LANDWEHR (1951), **LANDWEHRPLATZ** (1912), **LANDWEHRDAMM** (1892); die Landwehr war ein 1375 angelegter alter Festungswall (s. Landwehr /

Hamm

Hohenfelde). Die Straße „Hohe Landwehr" hieß zunächst „Hinter der Landwehr", wurde dann zu der Straße „Landwehr" hinzugezogen und bekam 1951 wieder einen eigenen Namen. Bis 1904 befand sich auf der Seite zur Burgstraße der letzte Rest der alten Landwehr, der anläßlich der Verlängerung der Bethesdastraße in eine Grünanlage umgewandelt wurde.

HÜBBESWEG (1909), Dr. Wilhelm Hübbe (1804-1886), Erster Beamter der Hamburger Landherrenschaften, beschäftigte sich als erster mit der Geschichte von Hamm und Hammerbrook, hat 1843 das alte Hammerbrooker Recht veröffentlicht. Zu der renommierten Familie Hübbe zählte auch der Wasserbaudirektor Heinrich Hübbe (1803-1871).

KENTZLERSDAMM (1946); nach der seit dem 16. Jahrhundert in Hamburg nachgewiesenen und 1887 ausgestorbenen Kaufmannsfamilie Kentzler, die vier Oberalte und zwei Senatoren stellte, ist der Kentzlersdamm benannt. Bis 1946 Kentzlersweg.

KLAUS-GROTH-STRASSE (1899), Klaus Groth (1819-1899), niederdeutscher Dichter und Schöpfer der neuplattdeutschen Literatur. Bis 1899: Mittelweg (früher im Volksmund „Hinter Borgfelde").

Dieses turmbestückte prächtige Etagenhaus stand bis 1943 an der Ecke Klaus-Groth-Straße und Borgfelder Straße. Im Feuersturm des Sommers 1943 ging es mit der ganzen Umgebung unter.

KRUGTWIETE; die „Krogtwiete" ist schon auf der ältesten Karte von Hamm aus dem Jahre 1715 eingetragen. Sie hat ihren Namen vermutlich von einem 1840 abgebrochenen Wirtshaus, das ihr gegenüber an der Hammer Landstraße lag.

LANDWEHRPLATZ, LANDWEHRDAMM siehe HOHE LANDWEHR (Hamm) und LANDWEHR (Hohenfelde).

LUISENWEG (1865); der Luisenweg ist vermutlich nach der 1848 geborenen Tochter Julie Luise des Senators Peter Großmann benannt, der entscheidend an der Entstehung der Straße mitwirkte.

Hamm

MALZWEG (1887); der Malzweg erinnert an eine 1864 erbaute und 1914 geschlossene Bierbrauerei, die an der Ecke mit der Klaus-Groth-Straße lag.

MERIDIANSTRASSE (1884); ihrer Lage in Nord-Süd-Richtung verdankt die Meridianstraße ihren Namen.

METTLERKAMPSWEG (1928), David M. (1774-1850), Bleidecker, befehligte während der Besetzung Hamburgs durch die Franzosen als Oberstleutnant das Korps der Hamburgischen Bürgergarden, bildete zusammen mit dem Lübecker Syndikus Dr. Carl Georg Curtius (1771-1857) und dem Hamburger Patrioten Ludwig von Heß (1756-1823) 1813 das Hanseatische Direktorium. Nach seinen beiden Mitstreitern wurden 1928 der **CURTIUSWEG** und der **VON-HESS-WEG** benannt.

MOORENDE (1910); dieser alte Flurname bezeichnete die südliche Grenze des sumpfigen Hertzebrock oder Hasselbrook (s. Hasselbrookstraße/Eilbek).

OBEN-BORGFELDE siehe BORGFELDER STRASSE.

OHLENDORFFSTRASSE (1885), Johann Hinrich Ohlendorff (1788-1857), 1820-1844 Inspektor des Botanischen Gartens, Besitzer einer hier gelegenen Gärtnerei.

OSTERBROOK (1899); als Osterbrook wurde im 13. Jahrhundert der östliche Teil des Hammerbrooks bezeichnet. Die 1896 angelegte Straße hieß bis 1899 Osterbrookstraße.

PALMERSTRASSE (1964), Otto Palmer (1842-1905), 1880-1903 Pastor in Hamm. Bis 1964: Teil der Ritterstraße.

PERTHESWEG (1929), Friedrich Christoph Perthes (1772-1843), Buchhändler, Hamburger Patriot während der „Franzosenzeit".

PRÖBENWEG (1907); als Pröven oder Pröben wurde die jährliche Rente der Mitglieder der Brot- und Prövenordnung von St. Jacobi bezeichnet, der einst ein hier gelegenes Gelände gehörte. Die Brot- und Prövenordnung war eine im 16. Jahrhundert gegründete Rentenanstalt der Kirchengeschworenen von St. Jacobi, der jeder Bürger gegen eine Kapitaleinlage beitreten konnte.

RIESSERSTRASSE (1957), Gabriel Rießer (1806-1863), Obergerichtsrat, Mitglied der Nationalversammlung und der Hamburger Bürgerschaft. Bis 1957 Teil der Sievekingsallee.

RITTERSTRASSE siehe Eilbek.

RÜCKERSWEG (1890), Johann Hinrich Rücker, Kaufmann und Senator, bis 1838 Besitzer der später Braußpark (s. Braußpark) genannten Gartenanlage.

Hammerbrook

RUMPFFSWEG (1909); die Hamburger Familie Rumpff, die hier einen Landsitz besaß, stellte mehrere Oberalte und Senatoren sowie den ab 1765 amtierenden Bürgermeister Dr. Vincent Rumpff.

SCHADESWEG (1909); Heinrich Schade, Ingenieur, zeichnete zwischen 1714 und 1720 die älteste Karte von Hamm.

SCHULENBEKSWEG (1911); der Schulenbek war ein am Südrand des Hasselbrook entspringender Bach, der noch zu Beginn des 20. Jahrhunderts als Graben vorhanden war.

SCHWARZE STRASSE (um 1810); die Schwarze Straße ist vermutlich nach J. Ch. Schwartz benannt, dem Eigentümer des Geländes von 1761 bis 1768.

SIEVEKINGSALLEE (1910), **SIEVEKINGDAMM** (1945), Dr. Karl Sieveking (1787-1847), Syndikus, seit 1829 Eigentümer des Hammer Hofes (s. Hammer Hof). Sievekingdamm:
1889-1936 Hinter den Höfen, 1936 bis 1945 Horst-Wessel-Straße.

SMIDTSTRASSE (1929); Dr. Johann Smidt (1773-1857), Bremer Bürgermeister und Senator, vertrat die drei Hansestädte auf dem Wiener Kongress 1814/15 so erfolgreich, daß er zum Hamburger Ehrenbürger ernannt wurde.

STOECKHARDTSTRASSE (1878), Dr. A. Stoeckhardt (1809-1886), Chemiker.

SÜDERSTRASSE siehe Hammerbrook.

VON-HESS-WEG siehe METTLERKAMPSWEG.

WENDENSTRASSE siehe Hammerbrook.

WICHERNSWEG (1890), **WICHERNS GARTEN** (1930), Johann Hinrich Wichern (1808-1881), Begründer und Leiter des nahegelegenen „Rauhen Hauses" in Horn sowie Reformer der Inneren Mission der evangelischen Kirche Deutschlands.

HAMMERBROOK (MIT EINEM TEIL VON KLOSTERTOR)

ALBERTSTRASSE (1859); Prinzgemahl Albert, der Ehemann der englischen Königin Victoria, gab dieser Straße vermutlich ihren Namen. Beider Tochter Viktoria heiratete 1858 den preußischen Kronprinzen Friedrich. Aus Begeisterung für diese Verbindung benannte der Grundeigentümer dieser und einer anderen in der Nähe gelegenen 1858 privat angelegten Straße seine beiden Straßen nach Victoria und Albert, den Eltern der neuen preußischen Prinzessin. Die Victoriastraße verschwand nach den Zerstörungen des Zweiten Weltkrieges.

Hammerbrook

ALTMANNBRÜCKE; Isaak Hermann Altmann (1777-1857), Landschaftsgärtner, schuf ab 1820 aus den Hamburger Festungswerken die parkartigen Wallanlagen. Die Altmannbrücke wurde 1875 als Altmannstraße angelegt. Erst mit dem Bau des Hauptbahnhofs 1903-06 wurde sie zur Brücke.

AMSINCKSTRASSE (1842); Dr. Wilhelm Amsinck (1793-1874), 1827-1860 Senats-Syndikus, machte sich um die Entwässerung des Hammerbrooks verdient.

ANTON-REÉ-WEG (1948); Dr. Anton Reé (1815-1891), Hamburger Reichstagsabgeordneter, setzte sich für die Gleichstellung der Juden ein. Bis 1948: Campestraße.

AUSSCHLÄGER WEG siehe Hamm.

BANKSSTRASSE (1842); Dr. Eduard Banks (1795-1851), seit 1837 amtierender Senats-Syndikus, trieb die Erschließung und die Bebauung des Hammerbrooks voran.

BASEDOWSTRASSE (1895), Johann Bernhard Basedow (1723-1790), Hamburger Pädagoge und Philanthrop, Hauptvertreter der Aufklärungspädagogik.

BILLWERDER STEINDAMM (1865); dieser alte Weg zum Billwerder Ausschlag, dem heutigen Rothenburgsort, ist offenbar schon früh gepflastert worden.

BRACKDAMM (1886); der Brackdamm wurde 1884-86 zum Teil durch ein 300 Meter langes Billbrack geschüttet. Ein Brack ist eine infolge eines Deichbruches entstandene Wasserfläche.

BULLERDEICH (1865); als „Buller" werden sumpfige Außendeichflächen bezeichnet. Der Bullerdeich wurde entlang solcher Flächen aufgeschüttet.

GREVENWEG siehe Hamm.

GRÜNER DEICH (18. Jhdt.); die Straße hat ihren Namen von einem Deich an der Bille, der vermutlich wegen seiner grasbewachsenen Böschungen grün genannt wurde.

HAMMERBROOKSTRASSE (1842); Hammerbrook bedeutet: das Marschland unterhalb von Hamm. Die Hammerbrookstraße durchläuft das seit 1842 bebaute Hammerbrook, das im Zweiten Weltkrieg nahezu vollständig zerstört wurde. Heute befindet sich hier die City Süd.

HEIDENKAMPSWEG (1842); die vom Berliner Tor zu den Elbbrücken führende Hauptverkehrsstraße ist vermutlich nach einem Vorbesitzer des Geländes benannt worden. Die ganze Gegend hieß früher auch Heidenkampsland und einige Lehmhügel beim Berliner Tor wurden Heidenkampsberge genannt.

Hammerbrook

HÖGERDAMM (1956); der Högerdamm ist ein Teil der alten Amsinckstraße, die in den 60er Jahren im Bereich der Ausfädelung der Nordkanalstraße eine neue Straßenführung bekam. Er ist nach dem Architekten Fritz Höger (1877-1949) benannt, einem der bedeutendsten Vertreter seines Faches in den 20er Jahren, der in Hamburg und Umgebung unter anderem eine Reihe von Kontorhäusern der östlichen Altstadt gebaut hat. Sein bedeutendstes Werk war das Chilehaus.

HÜHNERPOSTEN (1682); die kleine Straße Hühnerposten, von der nur ein Rest geblieben ist, erinnert an einen einsamen vor den Toren der Stadt gelegenen Wachtposten. Auch ein Wirtshaus gab es hier, in dem die Bewohnerinnen aus der Deichgegend und von den Elbinseln beim Tanz ihre bunten Röcke fliegen ließen. Von diesen flatternden Aktivitäten soll sich der Name abgeleitet haben. Bedeutung hat die Straße als Adresse des zentralen Hamburger Bahnpostamtes erlangt, das hier 1902-06 erbaut wurde.

KLOSTERTOR (1899); das Klostertor wurde 1853 als Ersatz für eine Pforte beim damaligen Berliner Bahnhof erbaut. Es hat seinen Namen von dem früher in der Nähe gelegenen Damenstift „Kloster St. Johannis" (s. Klosterwall/Altstadt). Das Tor, das schon acht Jahre nach seiner Erbauung mit der Aufhebung der Torsperre 1861 seine Bedeutung verlor, gab nicht nur einer Straße, sondern 1949 auch der ganzen umliegenden Gegend als Stadtteil seinen Namen. Vor 1899: Vor dem Deichthor, 1854-1899: Vor dem Klostertor.

LIPPELTSTRASSE (1866); Julius Lippelt (1829-1864), Hamburger Bildhauer, schuf das 1866 enthüllte Schiller-Denkmal, das heute im Gustav-Mahler-Park beim Dammtor-Bahnhof steht.

MICHELSENWEG (1996); Ludwig Wilhelm Michelsen (1780-1842), hier ansässiger Unternehmer, sorgte während der „Franzosenzeit" für Mehllieferungen an die notleidende Hamburger Bevölkerung. Bis 1996: Teil des Anton-Rée-Weges.

MÜNZSTRASSE (1880), **MÜNZPLATZ** (1880), **MÜNZWEG** (1880); in unmittelbarer Nähe wurde 1870/71 die Hamburgische Münzprägestätte erbaut. Sie löste nach der Eingliederung Hamburgs ins Deutsche Reich die eigenständige Hamburger Münze ab.

NAGELSWEG (1830), J. H. Nagel, Grundeigentümer, der den früher hier verlaufenden Privatweg um 1830 zu einem öffentlichen Weg ausbaute.

NORDKANALSTRASSE (1956); diese Straße wurde auf dem zugeschütteten Nordkanal angelegt.

REPSOLDSTRASSE (1843), Johann Georg Repsold (1771-1830), Oberspritzenmeister, ab 1809 Leiter und Reformer des Hamburgischen Löschwesens, außerdem als begeisterter Astronom Gründer der Sternwarte.

Hammerbrook

ROSENALLEE (um 1760); die Rosenallee war wirklich einmal eine von Kletterrosen umrankte Allee. Sie gehörte zu dem um 1740 entstandenen Garten des Peter Hiß, der sich bis in die Marschgebiete hinzog und als der schönste der ganzen Gegend galt.

SALZMANNSTRASSE (1913); Christian Gotthilf Salzmann (1744-1811), Pädagoge und Pfarrer, gründete 1784 die philanthropische Erziehungsanstalt Schnepfenthal bei Gotha.

SCHULTZWEG (1839); der Schultzweg wurde vermutlich nach einem Vorbesitzer des Geländes benannt.

SONNINSTRASSE (1843); Ernst Georg Sonnin (1713-1794), Architekt, erbaute 1751-1762 die Michaeliskirche.

SPALDINGSTRASSE (1842); Andreas Friedrich Spalding (1778-1859), Senator, erwarb sich Verdienste um die Entwässerung von Hammerbrook.

STADTDEICH; der 1258 errichtete Stadtdeich wurde zum Schutz des Hammerbrooks vor den Fluten der Elbe angelegt. Heute verläuft die Straße dieses Namens am Oberhafen entlang.

SÜDERSTRASSE (1862); die südliche Hauptstraße des Stadtteils, die in Hamm am Tierheim endet, hat ihren Namen wie die Wester- und die Norderstraße von der Lage in Hammerbrook.

WENDENSTRASSE (1869); die slawischen Wenden bevölkerten einst ganz Mittel- und Ostdeutschland (Sammelbegriff für alle slawischen Stämme dieser Gegenden). Nach alten europäischen, meist germanischen Stämmen wurden in Hammerbrook und im benachbarten Borgfelde eine Reihe weiterer Straßen benannt.

WESTERSTRASSE siehe SÜDERSTRASSE.

WOLTMANNSTRASSE (1843), Reinhard Woltman (1757-1837), ab 1785 Direktor der Hamburgischen Wasserbauwerke im Amt Ritzebüttel (Cuxhaven).

Harburg

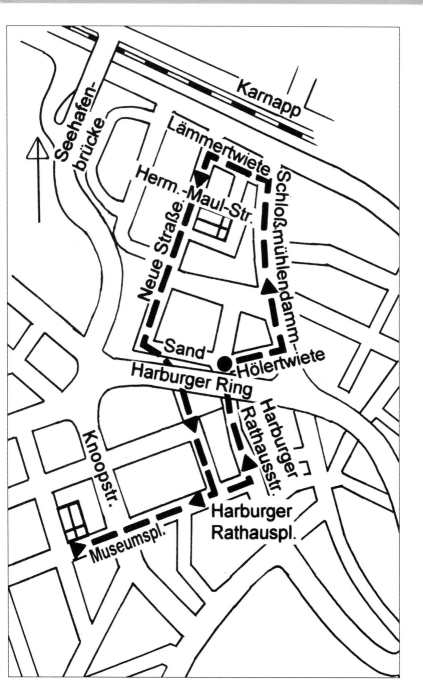

Harburg

Stadtteilrundgang

Der Rundgang beginnt am S-Bahnhof Harburg-Rathaus (Ausgang Sand, Hölertwiete). Wir wenden uns nach rechts in die **Hölertwiete** und dann nach links in den **Schloßmühlendamm**. Durch das im Zweiten Weltkrieg stark zerstörte Zentrum von Harburg geht es bis zur **Lämmertwiete,** in die wir nach links abbiegen. Hier vermitteln Fachwerkhäuser, die zum Teil stark restauriert oder neu errichtet sind, einen optischen Eindruck vom alten Harburg. An warmen Tagen laden Straßencafés zu Speis´ und Trank ein.

Die Lämmertwiete läuft auf die **Neue Straße** zu, an der sich im 17. Jahrhundert viele Harburger neu ansiedelten, die der Errichtung des neuen Stadtwalls weichen mußten. Das Haus Nr. 47 ist ein aus diesem Grund um diese Zeit (ca.1650) umgesetzes Gebäude. Fachwerk findet sich auch an dem um 1780 erbauten Haus Nr. 59. Weitere Häuser aus dem 17. und 18. Jahrhundert stehen in der vom Zentrum abgeschnittenen **Harburger Schloßstraße,** die nur noch über die Seehafenbrücke oder durch eine Unterführung zwischen den Straßen **Küchengarten** und **Karnapp** erreicht werden kann (Seehafenbrücke: am Ende des Harburger Rings nach rechts; Küchengarten: vom Schloßmühlendamm nach rechts).

Der Rundgang führt nach links in die Neue Straße, vorbei an der Dreifaltigkeitskirche, die nach fast völliger Zerstörung im Zweiten Weltkrieg neu aufgebaut wurde. Von der alten 1650-52 erbauten Kirche blieb nur ein Teil der Westwand mit dem Portal. Erhalten geblieben ist an der **Hermann-Maul-Straße** 5 das frühere Schulhaus aus dem 18. Jahrhundert.

Am Ende der Neuen Straße überqueren wir den **Harburger Ring**, wenden uns nach links und gleich wieder nach rechts in den Fußgängerzonenbereich am früheren Harburger Rathaus **(Salzburger Häuser, Harburger Rathausplatz)**. In dem 1888 bis 1892 erbauten Rathaus sitzt heute das Bezirksamt. Am Rathaus vorbei biegen wir nach rechts ab und überqueren die **Knoopstraße**. Vor uns liegt der **Museumsplatz** mit dem Helms-Museum, dessen Fassade das Portal des Rathauses von 1733 ziert. Es informiert über die Geschichte des Harburger Raumes sowie über die Vor- und Frühgeschichte von Hamburg und Umgebung. In dem Museum spielt auch das Harburger Theater. Über den Harburger Rathausplatz und die **Harburger Rathausstraße** kehren wir zum S-Bahnhof Harburg Rathaus zurück.

Harburg

HARBURG (MIT NEULAND, GUT MOOR, WILSTORF, RÖNNEBURG, LANGENBEK, SINSTORF, MARMSTORF, EISSENDORF UND HEIMFELD)

ADOLF-VON-ELM-HOF (1928), Adolf von Elm (1857-1916), SPD-Politiker, Pionier der Genossenschaftsbewegung. Hier befindet sich eine sehenswerte Mustersiedlung der 20er Jahre (siehe auch Von-Elm-Weg/Horn).

ADOLF-WAGNER-STRASSE (1926), Dr. phil. Adolf Wagner (1835-1917), Nationalökonom und Finanzwissenschaftler, Abgeordneter der christlich-sozialen Partei im preußischen Abgeordnetenhaus.

ALTE HARBURGER ELBBRÜCKE (1967); die älteste Straßenbrücke über die Süderelbe wurde 1899 eingeweiht. Sie darf heute von Autos nicht mehr befahren werden.

ALTER POSTWEG (1950); der Alte Postweg war ein Bestandteil der alten Poststraße von Harburg nach Buxtehude und Stade. 1889: Poststraße, 1889-1950: Postweg.

AM BURGBERG siehe RÖNNEBURGER STRASSE.

AM WEINBERG (1961); der Flurname geht vermutlich auf einen der Weinberge zurück, die Herzog Otto I. im 16. Jahrhundert in Harburg anlegen ließ.

AN DER RENNKOPPEL (1924); hier befand sich von 1859 bis 1866 die Reitbahn des Harburger Reit- und Rennclubs, der sich 1866 auflöste, als das Königreich Hannover, zu dem Harburg damals gehörte, in Preußen aufging.

ANZENGRUBERSTRASSE (1927); auf Wunsch vieler Anwohner, die aus Österreich stammten, wurde diese Straße nach dem österreichischen Volksschriftsteller Ludwig Anzengruber (1839-1889) benannt. 1889-1927: Schmidtstraße, 1927 kurzzeitig Pragerstraße.

ARNO-HOLZ-WEG (1966), Arno Holz (1863-1929), Schriftsteller.

ASBECKSTRASSE (1950), Karl Julius Robert Asbeck (1836-1912), Kaufmann und Teilhaber der „Heins & Asbeck Ölfabrik" in Harburg. Bis 1950: Parkstraße.

AUSSENMÜHLENDAMM (1950), **AUSSENMÜHLENWEG** (1885); die 1564/65 von Herzog Otto II. erbaute und 1930 abgebrochene Buten- oder Außenmühle, die ursprünglich Wilstorfer Mühle genannt wurde, hat ihren Namen von dem Gegensatz zur früheren Binnen- oder Schloßmühle am Schloßmühlendamm. Der Außenmühlenteich bildet heute mit einem Freibad und dem angrenzenden Harburger Stadtpark das größte Erholungsgebiet im Zentrum von Harburg und Umgebung. Bis 1950: Mühlenweg.

Harburg

BAERERSTRASSE (1950), Heinrich Baerer (1842-1913), Harburger Schumachermeister und Zeitungsverleger („Volksblatt"). Bis1950: Elisenstraße. 1957 wurden ein Teil der Baererstraße (zw. Bremer Straße und Harmsstraße) und die Harmsstraße ausgetauscht.

BAHRSTRASSE (1955), August Bahr (1801-1855), seit 1835 Bürgermeister von Harburg.

BANDELSTRASSE; Ernst von Bandel (1800-1876), Bildhauer, schuf das Hermannsdenkmal im Teutoburger Wald und einige Harburger Plastiken. 1924-1950: Kantstraße.

BANSENSTRASSE (1890); Hermann Bansen (1813-1890), Stadtbaumeister, lebte nachweislich von 1846 bis 1854 in Harburg.

BARLACHSTRASSE (1947), Ernst Barlach (1870- 1938), Bildhauer, Graphiker und Dichter.
Bis 1947: Auguststraße.

BENNIGSENSTRASSE (1927), Rudolf von Bennigsen (1824-1902), nationalliberaler Politiker, 1888-1898 Oberpräsident der preußischen Provinz Hannover, zu der Harburg gehörte. Bis 1927: 3. Bergstraße.

BERKEFELDWEG (1957), Johann Georg Heinrich Berkefeld (1783-1857), ab 1817 Harburger Stadtkämmerer.

BERLEPSCHWEG (1950), Hans Hermann Freiherr von Berlepsch (1843-1926), 1890-1896 Deutscher Handelsminister. Bis 1950 Berlepschstraße.

BESSELSTRASSE (1914), Heinrich von Bessel (1603-1671), letzter fürstlicher Beamter in Harburg mit der Bezeichnung Kanzler.

BEUTNERRING (1969); die Bauernfamilie Beutner war im 18. Jahrhundert in Marmstorf ansässig.

BISSINGSTRASSE (1925/27); Baron Ferdinand von Bissing (1787-1856), Oberstleutnant, ließ ab 1835 die Parkanlagen auf dem Schwarzenberg anlegen. 1889-1925: Am Schwarzenberge.

BLÄTTNERRING (1988); Georgine Blättner (1871-1942), jüdische Kaufmannswitwe, wurde 1942 ins KZ Theresienstadt deportiert.

BLOHMSTRASSE (1867); Johann Heinrich Blohm (1799-1858), Königlich Hannoverscher Baurat und Wasserbaudirektor, erwarb sich Verdienste um den 1849 eröffneten Harburger Hafen.

Harburg

BÖHRSWEG (1950), Wilhelm Böhrs (1859-1911), Rektor der Eißendorfer Schule. Bis 1950: Heuberg.

BONUSSTRASSE (1913), August Bonus (1845-1921), Mitbegründer und Geschäftsführer des Harburger gemeinnützigen Bauvereins.

BORNEMANNSTRASSE (1950), Heinrich Bernhard Bornemann (1817-1896), Amtsgerichtsrat und Ehrenbürger von Harburg. Bis 1950: Juliusstraße.

BRANDESSTRASSE (1914), Ernst Brandes (1846-1915), dortiger Grundbesitzer.

BREMER STRASSE (1856); die Bremer Straße ließ Napoleon 1811-12 als strategisch wichtige Straße von Harburg in Richtung Bremen erbauen. Bis 1856: Bremer Chaussee.

BRÜCKE DES 17. JUNI (1964); die 1937 eingeweihte Neue Harburger Elbbrücke wurde 1964 zur Erinnerung an den Aufstand vom 17. Juni 1953 in der DDR umbenannt.

BRUNSSTRASSE (1902), Johann Heinrich Friedrich Bruns (1786-1871), früherer Eigentümer mehrerer umliegender Grundstücke.

BUNATWIETE (1950); der künstliche Kautschuk Buna wurde auch in der nahegelegenen Gummiwarenfabrik „Phoenix" verarbeitet. Bis 1950: Kleine Feldstraße.

BURGGRABEN siehe RÖNNEBURGER STRASSE.

BUXTEHUDER STRASSE (1858); die neue Chaussee in Richtung Buxtehude und Stade wurde 1848 fertiggestellt. Das Teilstück zwischen Wallgraben und Neuer Straße hieß ab 1856 Kaufhausplatz und von 1895 bis 1950 Kaufhausstraße. Das Stück zwischen Neuer Straße und Schloßmühlendamm hieß vor 1950 Richtweg. Das Teilstück zwischen Helmsweg und Bissingstraße hieß ab 1889/90 „Am Brook" und später bis 1900/01 Brookstraße. Die westliche Verlängerung heißt seit 1889 **STADER STRASSE** (zunächst nur bis zur Harburger Stadtgrenze).

COMPEWEG (1950), Christian Eberhard Compe (1788-1867), Oberamtmann und Ehrenbürger von Harburg. Um 1890-1950: Kreuzstraße.

CORDUAWEG (1950); Dr. med. Ernst Cordua (1865-1943), Chirurg, erbaute am Milchgrund 1905 eine Privatklinik. 1926-1950 Ulmenweg.

DAMASCHKESTRASSE (1925), Adolf Damaschke (1865-1935), Lehrer und Bodenreformer.

DEICHHAUSWEG (1950); die Häuser an dem östlichen der drei Mühlenteiche, die früher dort lagen, wo sich jetzt das Harburger Rathaus befindet, gaben dem

Harburg

Deichhausweg seinen falschen Namen (Diek = Teich oder Deich). Im 18. Jahrhundert war die Straße unter der Bezeichnung „Auf dem Teiche" bekannt. Bis 1950: Deichstraße.

DEMPWOLFFSTRASSE (1912), Dr. med. August Dempwolff (1831-1910), Stadtphysikus, Armenarzt und seit 1870 Leiter des städtischen Harburger Krankenhauses.

DENICKESTRASSE (1930), Heinrich David Denicke(1856-1943), seit 1903 Harburger Oberbürgermeister, ab 1899 Bürgermeister.
1889-1930: Holzweg.

EBELINGSTRASSE (1898), Heinrich Adolf Ernst Ebeling (1852-1918), Vorbesitzer des Geländes.

EDDELBÜTTELKAMP (1950), Johann Christoph Eddelbüttel (1856-1930), Marmstorfer Vollbauer und langjähriger Gemeindevorsteher in Marmstorf. Ca. 1932-1950: Eddelbüttelweg.

EDDELBÜTTELSTRASSE (1889), Carl Eduard Eddelbüttel (1832-1893), Zimmermeister und Harburger Bürgervorsteher.

EHESTORFER WEG (1910); der alte Landweg von Harburg nach Ehestorf hieß 1780 „Der Haackweg".

EIDIGWEG (1962), Johann Christoph Eidig (geb. 1804), 1836 nach Amerika ausgewiesener Wildschütze und Volksheld. Bis 1962: südlicher Teil der Lönsstraße.

EINHAUSRING (1988), Georg Einhaus (1898-1949), Arbeiter, Widerstandskämpfer gegen das NS-Regime.

EISSENDORFER STRASSE (1856); vor 1856 wurde der Beginn der Eißendorfer Straße in Harburg als „Vor dem Buxtehuder Tor" bezeichnet. In Eißendorf hieß diese Straße bis zur Eingemeindung von Eißendorf nach Harburg 1910 Harburger Straße.

ELISABETH-LANGE-WEG (1988), Elisabeth Lange (1900-1944), Widerstandskämpferin gegen das NS-Regime.

ERNST-BERGEEST-WEG (1930); Ernst Bergeest (1855-1924), Marmstorfer Vollbauer, war 40 Jahre Mitglied im Marmstorfer Gemeinderat. Bis 1930: Eißendorfer Kirchweg und Eißendorfer Weg.

ERNST-EGER-STRASSE (1950); Ernst Eger (1837-1913), Harburger Industrieller, schuf eine Krankenunterstützungs- und eine Pensionskasse für die Arbeiter seiner Fabrik. Bis 1950: Ernst-Straße.

Harburg

FELDNERSTRASSE (1890), Wilhelm Feldner (1836-1909), Ortsvorsteher von Heimfeld. 1927-1929: Friedrich-Naumann-Straße.

FEMERLINGSTRASSE (1904), Johann Peter Christian Femerling (1808-1886), Vollbauer in Eißendorf unf Gastwirt in Harburg, besaß hier Ländereien.

FLEBBESTRASSE (1950), Fritz Flebbe (1893-1929), in Harburg geborener Maler. 1928-1950: Dürerstraße..

FREUDENTHALWEG (1950), Friedrich Freudenthal (1849-1929), Heidedichter. 1928-1950 Claus-Groth-Straße.

FRIEDRICH-LIST-STRASSE (1924); Friedrich List (1789-1846), Nationalökonom, wirkte maßgeblich an der Schaffung eines deutschen Eisenbahnnetzes mit.

FRIEDRICH-LUDWIG-JAHN-STRASSE (1933), Friedrich Ludwig Jahn (1778-1852), „Turnvater". 1856-1879: Sandtwiete (zwischen Bennigsen- und Schwarzenbergstraße),1879-1933: Turnerstraße.

FRIEDRICH-NAUMANN-STRASSE (1929), Friedrich Naumann (1860-1919), liberaler Politiker, 1907-1918 Reichstagsabgeordneter der Freisinnigen Vereinigung, 1919 Mitbegründer der Deutschen Demokratischen Partei.

FÜRSTENMOORDAMM (1976), **ZUM FÜRSTENMOOR** (1910); Fürstenmoor hieß einst das zwischen Moorburg und der Geest liegende Moor, das der Landesherrschaft gehörte. Es wurde 1847 unter den umliegenden Dörfern und der Stadt Harburg aufgeteilt.

GAISERSTRASSE (1950), Gottlieb Leonhard Gaiser (1817-1892), Hamburger Kaufmann, 1859 Mtbegründer der „Ölmühle Gaiser & Co" in Harburg. 1905-1950: Andreasstraße.

GAZERTSTRASSE (1907), Dr. med. Ludolph Friedrich Gazert (1813-1892), erster unbesoldeter Leiter des ersten Harburger Krankenhauses, 1853 Stadtphysikus, 1863-1970 Stadt- und Landphysikus. Das Teilstück zwischen Alter Postweg und Denickestraße hieß von 1890 bis 1950 Sternstraße. Das Stück zwischen Eißendorfer Straße und Marienstraße hieß zunächst Rudolfstraße (1890-1927), dann Heinrich-Baerer-Straße (1927-1933) und schließlich Theodor-Körner-Straße (1933-1950).

GELLERSENWEG (1964), Carl Wilhelm Gellersen (1878-1962), Rektor der Volksschule Eißendorf.

GERLACHSTRASSE (1952), Hellmut von Gerlach (1866-1935), Politiker, Mitbegründer des Nationalsozialen Vereins (1896) und der Demokratischen Vereinigung (1908). 1910-1952: Tannenstraße.

Harburg

GOESCHENSTRASSE (1912); vermutlich benannt nach Adolf Goeschen (1803-1898), 1855 bis 1881 Generalsuperintendent in Harburg, erhielt für seine Verdienste um das Schulwesen und die Armenpflege das Ehrenbürgerrecht von Harburg.

GOLDENE WIEGE (1950); „Goldene Wiege" wurde ein nahegelegenes Hünengrab genannt, das seinen Namen von zwei Sagen hat. Nach der einen stellte ein vornehmer Herr seiner jungen Geliebten, die ein Kind erwartete, eine goldene Wiege vor die Tür, um sie anschließend zu verlassen. Nach der zweiten sollen Räuber in dem Hühnengrab ihre Schätze vergraben haben, darunter auch eine goldene Wiege, die nur drei schneidernde Brüder, die sich nie gezankt haben, in einer Silvesternacht heben konnten. Bis 1930: Teil des Holzweges, 1930-1950 Teil der Denickestraße.

GOLDTSCHMIDTSTRASSE (1952), Marcus Goldtschmidt, 1569 und 1571 Harburger Bürgermeister. 1856-1952: Lange Straße.

GORDONSTRASSE (1988), Alfred Gordon (1886-1941), Prediger der jüdischen Gemeinde Hamburg.

GOTTHELFWEG (1950), Jeremias Gotthelf (1797-1854, eigentl. Albert Bitzius), Schweizer Schriftsteller. 1925-1950: Gorch-Fock-Straße.

GOTTSCHALKRING (1971), Rudolf Gottschalk (1886-1964), SPD-Kommunalpolitiker, Förderer des Wohnugsbaus in Harburg.

GROMBALLRING (1988), Otto Gromball (1891-1944), Arbeiter, Widerstandskämpfer gegen das NS-Regime.

GROSSE STRASSE, KLEINE STRASSE; beide Straßen sind alte Wege, die schon auf einer Karte von 1772 als „Groteler Weg" und „Lütteler Weg" verzeichnet sind.

GROSSER SCHIPPSEE, KLEINER SCHIPPSEE; der Schippsee, ursprünglich Schepesees (1406 erwähnt), war ein Gelände, auf dem ab 1614 die „Neue Stadt" besiedelt wurde. Die Bezeichnung geht auf den alten Flurnamen für ein Acker- und Gartenland zurück. Ein Teil des Großen Schippsee (vom Kleinen Schippsee bis Karnapp) hieß von 1856 bis 1927 Brückenstraße. Der Kleine Schippsee wurde 1753 auch Bock Straße genannt.

GRUMBRECHTSTRASSE (1889), Friedrich Wilhelm August Grumbrecht (1811-1883), Politiker der Nationalliberalen Partei, 1867 bis 1878 Reichtstagsabgeordneter, seit 1855 Bürgermeister und seit 1871 Oberbürgermeister von Harburg.

HABIGERSTIEG (1988), Kaspar Habiger (1873-1941), Wilhelmsburger Arbeiter, NS-Opfer.

Harburg

HAECKELSTRASSE (1950), Prof. Dr. Ernst Haeckel (1834-1919), Zoologe. 1924-1950: Marthastraße.

HANNOVERSCHE STRASSE (1950); die Hauptverkehrsstraße zwischen dem Harburger Bahnhof und der Süderelbbrücke, einst ein Teil der Ausfallstraße nach Hannover, hieß von 1872 bis 1899 „Am Venlo-Hamburger Bahnhof" und von 1899 bis 1950 Grubestraße.

HANSINGWEG (1935), Heinrich Hansing (1794-1814), Leutnant, fiel im Kampf gegen die Franzosen, Sohn des Harburger Bürgermeisters Johann Gottlieb Hansing. Bis 1935: westlichster Teil der Franckestraße.

HARBURGER RATHAUSPLATZ (1950), **HARBURGER RATHAUSSTRASSE** (1950); das Rathaus der Stadt Harburg wurde 1892 fertiggestellt. Die Harburger Rathausstraße hieß aber bereits seit 1866 nach dem vorher als Rathaus dienenden Stadthaus Rathausstraße. Der Harburger Rathausplatz wurde 1892 unter dem Namen Rathausplatz angelegt.

HARBURGER SCHLOSSTRASSE (1950), das Harburger Schloss war ursprünglich eine in einem Sumpfgebiet gelegene Burg. Von dieser Lage hat Harburg seinen Namen. Harburg oder Horeburg bedeutet Moorburg. Die Harburger Schlosstraße, im 13. Jahrhundert ein einfacher Damm, der vom Schloss nach Süden führte, ist die älteste Straße Harburgs. Sie hieß 1658 Lange Straße und führte bis 1749 die Bezeichnung „Zwischen Schloß und Mühlenbrücke". Von 1750 bis 1950 hieß sie Schloßstraße.

Die Harburger Schloßstraße liegt heute abseits der Harburger Innenstadt im Bereich des Hafens. Hier befinden sich noch einige Fachwerkhäuser aus dem 17. und 18. Jahrhundert.

HARMSSTRASSE (1905/1957); der Gastwirt und Kaufmann Johann Christoph Harms und seine Nachkommen besaßen seit 1837 die hier an der Bremer Straße gelegene Gastwirtschaft „Zum schwarzen Roß". 1877 -1950 Elisenstraße, 1950-

Harburg

1957 Teil der Baererstraße. Seit 1905 existierte bereits eine Harmsstraße, die heute einen Teil der Baererstraße bildet.

HASTEDTSTRASSE (1910), **HASTEDTPLATZ** (1950), **HASTEDTWEG** (1963), Wilhelm Hastedt (1835-1904), Harburger Brauereibesitzer, seit 1873 Senator, 1887-1893 Reichstagsabgeordneter. Der Hastedtplatz setzte sich vor 1950 aus der Mozartstraße (seit 1925) und der Haydnstraße (seit 1931) zusammen. Der Hastedtweg war bis 1950 ein Teil der Haydnstraße und gehörte von 1950 bis 1963 zum Hastedtplatz.

HEIMFELDER STRASSE (1889); das Heimfeld war das älteste Vorwerk der Harburg. Um es von später angelegten Vorwerken zu unterscheiden wurde es Heimfeld genannt (1545 erstmalig erwähnt).

HEINO-MARX-WEG (1930); Heino Carl Joachim Peter Marx (1863-1920), Harburger Fabrikant, begründete in der Gegend des heutigen Stadtparks eine Zündschnurfabrik. Bis 1930: Aasbergweg.

HEINRICH-HEINE-STRASSE (1924/1945), Heinrich Heine (1797-1856), Dichter. 1933-1945: Dietrich-Eckart-Straße.

HELFERICHWEG (1930), Dr. Hans Helferich (1891-1945), 1925-1929 Landrat im Kreis Harburg, später Präsident der Deutschen Zentral-Genossenschaftskasse in Berlin.

HELMSWEG (1950); August Helms (1847-1920), Harburger Kaufmann und Senator, begründete den Harburger Museumsverein.
1856-1950: Gartenstraße.

HELMUTH-BARTSCH-WEG (1988), Dr. Helmuth Bartsch (1895-1935), Arzt, Opfer des Nationalsozialismus.

HERBERT-THÖRL-WEG (1988), Herbert Thörl (1889-1945), Harburger Fabrikant, NS-Opfer.

HERMANN-ALLMERS-STRASSE (1928), Hermann Allmers (1821-1902), Landwirt und Kulturhistoriker.

HERMANN-MAUL-STRASSE (1927), Hermann Maul (1859-1926), Harburger Kaufmann und Senator. Bis 1927: Kirchstraße.

Alten Formen nachempfundene Neubauten in der Hermann-Maul-Straße.

Harburg

HERMESWEG (1952), an der Ecke Milchgrund/Stader Straße stand eine Statue des Götterboten Hermes, die aus Anlaß der hier seit 1950 für die Deutsche Bundespost erbauten Wohnungen aufgestellt wurde. Die Statue ist Anfang der 60er Jahre entwendet worden.

HIRSCHFELDSTRASSE (1950), **HIRSCHFELDPLATZ** (1927/1945); Emil Hirschfeld (1864-1927), Arzt und Harburger Senator, gründete den Harburger Arbeiter-Samariter-Bund. Hirschfeldstraße 1926-1950: Brahmsstraße. Hirschfeldplatz: 1933-1945 Horst-Wessel-Platz.

HÖLERTWIETE(1950); hier befand sich ein Höhler, ein Sammelbecken für Quellwasser, das über Holzröhren in die einzelnen Häuser und in einen Brunnen floß. 1856-1868 Höhlerstraße, 1868-1950 Ludwigstraße. Der westliche Teil hieß 1753 „An dem Teiche".

HÖLSCHERWEG (1950); Georg Hölscher (1866-1932), Harburger Gartenarchitekt und Königlich Preußischer Gartenbaudirektor, legte den Harburger Stadtpark an. Ca. 1932-1950: Stadtparkweg.

HOFFSTRASSE (1913), Louis Hoff (1850-1916), Direktor der „Vereinigten Gummi-Waaren Fabriken Hamburg-Wien", dem Vorläufer der Phoenix Gummiwerke.

HOHE STRASSE (1891); die Hohe Straße führt aus der Niederung auf die Höhe der Bremer Straße. Der zuerst bebaute Abschnitt zwischen Wilstorfer Straße und Maretstraße hieß von 1889 bis 1891 Hastedtstraße.

HOMANNSTRASSE (1924), Emil Wilhelm Friedrich Homann (1846-1918), Harburger Stadtbaurat.

HOPPENSTEDTSTRASSE (1925); August Ludwig Hoppenstedt (1763-1850), 1805-1815 Generalsuperintendent von Harburg, reformierte das Harburger Schulwesen.

HUGO-KLEMM-STRASSE (1950), Hugo Klemm (1883-1943), Gewerkschaftsfunktionär und Harburger Senator.
1913-1950: Scharnhorststraße.

JÄGERSTRASSE (1889), Carl Adolph Jäger (1794-1874), Generalleutnant, Besitzer eines Wilstorfer Bauernhofes.

JOHANNES-BREMER-WEG (1988), Johannes Bremer (1885-1937), Kontrolleur aus Harburg, NS-Opfer.

JOHNSWEG (1931), **JOHNSSTIEG** (1976); Karl Johns (1851-1930), Hauptlehrer, war Vorsitzender des „Gemeinnützigen Bauvereins von Harburg-Wilhelmsburg und Umgegend".

Harburg

JÜRGENSSTRASSE (1901), Johann Peter Ludwig Jürgens (1857-1905), ab 1894 Gemeindevorsteher von Eißendorf.

JULIUS-LUDOWIEG-STRASSE (1950); Julius Ludowieg (1830-1908), seit 1885 Bürgermeister und ab 1888 Oberbürgermeister von Harburg, war zuvor schon Bürgermeister von Hameln und von Einbeck. 1859-1950: Lindenstraße.

JUNKERSTRASSE (1952), Jakob Junker (1849-1901), seit 1896 Chefsekretär der Heilsarmee. 1924-1952: Fichtestraße.

JUTESTRASSE siehe RICKELSTRASSE.

KALISCHERSTRASSE (1950); Bernhard Kalischer (1863-1933), Harburger Kaufmann, erwarb sich besondere Verdienste um die Harburger Wirtschaft. Vor 1950: Feldweg, 1885-1950 Feldstraße.

KANALPLATZ; der alte Platz am Lotse- und Kaufhauskanal wurde im 18. Jahrhundert auch als „Auf jenem Ende" oder niederdeutsch „Im günnen Ende" bezeichnet. Das Teilstück von der Blohmstraße bis zur Harburger Schloßstraße hieß von 1880 bis 1926 Kanalstraße.
Von 1933 bis 1948 hieß der Kanalplatz Kapitän-Kircheiß-Platz.

KANZLERSHOF (1950), **KANZLERSTRASSE** (1932); der Kanzlershof war ein Rittergut, das sich im 17. Jahrhundert im Besitz der Kanzler der Harburger Herzöge befand.
Von 1888 bis 1950 hieß der nördliche Teil der Straße Kanzlerhof Seevedamm und der südliche Teil Seevedeich.

KAPELLENWEG (1889); die hier gelegene Kapelle der Kirchengemeinde Wilstorf wurde 1944 zerstört und 1947 abgerissen.

KARCZWEG (1988), Karl Karcz (1881-1933), Gußputzer, NS-Opfer.

KARL-KOCK-WEG (1988), Karl Kock (1908-1944), Kommunist, Gummifachmann, Widerstandskämpfer gegen das NS-Regime.

KARL-REESE-WEG (1988), Karl Reese (1890-1940), Bibelforscher aus Harburg-Wilhelmsburg, NS-Opfer.

KARNAPP (um 1500), **KARNAPPHOF** (1988); Karnapp heißt auf mittelniederdeutsch „Ausbau, Erker, Utlucht".

KERSCHENSTEINERSTRASSE (1950), Georg Kerschensteiner (1854-1932), Schulreformer.
Ca. 1885-1950: Schulstraße.

Harburg

KICKBUSCHWEG (1950), Wilhelm Kickbusch (1852-1904), Forstmeister. Bis 1950: Grüner Weg, Nebenweg 1.

KLEINER SCHIPPSEE siehe GROSSER SCHIPPSEE.

KLEINE STRASSE siehe GROSSE STRASSE.

KNIGGESTRASSE (um 1903), Diedrich Knigge (1830-1895), Kaufmann und dortiger Grundbesitzer.

KNOOPSTRASSE (1859); hier befanden sich einst die dem Spediteur Heinrich Friedrich Knoop gehörenden Knoopschen Wiesen. Das Teilstück zwischen Eißendorfer Straße und Marienstraße hieß von 1859 bis 1950 Albersstraße. Der Platz mit dem Brunnen von Prof. Rudolf Vogel hieß von 1876 bis 1910 Marktplatz und davor seit 1860 Markt und Am Markt.

KONSUL-FRANCKE-STRASSE (1950), Robert Francke (1830-1904), Harburger Fabrikant und österreichisch-ungarischer Vizekonsul in Harburg. 1911-1950 Franckestraße.

KONSUL-RENCK-STRASSE (1933), Carl Renck (1846-1909), Harburger Unternehmer und Senator. Mitbegründer der Firma Renck & Hessemüller, Vizekonsul von Großbritannien und Portugal. 1877-1927 Kurze Straße, 1927-1933 Friedrich-Engels-Straße.

KONSUL-RITTER-STRASSE (1951), Hermann Ritter (1855-1932), Harburger Kaufmann, Mitinhaber und dann alleiniger Inhaber der Firma Renck & Hessemüller, Vizekonsul für Großbritannien und Portugal. Vor 1951: Haupt-Hafen-Straße, 1909 -1951 Lothsestraße, dann Lotsestraße.

KROOSWEG (1950); nach der Harburger Kaufmannsfamilie Kroos wurde 1950 die Karlstraße (seit 1872) umbenannt.

KRUMMHOLZBERG (1857); der einst hier gelegene Krummholzberg war vermutlich mit Krummholzkiefern bewachsen. Die Straße hieß zunächst auch „Am Krummholzberg" und „Krummholzstraße".

KÜCHGARTEN; diese alte Straße wurde nach dem herzöglichen Küchengarten benannt, der 1650 zur Ansiedelung derjenigen Bürger freigegeben wurde, die ihre Häuser wegen der Festungserweiterung räumen mußten. 1658 hieß die Straße „In der Twieten".

KÜSTERSWEG (1932). **KÜSTERSTIEG** (1952), Eduard Küster, Gastwirt in Rönneburg, dessen Vater Ernst 1836 eine Gaststätte eröffnete, die so beliebt war, daß dort seit 1847 die Eisenbahn hielt.

Harburg

Einen Eindruck vom alten Harburg vermittelt die Lämmertwiete. Im Sommer reiht sich hier ein Straßencafé an das nächste.

LÄMMERTWIETE (um 1650); die Lämmertwiete, seit 1975 eine attraktive Fußgängerzone mit vielen Cafés und Restaurants, ist eine alte Harburger Straße. 1753 wird sie als „Lamm Twiete" und 1780 als „Lams Straße" bezeichnet.

LASALLESTRASSE (1927/1945), Ferdinand Lasalle (1825-1864), Gründer des Allgemeinen Deutschen Arbeitervereins.
1875-1927 2. Wilstorfer Straße, 1933-1945 Schlageterstraße.

LAUENBRUCHER DEICH, LAUENBRUCHER HAUPTDEICH (1972), **LAUENBRUCHER STRASSE** (1886), **LAUENBRUCH OST**; das Marschdorf Lauenbruch lag bis 1904 auf den Flächen, auf denen sich heute die Harburger Seehafenbekken befinden.

LAUTERBACHSTRASSE (1857), Heinrich Lauterbach (1795-1881), Harburger Stadtmusikus und Vorbesitzer des Geländes.

LEISERWEG (1988), Hedwig Leiser (1879-1941) und Julius Leiser (1876-1941), jüdisches Ehepaar aus Harburg-Wilhelmsburg, wurde 1941 nach Riga deportiert.

LENTHEWEG (1957); nach der Adelsfamilie Lenthe, die in Eißendorf in den ersten Jahrzehnten des 19. Jahrhunderts über Landbesitz verfügte, wurde 1957 der Lämpenstieg umbenannt.

LEWENWERDER siehe NEULÄNDER STRASSE.

LIEBRECHTSTRASSE (1899), Dr. Wilhelm Liebrecht (1850-1925), Vorsitzender der Landesversicherungsanstalt Hannover und Landesrat, der die Siedlungsbauten Harburger Genossenschaften förderte.

Harburg

LÖNSSTRASSE (1922), Hermann Löns (1866-1914), Dichter der Lüneburger Heide.

LOHMANNSWEG (1889), Wilhelm Lohmann (1859-1905), hiesiger Grundeigentümer und Gastwirt.

LÜBBERSWEG (1950), Friedrich Lübbers (1867-1947), in Heimfeld und Harburg tätiger Lehrer und Mittelschulrektor, erwarb sich Verdienste um die Erforschung der Harburger Geschichte. 1905-1950: Adolfstraße.

LÜHMANNSTRASSE (1960), Georg L. (1840-1912), Besitzer einer Buchdruckerei, Zeitungsverleger (Harburger Anzeigen und Nachrichten) und nationalliberaler Politiker, seit 1897 Vorsitzender der Harburger Handelskammer, seit 1904 Senator.

LÜNEBURGER STRASSE (1614), **LÜNEBURGER TOR** (1976); die geschäftige Fußgängerzone im Zentrum von Harburg ist eine alte Straße, die in Richtung Lüneburg führte. Sie wurde 1614 bebaut und in die neue Stadtbefestigung miteinbezogen. An ihrem südlichen Ende befand sich das Lüneburger Tor.

MARETSTRASSE (1889); Carl Maret (1829-1904), Unternehmer, seit 1886 Senator, leitete die „Vereinigten Gummi-Waaren-Fabriken Harburg-Wien", die heutigen Phoenix Gummiwerke, die er zum größten deutschen Unternehmen dieser Branche entwickelte.

MARIENSTRASSE (1860); die Marienstraße hat ihren Namen entweder von Harburgs erstem Krankenhaus, dem 1844 eröffneten Marienkrankenhaus, das nach der Ehefrau des Hannoverschen Kronprinzen Georg, dem späteren König Georg V., benannt wurde, oder von der Kirchengemeinde St. Marien, die 1860 zwar noch keine Kirche aber schon ein Gemeindehaus besaß.

MARMSTORFER POSTSTRASSE (1950); hier verlief die alte Poststraße von Harburg nach Bremen vor dem Bau der Bremer Straße. Ca. 1930-1950: Poststraße.

MARMSTORFER WEG (1889); der alte Weg zwischen Harburg und Marmstorf hieß bis 1938 auf Marmstorfer Gebiet Harburger Weg.

MAX-HALBE-STRASSE (1950), Max Halbe (1865-1944), Dramatiker und Erzähler. 1927-1950 Stormstraße.

MEHRINGWEG (1950), Dr. Franz Mehring (1846-1919), sozialistische Publizist und Geschichtsschreiber, 1918 Mitbegründer der Kommunistischen Partei. 1927-1950: Pestalozzistraße.

MENSINGSTRASSE (1893); Georg Wilhelm Mensing, Rittmeister und Grundbesitzer, leitete 1818 bis 1833 die Karrenanstalt, eine Strafvollzugsanstalt auf dem alten Harburger Festungsgelände.

Harburg

MERGELLSTRASSE (1950), Arnold Eduard Mergell (1855-1929), Harburger Apotheker (bis 1895) und Ölmühlenbesitzer (ab 1896).
1926-1950: Beethovenstraße.

MEYERSTRASSE (1890), Heinrich Christian Meyer (1832-1886), Gründer der „Harburger Gummi-Kamm-Compagnie" und Inhaber der von „Stock-Meyer" (s. Stockmeyerstraße/Hafen) gegründeten Stockfabrik in Hamburg, die 1854 teilweise und 1886 ganz nach Harburg umzog.

MOORSTRASSE (1856/1945); die Moorstraße ist ein alter Weg in das östlich des Seevekanals liegende Moor. Bis 1956: Moorweg, 1933-1945 Otto-Telschow-Straße.

NARTENSTRASSE (1950); Georg Narten (1853-1933), Harburger Strombaudirektor, hatte die Oberleitung beim Bau der ersten Straßenbrücke über die Süderelbe (s. Alte Harburger Elbbrücke). Vor 1950: Hamburger Chaussee, 1883-1950 Hamburger Straße. Das Teilstück zwischen dem Westlichen und dem Östlichen Bahnhofskanal hieß seit 1873 Neuländer Straße und später bis 1928 „Staatsbahnhof".

NEUE STRASSE (um 1650); diese Straße wurde angelegt, damit sich die Harburger, die ihre Häuser infolge der Erweiterung der Festungswerke umsetzen mußten, etwas weiter südlich neu ansiedeln konnten. Hier befindet sich noch heute ein umgesetztes Haus aus dem Jahre 1623.

Die Neue Straße gehört heute zu den ältesten Straßen von Harburg. Die Bebauung ist gemischt. Das älteste Haus stammt aus dem 17. Jahrhundert.

NEULÄNDER STRASSE (1873), **NEULÄNDER ELBDEICH, NEULÄNDER WEG** (1942), **NEULÄNDER RING**; Neuland heißt heute die 1296 gegründete Marschsiedlung Lewenwerder, da sie künstlich neu angelegt wurde. An den ursprünglichen Namen erinnert die Straße **LEWENWERDER** (1985). Der Neuländer Elbdeich hieß zunächst seit 1889 Elbdeich.

Harburg

NIEMANNSTRASSE (1889); Hermann Niemann (1847-1915), Vollhöfner in Heimfeld, legte die Straße auf seinem Grundbesitz an.

NOACKSTIEG (1988), Otto Noack (1880-1941), Maurer, Sozialdemokrat, NS-Opfer.

NOBLEÉSTRASSE (1950); Henri Louis Joseph Noblée (1806-1879), in Frankreich (Lille) gebürtiger Unternehmer, gründete 1855 in Harburg eine Lampenfabrik. 1889-1950 Hohlweg (ein alter Weg von Groß Heimfeld nach Klein Heimfeld).

NÖLDEKESTRASSE (1927); Prof. Dr. Theodor Nöldeke (1836-1930), in Harburg geborener bedeutender Islamisten, war Rektor an der Harburger Stadtschule. Ca. 1900-1927 Ferdinandstraße.

OSTERHOFFSTRASSE (1929), Heinrich Osterhoff (1845-1920), Besitzer einer Branntweinbrennerei, seit 1894 Harburger Senator.

OSWALD-KANZLER-WEG (1988), Oswald Kanzler (1883-1944), Sekretär bei der SPD, Harburger Bürgervorsteher, NS-Opfer.

PAUL-GERHARDT-STRASSE (1928), Paul Gerhardt (1607-1676), Pfarrer und Kirchenliederdichter.

PETER-LURENZ-WEG (1943); „Peter Lurenz bi Abukir" heißt eine Novelle des niederdeutschen, aus Mecklenburg stammenden Schriftstellers John Brinckmann. Nach weiteren Werken von Brinckmann wurden die benachbarte Straßen **UTKIEK** (1943, vorher seit 1940 Kopraweg und **VAGEL-GRIEP-PLATZ** (1940) benannt.

PETERSDORFSTRASSE (1950); Hans von Petersdorf (1585-1657), Harburger Oberhauptmann, übernahm das Teilfürstentum Harburg nach dem Tode des letzten Herzogs der Harburger Linie 1642 für den Herzog Friedrich von Celle. 1899-1950: Bachstraße.

PETERSWEG (1928); Heinrich Peters (1863-1939), Harburger Polizeisergeant, bewirtschaftete hier ab 1899 eine Hofstelle. Da er am Postweg einen Schlagbaum beseitigt hatte, pflegten die Anwohner schon vor der amtlichen Benennung zu sagen: „Wir gehen über Peters Weg."

RADICKESTRASSE (1950); nach der Gärtnerfamilie Radicke, die hier seit 1899 auf ihrem Grundstück eine Handelsgärtnerei betrieb, wurde 1950 die Meckelfelder Straße umbenannt.

REIMERSWEG (1930); hier befand sich der Reimerssche Hof.

REMBRANDTSTRASSE (1928), Rembrandt Harmensz van Rijn (1606-1669), niederländischer Maler.

Harburg

RICKELSTRASSE (1914), Ferdinand Ernst Albrecht Rickel (1845-1925), Direktor der Jutefabrik in Harburg, nach der die **JUTESTRASSE** (1950, vorher Georgstraße) in Wilstorf benannt ist, von 1893 bis 1899 Mitglied des Bürgervorsteherkollegiums in Harburg.

RIECKHOFFSTRASSE (1950), Adolf Rieckhoff (1858-1945), Harburger Drogist, betätigte sich als Pazifist in der Deutschen Demokratischen Partei. Den Namen Rieckhoff trägt auch das hier gelegene Harburger Stadtteilkulturzentrum. 1882-1927 Heinrichstraße, 1927-1935 Ludwig-Frank-Straße, 1935-1950 Konradstraße.

RIEPENHAUSENWEG (1958), Christian Wilhelm Riepenhausen (1712-1755), Advokat, ab 1746 Bürgermeister von Harburg.

RÖNNEBURGER STRASSE (1889); die Rönneburg war vermutlich eine sächsische Erdwallanlage aus dem 7. Jahrhundert auf dem Rönneberg, die dem Schutz vor den Normannen und der Sicherung der Straße Stade-Bardowick diente. Das Dorf Rönneburg wird im Mittelalter als Runneborge (erstmals 1233), Renneborgh oder Ronneborgh erwähnt. An die Burg erinnern auch die Straßennamen **AM BURGBERG** (1932) und **BURGGRABEN** (um 1932).

ROGGESTRASSE (1928), Hans Rogge (1873- 1923), Leiter der Wasserstraßendirektion Harburg, von 1907 bis 1916 in Kiel tätig, wo er sich um den Bau der Holtenauer Schleusen verdient machte.

ROSEGGERSTRASSE (1947), **ROSEGGERWEG** (1976), Peter Rosegger (1843-1918), österreichischer Schriftsteller. 1889 bis 1927 Buschstraße, 1927-1947 Paul-Bäumer-Straße.

RUSTSTRASSE (1952); Dr. med. Georg Friedrich Rust (1761-1814), Arzt, war ab 1789 Stadtphysikus in Harburg. 1912-1952 Johannisstraße.

SALZBURGER HÄUSER (1950); die kleine Straße, die heute zur Fußgängerzone am Harburger Rathaus gehört, hat ihren Namen nach einem einst hier am Buxtehuder Tor gelegenen „Emigrantenhaus", in das in den 1730er Jahren 9 evangelische Familien mit 42 Personen einquartiert wurden, die wegen ihres Glaubens aus dem Salzburger und dem Berchtesgadener Land vertrieben worden waren.

SAND; die Straße „Sand" befindet sich auf einer Geestplatte vor dem Trockental, in dem sich jetzt die Denickestraße hinaufzieht. Die ersten Häuser enstanden hier am Ende des 16. Jahrhunderts. 1753 wurde die Straße als „Auf dem Sande" bezeichnet.

SCHELLERDAMM (1960); Emil Scheller (1837-1922), Kaufmann, gründete die „Harburger Mühlenbetrieb AG". 1856 bis 1927 Bahnhofstraße, 1927-1960 nördlicher Teil der Straße „Großer Schippsee".

Harburg

Nur die Straßenbahn erinnert in der Straße Sand um die Jahrhundertwende an eine Großstadt.

SCHENDELSTIEG (1988), Eugen Schendel (1890-1943), jüdischer Kaufmann aus Harburg, NS-Opfer.

SCHLOSSMÜHLENDAMM (1950); der Schloßmühlendamm war ein Teil des Dammes, der die in der Marsch liegende Harburg mit der Geest verband. Er hat seinen Namen von einer durch den Seevekanal gespeisten Wassermühle, deren Besitzer sie im 19. Jahrhundert als „Schloßmühle" bezeichnete. Die Straße wurde 1658 als „Straße nach der Mühle" und 1753 als „Die große Straße" bezeichnet. Vor 1950: Mühlenstraße.

SCHORCHTSTRASSE (1927), August Schorcht (1826-1885), seit 1883 Harburger Bürgermeister. Vor 1927: Zweite Bergstraße.

SCHÜSLERWEG (1958), Christoph Jacob Schüsler (gest.1749) und sein Sohn Georg Christian Andreas Schüsler (gest. 1754), zwei Harburger Stadtsyndici. Der jüngere wurde 1749 zum Ratmann gewählt.

SCHÜTTSTRASSE; dieser alte Weg, der früher „Auf dem Schütt" genannt wurde, hat seinen Namen vermutlich von den Aufschüttungen, die hier zu Beginn des 19. Jahrhunderts vorgenommen wurden, um das Gelände zu besiedeln.

SCHWARZENBERGSTRASSE (1950); die Schwarzenbergstraße ist ein Teil des alten Postweges von Harburg nach Buxtehude und Stade. Sie wurde ursprünglich Bergstraße oder Hemfelder Weg genannt. 1856 erhielt sie den Namen „Erste Bergstraße" und 1927 die Bezeichnung Bergstraße.

SINSTORFER KIRCHENWEG (1950); unter dem Namen Sinstorfer Kirchenweg wurden 1950 die Engelbe(c)kstraße, die Vahrendorfer Straße und der Neugrabener Kirchenweg zusammengefaßt. Die Straße führt an der alten Sinstorfer Kirche vorbei, deren älteste Feldsteinmauern aus der Zeit um das Jahr 1200 stammen.

Harburg

SOPHIENSTRASSE siehe TILEMANNHÖHE.

STADER STRASSE siehe BUXTEHUDER STRASSE.

STEFFENS WEG (1950); nach dem Sinstorfer Bauernhof „Steffenshof" wurde 1950 der Mittelweg umbenannt.

STEINIKESTRASSE (1950), Georg Steinike (1801-1880), Rechnungsrat beim Hauptzollamt Harburg. Vor 1950: Thalweg, etwa 1880-1950 Talstraße.

SUDERMANNSTRASSE (1950); nach dem Erzähler und Dramatiker Hermann Sudermann (1857-1928), wurde 1950 der nördliche Teil der Fritz-Reuter-Straße (seit 1927) umbenannt. 1964 erhielt auch der südliche Teil diesen Namen, der von 1950 bis 1964 Arno-Holz-Straße hieß. Arno Holz wurde 1966 mit einer benachbarten Straße bedacht (s. Arno-Holz-Weg).

THÖRLSTRASSE (1890), **THÖRLWEG** (1941), Johann Friedrich Thörl (1820-1886), vielseitiger Harburger Unternehmer, ab 1859 Senator.

TILEMANNHÖHE (1955); Heinrich Julius Wilhelm Tilemann (1866-1930), Jurist, seit 1895 Senator und von 1910 bis 1926 Stadtsyndikus in Harburg, förderte die Siedlungsbauten des Eisenbahn-Bauvereins Harburg, auf dessen Vorschlag die **SOPHIENSTRASSE** 1922 nach Tilemanns Mutter Sophie Juliane Wilhelmine benannt wurde, weil Tilemann eine Straßenbenennung nach seinem Namen ablehnte.

TIVOLIWEG (1950); nach dem hier gelegenen Etablissement „Dittmers Tivoli" wurde 1950 die Straße „Am Spritzenhaus" umbenannt.

TRAUNSTIEG (1942), **TRAUNWEG** (1942), Christian Justus Friedrich Traun (1804-1881), Fabrikant, Gründer der Harburger Gummi-Kamm-Compagnie, Vater von Heinrich Traun (s. Heinrich-Traun-Straße/Fuhlsbüttel).

UTKIEK siehe PETER-LURENZ-WEG.

VAGEL-GRIEP-PLATZ siehe PETER-LURENZ-WEG.

VAHLENKAMPFFWEG (1957), Thomas Vahlenkampff (1642-1715), Harburger Kaufmann und Bürgermeister.

VINZENZWEG (1952), Vinzenz von Paul (1581-1660), heiliggesprochener Priester, Begründer der Caritas. In der Nähe liegt das von Schwestern der Kongregation der Barmherzigen Schwestern vom Heiligen Vinzenz von Paul geleitete „Vincenzhaus" (Altersheim und Kindergarten). 1889-1952 Wiesenstraße.

VOGELERSTRASSE (1950); unter dem Namen des sozialistischen Malers Heinrich

Harburg

Vogeler (1872-1942) wurden 1950 die Akazienallee und die Föhrenstraße zusammengefaßt.

VOGTEISTRASSE (1932); der Vogt der bis 1852 für Rönneburg zuständigen Vogtei Höpen hatte hier seinen Sitz.

VOLKSWOHLWEG (1960); hier befand sich das 1911 von Harburger Gewerkschaftlern gegründete Gartenlokal „Volkswohl" mit Sport- und Spielplätzen, das während der NS-Zeit „Deutscher Garten" hieß.

WALKMÜHLENWEG (1950); hier befand sich im 18. Jahrhundert eine der Filzverarbeitung dienende Walkmühle. 1865-1950: Lohmühlenweg.

WALLGRABEN (1950); hier entstand ab 1660 eine neue Befestigung der Stadt Harburg mit Wall und Graben, die Ende des 18. Jahrhunderts abgetragen wurde. 1856-1950: Wallstraße.

WALTER-DUDEK-BRÜCKE (1985), Walter Dudek (1890-1976), 1924-1933 Bürgermeister von Harburg, 1946-1953 Hamburger Senator.

WALTER-FLEX-STRASSE (1933), Walter Flex (1887-1917), Dichter. 1932-1933: Käthe-Kollwitz-Straße.

WALTER-KOCH-WEG (1950), Walter Koch (1877-1922), Fabrikant und Vorbesitzer des Geländes. 1910-1950: Kochstraße.

WASMERSTRASSE (1900), Detlef Friedrich Wulff Benedictus von Wasmer (1790-1874), Major, Besitzer des Gutes Kanzlershof (s. Kanzlershof).

WATTENBERGSTRASSE (1890), Dr. Hermann Wattenberg (1827-1908), Arzt, Leiter des Harburger Militärhospitals, seit 1852 praktischer Arzt in Harburg.

WEINLIGSTRASSE (1913), Eduard Weinlig (1832-1920), Harburger Fabrikant und Senator (seit 1888).

WENDTS WEG, Johann Wendt (1863-1932), Segelmachermeister, legte diese Straße an.

WEUSTHOFFSTRASSE (1950), Friedrich Ludwig Weusthoff (1796-1879), Harburger Kaufmann, Präsident des 1847 gegründeten Harburger Handelsvereins und ab 1866 Präsident der Handelskammer für Harburg, Winsen, Soltau und Tostedt. 1910-1950: Bartelsstraße. Nach seiner Frau Amalie wurde vermutlich die **AMALIENSTRASSE** (1875) benannt, da Weusthoff in dieser Straße ein neues Geschäftshaus baute. Das nördliche Teilstück der heute zweigeteilten Amalienstraße hieß von 1863 bis 1950 Friedrichstraße.

Harburg

WILHELM-BUSCH-WEG (1950), Wilhelm Busch (1832-1908), Maler, Zeichner und Dichter. 1924-1950: Heimweg.

WILHELMSTRASSE (1869); die Wilhelmstraße wurde nach einem früheren Grundbesitzer dieses Geländes, vermutlich nach Wilhelm Rogge, benannt.

WILHELM-WEBER-STRASSE (1932); Wilhelm Weber (1857-1934), Kommerzienrat, leitete unter anderem die 1857 gegründete Harburger Filiale der Hannoverschen Bank. 1909-1932: Kaistraße.

WILSTORFER STRASSE (1856); eine alte Harburger Hauptverkehrsstraße ist die in den früher vor den Toren Harburgs liegenden Ort und heutigen Stadtteil Wilstorf führende Wilstorfer Straße. 1889-1927: 1. Wilstorfer Straße, da es noch eine 2. gab, die heutige Lasallestraße. Vor 1856 hieß diese Gegend „Vor dem Lüneburger Tor".

WINSENER STRASSE (1889); die auch nach Winsen/Luhe führende Winsener Straße ist die alte Landstraße von Harburg in Richtung Süden. Sie wurde 1667 als „Zeller Heerstraße" bezeichnet.

WITTINGSTRASSE (1905), Carl Ludwig Witting (1826-1882), Harburger Kaufmann und Grundeigentümer. 1905: Adolfstraße.

WOELLMERSTRASSE (1910); Peter Woellmer (1819-1904), Harburger Kaufhausschreiber, hinterließ sein gesamtes Vermögen in Höhe von 70.000 Mark der Stadt Harburg für wohltätige Zwecke.

WOHLERSWEG, Louis Friedrich Wilhelm Wohlers (1859-1919), Grundeigentümer und Domänenpächter. Der Wohlersweg wurde 1934 bezogen.

WROOSTWEG (1950), Wilfried W. (1889-1959), Schriftsteller, schrieb größtenteils auf Plattdeutsch. 1928-1950: Liliencronstraße. 1962 wurde der Wroostweg um die Georg-Droste-Straße erweitert, die 1928-1950 John-Brinckman-Straße hieß.

WÜRFFELSTRASSE (1957), August Würffel (1823-1878), in Wien geborener Unternehmer, der die „Vereinigten Gummi-Waren-Fabriken Harburg-Wien", die heutigen Phoenix Gummiwerke, gründete. Im Bereich der Würffelstraße lagen vorher die Franzstraße (seit 1905) und der Franzstieg (seit 1949).

ZIMMERMANNSTRASSE (1910); Johann Wilhelm Carl Zimmermann (1833-1903), Harburger Kaufmannn, verfügte in Wilstorf über ein großes Anwesen („Zimmermanns Park").

ZITADELLENSTRASSE (1952); an das Harburger Schloß erinnert die Zitadellenstraße. Das alte Haupthaus ist, wenn auch stark umgebaut, noch vorhanden (in der benachbarten Brauhausstraße).

Harvestehude/Rotherbaum

Stadtteilrundgang

Der Rundgang beginnt am Dammtor-Bahnhof (Ausgang **Theodor-Heuss-Platz**). Er führt nach rechts in die vielbefahrene Straße **Alsterglacis**. Auf der linken Seite steht der fast die ganze Straße einnehmende schneeweiße Neubau der Hanse-Merkur-Versicherung, in den am Anfang der **Neuen Rabenstraße** ein Altbau integriert wurde. Zwei Villen am Alsterglacis, die an das Versicherungsgebäude anschließen, wurden von dem Konzern restauriert. Sie gehören zur ersten Bebauung von Rotherbaum in den 1850er und 1860er Jahren.

Harvestehude/Rotherbaum

Der Rundgang führt vor der **Kennedybrücke** nach links in die Straße **Alsterufer**, eine der Prachtstraßen am Ufer der Außenalster. Es folgt ein ausgedehnter Spaziergang in den Grünanlagen an der Alster und im Alstervorland, vorbei an Hamburgs „Weißem Haus", dem amerikanischen Konsulat (Nr. 25-27), am Anleger Rabenstraße, der zum Verweilen und zu Speis´ und Trank einlädt, und an einer Reihe von großbürgerlichen Villen am **Harvestehuder Weg**, der sich an die Straße **Alsterufer** anschließt.

An der Einmündung **Milchstraße** führt der Rundgang nach links. Wir folgen der kleinen Straße bergauf an der Hochschule für Musik und Theater (links), dem früheren Budge-Palais, vorbei nach Pöselldorf. Die **Milchstraße** ist die Hauptstraße dieses in den 60er Jahren aufgeputzten Viertels mit seinen vornehmen Läden, Kneipen und Restaurants. An ihrem Ende steht das klotzige Pöseldorf-Center. Man biege nun nach rechts in Sichtweite der Johanniskirche aus dem Jahre 1882 in den **Mittelweg** ein und folge ihm bis zur **Alsterchaussee**, in die wir ebenfalls nach rechts einbiegen. Auf dem Weg zurück zum Alsterpark passieren wird das schmucke Theater im Zimmer (Nr. 30), das sich in einem der letzten noch vorhandenen klassizistischen Landhäuser befindet (1830 erbaut), die sich wohlhabende Hamburger Bürger hier ab dem 18. Jahrhundert als Sommerresidenzen in Alsternähe erbauten.

In der Verlängerung der **Alsterchaussee** führt der **Fährdamm** zum gleichnamigen Anleger, neben dem sich eine weitere Gelegenheit zum Ausruhen und Erfrischen mit Alsterblick bietet. Wir wenden uns vom Anleger kommend nach rechts und durchqueren das letzte Stück des Alstervorlandes am Ufer der Außenalster entlang. An dessen Ende überqueren wir die **Krugkoppel**, und gelangen in den Eichenpark, der im Gegensatz zum akurat angelegten Alsterpark noch einen Eindruck vom ursprünglichen Zustand von Harvestehude vermittelt. Hier befand sich, zwischen der Alster und der Straße **Frauenthal** im Mittelalter das Nonnenkloster Herwardeshude. Außerdem wurde im Eichenpark der Dichter Friedrich von Hagedorn (1708-1754), der Harvestehude liebte und eine „Ode an die Alster" schrieb, mit einem Gedenkstein geehrt.

Wir folgen dem **Harvestehuder Weg** weiter ins Innere des Stadtteils. Er führt an der 1962 erbauten neuen Nikolaikirche vorbei, der einzigen Hamburger Hauptkirche außerhalb der Innenstadt. Gegenüber dieser Kirche liegt wieder ein Park. Es ist der kleine hügelige Bolivar-Park, den wir nun durchqueren. Er wurde nach dem Befreier von Südamerika, Simon Bolivar, benannt, dessen Standbild am südlichen Ausgang des Parks steht.

Dort erreichen wir die **Rothenbaumchaussee**, eine der Hauptstraßen von Harvestehude/Rotherbaum, der wir bis zur übernächsten Kreuzung folgen. Nach rechts führt der Rundgang nun in die **Oberstraße**, die wie die umliegenden Straßen meist mit Reihenvillen bebaut ist, einer für Harvestehude und Rotherbaum typischen Bebauung. Nach Überquerung der **Hochallee** gelangen wir an der katholischen Elisabethkirche und am Innocentiapark vorbei zu den Grindelhochhäusern. An einem Dienstag- oder Freitagmorgen empfiehlt sich jetzt ein Abstecher nach rechts durch die **Brahmsallee** oder die **Klosterallee** zur **Isestraße**, auf der an diesen Tagen unter dem Hochbahnviadukt der längste und größte Wochenmarkt Europas abgehalten wird.

Harvestehude/Rotherbaum

Durch die Grünanlagen zwischen den 12 Grindelhochhäusern, den 1946-1956 erbauten ersten Hochhäusern Deutschlands, die sich links von der **Oberstraße** zwischen Brahmsallee und **Grindelberg** nach Süden erstrecken, gelangen wir parallel zu diesen beiden Straßen gehend zur **Hallerstraße**, in die wir nach links einbiegen. An ihrem Ende als Straße für den Autoverkehr befinden sich zur Linken das Tennisstadion am Rothenbaum, in dem Jahr für Jahr das größte deutsche Herren-Tennis-Turnier veranstaltet wird, und zur Rechten das architektonisch reizvolle Medienzentrum, in dem unter anderem der Hamburger Regionalfernsehsender „Hamburg 1" seinen Sitz hat.

Wir biegen nun nach rechts erneut in die **Rothenbaumchaussee** ein und wenden uns nach rund 200 Metern wieder nach rechts in die gemütliche **Hartungstraße**. Nach Überquerung der **Schlüterstraße** liegen auf der linken Seite die Hamburger Kammerspiele, ein weiteres Privattheater mit hohem Schauspielniveau. Hier befand sich bis 1941 ein Kulturzentrum für die zahlreichen jüdischen Bewohner des Grindelviertels.

Am Ende der Hartungstraße führt der Rundgang nach links in die von Restaurants und Kneipen gesäumte Straße **Grindelhof**, vorbei an der ehemaligen Talmud-Tora-Schule (Nr.30) zum an der linken Seite der Straße gelegenen **Joseph-Carlebach-Platz,** auf dem ein Mosaik daran erinnert, daß hier bis 1939 die größte Synagoge Hamburgs stand.

Wir überqueren den Platz nach links, lassen einen weißen Zweckbau links liegen und gelangen nach rechts durch eine Toreinfahrt in die **Binderstraße**. An der Kreuzung mit der Schlüterstraße steht das burgähnliche Postamt 13, in dem sich einmal das größte Fernmeldeamt der Welt befand.

Wir folgen der **Binderstraße** bis zur Rothenbaumchaussee. Links voraus ist das 1907-1911 erbaute Völkerkundemuseum zu sehen, das mit reichhaltigen Sammlungen über alle Erdteile informiert.

Der Rundgang führt nach rechts zum dritten Mal in die Rothenbaumchaussee und dann erneut nach rechts in die **Johnsallee**, die geradewegs auf den **Von-Melle-Park** zuführt, den Campus der Hamburger Universität. Der Weg in der Verlängerung der Johnsallee führt zwischen der Mensa (links) und dem Auditorium maximum („Audimax") hindurch, dem großen Versammlungssaal der Universität. Am Ende dieses Weges führt der Rundgang nach links am Gebäude der Wirtschaftswissenschaften und an der Staats- und Universitätsbibliothek vorbei nach rechts über einen kleinen Weg zur **Moorweidenstraße**.

Gegenüber der Einmündung dieses Weges liegt eine Grünfläche, der „Platz der jüdischen Deportierten". Hier und im gleich zur Linken an der Moorweidenstraße liegenden prächtigen Gebäude der Provinzialloge von Niedersachsen mußten sich die Juden des Grindelviertels einfinden, um in die Vernichtungslager abtransportiert zu werden.

Wir überqueren die Moorweidenstraße und folgen den „Platz der jüdischen Deportierten" links liegenlassend der **Edmund-Siemers-Allee**, die am 1909-1911 erbauten Hauptgebäude der Universität vorbeiführt, das bis zur Gründung der Hochschule 1919 dem Allgemeinen Vorlesungswesen und dem Kolonialinstitut diente. Die Edmund-Siemers-Allee führt dann zum Dammtor-Bahnhof zurück.

Harvestehude/Rotherbaum

HARVESTEHUDE/**ROTHERBAUM**

ABTEISTRASSE siehe KLOSTERSTERN.

ALFRED-BEIT-WEG (1962), Alfred Beit (1852-1906), in Hamburg geborener Kaufmann, Förderer der Hamburger Wissenschaftlichen Stiftung und anderer gemeinnütziger Einrichtungen.

ALLENDE-PLATZ (1983); Salvador Allende (1908-1973), 1970-1973 sozialistischer Präsident von Chile, kam bei einem Militärputsch am 11.9. 1973 ums Leben. Bis 1983: Bornplatz .
Am Bornplatz stand von 1906 bis 1938 die größte Synagoge Hamburgs. Die Fläche, auf der die Synagoge stand, heißt seit 1989 nach ihrem letzten Oberrabiner **JOSEPH-CARLEBACH-PLATZ** (s. auch Carlebachstraße/Altona).

ALSTERGLACIS (1856);
als Glacis wurde das freie Schußfeld vor der Stadtbefestigung bezeichnet. Das „Alsterglacis" enstand 1620 im Rahmen der neuen Festungswerke.

ALSTERUFER (1865); die Verlängerung des Harvestehuder Weges am Ufer der Außenalster gehört zu den begehrtesten Wohn- und Geschäftsadressen Hamburgs. Das Prunkstück der feinen Uferstraße ist das ganz in Weiß gehaltene amerikanische Konsulat, Hamburgs „Weißes Haus".

ALTE RABENSTRASSE (1858); die schon vor der Bebauung von Harvestehude/Rotherbaum als Weg vorhandene Straße hat ihren Namen von dem beliebten Ausflusgslokal „Die Rabe", das seit dem 18. Jahrhundert ungefähr dort an der Alster lag, wo sich heute der Anleger für die Alsterschiffe befindet. Das Lokal erhielt nach der Eröffnung der Gastwirtschaft „Die neue Rabe" (s. Neue Rabenstraße) den Namen „Alte Rabe".

AN DER VERBINDUNGSBAHN (1866); die Straße wurde nach ihrer Lage an der 1866 für die „Verbindungsbahn" von Hamburg nach Altona angelegten Eisenbahntrasse benannt.

Nach einem Raben wurde die Alte Rabenstraße eigentlich nicht benannt.

BADESTRASSE (1858); Johannes Bade (1810-1877), erst Goldschmied dann Bauunternehmer, früherer Besitzer des Geländes, über das die Straße verläuft, versuchte beim Großen Brand 1842 den Nikolaikirchturm zu retten.

Harvestehude/Rotherbaum

BEIM SCHLUMP (1858); Schlump soll auf Altdeutsch „ungefähr" oder „gerathewohl" bedeuten und die planlose Anordnung beschreiben, in der hier einst die wenigen Häuser standen. Nach anderen Quellen kommt Schlump von „Schlap" oder „Schlabb", was eine Weidefläche mit sumpfigem Untergrund bezeichnet. Sicher ist nur, daß die ganze Gegend schon 1752 „Up dem Schlump" genannt wurde.

BIEBERSTRASSE (1892), Johann Ehlert Bieber (1799-1856), Oberspritzenmeister in Hamburg.

BINDERSTRASSE (1892); Dr. Nicolaus Binder (1785-1865), 1855-1861 Hamburger Bürgermeister, machte sich um den Neubau der Nikolaikirche verdient.

BÖHMERSWEG (1858); der Böhmersweg hat seinen Namen von dem ehemaligen Besitzer des südlich der Straße gelegenen Geländes.

BÖTTGERSTRASSE (1859), Heinrich Böttger (1766-1847), langjähriger Geschäftsführer des Oberalten J. H. Böckmann (s. Böckmannstraße/St. Georg), dem das umliegende Gartengelände einst gehörte.

BOGENSTRASSE (1876), **BOGENALLEE** (um 1880); die Bogenstraße hat ihren Namen schlicht von der gebogenen Straßenführung in ihrem südlichsten, zuerst angelegten Teil.

BORNSTRASSE (1874); die Bornstraße erinnert an eine um 1620 entdeckte Quelle („Born") am Grindelhof, die der „Interessenschaft des englischen Feldbrunnens" (s. auch Feldbrunnenstraße) übergeben wurde.
Der neue Brunnen versorgte die Stadt durch eine aus hölzernen Röhren bestehende Wasserleitung.

BRAHMSALLEE (1899), Johannes Brahms (1833-1897), in Hamburg geborener Komponist. Bis 1899: Teil der Eichenallee.

BROCKMANNSWEG (1861), Joachim Brockmann (1800-1858), früherer Eigentümer angrenzender Grundstücke.

BRODERSWEG (1867), Broder Matthias Broders (1845-1889), früherer Besitzer der Straße.

BUNDESSTRASSE (1870); die Bundesstraße erinnert an den 1866 zwischen Preußen und den norddeutschen Staaten geschlossenen Norddeutschen Bund, der eine wichtige Voraussetzung für die Gründung des Deutschen Reiches von 1871 darstellte.

DÄNENWEG siehe SCHANZENSTRASSE (St.Pauli).

Harvestehude/Rotherbaum

DILLSTRASSE (1890), Theodor Dill (1797-1885), Retter der Börse im Großen Brand von 1842, 1859-1862 Mitglied der Hamburger Bürgerschaft.

DURCHSCHNITT (1899); diese Straße „durchschnitt" einst den Weg von der Stadt zur Sternschanze. Der Name war eine technische Bezeichnung für einen durch besondere Befestigungsanlagen geschützten Wegedurchlaß, wie er sich aus der Nähe der Sternschanze ergab. Bis 1899: Erster Durchschnitt.

EDMUND-SIEMERS-ALLEE (1907); Edmund Siemers (1840 - 1918), Kaufmann, ermöglichte der Stadt den Bau des heutigen Hauptgebäudes der Universität. Der markante Kuppelbau diente nach seiner Fertigstellung 1911 zunächst dem Allgemeinen Vorlesungswesen und dem Kolonialinstitut als Vorlesungsgebäude, bevor es 1919 das Zentrum der in diesem Jahr gegründeten Universität wurde. Bis 1907: Teil der Grindelallee.

EPPENDORFER BAUM siehe Eppendorf.

FELDBRUNNENSTRASSE (1871); im Bereich der heutigen Häuser Nr. 30 und Nr. 32. befand sich von 1728 bis 1893 auf einem 830 Quadratmeter großen Gelände ein Feldbrunnen, den die „Interessenschaft des englischen oder Dammthor-Feldbrunnens" betrieb. Durch den Anschluß an eine Wasserleitung, die vom Grindel in die Stadt führte (s. Bornstraße), trug er zur Wasserversorgung Hamburgs bei.

FONTENAY (1907), **FONTENAY-ALLEE**, **KLEIN FONTENAY**
Der amerikanische Geschäftsmann John Fontenay legte hier um 1819/20 zwischen Mittelweg und Alster eine Gartenhauskolonie an, die noch bis ins 20. Jahrhundert durch Mauern und Tore vom Rest der Welt abgeschlossen war. Inzwischen haben Bürogebäude und moderne Wohnbauten die Idylle ersetzt.

FRAUENTHAL siehe KLOSTERSTERN

FRÖBELSTRASSE (1892), Friedrich Wilhelm August Fröbel (1782-1852), Pädagoge, entwickelte eine umfassende Kleinkinderpädagogik.

GRINDELALLEE (1858), **GRINDELBERG** (1858); der Straßenzug Grindelallee-Grindelberg ist der alte Weg vom Dammtor nach Hoheluft, Lokstedt und Niendorf sowie nach Eppendorf (über den Lehmweg). Die Straßen haben ihren Namen von dem Grindelwald, der mindestens bis zum Ende des 14. Jahrhunderts das Gebiet zwischen ihnen und den heutigen Straßen Grindelhof und Parkallee bedeckte. Grindel soll auf Alt-Plattdeutsch Riegel bedeutet haben. Der Wald wurde so benannt, weil hier durch den Eisbach (Isebek) ungebetene Gäste gestoppt werden konnten. Der Name könnte aber auch mit dem Wort Grind für Moor oder Sumpf zusammenhängen. Heute sind viele Läden der belebten Geschäftsstraße von der nahen Universität geprägt. Am Grindelberg wurden 1946-1956 Deutschlands erste Hochhäuser, die Grindel-Hochhäuser erbaut.

Harvestehude/Rotherbaum

Baumreiche Idylle in der Grindelallee: nichts blieb nach den Bombenangriffen des Zweiten Weltkrieges.

GRINDELHOF (1858); die lebendige, zum Teil von der Nähe zur Universität geprägte Geschäftsstraße mit ihrem bunten Mix aus kleinen Läden, Restaurants und Kneipen hat ihren Namen von einem früher hier gelegenen Immen- oder Bienenhof des Klosters St. Johannis benannt, der 1686 abgebrochen wurde (zur Bedeutung des Wortes Grindel siehe Grindelallee).

GUSTAV-FALKE-STRASSE siehe Eimsbüttel.

HAGEDORNSTRASSE (1870); Friedrich von Hagedorn (1708-1754), Hamburger Dichter, bedeutender Vertreter der Aufklärung, schrieb die „Ode an die Alster".

HALLERSTRASSE (1868), **HALLERPLATZ** (1899); Dr. Nicolaus Ferdinand Haller (1805 - 1876), ab 1863 Hamburger Bürgermeister, soll eine Begabung für Scherzgedichte gehabt haben. 1938-1945: Ostmarkstraße (Hallerstraße), der Hallerplatz wurde zum Grindelhof hinzugezogen.

HANSASTRASSE (1870); die Hansastraße ist nach dem mittelalterlichen Städtebund der Hanse (von althochdeutsch = Kriegsschar) benannt.

HARTUNGSTRASSE (1892), Caspar Hartung (1795-1863), Ratsherr und Amtmann von Ritzebüttel (Cuxhaven). Seit 1945 befindet sich hier das Theater „Hamburger Kammerspiele" in einem Gebäude, das bis 1941 als kulturelles Zentrum der Juden im Grindelviertel diente.

HARVESTEHUDER WEG (1858); die Prachtstraße am Alsterpark mit ihren hochherrschaftlichen Villen führte einst zum Zisterzienser-Kloster Herwerdeshude (später Harvestehude), das 1295 von der Elbe an die Alster verlegt wurde. Das Kloster war 1247 von der Gräfin Heilwig von Holstein an dem Bach Herwerdeshu-

Harvestehude/Rotherbaum

de zwischen St. Pauli und Altona gegründet worden. Seit 1295 lag die Abtei, der viele Dörfer der näheren Umgebung gehörten, zwischen den heutigen Straßen Frauenthal und Harvestehuder Weg. Nach der Reformation wurde das Kloster aufgelöst und abgerissen. An seiner Stelle entstand ein bei Ausflüglern beliebtes Wirtshaus.

Reiter und Fußgänger prägen das Bild auf dem Harvestehuder Weg im Jahre 1904.

HEILWIGSTRASSE siehe Eppendorf.

HEIMHUDER STRASSE (1871); das im 13. Jahrhundert niedergelegte Dorf Heimichhude lag auf der Fläche des späteren Fontenaygeländes, etwa zwischen den heutigen Straßen Fontenay und Alsterterrasse.

HEINRICH-BARTH-STRASSE (1899); Heinrich Barth (1821-1865), Hamburger Afrikaforscher, erforschte auf einer sechsjährigen Expedition (1849-1855), die er als einziger Europäer überlebte, das Flußsystem des Niger und entdeckte weite Gebiete Zentralafrikas. Bis 1899: Kleine Bornstraße und Teil der Eichenallee.

HELENE-LANGE-STRASSE (1950), Helene Lange (1848-1930), Schulreformerin, Hamburger Bürgerschaftsabgeordnete. Bis 1950: Teil der Hansastraße.

HERMANN-BEHN-WEG (1946), Dr. Hermann Behn (1820-1901), Senatssyndikus, wohnte hier. 1899-1946: Behnstraße.

HOCHALLEE (1870); die von Villen gesäumte Durchgangsstraße wurde nach ihrer Lage benannt. Ursprünglich sollte sie Hohe Allee heißen.

INNOCENTIASTRASSE (1870); die Straße und der gleichnamige Park, die auf dem ehemaligen Besitz des Klosters Herwardeshude liegen, könnten nach Papst Innocenz IV. benannt sein, der zur Zeit der Gründung des Klosters amtierte. Der

Harvestehude/Rotherbaum

Name Innocentia (lateinisch = Unschuld) kann aber auch eine Hommage an eine junge Nonne dieses Klosters sein, die unschuldig starb, nachdem sie einen Verehrer im Klostergarten abgewiesen hatte. Wegen des heimlichen Treffens, dem die Klosteroberen mehr Bedeutung beimaßen, als es hatte, wurde sie im Zustand der Unschuld hingerichtet. Der Innocentiapark gab der **PARKALLEE** (1870) ihren Namen.

ISESTRASSE (1870), **ISEKAI** (1890), **ISEPLATZ** (1901); zu den attraktivsten Straßen Hamburgs zählt die mit hochherrschaftlichen Etagenhäusern bebaute Isestraße. Im westlichen Teil zwischen Eppendorfer Baum und Grindelberg verläuft ein Hochbahnviadukt, unter dem zweimal in der Woche der Isemarkt stattfindet, Hamburgs längster Wochenmarkt. Die Straße ist nach dem parallel laufenden Isebekkanal benannt, dem früheren Isebek oder Eisbach.

JOHNSALLEE (1868); Eduard Johns (1803-1885), Kaufmann, 1861-1868 Senator, machte sich um Handel und Verkehr, die Kunst, die Wissenschaft und die Armenpflege verdient.

JOSEPH-CARLEBACH-PLATZ siehe ALLENDEPLATZ.

JUNGFRAUENTHAL siehe KLOSTERSTERN.

KENNEDYBRÜCKE (1963); John F. Kennedy (1917-1963), 1961-1963 Präsident der Vereinigten Staaten von Amerika, wurde 1963 ermordet. 1953-1963: Neue Lombardsbrücke.

KLOSTERSTERN (1884), **KLOSTERALLEE** (1870), **KLOSTERSTIEG** (1858), **KLOSTERGARTEN** (1896); diese vier Straßen erinnern an das Kloster Herwardeshude (s. Harvestehuder Weg), dessen Wiesen und Felder sich hier einst befanden. Auch bei der Benennung der **ABTEISTRASSE** (1899), des **NONNENSTIEGS** (1870), der Straßen **FRAUENTHAL** (1870) und **JUNGFRAUENTHAL** (1870), und der **ST. BENEDICTSTRASSE** (1870) - der Heilige St. Benedict war vermutlich der Schutzherr des Klosters - stand das Kloster Pate. Der KLOSTERSTERN ist als ein Platz mit Kreisverkehr, von dem sechs Straßen abzweigen, eine verkehrstechnische Rarität in Hamburg.

Der Klosterstern aus der Vogelperspektive.

Harvestehude/Rotherbaum

LAUFGRABEN (1870); der Name erinnert an einen Laufgraben, der die den Wällen vorgelagerte Sternschanze mit der Stadtbefestigung verband, und an die Belagerung der Sternschanze durch die Dänen im Jahre 1686, als der dänische König Christian V. seine Batterien östlich der Sternschanze durch Laufgräben verband.

MAGDALENENSTRASSE (1860); die Magdalenenstraße wurde nach der Ehefrau Magdalene des Oberalten J. H. Böckmann (s. Böckmannstraße, St. Georg) benannt, dem das umliegende Gartenland von Pöseldorf einst gehörte.

MARTIN-LUTHER-KING-PLATZ (1974), Martin Luther King (1929-1968), farbiger amerikanischer Bürgerrechtler, wurde am 4.4.1968 ermordet. Bis 1974: Teil des Papendamms.

MILCHSTRASSE (1858); die Hauptstraße des neuen, seit 1959 durch den Antiquitätenhändler Eduard Brinkama glanzvoll neu gestalteten, Pöseldorfs wurde schon 1825 angelegt. Sie hat ihren Namen möglicherweise von den Kuhmelkern und Milchhändlern, die hier in größerer Zahl ansässig waren.

MITTELWEG (1858); der Mittelweg, die von Läden, Kneipen und Restaurants wie von schönen Reihenvillen gesäumte östliche Hauptstraße von Harvestehude und Rotherbaum, ist ein uralter von Hamburg nach Norden führender Weg, der „mittelste Fahrweg nach Harvestehude". Der Name wird aber auch von dem zwischen den heutigen Straßen Mittelweg, Rothenbaumchaussee, Hansastraße und Harvestehuder Weg liegenden Flurstück „Mittelkamp" abgeleitet.

MOLLERSTRASSE (1910), Dr. Ulrich Philipp Moller (1836-1926), Vorsitzender des Vormundschaftsgerichts, Kirchenvorsteher der St. Johanniskirche.

MONETASTRASSE (1946), Ernesto Moneta (1823-1918), Friedensnobelpreisträger von 1907. Bis 1946: Casernenweg.

MOORWEIDENSTRASSE (1878); die nahegelegene Moorweide war einst eine sumpfige Weide vor dem Dammtor. An der Moorweidenstraße liegen das stattliche Haus der Provinzialloge von Niedersachsen und ihm gegenüber der „Platz der jüdischen Deportierten". An beiden Orten mußten sich die Hamburger Juden im Zweiten Weltkrieg sammeln, um in die Vernichtungslager abtransportiert zu werden.

NEUE RABENSTRASSE (1858); die einst hier gelegene Gartenwirtschaft „Die neue Rabe" gab dieser Straße ihren Namen.

NONNENSTIEG siehe KLOSTERSTERN.

OBERSTRASSE (1870); die Oberstraße verläuft unter anderem auf der Hochfläche der früheren Ackerflur Mittelkamp (s. Mittelweg).

Harvestehude/Rotherbaum

ODERFELDER STRASSE (1870); das Dorf Odersfelde lag bis 1295 zwischen Alster, Isebek und dem Grindelwald. 1293 siedelte sich das Kloster Herwardeshude (s. Harvestehuder Weg) auf der Feldmark dieses Dorfes an, das zwei Jahre später „niedergelegt" also aufgelöst wurde.

PAPENDAMM (1868); der Papendamm durchschnitt einst das „Papenland", das 1739 von Jürgen Pape gepachtet worden war, der hier auch einen Hof bewirtschaftete.

PARKALLEE siehe INNOCENTIASTRASSE.

PÖSELDORFER WEG (1858); mit vielen Ecken und Kurven führt der Pöseldorfer Weg durch ein verwinkeltes Gebiet, das seinen Namen von der Tätigkeit seiner früheren Bewohner hat. Pöseln heißt soviel wie Arbeiten ohne großen Erfolg. Die umliegende Gegend zwischen Harvestehuder Weg und Mittelweg wurde zu Beginn des 19. Jahrhunderts im Volksmund so genannt, weil sich hier viele Handwerker und Gärtner angesiedelt hatten, die gemütlich vor sich hin „pöselten". Von 1959 an wertete der Antiquitätenhändler Eduard Brinkama das zum Teil im Zweiten Weltkrieg zerstörte und vom Abriß bedrohte Viertel durch hochwertige Sanierungen auf.

RAPPSTRASSE (1890), Carl Friedrich Theodor Rapp (1834-1888), ab 1879 Senator mit Anwesen auf dem Gelände der Rappstraße.

RENTZELSTRASSE (1899); Peter Rentzel (1610-1662), Hamburger Ratsherr, richtete für mittellose Hamburger „Rentzels Wohnungen" am Dammtorwall ein und begründete das Spinnhaus an der Binnenalster, in der „Diebe und leichtfertige Weiber zur Arbeit angehalten" wurden.
Bis 1899: Zweiter Durchschnitt.

ROTHENBAUMCHAUSSEE (1858); ein roter Schlagbaum gab dem Stadtteil Rotherbaum und der Rothenbaumchaussee ihre Namen. Er befand sich an der heutigen Ecke mit der Moorweidenstraße und versperrte schwergängigen Fuhrwerken an der Furt durch den Hundebek die Durchfahrt. 1814 brannte der Schlagbaum ab. Im Laufe des 19. Jahrhunderts verschwand der Hundebek im Zuge der Bebauung von Rotherbaum.
An der Rothenbaumchaussee befinden sich mit dem Tennisstadion und dem Sitz des Deutschen Tennis-Bundes, dem Curio-Haus und dem Landesfunkhaus des Norddeutschen Rundfunks sowie dem regionalen Fernsehsender „HH 1" wichtige Adressen der Stadt.

RUTSCHBAHN (1874); eine richtige Rutschbahn gab dieser Straße ihren Namen. Sie war 172 Meter lang und die Attraktion des Ausflugslokals „Auf dem Grindel".

ST. BENEDIKTSTRASSE siehe KLOSTERSTERN.

Harvestehude/Rotherbaum

SCHLANKREYE (1907); Weiden am Isebek, die dem Kloster St. Johannis gehörten, führten diesen Namen, der einen sich schlängenden Wasserlauf und das davon bewässerte Gebiet bezeichnet.

SCHLÜTERSTRASSE (1892); die angesehene Hamburger Familie Schlüter, die vom 17. bis 19. Jahrhundert drei Bürgermeister sowie viele Kammerbürger, Pastoren, Sekretäre, Syndici und Ratsherren hervorbrachte, gab der Schlüterstraße ihren Namen. Möglicherweise fungiert aber auch nur der Bürgermeister Dr. David Schlüter (1758-1844) als Namensgeber. In der Schlüterstraße befindet sich Hamburgs mächtigstes Postgebäude, das 1902-07 errichtete burgähnliche Postamt 13, in dem sich früher auch das Zentralfernsprechamt befand.

SCHRÖDERSTIFTSSTRASSE (1858), **SCHRÖDERSTIFTWEG**; der Hamburger Kaufmann Johann Heinrich von Schröder (1784-1883) ließ 1852 das an der Ecke Beim Schlump gelegene Schröderstift für „Hilfsbedürftige aus besseren Ständen" errichten. Den dreiflügeligen Bau mit einer Kapelle bewohnen heute Mitglieder eines alternativen Wohnprojekts, die das Gebäude ab 1981 vor dem Abriß retteten und renovierten. Schröderstiftweg: vorher Teil der Sedanstraße.

SEDANSTRASSE (1899); die Schlacht bei Sedan am 1.9.1870 führte zur Kapitulation Frankreichs vor den vereinigten deutschen Truppen und zur Gefangennahme Kaiser Napoleons III.. Bis 1899: Louisenstraße.

SOPHIENTERRASSE (1861), Sophie Reimers (1826-1918), Frau des dortigen Grundbesitzers Wilhelm Reimers.

THEODOR-HEUSS-PLATZ (1965); Theodor Heuss (1884 - 1963), 1949-1959 Präsident der Bundesrepublik Deutschland, gehörte seit 1902 liberalen Parteien an. 1903-1965: Loignyplatz.

VON-MELLE-PARK (1961); Werner von Melle (1853 - 1937), 1900 - 1921 Senator sowie 1915 und 1918/19 Erster und 1914 und 1917 kurzzeitig Zweiter Bürgermeister von Hamburg, setzte sich seit seinem Eintritt in den Senat nachdrücklich für die Gründung einer Hochschule ein.

WARBURGSTRASSE (1947); die renommierte jüdische Bankiersfamilie Warburg verlor im Dritten Reich ihren Besitz in Hamburg. Zu ihren letzten Repräsentanten vor 1933 zählten der Leiter der Bank, Max Warburg (1867-1946), und sein Bruder Aby Warburg (1866-1929), ein bedeutende Kunst- und Kulturhistoriker. Bis 1947: Teil der Straße „Fontenay" und Klopstockstraße, dann nur Klopstockstraße.

WERDERSTRASSE (1871); August Graf von Werder (1808-1887), preußischer General der Infanterie, belagerte im Deutsch-Französischen Krieg 1870/71 erfolgreich Straßburg.

Hohenfelde

HOHENFELDE

ACKERMANNSTRASSE (1899); die Ackermannstraße ist nach der Schauspielerfamilie Ackermann benannt, deren Ernährer Konrad Ernst Ackermann (1710-1771), 1765 das neue Schauspielhaus am Gänsemarkt eröffnete. Auch seine Frau Sophie Charlotte und seine Töchter Dorothea und Charlotte hatten sich der Bühnenkunst verschrieben.

ANGERSTRASSE (1873); die Angerstraße könnte ihren Namen von der früheren Bodenbeschaffenheit des Geländes, einem Anger, oder von der Tatsache haben, daß die Straße früher an einer Abdeckerei, einem Schindanger, vorüberführte.

ARMGARTSTRASSE (1872); die Armgartstraße ist zum Begriff für gewagte Mode und ungewöhnliches Design geworden, denn hier befindet sich die Fachhochschule für Gestaltung. Die Namensgeberin der Straße hatte mit dieser Welt nichts zu tun. Die 1481 erwähnte Armgart de Komollersche war die älteste bekannte Müllerin der früher in der Nähe gelegenen Kuhmühle (s. Kuhmühle).

BARCASTRASSE (1862), Johann Th. H. Fr. Barca (1827-1889), dortiger Grundeigentümer.

BOZENHARDWEG (1958), Albert Bozenhard (1860-1939), Schauspieler.

COMENIUSPLATZ (1912); nach dem Pädagogen Amos Comenius (1592-1670), der das menschliche Dasein durch Bildung für alle verbessern wollte, wurde der Platz beim S-Bahnhof Landwehr benannt, da sich hier früher das Lehrerinnenseminar befand. Comenius gilt als einer der geistigen Väter der Lehrerbildungsanstalten.

EKHOFSTRASSE (1899), Hans Konrad Dietrich Ekhof (1720-1778), in Hamburg geborener Schauspieler, spielte am Deutschen Nationaltheater am Gänsemarkt, gilt als „Vater der deutschen Schauspielkunst". Bis 1899: Zweite Alsterstraße.

ELISENSTRASSE (1866), Anna Catharina „Elisabeth" Stuckenberg, Frau des dortigen Grundeigentümers Heinrich Friedrich Christian Stuckenberg.

ERNST-KABEL-STIEG (1957), Ernst Kabel (1879-1955), langjähriger Vorsitzender des „Vereins geborener Hamburger".

FREILIGRATHSTRASSE (1889), Ferdinand Freiligrath (1810-1876), Dichter und Sympathisant der Revolutionen von 1848. Bis 1889: Teil der Burgstraße (s. Burgstraße/Hamm).

GÜNTHERSTRASSE (1863); die Güntherstraße ist ein alter Feldweg, der zunächst Kuhteichstraße hieß und 1863 nach dem Senator und Juristen Johann Arnold

Hohenfelde

Günther (1755-1805), einem der Stifter der Patriotischen Gesellschaft, umbenannt wurde.

GRAUMANNSWEG (1858); der Graumannsweg ist ein alter Feldweg, der nach dem früheren Besitzer einiger Flächen der Umgebung, dem letzten Wirt des Gasthofes „Zum goldenen Pflug", J. H. Graumann, benannt wurde.

HOHENFELDER STRASSE (1882), **HOHENFELDER ALLEE** (um 1887); das „Hohe Feld" erstreckte sich früher zwischen St. Georg und Eilbek. Es diente als Glacis (freies Schußfeld) vor dem Neuen Werk, der Stadtbefestigung von 1679, die St. Georg miteinschloß.

IFFLANDSTRASSE (1899), August Wilhelm Iffland (1759-1814), Schauspieler, Dichter und Dramaturg, leitete ab 1811 die Königlichen Schauspiele in Berlin als Generaldirektor, war ein Schüler von Konrad Ekhof (s. Ekhofstraße). Bis 1899: Neustraße.

KUHMÜHLE (1899); hier befand sich am Eilbek eine Kuhmühle, die 1874 abgebrochen wurde. Bis 1899: Bei der Kuhmühle.

Bis 1874 stand die Kuhmühle im damals noch ländlichen Hohenfelde.

LANDWEHR (1890); die Landwehr war eine 1375 angelegte, aus einem Wall und zwei Gräben bestehende Befestigung zum Schutz der Umgebung von Hamburg, die von der Alster bis zum Hammerbrook reichte. Sie wurde 1623 teilweise abgebaut und von den Franzosen 1813 wieder instand gesetzt. Endgültig verschwand sie 1889 (siehe auch Hohe Landwehr/Hamm). Bis 1890: Hinter der Landwehr.

LENAUSTRASSE (1899), Nikolaus Lenau (1802-1850), österreichischer Dichter. Bis 1899: Oberaltenstraße.

Hohenfelde

LESSINGSTRASSE (1863); Gotthold Ephraim Lessing (1729-1781), Dichter, Kritiker und Philosoph, war 1767 bis 1769 Dramaturg am Deutschen Nationaltheater in Hamburg (am Gänsemarkt).

LÜBECKER STRASSE (1858); die Lübecker Straße ist ein Teil der alten Landstraße von Hamburg nach Wandsbek beziehungsweise Lübeck.

MÜHLENDAMM (1858); der Mühlendamm erinnert sowohl an die alte Kuhmühle, zu der die Straße hinführt (s. Kuhmühle), als auch an eine 1888 abgebrochene Windmühle, die an diesem Damm lag.

NEUBERTSTRASSE (1874); Emil Neubert (1832-1916), Gärtner, besaß hier eine Handelsgärtnerei, die er 1874 nach Wandsbek verlegte.

SCHOTTWEG; Gerhard Schott (gest. 1720), Lizentiat, initiierte maßgeblich den Bau des ersten Hamburger Theaters am Gänsemarkt, das 1678 eröffnet wurde.

SCHRÖDERSTRASSE; die 1844 angelegte Schröderstr. hieß zunächst nach dem Vorbesitzer des Geländes, Hans Heinrich Schröder. Als 1899 die Erste Alsterstraße zur Schröderstr. hinzugezogen wurde, wählte man den Schauspieler und Theaterdirektor Friedrich Ludwig Schröder (1744-1816) als Namensgeber, da umliegende Straßen nach Schauspielern benannt waren. Schröder leitete 1771-1780 und 1785-1797 das Deutsche Nationaltheater in Hamburg. Seine Mutter war in zweiter Ehe mit dessen Gründer Konrad Ackermann verheiratet (si. Ackermannstraße).

SCHWANENWIK; die Alsterschwäne gaben dieser Straße ihren Namen. Die Endung „-wik" bedeutet Bucht oder Landungsplatz.

SCHWEIMLERSTRASSE (1955), Wilhelm Schweimler (1853-1942), Tischlermeister, ab 1892 40 Jahre Vorsitzender im Hohenfelder Bürgerverein, 20 Jahre Hamburger Bürgerschaftsabgeordneter.

SECHSLINGSPFORTE (1884); hier befand sich nahe der Alster eine Pforte an der 1852 angelegten Laufbrücke über den Wallgraben des Neuen Werks (s. Berliner Tor, Lübeckertordamm/St. Georg). Für den Übergang über den Graben mußte ein Sechsling bezahlt werden. Seit 1976 ist die Sechslingspforte eine wichtige Adresse für alle Wasserratten, denn hier befindet sich die architektonisch auffällige Alster Schwimmhalle, die respektvoll „Schwimmoper" genannt wird.

STEINHAUERDAMM (1890); der Steinhauerdamm erinnert an einen früher an der Ostseite der Straße gelegenen Steinlagerplatz der Baudeputation, auf dem Steine für den Straßenbau bearbeitet wurden.

UHLANDSTRASSE (1863); Ludwig Uhland (1787-1862), Dichter, Anwalt, Germanist und Politiker, war 1848 Abgeordneter im ersten deutschen Parlament in Frankfurt.

Horn

WALLSTRASSE (1861); entlang dieser Straße verlief das 1679 errichtete Neue Werk, eine Befestigung, die St. Georg in die Hamburger Umwallung miteinbezog. Bis 1899: Kleine Wallstraße.

WARTENAU (1874); hier befand sich an der Ecke mit der Lübecker Straße ein Wachtturm oder „Wartturm" mit Namen Lübscher Baum. Die Endung „-au" erinnert daran, daß das umliegende Gelände aus den Auen (Wiesen) des Eilbeks bestand.

HORN

ANNA-LÜHRING-WEG (1929); Anna Lühring (gest. 1866), in Horn verstorbene Freiheitskämpferin, beteiligte sich unter dem Namen Eduard Kruse im Lützowschen Korps an den Befreiungskriegen gegen Napoleon.

AUDORFRING (1960), Jakob Audorf (1835-1898), Schriftsteller, langjähriger Redakteur der SPD-Zeitung „Hamburger Echo".

AUERSREIHE (1945), Ignaz Auer (1846-1907), Sattler, SPD-Politiker, ab 1890 Mitglied des SPD-Parteivorstands, Reichstagsabgeordneter 1877/78, 1880/81, 1884-1887, 1890-1907. Bis 1945: Harry-Hahn-Straße.

BAUERBERG (1865), **BAUERBERGWEG** (1959); der Bauerberg ist ein alter Weg von der Marsch in die Geest. Hier ließ der Bauernvogt jedes Vierteljahr die Bauern zur Besprechung unter freiem Himmel zusammenkommen.

BERGEDORFER STRASSE siehe LOHBRÜGGE

BERGMANNRING (1964), Paul Bergmann (1881-1951), SPD- und USPD-Politiker, 1919/20 Fraktionsvorsitzender der USPD in der Hamburger Bürgerschaft, SPD-Bürgerschaftsabgeordneter, 1928-1932 Reichstagsabgeordneter der SPD.

BLECKERING (1964), Heinrich Blecke (1878-1956), SPD-Politiker, Bürgerschaftsabgeordneter.

BLOSWEG (1945), **BLOSTWIETE** (1945), Wilhelm Blos (1844-1927), SPD-Politiker und Reichstagsabgeordneter. Bis 1945: Oskar-Piepgras-Straße (Blosweg) und Karl-Heinzelmann-Straße (Blostwiete).

BÖCKLERSTRASSE (1964), Hans Böckler (1875-1951), Gewerkschaftsführer.

BÖMELBURGWEG (1945), **BÖMELBURGSTIEG,** Theodor Bömelburg (1862-1912), Gewerkschafter und Vorsitzender des Maurerverbandes. Bis 1945: Henry-Kobert-Straße.

Horn

CULINSTRASSE (1959), Johann Andreas Culin (1826-1896), Direktor der Straßeneisenbahngesellschaft und Andreas Culin (1852-1931), Erfinder der Straßenbahnrillenschiene.

DAHRENDORFWEG (1964), Gustav Dahrendorf (1901-1954), SPD-Politiker, Bürgerschafts- und Reichstagsabgeordneter.

DANIEL-BARTELS-WEG, Daniel Bartels (1818-1889), heimischer Dichter.

DUNCKERSWEG; die Reederfamilie Duncker war in Horn ansässig, darunter auch der Kunstfreund Arthur Duncker (1845-1928).

GEIBWEG (1945), August Geib (1842-1879), Mitbegründer und Vorsitzender der SPD.

GEORG-BLUME-STRASSE (1965), Georg Blume, SPD-Politiker, ab 1915 Mitglied des Vorstands der Bürgerschaft.

GROSSEWEG (1945), Berthold Grosse, SPD-Politiker,1922-1925 Senator für Jugend. Bis 1945: Heinz-Brands-Straße.

GRÜNINGWEG (1959); Hermann Grüning (1841-1929), Buchhändler, eröffnete im Andenken an Johannes Wedde (s. Weddestraße) die öffentliche Bücherhalle von Hohenfelde.

HASENCLEVERSTRASSE (1945), Wilhelm Hasenclever (1837-1889), sozialdemokratischer Politiker, letzter Präsident des Allgemeinen Deutschen Arbeitervereins, Redakteur des Hamburg-Altonaer Volksblattes. Bis 1945: Paul-Kessler-Straße.

HELMA-STEINBACH-WEG (1929), Helma Steinbach (1847-1919), Mitbegründerin der Konsumgenossenschaft „Produktion".

HENNINGSWEG (1929), Martin Hennig (1864-1920), Leiter des Rauhen Hauses.

HERMANNSTAL (1892); Hermann Decke (1817-1894), Grundbesitzer am Sandkamp, verpachtete seinen Besitz an einen Gastwirt.

HERTOGESTRASSE (1911); die aus den Niederlanden eingewanderte Kaufmannsfamilie de Hertoghe besaß das umliegende Gelände von 1630 bis 1763.

HORNER LANDSTRASSE (1870); der Name Horn, der von dem Winkel abgeleitet ist, den Tierhörner zueinander bilden, bezeichnete oft ein von Wald eingekeiltes Gebiet. So könnte Horn einen Keil in den Wald von Hamm gebildet haben. Die Hauptstraße des Stadtteils ist ein Teil der alten Heerstraße von Hamburg in Richtung Osten.

Horn

HORNER WEG (1865); die alte Verbindung zwischen Hamm und Horn führte früher die Bezeichnung „Redder".

JÜRSWEG, Hinrich Jürs (1844-1919), Zahnarzt, niederdeutscher Dichter.

LEGIENSTRASSE (1929), Carl Legien (1861-1920), Drechsler, Gewerkschafter und SPD-Politiker, 1890 Vorsitzender der Generalkommission der Gewerkschaften Deutschlands, 1919 Vorsitzender des Allgemeinen Deutschen Gewerkschaftsbunds, 1893-1898 und ab 1903 Reichstagsabgeordneter.

MANSHARDTSTRASSE (1948), Friedrich Manshardt (1845-1917), Horner Lehrer, war auch Armen- und Kirchenvorsteher sowie langjähriger Schriftführer des Bürgervereins. Bis 1948: Jenfelder Straße.

O'SWALDSTRASSE (1929), Wilhelm O'Swald (1832-1923), Kaufmann, seit 1869 Senator, 1908/09 Hamburger Bürgermeister.

POSTELTSWEG (1929/1945), Friedrich Postelts (1853-1917), 1899-1913 Geschäftsführer der „Produktion". 1933-1945 Heinrich-Heissinger-Straße.

RHIEMSWEG (1914), Theodor Rhiem (1823-1889), 1850 bis 1872 Inspektor des Rauhen Hauses, später Pfarrer in Köthen.

RUDOLF-ROSS-ALLEE (1959), Rudolf Ross (1872-1951), SPD-Politiker, 1928/29 Zweiter Bürgermeister und 1930/31 Erster Bürgermeister von Hamburg (erster Sozialdemokrat in diesem Amt).

SCHETELIGSWEG (1929), Carl Schetelig (1849-1920), Pastor, erster Seelsorger der Horner Martinskirche.

SCHÖNBORNREIHE (1939); Graf von Schönborn (1676-1743), Kaiserlicher Kommissar, rückte 1708 in Hamburg ein, um durch Verfassungskonflikte entstandene Unruhen zu bekämpfen.

SNITGERREIHE (1929), **SNITGERSTIEG** (1931); Hieronymus Snitger (gest. 1686), Mitglied der Hamburger Kollegien, Führer einer Oppositionsbewegung der Mittel- und Unterschichten gegen den Rat der Stadt, wurde 1686 hingerichtet.

STENGELESTRASSE (1929/1945), **STENGELETWIETE** (1945), Gustav Stengele (1861-1917), SPD-Politiker, Reichstagsabgeordneter, Redakteur beim „Hamburger Echo". Stengelestraße: 1936-1942 General-Litzmann-Straße, 1942-1945 Wilhelm-Gustloff-Straße.

STEGERWALDRING (1964), Adam Stegerwald (1874-1945), Gewerkschafter, Politiker (Zentrum), 1919-1929 Vorsitzender des Gesamtverbandes der Christli-

Hummelsbüttel

chen Gewerkschaften, Reichstagsabgeordneter 1920-1933, 1929/30 Reichsverkehrsminister, 1930-1932 Reichsarbeitsminister.

STOLTENSTRASSE (1945), Otto Stolten (1853-1928), SPD-Politiker, erster Bürgerschaftsabgeordneter der SPD (1901), Reichstagsabgeordneter, 1919-1925 Zweiter Bürgermeister von Hamburg (erster sozialdemokratischer Bürgermeister).

VON-ELM-WEG (1929/1945), **VON-ELM-STIEG** (1945), **VON-ELM-TWIETE** (1945); Adolf von Elm (1857-1916), Gewerkschafter, SPD-Politiker, 1890-1896 Mitglied der „Generalkommission der Gewerkschaften Deutschlands", wirkte maßgeblich am Aufbau der sozialdemokratischen Genossenschaften mit. Der Von-Elm-Weg hieß von 1933 bis 1945 Hans-Cyranka-Straße, der Von-Elm-Stieg vor 1945 Hans-Cyranka-Stieg.

WASHINGTONALLEE (1932); George Washington (1732-1799), Feldherr, 1789-1797 erster Präsident der Vereinigten Staaten von Amerika, erkämpfte die Unabhängigkeit der USA von der Kolonialmacht Großbritannien.

WEDDESTRASSE (1929), Johannes Wedde (1843-1890), Lehrer, sozialdemokratischer Schriftsteller und Journalist.

ZÜRNERWEG (1950); Albert Zürner (gest. 1920), Kunstspringer, verunglückte beim Training in der Alsterlust tödlich.

HUMMELSBÜTTEL

ALTE LANDSTRASSE (1930); die Alte Landstraße ist der alte Weg von Hamburg nach Poppenbüttel.

BARKHAUSENWEG (1965), Prof. Dr. Heinrich Barkhausen (1881-1956), Begründer der wissenschaftlichen Schwachstrom- und Hochfrequenztechnik.

CHRISTIAN-KOCH-WEG (1975), Christian Koch (1878-1955), FDP-Politiker, 2. Bürgermeister von Hamburg.

EITNERWEG (1965), Prof. Ernst Eitner (1867-1955), impressionistischer Maler des Alstertals, seit 1903 in Hummelsbüttel ansässig.

GERCKENSPLATZ (1970); die alte Hummelsbütteler Bauernfamilie Gerckens (17.-20.Jhdt.) besaß seit 1665 den Hof Rehagen. Der letzte Besitzer Wili Gerckens starb 1974.

GRÜTZMÜHLENWEG (1950); obwohl die im 19. Jahrhundert erbaute Grützmühle als das schönste Gebäude von Hummelsbüttel galt, wurde sie 1962 abgerissen

Hummelsbüttel

Im Grützmühlenweg in Hummelsbüttel scheint die Zeit stehengeblieben zu sein.

und im Museumsdorf Volksdorf orginalgetreu wiederaufgebaut.
Bis 1950: Bachstraße.

HUMMELSBÜTTELER MARKT (1977), **HUMMELSBÜTTELER DORFSTRASSE** (1950), **HUMMELSBÜTTELER HAUPTSTRASSE** (1950), **HUMELSBÜTTELER WEG** (1976); Hummelsbüttel gilt als das von Hunmar gegründete Dorf. Die Hummelsbütter Landstraße hieß vor 1950 Hamburger Straße. Die Hummelsbüttler Dorfstraße war ein Teil der Dorfstraße. Der Hummelsbütteler Weg setzte sich aus einem anderen Teil der Dorfstraße, der Schmiedestraße und einem Teil des Poppenbütteler Weges zusammen. Der Hummelsbüttler Markt wurde auf dem Gelände alter Höfe neu angelegt und war nie ein alter Marktplatz.

JOCHIM-WELLS-WEG; die Bauernfamilie Wells siedelte sich 1582 in Hummelsbüttel an.

JOHANNES-BÜLL-WEG (1975), Johannes Büll (1878-1970), Hamburger Senator.

JOSTHÖHE (1951), **JOSTWEG** (1951), Jost Graf von Holstein-Schauenburg (1483-1533), erwarb 1528 das an das Kloster Herwardeshude verpfändete Hummelsbüttel wieder zurück.

KIESSELBACHWEG (1975), Dr. Wilhelm Kiesselbach (1867-1960), Präsident des Oberlandesgerichts Hamburg.

LADEMANNBOGEN (1977), Dr.-Ing. Friedrich Lademann (1891-1966), Vorstandsvorsitzender der Hamburger Hochbahn AG. Nach einem weiteren HHA-Vorstandsvorsitzenden wurde der **WILHELM-STEIN-WEG** (1977) benannt: Dr. Ing. E.h. Wilhelm Stein (1870-1964).

LANDAHLWEG (1975), Dr. h.c. Heinrich Landahl (1895-1971), Hamburger Senator.

LENTERSWEG (1970); die Bauernfamilie Lenters ist seit 1598 in Hummelsbüttel ansässig.

Jenfeld

LEUTERITZWEG (1975), Max Leuteritz (1884-1949), Präsident der Hamburgischen Bürgerschaft.

LIEPMANNWEG (1975), Prof. Dr. Moritz Liepmann (1869-1928), Rechtsgelehrter.

NORBERT-SCHMID-PLATZ (1975); Norbert Schmid (1939-1971), Polizeibeamter, wurde in Poppenbüttel im Dienst erschossen.

RAAPEWEG (1975), Dr. Leo Raape (1878-1964), Rechtsgelehrter.

REINCKEWEG (1975), Dr. Julius Reincke (1842-1906), Physiker, und sein Sohn Prof. Dr. Heinrich Reincke (1881-1960), Historiker, Direktor des Staatsarchivs.

RUSCHEWEYHSTRASSE (1975), Prof. Dr. Herbert Ruscheweyh (1892-1965), Präsident der Hamburgischen Bürgerschaft.

TIMMKOPPEL (1952); die Bauernfamilie Timm lebte seit dem 18. Jahrhundert in Hummelsbüttel. Ihr letzter Erbhofbauer, Willi Timm, starb 1970.

UHLENBÜTTLER KAMP (1960); Hermann Claudius nannte Hummelsbüttel in seinen Werken Uhlenbüttel.

WILHELM-STEIN-WEG siehe LADEMANNBOGEN.

JENFELD

ASSERSTIEG (1947); Tobias Asser (1838-1913), holländischer Jurist und Staatsmann, bekam 1911 den Friedensnobelpreis zugesprochen. Bis 1947: Kluckstraße.

BERLINER PLATZ (1961); die sich um den Berliner Platz gruppierenden Straßen der Siedlung Hohenhorst, die zum Teil in Rahlstedt liegt, sind nach Ortsbegriffen von Berlin und Umgebung benannt.

BOHLENS ALLEE (vor 1928); nach einer alteingesessenen Jenfelder Bauernfamilie wurde die Bohlens Allee benannt.

DELLESTRASSE (1947), Gustav Delle, seit 1919 Wandsbeker Stadtrat, 1932/33 Bürgermeister von Wandsbek. Bis 1947: Estorfstraße, zwischenzeitlich Litzmannstraße.

DOMINIKWEG (1947), Hans Dominik (1872-1945), Schriftsteller. Bis 1947: Weddigenstraße.

ELSA-BRANDSTRÖM-STRASSE, Elsa Brandström (1888-1948), schwedische Philanthropin. Früher: Holstenhofkamp.

Jenfeld

GÖRLITZER STRASSE (1952); wie die Görlitzer Straße sind eine Reihe von Straßen im östlichen Jenfeld nach schlesischen Städten benannt.

GRABKEWEG (1975), Wilhelm Grabke (1892-1971), Jenfelder Heimatforscher, Rektor der Schule „Bei den Höfen".

HOLSTENHOFWEG siehe Wandsbek.

JENFELDER ALLEE (1971), **JENFELDER STRASSE** (1929); Jenfeld bedeutet gelbes Feld. Gelber Sand fand sich hier früher in der Feldmark. Die Jenfelder Allee war vor 1971 ein Bestandteil des Schiffbeker Weges.

KELLOGGSTRASSE (1947); Frank Billings Kellogg (1856-1937), 1925-1929 amerikanischer Außenminister, erhielt 1929 den Friedensnobelpreis für den Abschluß des Kellogg-Paktes, in dem sich mehrere Staaten verpflichteten, künftig auf Krieg zu verzichten. Vor 1947: Teil des Loher Weges, Tangastraße.

KUEHNSTRASSE (vor 1938), **KUEHNSTIEG** (1950), Ludwig Kuehn (1848-1932), Wandsbeker Stadtbaurat.

OSSIETZKYSTRASSE (1947), Carl von Ossietzky (1889-1938), Schriftsteller und Nobelpreisträger von 1935. Bis 1947: Lettow-Vorbeck-Straße.

RELLINGWEG (1951), Dr. Paul Relling (1885-1935), Wandsbeker Stadtverordneter. Bis 1951: Mackensenstraße.

RODIGALLEE (1947), Erich Wasa Rodig (1869-1940), 1913 bis 1931 Wandsbeker Oberbürgermeister. Bis 1947: Hindenburgallee.

SCHIMMELMANNALLEE, **SCHIMMELMANNSTIEG** siehe SCHIMMELMANNSTRASSE (Wandsbek).

SOPHIE-KLOERS-WEG, Sophie Kloers, Wandsbeker Schriftstellerin.

TYCHO-BRAHE-WEG; Tycho Brahe (1546-1601), dänischer Astronom, war Hofastronom des deutschen Kaisers in Prag und unter anderem in Wandsbek tätig.

WILHELM-JENSEN-STIEG (1975), Dr. O. Wilhelm Jensen (1882-1960), Pastor an der Wandsbeker Kreuzkirche, Heimatforscher.

WUTHENOWSTRASSE (1947), Alwine Wuthenow (1820-1908), niederdeutsche Schriftsttellerin aus Pommern. Bis 1947: Tirpitzstraße.

Langenhorn

LANGENHORN

AM OCHSENZOLL (1903); Ochsenzoll hieß ein Wirtshaus, das sich hier in einem früheren dänischen Zollhaus jenseits der Hamburger Grenze befand und 1911 abbrannte. Hier wurden südwärts ziehende dänische Viehherden verzollt.

BERGMANNSTRASSE, Ernst von Bergmann (1836-1907), Arzt, bedeutender Chirurg.

BRUNO-LAUENROTH-WEG (1984), Bruno Lauenroth (1905-1971), Sozialdemokrat, Widerstandskämpfer gegen das NS-Regime, langjähriger SPD-Ortsvorsitzender in Langenhorn.

CORDESWEG siehe KROHNSTIEG.

DREYERPFAD siehe KROHNSTIEG.

ERICH-PLATE-WEG, Prof. Dr. Erich Plate (1861-1935), Oberarzt am Allgemeinen Krankenhaus Ochsenzoll.

FIBIGERSTRASSE (1948); Johannes Fibiger (1867-1928), dänischer Mediziner, erhielt 1926 den Nobelpreis für Medizin. Bis 1948: Am Fossberg.

FRANZ-BECKERMANN-WEG (1980), Franz Beckermann (1903-1976), Arzt, 1948-1969 Ärztlicher Direktor des Allgemeinen Krankenhauses Heidberg.

FRITZ-SCHUMACHER-ALLEE (1920); Fritz Schumacher (1869-1949), Architekt, 1909-1933 Oberbaudirektor von Hamburg, prägte die Stadt mit seinen repräsentativen Bauten und Siedlungen.

FRITZ-SOLMITZ-WEG (1987), Fritz Solmitz, Sozialdemokrat, Opfer des NS-Regimes.

GEORG-CLASEN-WEG; Georg Clasen (1881-1968), 1921-1950 Lehrer in Langenhorn, erwarb sich Verdienste im kulturellen Leben der Fritz-Schumacher-Siedlung.

GÖTKENSWEG (1952), Andreas Götkens (gest. 1750), Schulmeister in Langenhorn um 1697.

HARNACKSWEG (1920), Dr. Harnack, Vorbesitzer des Geländes.

HARTMANNSAU (1920), Georg Ferdinand Hartmann, Zeichner der ersten erhaltenen Flurkarte von Langenhorn aus dem Jahre 1750.

HEYNEMANNSTRASSE (1960), Prof. Dr. Theodor Heynemann (1878-1951), Arzt, Direktor der Frauenklinik des Universitäts-Krankenhauses Eppendorf.

Langenhorn

HÜRTHWEG (1952), Theodor Hürth (1877-1944), erster Generalpräses des Kolpingwerkes.

JOHANNES-BÖSE-WEG (1959), Johannes Böse (1879-1955), Lehrer in Langenhorn, Gründer der Griffelkunstvereinigung.

KONJETZNYSTRASSE (1961), Prof. Dr. Georg K. (1880-1957), Hamburger Arzt.

KROHNSTIEG; der zur Ost-West-Tangente von Langenhorn ausgebaute Krohnstieg wurde nach einer wohlhabenden Bauernfamilie benannt, die viele Vögte von Langenhorn stellte. Nach weiteren alteingesessenen Langenhorner Bauernfamilien wurden der **CORDESWEG**, der **DREYERPFAD**, der **SUCKWEG** (1932), der **POPPELAUWEG** (1952), der **SCHWENWEG** (1948, vorher Siedlerweg) und der **WILLERSWEG** (früher: Heinfelder Straße) benannt. Früher: zum Teil „Auf dem Felde".

LANGENHORNER CHAUSSEE (1898); der Buchen- und Eichenwald „Langer Horn" zog sich bis ins 18. Jahrhundert von Fuhlsbüttel bis zum Ochsenzoll an einem Geestrücken entlang. „Horn" bedeutet „bewaldeter Hügelrücken". Die Langenhorner Chaussee ist ein Teilstück des alten Handelsweges von Hamburg in Richtung Norden. Seit 1840 ist sie die Hauptstraße des Stadtteils, als sie eine feste Fahrbahn bekam und dadurch die **TANGSTEDTER LANDSTRASSE** (1898) als wichtigsten Weg in Langenhorn ablöste.

LANGENHORNER MARKT (1962); der Langenhorner Markt ist seit der Eröffnung des gleichnamigen Einkaufszentrums der Mittelpunkt des Stadtteils. Bis 1962: Tangstedter Platz.

LAUKAMP (1920); der Laukamp hat seinen Namen von der Vollhufnerfamilie Lau, der von 1644 bis zum Ende des 19. Jahrhunderts ein hier gelegener Hof gehörte.

MAX-NONNE-STRASSE (1942), Prof. Dr. Max Nonne (1861-1959), bedeutender Nervenarzt am Universitäts-Krankenhaus-Eppendorf.

MEYER-DELIUS-PLATZ (1968), Dr. Hugo Meyer-Delius, verdienter Kinderarzt.

NEUBERGER WEG (1936), Prof. Dr. Theodor Neuberger (1856-1937), Arzt, Gründer und langjähriger Leiter der Staatskrankenanstalt Langenhorn, des heutigen Allgemeinen Krankenhauses Ochsenzoll.

OEHLECKERRING (1963), Prof. Dr. med. Franz Oehlecker (1874-1957), Arzt, bedeutender Urologe am Krankenhaus Barmbek.

PAROWSTRASSE (1961), Dr. Wilhelm Parow (1887-1959), Hamburger Arzt, 1950-1958 Präsident der Hamburgischen Ärztekammer.

Langenhorn

PETER-MÜHLENS-WEG (1945), Prof. Dr. Peter Mühlens (1874-1943), Direktor des Bernhard-Nocht-Instituts für Schiffs- und Tropenmedizin.

ST. JÜRGENS HOLZ (1932); das St. Jürgens Hospital in Hamburg war lange Zeit der Besitzer des Dorfes Langenhorn.

SCHWENWEG siehe KROHNSTIEG.

SOLFERINOSTRASSE (1960); die Schlacht bei Solferino im Jahre 1859 regte den Schweizer Philanthropen Henri Dunant zur Gründung des „Roten Kreuzes" an.

STOCKFLETHWEG (1948), Daniel Stockfleth (1676-1730), seit 1729 Hamburger Bürgermeister. Bis 1948: Bornweg.

TANGSTEDTER LANDSTRASSE siehe LANGENHORNER CHAUSSEE.

THEODOR-FAHR-STRASSE (1961), Theodor Fahr (1877-1945), Arzt, Leiter des Pathologischen Instituts am Universitäts-Krankenhaus Eppendorf.

TIMMWEG (1932), **TIMMSTIEG** (1962), J. H. Timm, Landwirt, langjähriger Gemeindevorsteher von Langenhorn.

WEYGANDTSRASSE (1960), Prof. Dr. Wilhelm Weygandt (1870-1939), ärztlicher Direktor der Staatskrankenanstalt Friedrichsberg, Professor für Psychologie in Hamburg.

WIELEWEG (1983), Berthold Wiele (1904-1944), Langenhorner Widerstandskämpfer gegen das NS-Regime.

WILDERMUTHRING (1962), Eberhard Wildermuth (1890-1952), Bundesminister für Wohnungsbau.

WILLERSWEG siehe KROHNSTIEG

Lohbrügge

LOHBRÜGGE

ALTE HOLSTENSTRASSE (1945); die Alte Holstenstraße war bis zum Durchbruch der Bergedorfer Straße 1954-59 die durch Lohbrügge und Bergedorf führende Landstraße von Hamburg nach Holstein. Heute besteht sie aus zwei Fußgängerzonen in den Zentren von Lohbrügge und von Bergedorf. Nur das Mittelstück kann noch befahren werden. Vor 1945: Holstenstraße, Hermann-Göring-Straße (das Lohbrügger Teilstück in der NS-Zeit).

AM BECKERKAMP, auf diesem Kamp (Feld) besaß der Kaufmann Becker einen Kalkofen.

AUF DER BOJEWIESE (1921); die einst 22 Hektar große Boje- oder Boywiese hat ihren Namen von dem 1504 erwähnten Eigentümer Ludolf Boy.

BERGEDORFER STRASSE (1954); die mit 12,7 Kilometern längste Straße Hamburgs wurde 1954-59 in Verlängerung der Eiffestraße als neue Verbindung zwischen Hamm und Bergedorf angelegt.

BOBZIENWEG (1968), Franz Bobzien (1906-1941), Lehrer, im Widerstand gegen das Naziregime tätig, wurde 1934 verhaftet, kam 1941 beim Räumen von Bomben ums Leben. 1964-1968: Teil der Goerdelerstraße

BODESTRASSE (1949); Wilhelm Bode (1860-1926), „Heidepastor", förderte den Naturschutzpark Lüneburger Heide. Bis 1949: Moltkestraße.

BÖTTCHERKOPPEL (1955); ein früherer Lehrer aus Sande/Lohbrügge names Böttcher oder ein Lohbrügger Kätner, der Böttcher war, gaben der Böttcherkoppel ihren Namen. Das Anwesen des Kätners wurde im 19. Jahrhundert abgebrochen.

BRÜDTWEG (1949), Johann Brüdt (1859-1944), Rektor und Heimatschriftsteller aus Sande. Bis 1949: 2. Durchschnitt.

CHRISTINENSTRASSE (1865), Christina Johanna Georgine Ohl, Ehefrau des dortigen Geländebesitzers Heinrich Albrecht Ohl (1834-1894).

DETHLEFSTWIETE (1949), Sophie Dethlefs (1809-1864), in Lohbrügge verstorbene niederdeutsche Schriftstellerin. Bis 1949: Hermannstraße.

DOHNANYIWEG (1964), Hans von Dohnanyi (1902-1945), Jurist, Reichsgerichtsrat, war am Widerstand gegen Hitler beteiligt , wurde 1943 verhaftet und 1945 hingerichtet, Vater des Hamburger Bürgermeisters Klaus von Dohnanyi.

EMILIE-GÜNTHER-WEG (1942), Emilie Günther (1870-1942), Heimatschriftstellerin und -forscherin in Lohbrügge und Havighorst.

Lohbrügge

ERNST-CASSIRER-WEG (1964), Prof. Dr. Ernst Cassirer (1874-1945), Philosoph, Hochschullehrer in Hamburg, wurde als Jude zur Emigration gezwungen, wanderte 1935 nach England aus.

ERNST-FINDER-WEG, Prof. Dr. Ernst Finder (1865-1940), Lehrer, Hamburger Heimatforscher.

FANNY-DAVID-WEG (1964); Fanny David (1892-1944), jüdische Lehrerin, Fürsorge-Oberinspektorin und Abteilungsleiterin bei der Hamburger Sozialverwaltung, wurde 1943 deportiert und 1944 in Auschwitz umgebracht.

FRITZ-LINDEMANN-WEG (1964); Fritz Lindemann (1894-1944), Artilleriegeneral und Schriftsteller, wurde als Widerständler gegen das Naziregime 1944 ermordet.

GOERDELERSTRASSE (1964); Carl Friedrich Goerdeler (1884-1945), Jurist und Politiker, 1930-1937 Oberbürgermeister von Leipzig, ab 1939 Kopf des zivilen Widerstands gegen das NS-Regime, wurde 1944 verhaftet und 1945 hingerichtet.

HABERMANNSTRASSE (1964), Max Habermann (1885-1944), in Altona geborener christlicher Gewerkschaftsführer, war zusammen mit Goerdeler (s. Goerdelerstraße) im Widerstand gegen das NS-Regime tätig, beging 1944 Selbstmord.

HÄUSSLERSTRASSE (1946), Willi Häußler (1907-1945), Hafenarbeiter, Widerständler gegen das NS-Regime.

HARDERS KAMP (1949); hier befand sich das Feldstück der alten Lohbrügger Familie Harder. Bis 1949: Kampstraße.

HARNACKRING (1964), Ernst von Harnack (1888-1945), Regierungs-Präsident, war im Widerstand gegen das NS-Regime tätig, wurde 1944 verhaftet und 1945 hingerichtet.

HECKKATENWEG; Heckkaten hieß eine früher hier gelegene Zollstation. „Heck" bedeutet Schlagbaum.

HEIN-MÖLLER-WEG (1984), Heinrich genannt „Hein" Möller (1897-1966), Gewerkschafter, Leiter des DGB-Ortskartells in Bergedorf, Vorsitzender des Bergedorfer Lichtwark-Ausschusses.

HELMUTH-HÜBENER-WEG (1965); Helmuth Hübener (1925-1942), Lehrling, Widerstandskämpfer gegen das NS-Regime, wurde 1942 hingerichtet.

HÖPERFELD; nach dem untergegangenen Dorf Hope, das den Kern des späteren Ortes Sande/Lohbrügge bildete, wurde die Straße „Höperfeld" benannt. Vorher: Waldstraße.

Lohbrügge

JAKOB-KAISER-STRASSE (1981), Jakob Kaiser (1888-1961), Gewerkschafter und Politiker, 1945-1947 Vorsitzender der Ost-CDU, 1949-1957 Bundesminister für Gesamtdeutsche Fragen.

JOHANN-MEYER-STRASSE (1949), Johann Meyer (1829-1904), niederdeutscher Schriftsteller. Bis 1949: Bahnhofstraße.

JOHANNES-RABE-STIEG (1949), Johannes Rabe, Wiedererwecker des Kasperle-Spiels, lebte in Bergedorf. Bis 1949: Schmiedestraße.

KLAPPERHOF (1949); Johann Klapper, Kleinschmied, lebte hier im 18. Jahrhundert in einem baufälligen Haus, das im Volksmund doppelsinnig die „Klapperkate" genannt wurde.
Bis 1949: Winkelstraße.

KÖHNCKEWEG (1949), Wilhelm Köhncke (1856-1916), in Sande/Lohbrügge tätiger Rektor, organisierte das Lohbrügger Schulwesen. Bis 1949: 1. Durchschnitt.

KORACHSTRASSE (1965), Prof. Dr. med. Siegfried Korach (1855-1943), Leiter der medizinischen Abteilung des Israelitischen Krankenhauses in Hamburg.

KRELLWEG (1955), Reinhold Krell (1867-1953), 1920-1931 letzter Amts- und Gemeindevorsteher in Lohbrügge.

KRUSESTRASSE (1949), Iven Kruse (1865-1926), niederdeutscher Dichter. Bis 1949: Friedrich-Ludwig-Jahn-Straße.

KURT-ADAMS-PLATZ (1967), Kurt Adams (1889-1944), 1929 Direktor der Hamburger Volkshochschule, Bürgerschaftsabgeordneter, war im Widerstand gegen das NS-Regime tätig, kam 1944 im KZ Buchenwald ums Leben.

LEUSCHNERSTRASSE (1964), Wilhelm Leuschner (1890-1944), SPD-Politiker und Gewerkschaftsführer, 1928-1933 hessischer Innenminister, Mitorganisator des Attentats auf Hitler vom 20.7.1944, wurde 1944 verhaftet und hingerichtet.

LOHBRÜGGER MARKT (1949), **LOHBRÜGGER LANDSTRASSE** (1951), **LOHBRÜGGER WEG** (1949); der Name Lohbrügge oder Lohbrugghe bezeichnet einen Flußübergang in einem Waldgebiet (Loh=Wald, Brügge=Brücke). Der Lohbrügger Markt hieß vor 1949 „Am Markt", die Lohbrügger Landstraße Hamburger Straße und in der NS-Zeit Adolf-Hitler-Straße, und der Lohbrügger Weg hieß früher Lohbrügger Straße.

LUDWIG-ROSENBERG-RING (1980), Ludwig Rosenberg (1903-1977), Gewerkschafter, 1962-1969 Erster Vorsitzender des Deutschen Gewerkschaftsbundes (DGB).

Lohbrügge

MAIKSTRASSE (1949), Gustav Maik (1863-1918), 1896-1918 Gemeinde- und Amtsvorsteher von Sande/Lohbrügge. Bis 1949: Lindenstraße.

MARNITZSTRASSE (1949), Ludwig Marnitz (1865-1943), 1892 bis 1935 Pastor in Sande-Lohbrügge.
Bis 1949: Kapellenstraße.

MAX-EICHHOLZ-RING (1963), Dr. Max Eichholz (1881-1943), Rechtsanwalt, 1920-1933 liberaler Bürgerschaftsabgeordneter, wurde nach 1933 mehrfach verhaftet, kam 1943 vemutlich in Auschwitz ums Leben.

MENDELSTRASSE (1964), Max Mendel (1872-1942), Kaufmann, Genossenschaftler, langjähriger Geschäftsführer der „Produktion", stellvertretender Präses der Finanzbehörde, 1925-1929 Senator, wurde 1942 mit seinen Angehörigen deportiert, kam im KZ Theresienstadt ums Leben.

OTTO-SCHUMANN-WEG (1964); Otto Schumann (1888-1945), 1931-1933 Hamburger Bürgerschaftsabgeordneter, kam 1945 als KZ-Häftling von Neuengamme auf der Cap Arkona in der Neustädter Bucht ums Leben.

PERELSTRASSE (1964), Dr. Friedrich Justus Perel (1910-1945), Justitiar der Bekennenden Kirche, Widerständler gegen das NS-Regime, hatte Verbindungen zu Dietrich Bonhoeffer, wurde 1945 in Berlin ermordet.

PLETTENBERGSTRASSE (1964); Kurt Freiherr von Plettenberg (1891-1945), preußischer Oberlandforstmeister, Widerständler gegen das NS-Regime, beging 1945 Selbstmord im Gefängnis des Reichssicherheitshauptamtes.

POECKSTRASSE (1949), Wilhelm Poeck (1866-1933), niederdeutscher Schriftsteller. Bis1949: Feldstraße.

RAPPOLTWEG (1965); Franz Rappolt (1870-1942), Hamburger Kaufmann, Widerständler gegen das NS-Regime, kam 1942 im KZ Theresienstadt ums Leben.

RICHARD-LINDE-WEG (1949), Prof. Richard Linde, Studienrat und Heimatforscher. Bis 1949: Heidkamp.

RIEHLSTRASSE (1947), Prof. Heinrich von Riehl (1823-1897), Volkskundler, Dichter und Kulturhistoriker. Bis 1947 Bebelstraße.

RUDORFFWEG (1949), Ernst Rudorff (1840-1916), Begründer der deutschen Naturschutzbewegung. Bis 1949: Schwarzer Kamp.

RUSELERWEG (1949), Georg Ruseler (1866-1960), Sammler von Volksliedern. Bis 1949: Wiesenweg.

Lohbrügge

SANDER DAMM siehe Bergedorf.

SANMANNREIHE (1949); nach der alten Lohbrügger Familie Sanmann wurde 1949 die Boberger Straße umbenannt.

SCHÄRSTRASSE (1964), Alfred Schär (1887-1937), Hamburger Taubstummenlehrer, leistete Widerstand gegen das NS-Regime, wurde 1937 in Fuhlsbüttel hingerichtet.

SCHULENBURGRING (1964); Friedrich Dietlof Graf von der Schulenburg (1902-1944), ostpreußischer Landrat, 1937-39 stellvertretender Polizeipräsident von Berlin, 1939-40 stellvertretender Oberpräsident von Schlesien, dann Widerständler gegen das NS-Regime, enger Mitarbeiter von Hitler-Attentäter Stauffenberg, wurde 1944 verhaftet und hingerichtet. Friedrich Werner Graf von der Schulenburg (1875-1944), Diplomat, 1934-1941 Botschafter in Moskau, Widerständler gegen das NS-Regime, wurde 1944 verhaftet und hingerichtet.

SEYBOLDSTRASSE (1949); Wilhelm Seybold (1847-1930), Volksschauspieler, spielte viele Jahre am Ernst-Drucker-Theater, dem heutigen St. Pauli Theater. Bis 1949: Seilerstraße.

STERNTWIETE (1964); Prof. Dr. William Stern (1871-1938), Psychologe und Philosoph, Mitbegründer der Hamburger Universität, Hochschullehrer, emigrierte 1935 oder 1938 in die USA.

WALTER-FREITAG-STRASSE (1980), Walter Freitag (1889-1958), Gewerkschafter, 1952-1956 erster Vorsitzender des Deutschen Gewerkschaftsbundes (DGB).

WASSERMANNWEG (1964), Prof. Dr. Martin Wassermann (1871-1953), Jurist, Rechtsanwalt, Hochschullehrer in Hamburg, Widerständler gegen das NS-Regime, emigrierte 1939 nach Argentinien.

WILHELM-BERGNER-STRASSE (1984), Wilhelm Bergner (1835-1904), Gründer des Bergedorfer Eisenwerks.

WOHLTORFKAMP (1949); nach der alten Lohbrügger Familie Wohltorf wurde 1949 die Friedrichstraße umbenannt.

Lokstedt

LOKSTEDT

ANSGARWEG (1962), Ansgar (801-865), Erzbischof von Bremen-Hamburg, „Apostel des Nordens".

BEHRMANNPLATZ (1948); nach der Bauernfamilie Behrmann, die sich vor über 400 Jahren in Lokstedt ansiedelte, wurde der Behrmannplatz benannt. Bis 1948: Bei der Friedenseiche.

BRUNSBERG (1947); am Brunsberg bei Höxter besiegte Karl der Große 775 die Sachsen. Bis 1947: Walderseestraße.

CORVEYSTRASSE (1948); das 822 gegründete Benedektinerkloser Corvey war das Heimatkloster von Erzbischof Ansgar, dem „Apostel des Nordens". Bis 1948: Gravensteiner Straße.

DÖRINGWEG (1958), Ernst August von Döring (1766-1850), Drost in Pinneberg.

EHRENSCHILDTSTRASSE (1948); Conrad Biermann von Ehrenschildt und Martin Conrad von Ehrenschildt waren 1689 (C.B.) beziehungsweise 1698 (M.C.) Landdrosten in Pinneberg.

EMIL-ANDRESEN-STRASSE (1949), Emil Andresen (1850-1918), 1900-1918 Gemeindevorsteher in Lokstedt. Bis 1949: Schulstraße.

GRANDWEG; die schon frühzeitig mit Grand befestigte Straße ist der älteste Weg aus Richtung Hamburg nach Lokstedt und Niendorf.

GRELCKSTRASSE (1948); Hans Grelck, erster bekanntgewordener Vogt von Niendorf, lebte um 1590. Sein Sohn und seine Enkel waren ebenfalls Vögte.

HARTSPRUNG siehe OFFAKAMP

HENNING-WULF-WEG, Henneke Wulf, sagenumwobener Volksheld aus Holstein, Kirchspielvogt von Wewelsfleth, führte 1472 Aufständische der Wilstermarsch gegen den dänischen König Christian I., wurde in Ditmarschen erschlagen.

HÖXTERSTRASSE (1948); am Höxter im Weserbergland fanden Kämpfe zwischen Karl dem Großen und den Sachsen statt.

JULIUS-VOSSELER-STRASSE (1948), Dr. Julius Vosseler (1861-1933), Direktor des Zoologischen Gartens in Hamburg.
Bis 1948: Karlstraße.

LEMBEKSTRASSE siehe OFFAKAMP

Lokstedt

LENZWEG siehe Stellingen.

LOKSTEDTER STEINDAMM; Lokstedt wird 1210 als Locstide erstmals erwähnt. Der Lokstedter Steindamm wurde schon früh gepflastert. 1842 brachten die Lokstedter freiwillige Beiträge für den Ausbau auf.

MEYERMANNWEG (1948); von der Lokstedter Bauernfamilie Meyermann hat diese Straße ihren Namen. Bis 1948: Birkenallee.

MÜNSTERSTRASSE (1948); die alteingesessene Lokstedter Familie Münster stellte hier zwei Vögte. Bis 1948: Hospitalstraße.

MUTZENBECHERSTRASSE (1925); Franz Mutzenbecher (1779-1846), Kaufmann, erwarb das Gelände des früher hier gelegenen Willinks Park, das der Kaufmann Carl Heinrich Willink (1807-1875) 1850 kaufte. Nach ihm wurden der Park und die Straße WILLINKS PARK benannt.

OFFAKAMP (1948); der sagenhafte schleswig-holsteinische Fürstensohn Offa ist nur eine von mehreren Gestalten und Motiven aus den von Karl Müllenhoff zusammengestellten schleswig-holsteinischen Sagen und Märchen, nach denen Lokstedter Straßen benannt sind. Zu ihnen gehören die **LEMBEKSTRASSE** (1948, vorher Apenrader Straße) und die **WIBEN-PETER-STRASSE** (1948, vorher Ernststraße) sowie die Straßen **SIEBENSCHÖN** (1948, vorher Lindenallee) und **HARTSPRUNG** (1948, vorher Kehrwieder). Der Offakamp hieß bis 1948 Saarstraße.

REPGOWSTIEG (1948); Eicke von Repgow, verfaßte 1237 den „Sachsenspiegel", das älteste deutsche Rechtsbuch.

RIMBERTWEG (1962), Rimbert (um 888), Erzbischof von Bremen-Hamburg, Nachfolger Ansgars (s. Ansgarweg).

SIEBENSCHÖN siehe OFFAKAMP

SIEMERSPLATZ (1919), Heinrich Siemers (1865-1949), stellvertretender Gemeindevorsteher von Lokstedt und Kreistagsabgeordneter.

SORTHMANNWEG (1948), Hermann und Moritz Sorthmann, 1564 beziehungsweise 1591 Vögte in Lokstedt. Bis 1948: Pappel Allee.

SOTTORFALLEE (1948); die alteingesessene Lokstedter Bauernfamilie Sottorf gab der Sottorfallee ihren Namen. Rudolf Sottorf (1886-1960) war einer der Mitverfasser der „Kollauer Chronik". Bis 1948: Hochallee.

STAPELSTRASSE (1948), Dr. Franz Stapel, Pinneberger Amtmann zur Zeit des Dreißjährigen Krieges. Bis 1948: Jahnstraße.

Lokstedt

STEDINGWEG (1958), Johann Steding, 1606-1618 Drost zu Pinneberg.

STRESEMANNALLEE (1945), Gustav Stresemann (1878-1929), 1923-1929 Reichsaußenminister. Bis 1945: Horst-Wessel-Allee.

TROPLOWITZSTRASSE (1971), Dr. Oscar Troplowitz (1863-1918), Pharmazeut, Bürgerschaftsabgeordneter, erwarb 1890 die Firma „Beiersdorf", schuf die Grundlagen für das 1922 eingeführte Hansaplast. Bis 1971: z. Tl. Bötelkamp.

VIZELINSTRASSE (1948); Vizelin (um 1090-1154), Heiliger Apostel der Wagrier, gründete 1125 das Kloster Neumünster. Bis 1948: Bachstraße.

VOGT-WELLS-STRASSE (1948), **VOGT-WELLS-KAMP** (1962), Heinrich Wells (1858-1928), Vogt in Lokstedt. Bis 1948: Wilhelmstraße.

VON-EICKEN-STRASSE (1948), Carl von Eicken (1846-1926), Tabakfabrikant und Parkbesitzer in Lokstedt. Bis 1948: Brahmsweg.

Dr. Oscar Troplowitz brachte Hansaplast auf den Weg.

WEHMERWEG (1948), **WEHMERSTIEG** (1956), Heinrich Wehmer (1863-1937), Rektor in Lokstedt Bis 1948: Bismarckstraße.

WIBEN-PETER-STRASSE siehe OFFAKAMP

WIDUKINDSTRASSE (1954), Widukind, Sachsenherzog, besiegte die Franken 782 am Süntelgebirge, unterwarf sich Karl dem Großen 785 und ließ sich taufen.

WILLINKS PARK siehe MUTZENBECHERSTRASSE

WINFRIEDWEG (1962), Winfried, später Bonifatius, (672-754), Missionar der Germanen.

Lurup

LURUP

ECKHOFFPLATZ (1962), Claus Eckhoff (1866-1950), Gemeindevorsteher in Lurup.

ENGELBRECHTWEG (1932), **ENGELBRECHTSTIEG** (1972), Johannes Engelbrecht (1859-1931), Vorbesitzer des Geländes.

FANGDIECKSTRASSE siehe Eidelstedt.

FRANZOSENKOPPEL (1949); diese Straße ist von in Lurup während der „Franzosenzeit" einquartierten französischen Soldaten als Weg zum Appellplatz in Eidelstedt angelegt worden.

JEVENSTEDTER STRASSE (1948); Jevenstedt ist eine Ortschaft in der Nähe von Rendsburg. Bis 1948: Eckhoffstraße.

KLEINWORTS HÖH,; nach der Luruper Bauernfamilie Kleinwort, die hier ab dem 19. Jahrhundert ansässig ist, wurde diese Straße benannt.

LÜDERSRING (1967), Franz Hinrich Lüders, Bauer in Lurup um 1750.

LURUPER HAUPTSTRASSE (1928); das erst im 18. Jahrhundert entstandene Dorf Lurup könnte seinen Namen von dem plattdeutschen „luur-up" = warten oder auflauern haben. Gewartet wurde vermutlich in einem Wirtshaus und davor vielleicht in einem „Wartehäuschen". Diese Gebäude waren früher vermutlich die einzigen Behausungen auf dem „Luhrup".

RUGENBARG siehe Osdorf.

WILSDORFALLEE (1959), Josef Wilsdorf (1876-1944), Vorbesitzer des Geländes.

NEUGRABEN-FISCHBEK/HAUSBRUCH

AUGUST-SOMANN-WEG (1948), August Somann, um 1920 Gemeindevorsteher in Hausbruch. Vor 1948: Kurze Straße.

CUXHAVENER STRASSE (1948); die 1848 angelegte Landstraße in Richtung Cuxhaven hieß zunächst Buxtehuder Chaussee.

DRITTE MEILE (1948); das Alte Land wird seit altersher in Meilen eingeteilt. Die „Dritte Meile" bezeichnet das von einem Ringdeich eingefaßte Marschgebiet zwischen Este und Süderelbe.

GÖDEKE-MICHELS-WEG, Gödeke Michels (gest. 1402), Seeräuber, wurde in

Neugraben-Fischbek/Hausbruch

Hamburg hingerichtet, soll der Sage nach auf dem nahegelegenen Falkenberg Unterschlupf gefunden haben.

HAUSBRUCHER STRASSE, HAUSBRUCHER BAHNHOFSSTRASSE (1948); Herzog Otto I. von Harburg, der von 1527 bis 1549 regierte, ließ sich am Rande der „Haake" ein Jagdhaus erbauen, das als „Haus am Bruch" bezeichnet wurde. Dort entstand der Ort Hausbruch, der bis 1984 auch über einen Bahnhof verfügte. Zugunsten der neuen S-Bahnstation Neuwiedenthal wurde er aufgegeben. Die Hausbrucher Bahnhofsstraße hieß bis 1948 nur Bahnhofsstraße.

JUNGFERNMÜHLE; hier befindet sich das Haus einer früheren Mühlenbesitzerin, die unverheiratet blieb. Daher wurde es im Volksmund „Jungfernmühle" genannt.

NEEHUSENSTRASSE siehe NEELANDSTIEG

NEELANDSTIEG (1944); als Neeland (= Neuland) wurde das hier dem Moor abgerungene Land bezeichnet. Die auf dem „Neeland" neu errichteten Häuser, die „Neehusen", gaben der benachbarten **NEEHUSENSTRASSE** (1944) ihren Namen.

NEUGRABENER MARKT (1970), **IM NEUGRABENER DORF** (1948), ein „neuer Graben", der als Verlängerung der vom Falkenberg zur Elbe fließenden Falkenbek angelegt wurde, um diese Strecke schiffbar zu machen, gab dem 1577 erstmals erwähnten Ort Neugraben seinen Namen. Das alte Zentrum lag nördlich der Eisenbahn bei der Straße „Im Neugrabener Dorf", die bis 1948 Neugrabener Straße hieß. Das neue Zentrum befindet sich südlich der Eisenbahn am Neugrabener Markt.

NEUWIEDENTHALER STRASSE; das alte Dorf Neuwiedenthal wurde 1959-1966 zu einer modernen Großsiedlung ausgebaut, die 1984 auch einen S-Bahnanschluß erhielt.

PETERSHOF (1946); hier befand sich ein Bauernhof, der einem gewissen Peters gehörte.

SCHAAPHUSEN (1944), **SCHAAPKAMP** (1948); hier befanden sich Schafställe von Ehestorfer Bauern, die ihre Schafe in der Nähe eideten und auf dem Schaapkamp Ställe errichteten, um die Tiere nicht an jedem Tag wieder nach Ehestorf zurücktreiben zu müssen.

STÖRTEBEKERWEG (1948), Klaus Störtebeker (gest. 1402), legendärer Seeräuber, wurde in Hamburg hingerichtet.

TEMPOWEG (1944), in der Nähe befanden sich früher die Tempo-Automobilwerke.

THIEMANNSTRASSE; nach der alteingesessenen Fischbeker Bauernfamilie Thiemann wurde die Thiemannstraße benannt.

Neustadt

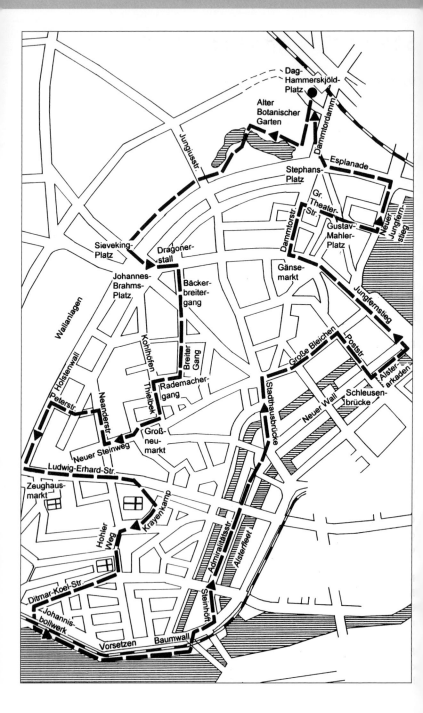

Neustadt

Stadtteilrundgang

Der Rundgang beginnt am 1903 eingeweihten Dammtorbahnhof. Durch den Ausgang **Dag-Hammerskjöld-Platz** (CCH) führt er nach links über die Fußgängerbrücke und dann rechts über die Treppe zum U-Bahnhof Stephansplatz in den Alten Botanischen Garten, der 1821 im Rahmen der „Entfestung" Hamburgs angelegt worden war. An die Festungswerke, die hier früher das Ende der Stadt markierten, erinnert der kleine See im Botanischen Garten, der als Teil der Befestigung angelegt worden war. Er wird von der, nach dem Erbauer der Festungswerke benannnten, **Johan-van-Valckenburgh-Brücke** überquert.

Durch den Park bummeln wir geradeaus in Richtung Kleine und Große Wallanlagen, vorbei an Gewächshäusern und (in den warmen Monaten) Blütenpracht im Freien. Unter der vielbefahrenen **Jungiusstraße** hindurch geht es weiter durch die Kleinen Wallanlagen bis zum **Johannes-Brahms-Platz**, den wir über einen Aufgang zur Linken kurz vor der Unterquerung des **Sievekingplatzes** erreichen. Hier stehen sich die 1904-08 erbaute Musikhalle und das 1929-31 vollendete DAG-Hochhaus gegenüber. Ein Blick nach Westen zeigt den eindrucksvollen Kuppelbau des Hanseatischen Oberlandesgerichts zwischen dem Straf- und dem Zivil-justizgebäude.

Der Rundgang folgt der Hauptstraße rechts von der Musikhalle, die hier **Dragonerstall** heißt. Links voraus steht das Unilever-Hochaus, dem in den 50er Jahren der letzte Teil des alten Gängeviertels der Neustadt weichen mußte. Eine Fachwerk-Häuserzeile der alten Bebauung kann aber noch im **Bäckerbreitergang** bewundert werden, in den wir nun nach rechts einbiegen.

Geradeaus führt der Rundgang über die **Kaiser-Wilhelm-Straße**, die überquert wird, in das Neubaugebiet der 30er Jahre, das 1933-37 auf den Flächen des abgebrochenen Gängeviertels entstand. Der **Breite Gang**, die Verlängerung des Bäckerbreitergangs, führt zum 1937/38 errichteten Hummelbrunnen an der Ecke mit dem **Rademachergang**.

Wir wenden uns nun nach rechts in den Rademachergang und dann nach links in die Straße **Kohlhöfen**. An deren Verlängerung, der Straße **Thielbek**, steht noch ein Haus aus dem 18. Jahrhundert (Nr. 13). Durch diese Straße gelangt man zum **Großneumarkt**, dem Mittelpunkt der Neustadt. An diesem Platz und in den umliegenden Straßen hat sich in den letzten 25 Jahren eine vielseitige Kneipenszene entwickelt. Es empfiehlt sich, am Abend noch einmal vorbeizuschauen.

Der Rundgang wendet sich von der Einmündung Thielbek aus nach rechts in den **Neuen Steinweg** und macht dann erneut einen Rechtsschwenk in die **Neanderstraße.** Von hier geht´s nach links in die von Fachwerkhäusern gesäumte **Peterstraße**. Diese Gebäude sind allerdings nicht „echt". Sie wurden ab 1966 errichtet, vermitteln aber einen optischen Eindruck vom alten Hamburg.

Die Peterstraße endet am **Holstenwall**, in den wir nach links einbiegen. Zur Rechten erhebt sich das 1914-23 erbaute Museum für Hamburgische Geschichte in den Großen Wallanlagen, das mit umfangreichen Sammlungen und großen Modellen über die Historie der Stadt informiert.

Neustadt

Am Ende des **Holstenwalls** wenden wir uns nach links und überqueren die sechsspurige **Ludwig-Erhard-Straße**, um nach wenigen Metern zur Rechten den **Zeughausmarkt** zu erreichen, der von der tempelartigen Englischen Kirche aus den Jahren 1836-38 geprägt wird. Der Rundgang folgt der Ludwig-Erhard-Straße bis zur Michaeliskirche.

St. Michaelis, die Kirche der Neustadt, ist die jüngste der fünf Hamburger Hauptkirchen. Der Turm, der durch seine markante Gestalt und seine Lage auf dem Geestrücken als „Michel" ein Wahrzeichen der Stadt wurde, kann bestiegen werden. Gegenüber der Michaeliskirche befindet sich im Südosten des Gotteshauses am **Krayenkamp** mit den Krameramtswohnungen eine weitere Top-Sehenswürdigkeit Hamburgs. Diese Fachwerkhäuser aus dem 17. Jahrhundert bilden eine vollständig erhaltene Hofanlage aus der Entstehungszeit der Neustadt.

Folgt man dem Krayenkamp bis vor die Südseite der Michaeliskirche, so fällt der Blick auf das maritim gestaltete Pressehaus des Verlages Gruner & Jahr. Der Rundgang wird nun nach links über den mit Treppen versehenen **Hohlen Weg** fortgesetzt, der vom Geestrücken hinunter zum **Schaarmarkt** führt. Wir biegen dann nach rechts in die belebte **Ditmar-Koel-Straße** mit ihren vielen Restaurants und kleinen Geschäften ein, die die Nähe von Elbe und Hafen ankündigen.

Am Ende dieser Straße, an der sich die Seemannskirchen der skandinavischen Länder befinden, ist der Hafenrand erreicht. Links herum führt nun der Rundgang auf der breiten Promenade am Elbufer entlang, den Straßen **Johannisbollwerk**, **Vorsetzen** und **Baumwall** folgend. Vorbei geht es an der Überseebrücke, an der der Frachter „Cap San Diego" und mitunter auch andere Schiffe zur Besichtigung einladen, und am City-Sporthafen mit seinen vielen Segel- und Motorbooten. Zur Linken erhebt sich die Vorderfront des ungewöhnlichen Gruner & Jahr-Gebäudes.

Beim U-Bahnhof Baumwall überqueren wir die gleichnamige Straße und setzen den Rundgang auf der linken Straßenseite fort, um dann vor der **Binnenhafenbrücke** nach links in die Straße **Steinhöft** einzubiegen. An repräsentativen Kontorhäusern vorbei führt der Weg in gerader Richtung weiter durch die **Admiralitätsstraße** am Alsterfleet entlang.

Nach Überquerung der Ludwig-Erhard-Straße erreichen wir vorbei an einigen letzten Speicher-Kontorhaus-Kombinationen aus dem 19. Jahrhundert die in jüngster Zeit neubebaute sogenannte Fleetinsel. Zwischen dem Hotel Steigenberger und modernen Bürogebäuden führt der Rundgang zur **Stadthausbrücke**, in die wir nach links einbiegen. Zur Rechten erhebt sich das ehemalige, im Zweiten Weltkrieg stark beschädigte Stadthaus, in dem heute die Baubehörde untergebracht ist.

Der Rundgang führt dann rechts in die **Großen Bleichen**. Entlang dieser belebten Straße befinden sich eine Reihe von Einkaufspassagen, wie zum Beispiel der Bleichenhof an der Ecke **Bleichenbrücke** und das Hanse-Viertel auf der linken Seite mit Durchgang zur **Poststraße**. Auch das Ohnsorg-Theater, die beliebte niederdeutsche Bühne, ist hier zuhause.

Wir biegen nun rechts in die Poststraße, an der sich rechts die 1845-47 von Alexis de Chateaneuf erbaute „Alte Post" mit der Galleria-Passage befindet. Am Bleichenfleet vorbei überqueren wir den **Neuen Wall**, Hamburgs teuerste Einkaufsstraße, und folgen geradeaus der Fußgängerzone **„Schleusenbrücke"**.

Neustadt

Vor der eigentlichen Brücke führt der Rundgang nach links in die ebenfalls von Chateauneuf erbauten **Alsterarkaden** (1842/43). Von hier aus lassen sich Rathaus, Rathausmarkt und das Ehrenmal für die Gefallenen des Ersten Weltkrieges an der Kleinen Alster erst so richtig bewundern. Am Ende der Alsterarkaden erreichen wir eine von Hamburgs berühmtesten Straßen, den **Jungfernstieg**. Wir biegen links in den Boulevard an der Binnenalster ab, der zu einem Abstecher an den Anleger der Alsterschiffe und in den Alsterpavillon auf der anderen Straßenseite einlädt. Der Rundgang folgt dem Jungfernstieg bis zum **Gänsemarkt**, dessen alter Platzcharakter noch weitgehend erhalten geblieben ist.

Von hier geht es nach rechts weiter durch die **Dammtorstraße** an der Staatsoper vorbei, deren Vorderhaus im Zweiten Weltkrieg zerstört und 1953-55 neu erbaut wurde. Gleich hinter der Oper biegen wir rechts in die **Große Theaterstraße**, die über den **Gustav-Mahler-Platz** in der Mitte der Straße **Colonnaden** führt. Hier herrscht bei warmen Temperaturen ein südländisches Flair mit vielen Straßencafés.

Der Rundgang folgt der Großen Theaterstraße bis zum **Neuen Jungfernstieg**. An der Ecke beider Straßen steht das schneeweiße 1831-34 erbaute Amsinck-Palais, in dem heute der Übersee-Club ansässig ist.

Wir biegen links in den Neuen Jungfernstieg, der zu einem Spaziergang an der Binnenalster einlädt. An der großen Kreuzung mit der **Lombardsbrücke** wenden wir uns nach links in die **Esplanade,** die 1827-30 nach dem Vorbild der Berliner Prachtstraße Unter den Linden angelegt wurde. Ihre schönsten Häuser wurden in den 50er Jahren zwei häßlichen Büroklötzen geopfert. Von den klassizistischen Stadthäusern ist nur das Haus Nr. 37 übriggeblieben. Die Esplanade mündet auf den **Stephansplatz**, an dem das markante, mit Türmchen versehene Gebäude der ehemaligen Oberpostdirektion steht. Heute beherbergt es unter anderem das Postmuseum. Von hier ist es nur noch eine kurze Wegstrecke nach rechts am **Dammtordamm** entlang zurück zum Dammtorbahnhof.

Neustadt

NEUSTADT

ABC STRASSE (1615), **NEUE ABC STRASSE** (1830), In der ABC Straße wurden die Häuser der Südseite anfangs mit Buchstaben bezeichnet. Die Neue ABC Straße wurde nach der ABC Straße benannt.

ADMIRALITÄTSSTRASSE (1774); an der Ostseite dieser Straße befand sich das Zeughaus oder Arsenal der Admiralität, einer 1623 gegründeten Behörde, deren Befugnisse 1814 auf die damals geschaffene Schiffahrts- und Hafendeputation und auf das Handelsgericht übergingen.

ALTER STEINWEG (1610), **NEUER STEINWEG** (1620); dieser Straßenzug, in dessen Mitte der Großneumarkt liegt, war vor der Einbeziehung der Neustadt in die Befestigung die wichtigste Landstraße von Hamburg nach Westen. Deshalb sind beide Straßen schon frühzeitig mit Steinen gepflastert worden (der Alte Steinweg 1353).

AMELUNGSTRASSE (1825); der Bauunternehmer Amelung ließ diese Straße anlegen.

ANBERG (1908); der Name erinnert an die vor der Sanierung der südlichen Neustadt hier gelegene alte Gasse „Am Anberg", die wegen ihrer steilen Lage so benannt worden war.

AXEL-SPRINGER-PLATZ (1990), Axel Cäsar Springer (1912-1985), Hamburger Zeitungsverleger, Gründer des Axel-Springer-Verlages, dessen Zentrale an diesem Platz liegt.

BÄCKERBREITERGANG (1618), in der nach den früher hier ansässigen Bäckern benannten Straße kann im nördlichen Teil der letzte Rest des Gängeviertels mit alten Fachwerkhäusern bewundert werden.

Am Bäckerbreitergang steht die letzte erhalten gebliebene Fachwerkzeile des Gängeviertels der Neustadt.

Neustadt

Malerische Fachwerkkulisse am Hafenrand um 1905: Vom Baumwall geht der Blick über die Rosenbrücke in die Straße Vorsetzen.

BAUMWALL (1712); der Baumwall hat seinen Namen von dem Niederbaum, einer doppelten Pfahlreihe, die seit 1531 den Hafen schützte (s. auch Niederbaumbrücke). 1531 wurde der Baumwall als Teil der neuen Stadtbefestigung angelegt, die 1616-25 dem neuen Festungswerk weichen mußte. Der Baumwall wurde am Anfang des 18. Jahrhunderts abgetragen und in eine Straße umgebaut.

BEI DEN KIRCHHÖFEN; der Name dieser Straße erinnert an die Friedhöfe der Hauptkirchen, die sich mit Ausnahme von St. Jacobi von 1794 bis 1899 auf Flächen des heutigen Messegeländes und von Planten un Blomen befanden.

BEI DER STADTWASSERMÜHLE (1843); hier entstand 1853 die Stadtwassermühle, die 1879 aufgegeben wurde. 1891 eröffnete in deren Räumen Hamburgs erstes Elektrizitätswerk.

BÖHMKENSTRASSE (1623); die bei der Michaeliskirche gelegene Böhmkenstraße wurde nach den früher hier vorhandenen kleinen Bäumchen benannt, die auf plattdeutsch „Böhmken" heißen. Sie hieß zunächst St. Michaelisstraße.

BRAUERKNECHTGRABEN (1582), die kleine Straße in der südlichen Neustadt könnte ihren Namen von Hopfengärten haben, die sich hier schon im 14. Jahrhundert befanden. Vielleicht ist aber auch der Graben, der die Straße bis zum Beginn des 17. Jahrhunderts durchzog, von Brauerknechten zugeworfen worden.

BREITER GANG (1618); dieser Gang des früheren Gängeviertels, der heute eine ansehnliche Straße ist, war vermutlich breiter als die umliegenden Gänge.

BRÜDERSTRASSE (1875); die kneipengesäumte Straße hinter dem Großneumarkt hat ihren Namen von den Brüdern Friedrich Hermann und Ernst Wex, die den umliegenden Teil der Neustadt 1866-1876 abrissen und neu bebauten. In diesem Zusammenhang wurden zwei neue Straßen, die Wex- und die Brüderstraße, angelegt.

Neustadt

BÜSCHSTRASSE (1841); Prof. Dr. Georg Johann Büsch (1728-1800), Nationalökonom und Mathematiklehrer, errichtete eine Handelsakademie und verfaßte viele geschichtliche sowie staats- und wirtschaftswissenschaftliche Werke.

CAFFAMACHERREIHE (18. Jhdt.); die Caffamacherreihe, die ursprünglich zur Fuhlentwiete gehörte, wurde nach den früher hier ansässigen Webern von einst hochmodischen halbseidenen und wollenen Damaststoffen benannt, die auf französisch „caffard" und auf holländisch „caffa" hießen. 1899 wurde die Caffamacherreihe um die Kleine Drehbahn zwischen Dammtorwall und Valentinskamp verlängert.

COLONNADEN (1877); die Colonnaden wurden im Rahmen der Bebauung des Viertels zwischen Dammtorstraße und Binnenalster durch ein Unternehmenskonsortium angelegt, das die Brüder Ernst und Adolph Wex organisiert hatten. Die neue Straße sollte ursprünglich Kaiserstraße heißen, doch wurde dieser Name von dem hanseatisch denkenden Staatsarchivar Otto Beneke abgelehnt. Der heutige Name bezieht sich auf den Säulengang im südöstlichen Teil der Straße.

DAMMTORSTRASSE (18. Jhdt.), **DAMMTORWALL** (um 1800), **DAMMTORDAMM** (1817); das Dammtor wurde 1547 am nördlichen Ende des Reesendamms (des heutigen Jungfernstiegs) erbaut, von dem es seinen Namen hat. Im Rahmen der Neubefestigung der Stadt in den Jahren 1615-1626 erhielt es im Bereich des heutigen Dammtorbahnhofs eine neue, stattlichere Gestalt. Nach dem Ende der französischen Besetzung wurde es abgebrochen.

DITMAR-KOEL-STRASSE (1902); Ditmar Koel (1500-1563), Hamburger Seeheld und seit 1548 Bürgermeister, machte 1525 den Seeräuber Claus Kniphof und seine Bande dingfest.

Stattliche Etagenhäuser säumten die Dammtorstraße um 1905.

DRAGONERSTALL (1797); die kleine Straße bei der Musikhalle ist nach den hier 1709 erbauten Stallungen der Hamburgischen Dragoner benannt, die 1860 abgerissen wurden.

DREHBAHN (1899); Reeper oder Seiler haben hier im 17. Jahrhundert auf ihren Bahnen Seile gedreht. Die seit 1696 bekannte Straße hieß bis 1899 Große Drehbahn im Gegensatz zur Kleinen Drehbahn, die in diesem Jahr in der Caffamacherreihe aufging.

Neustadt

DÜSTERNSTRASSE (1630); das düsterne erste Millerntor, das an der Ecke dieser Straße mit dem Alten Steinweg einst das westliche Ende Hamburgs markierte, gab der Straße ihren Namen.

EICHHOLZ (1609); der Name dieser Straße geht auf ein Gehölz zurück, das noch 1529 gut gepflegt wurde. Einst hatten hier die Reepschläger ihre Bahnen, die für die jährlichen Anpflanzungen junger Eichen sorgen mußten. 1624 verlegten sie ihre Arbeitsplätze nach St. Pauli.

ELLERNTORSBRÜCKE (1545/1889); die 1545 erstmals erwähnte Ellerntorsbrücke führte früher auf das alte Millerntor zu, weshalb der Name vermutlich eine Verstümmelung von „Millerntorsbrücke" ist. Er könnte aber auch von den Erlen („Ellern") abgeleitet sein, die hier am Ufer des Stadtgrabens (dem heutigen Bleichenfleet) wuchsen.

ENCKEPLATZ (1896), Johann Franz Encke (1791-1865), in Hamburg geborener Astronom, berechnete die Sonnenentfernung aus den Venusdurchgängen der Jahre 1761 und 1769, Direktor der Berliner Sternwarte.

ENGLISCHE PLANKE (1799); die Straße vor der Michaeliskirche ist nach einer Planke benannt, die den Bosselhof abschirmte, einen Platz, den die in Hamburg lebenden Engländer 1643 zum Spielen eines Kugelspiels errichtet hatten. Die Straße hieß daher zunächst auch „Englischer Spielplatz".

ERSTE BRUNNENSTRASSE (1801), hier befand sich einst ein Brunnen. Die kleinere Zweite Brunnenstraße fiel dem Durchbruch der Ost-West-Straße zum Opfer.

ESPLANADE (1830); als Esplanade wird der freie Platz zwischen Festungswällen und den Häusern der Stadt bezeichnet. Genau in diesem Bereich wurde die Esplanade 1829/30 als breite repräsentative Straße mit vier Baumreihen nach dem Vorbild der Berliner Prachtstraße Unter den Linden angelegt.

FEHLANDSTRASSE (1899); die Fehlandstraße wurde 1899 aus der ersten und der zweiten Fehlandstraße gebildet, die 1830-32 von dem Bauunternehmer Fehland angelegt worden waren.

FUHLENTWIETE (1620); „Fuhl" bedeutet faul im Sinne von schmutzig. Vermutlich war die abschüssige Fuhlentwiete nach Regenfällen immer so aufgeweicht, daß sich an ihrem unteren Ende regelmäßig der Schmutz der Straße sammelte.

GÄNSEMARKT (1655); der Gänsemarkt hat seinen Namen von einer vor dem Dammtor gelegenen Gänseweide oder von Ambrosius Gose, der hier um 1600 über Grundbesitz verfügte. Gänse wurden hier jedenfalls nie verkauft. Der Gänsemarkt war überhaupt kein Marktplatz. Stattdessen wurde hier Kulturgeschichte

Neustadt

geschrieben. Am Gänsemarkt standen die 1687 errichtete erste deutsche Oper und das Deutsche Nationaltheater (1767-1827), an dem Lessing wirkte. Heute befindet sich an derselben Stelle der UfA-Palast.

GERHOFSTRASSE (1882); hier befand sich der 1375 erbaute Gerhof oder Gerberhof, ein von der Stadt errichtetes Haus für die Gerber.

GERSTÄCKERSTRASSE (1948), Friedrich Gerstäcker (1816-1843), in Hamburg geborener Schriftsteller, schrieb Abenteuerromane („Die Flußpiraten des Mississippi"). Bis 1948: Mühlenstraße (seit 1624 bekannt).

GLACISCHAUSSEE (1833); die Glacischaussee wurde über das frühere Glacis vor den Wällen der Stadt angelegt. Unter Glacis versteht man das freie Feld vor einer Stadtbefestigung.

GORCH-FOCK-WALL (1933), der zum Wallring zählende Gorch-Fock-Wall trägt den Namen des Finkenwerder Heimatdichters Gorch Fock (1880-1916), der eigentlich Johann Kinau hieß. Viele seiner Werke, wie zum Beispiel der bekannte Roman „Seefahrt tut not!", handeln vom Leben der Finkenwerder Fischer. Der Gorch-Fock-Wall wurde 1880 unter dem Namen Ringstraße angelegt und hieß von 1925 bis 1933 Friedrich-Ebert-Straße.

GROSSE BLEICHEN (1729), **HOHE BLEICHEN** (1729), **BLEICHENBRÜCKE** (1718); das Gelände dieser drei Straßen diente einst zum Bleichen der Wäsche. Auf den Hohen Bleichen wurde an einem Abhang gebleicht.

GROSSER TRAMPGANG (1613 od. 18. Jhdt.); Tramper könnten dem Großen Trampgang seinen Namen gegeben haben. Möglicherweise befand sich hier eine Herberge für reisende Handwerksburschen und Landstreicher, eben für Tramper.

GROSSE THEATERSTRASSE (1827), **KLEINE THEATERSTRASSE** (1827); auf der Fläche der Staatsoper entstand 1826/27 das neue Stadttheater, das 1873/74 zur Oper erweitert wurde.

GROSSNEUMARKT (1620); der Großneumarkt oder Großer Neumarkt ist der Marktplatz der Neustadt. Er wurde im Gegensatz zum Hopfenmarkt, der auch Neuer Markt hieß, als Großer Neumarkt bezeichnet, weil er doppelt so groß wie der Hopfenmarkt war. Hier wird immer noch ein Markt abgehalten. Und abends regiert die in den 70er Jahren entstandene Kneipenszene.

GUSTAV-MAHLER-PLATZ (1990), Gustav Mahler (1860-1911), österreichischer Komponist und Dirigent, 1891-1897 Opernkapellmeister am Hamburger Stadttheater.

HAFENTOR (1853); das Hafentor wurde hier 1841 als neuer Durchgang zur Vorstadt St. Pauli errichtet.

Neustadt

HEILIGENGEISTBRÜCKE (1885); die Heiligengeistbrücke ist nach dem am Anfang des 13. Jahrhunderts erbauten Hospital zum Heiligen Geist benannt, das an der Ecke zum Rödingsmarkt stand. Es wurde 1832 abgerissen.

HERRENGRABEN (1609); im Herrengraben, einem im 16. Jahrhundert im Rahmen der Stadtbefestigung angelegten Graben, dem heutigen Herrengrabenfleet, besaßen die Bürgermeister und die älteren Ratsherren, also die „Herren" der Stadt, das Recht zur Fischnutzung.

HEUBERG (18. Jhdt.),; hier befand sich früher die höchste Erhebung des umliegenden Wiesenlandes. Deshalb wurde hier das Heu zu Schobern aufgehäuft.

HOHLER WEG (1659); als die umliegende Gegend noch mit Wald bedeckt war, führte hier ein Hohlweg zum Elbufer hinunter .

HOLSTENWALL (1897), **HOLSTENGLACIS** (1893), **VOR DEM HOLSTENTOR** (1905); im Bereich des heutigen Sievekingsplatzes wurde 1858/59 das Holstentor angelegt, durch das eine Landstraße nach Holstein führte.

HÜTTEN; die „Hütten", die dieser Straße ihren Namen gegeben haben, wurden in der ersten Hälfte des 17. Jahrhunderts für die Stadtsoldaten erbaut. Es handelte sich um kleine Wohnungen. Ursprünglich: Bei den Hütten.

HULLSTRASSE (1906); die Hullstraße wurde nach dem im 18. und 19. Jahrhundert vor den Vorsetzen gelegenen Hullhafen, dem heutigen Niederhafen, benannt.

JAKOBSTRASSE (1899); die 1620 entstandene Jakobstraße, die sich zunächst aus der 1. und der 2. Jacobstraße zusammensetzte, wurde nach der Jacobikirche benannt.

JAN-VALKENBURG-STRASSE (1948); Johan van Valckenburgh (Jan Valkenburg), niederländischer Ingenieur, erbaute 1615-1626 die neue Stadtbefestigung von Hamburg, in die erstmals auch die Neustadt miteinbezogen wurde. Bis 1948: Marienstraße (seit 1624 bekannt).

JOHANNISBOLLWERK; eine Befestigung mit diesem Namen wurde hier 1623 am Elbufer fertiggestellt. Sie hieß nach dem damals amtierenden Ratsherren Johann Rodenborg. Ursprünglich: Teil der Vorsetzen.

JOHANNES-BRAHMS-PLATZ (1997); anläßlich des 100. Todestages des in Hamburg geborenen Komponisten Johannes Brahms (1833-1987) wurde der verkehrsreiche Platz vor der Musikhalle nach diesem großen Sohn der Stadt umbenannt. Brahms verließ Hamburg 1862 im Zorn in Richtung Wien, wo er zu Ruhm und Ehre kam. Ehrenbürger von Hamburg wurde er aber schließlich doch noch. Vor 1997: Holstenplatz (seit 1898), dann Karl-Muck-Platz.

Neustadt

Eine belebte Straßenkreuzung ist der Johannes-Brahms–Platz. An den Komponisten erinnert auch ein Denkmal vor der Musikhalle.

JUNGFERNSTIEG (um 1680); Hamburgs schöner Boulevard an der Binnenalster wurde als Damm zur zweiten Aufstauung der Alster um 1235 errichtet. Er hieß zunächst „Der Damm" oder „Reesendamm" (s. auch Reesendamm/Altstadt) und wurde 1665 durch das Anpflanzen von Baumreihen in eine attraktive Flaniermeile umgestaltet, der vor allem die Hamburgerinnen zum Spazierengehen einlud. So wurde er mit der Zeit zum Jungfernstieg .

KAISER WILHELM STRASSE (1890); die Kaiser Wilhelm Straße wurde 1890 als Durchgangsstraße durch das Gängeviertel der nördlichen Neustadt angelegt und nach dem zwei Jahre zuvor verstorbenen deutschen Kaiser Wilhelm I. (1797-1888) benannt, dem ersten Herrscher des 1871 gegründeten Deutschen Reiches.

KALKHOF (1922); die 1829 angelegte Straße ist nach dem hier 1616 erbauten städtischen Kalkhof benannt, der 1826 geschlossen wurde. Sie hieß vor 1922 nach ihrem Erbauer Schwiegerstraße und war bis zu diesem Jahr die Adresse für einige „öffentliche Häuser".

KARPFANGERSTRASSE (1902), Berend Jacobsen Karpfanger (gest. 1683), Kapitän, befehligte seit 1674 Convoyschiffe zum Schutz der Hamburgischen Handelsflotte, kam bei einem Feuer auf der von ihm befehligten „Wapen von Hamburg" ums Leben.

KLEINE THEATERSTRASSE siehe GROSSE THEATERSTRASSE.

KOHLHÖFEN (1792); die hier gelegenen Gemüsegärten wurden früher als „Kohl-Höfe" bezeichnet. Von 1899 bis 1997 befand sich hier die erste Bücherhalle Hamburgs.

KORNTRÄGERGANG (1613); die Straße, die früher ein winkeliger Gang war, ist nach dem wenig bekannten Gewerbe der behördlich gewählten und beeidigten Kornträger benannt.

KRAYENKAMP (1606); der Krayenkamp, der ursprünglich fast um die ganze

Neustadt

Michaeliskirche herumführte, wurde nach einem Pächter von hier gelegenen Ländereien aus dem 17. Jahrhundert mit Namen Heinrich Kraye benannt In einem Hinterhof liegen die sehenswürdigen Krameramtswohnungen, eine vollständig erhaltene Hofanlage aus dem 17. Jahrhundert.

KUHBERG (1799); auf der Anhöhe neben dem Stintfang wurden vermutlich früher Kühe zum Melken zusammengetrieben. Noch 1810 wohnten in der Straße einige Kuhmelker. Vielleicht heißt die abschüssige Straße aber auch nach der alten Flur „Kohbarg".

LUDWIG-ERHARD-STRASSE (1990), Ludwig Erhard (1897-1977), 1949-1963 Wirtschaftsminister der Bundesrepublik Deutschland („Vater des Wirtschaftswunders"), 1963-1966 Bundeskanzler. 1963-1990: Teil der Ost-West-Straße.

Der Jungfernstieg gehört mit dem Anleger für die Alsterschiffe und dem Alsterpavillon zu den attraktivsten Straßen Hamburgs.

MARKUSSTRASSE (1899); ein für diese Straße zuständiger Bürgerkapitän der Hamburger Bürgerwehr mit Namen Marcus Meyer, der sich gegen eine 100-Mark-Spende an die Nikolaikirche das Recht erkauft hatte, daß ein Kirchhof mit seinem Vornamen bezeichnet werde, könnte der Namensgeber der Marcusstraße sein, die zwischenzeitlich Marktstraße hieß und parallel zum Straßenzug Thielbek/Kohlhöfen/Poolstraße verlief. Heute macht sie einen Knick, weil sie nach den Zerstörungen des Zweiten Weltkrieges den östlichen Teil der Peterstraße „übernommen" hat.

MARTIN-LUTHER-STRASSE (1906), Martin Luther (1483-1546), Reformator, Begründer der protestantischen Kirchenrichtung.

MICHAELISSTRASSE(1899), **MICHAELISBRÜCKE** (1882), 1899 wurden die Große Michaelisstraße und die Straße „Bei der kleinen Michaeliskirche" zur Michaelisstraße zusammengefaßt, die ebenso wie die Michaelisbrücke nach der nahegelegenen Michaeliskirche benannt ist.

MILLERNTORPLATZ (um 1896), **MILLERNTORDAMM** (um 1896), hier, an der

Neustadt

Grenze zur Vorstadt Hamburger Berg (St. Pauli), befand sich nach der Neubefestigung Hamburgs 1615-1626 das Millerntor. Seine Vorgänger standen am Rödingsmarkt beziehungsweise an der Ellerntorsbrücke. Der Name könnte „Mittleres Tor" bedeuten, da es ursprünglich zwischen dem Dammtor und dem Schaartor lag.

NEANDERSTRASSE (1948), Johann August Wilhelm Neander (1789-1850), Theologe und Professor für Kirchengeschichte. Bis 1948: Elbstraße (1620 erstmals erwähnt).

NEUER JUNGFERNSTIEG (1827); der 1825-27 angelegte Neue Jungfernstieg, der nach der älteren Straße dieses Namens benannt wurde, gehört zu den repräsentativen Straßen an der Binnenalster. Für viele Gäste aus aller Welt ist der Neue Jungfernstieg eine wichtige Adresse, denn hier befindet sich das Hotel „Vier Jahreszeiten".

NEUER WALL (1707); die teuerste Einkaufsstraße Hamburgs ist nach einem Wall benannt, der von 1500 bis 1547 als neue Befestigung der Stadt aufgeschüttet wurde, und damit den Alten Wall als Westgrenze ablöste. Der Bau der Valckenburghschen Festungswerke von 1615-26 machte auch den Neuen Wall überflüssig, der aber erst 1707 abgetragen und in eine Straße umgebaut wurde.

NEUMAYERSTRASSE (1895), Georg von Neumayer (1826-1909), Metereologe und Geophysiker, 1876-1893 Direktor der Seewarte, die sich bis zu ihrer Zerstörung 1943/44 auf dem Stintfang befand.

NEUSTÄDTER NEUER WEG (1621); die Straße wurde so benannt, um sie von dem Neuen Weg in der Altstadt zu unterscheiden, der beim Bau der Speicherstadt verschwand.

NEUSTÄDTER STRASSE (1899); die Neustädter Straße hieß vor 1899 Neustädter Neue Straße (seit 1620 bekannt), um sie von der heute nicht mehr existierenden Neuen Straße in der Altstadt zu unterscheiden.

NIEDERBAUMBRÜCKE; die von der Speicherstadt zum Baumwall führende Niederbaumbrücke hat ihren Namen von dem Niederbaum, einer hier 1531 angelegten doppelten Pfahlreihe mit einem Durchlaß, die den damaligen Hafen, den heutigen Binnenhafen, verschloß. In Anlehnung an den Namen Niederbaumbrücke wurde die 1963 erbaute Brücke über den Oberhafen **OBERBAUMBRÜCKE** genannt. Die Bezeichnung ist frei gewählt.

PASMANNSTRASSE (1910), Hieronymus Pasmann, Pastor der Michaeliskirche, gründete 1683 die an der Pastorenstraße gelegene Pasmannsche Armen-Schule.

PASTORENSTRASSE (1674); an der Pastorenstraße befanden sich seit 1674 die Amtswohnungen der Pastoren von St. Michaelis.

Neustadt

Die schönen Fachwerkfassaden in der Peterstraße sind nicht echt. Sie wurden erst 1966 aus musealen Gründen errichtet.

PETERSTRASSE (1625); die Peterstraße, in der seit 1966 Fachwerkhäuser im alten Stil neu erbaut wurden, ist nach der Hauptkirche St. Petri benannt worden.

PILATUSPOOL (1711); ein „Pfuhl" oder Sumpf befand sich offenbar früher in der Gegend der Straße Pilatuspool. Für den ersten Teil des Namens könnte ein gewisser Wilhad Kock, der Pächter nahegelegener Ackerstücke, verantwortlich sein. Der Sumpf am Rande des Walls wurde jedenfalls früher Wilhads Pool genannt, woraus sich im Laufe der Zeit die Bezeichnung „Pilatuspool" entwickelt hat. Mit Pilatus, dem römischen Peiniger von Christus, hat der Name jedenfalls nichts zu tun.

POOLSTRASSE (1640); die Poolstraße hat wie die Straße Pilatuspool ihren Namen von dem hier gelegenen Sumpf, einem „Pfuhl".

POSTSTRASSE (1846); die 1718 angelegte Poststraße, die zunächst Neue Gerberstraße oder Blekerkamp und dann Königstraße hieß, wurde nach dem hier 1845-47 von Alexis de Chateauneuf erbauten Postamt benannt, in dem alle damaligen Postvertretungen der verschiedenen Länder in Hamburg zusammengefaßt waren. Das heute als „Alte Post" bezeichnete Gebäude beherbergt jetzt Büros und Ladenpassagen.

PULVERTURMSBRÜCKE (um 1774); die Brücke ist nach einem hier zwischen 1548 und 1560 erbauten Festungsturm benannt, der ursprünglich der Aufbewahrung von Pulver diente. Er wurde 1819 abgebrochen.

RADEMACHERGANG (1612); im Rademachergang, an dem sich der Hummel-Brunnen befindet, wohnten vermutlich früher Radmacher.

RAMBACHSTRASSE (1902); nach drei Vertretern der Familie Rambach könnte diese Straße benannt sein: nach Johann Jacob Rambach (1737-1818), Hauptpastor von St. Michaelis (ab 1780) und Senior des geistlichen Ministeriums (ab 1801) oder nach seinen Söhnen Johann Jacob Rambach (1772-1812), Arzt und Verfasser einer

Neustadt

Schrift über die „physische und medizinische" Lage Hamburgs (1801), und August Jacob Rambach (1777-1851), Hauptpastor von St. Michaelis ab 1819 und Senior ab 1834.

REHHOFFSTRASSE (1906), Johann Andreas Rehhoff (1800-1883), ab 1851 Hauptpastor von St. Michaelis.

REIMARUSSTRASSE (1902), Dr. Johann Albert Reimarus (1729-1814), Arzt und ab 1796 Professor der Naturwissenschaften am Akademischen Gymnasium.

ROTHESOODSTRASSE (1624); die Rothesoodstr. ist vermutlich nach einem rot angestrichenen Ziehbrunnen (plattdeutsch: Sood) benannt worden, der sich hier befand.

ST. ANSCHARPLATZ (um 1859), Auf dem kleinen abgelegenen Platz wurde 1860 die nach Erzbischof Ansgar von Hamburg (s. Ansgarweg/Lokstedt) benannte Anscharkapelle der neu gegründeten, an der inneren Mission orientierten, Anschargemeinde eingeweiht. 1968 verlegte die Gemeinde ihr Zentrum nach Eppendorf auf die Anscharhöhe.

SCHAARMARKT (1615), „Schaar" bedeutet „hohes Ufer". Der in Elbnähe gelegene Schaarmarkt, der seinen Platzcharakter völlig verloren hat, ist also der Ufermarkt.

SCHAARSTEINWEG (1606); der Schaarsteinweg war schon vor der Einbeziehung der Neustadt in die Stadtbefestigung 1615-26 eine gepflasterte Landstraße. Sie führte vom Schaartor (s. Schaartor) nach Westen.

SCHAARTOR; die Straße, die ursprünglich „Bei dem Schaartor" hieß, ist nach dem Schaartor benannt, das zunächst am südlichen Ende des Rödingsmarkts und seit 1504 am Südende der Admiralitätsstraße stand. 1665 wurde es abgebrochen, nachdem es durch das neue Festungswerk von 1626 seine Bedeutung verloren hatte (Zur Bedeutung des Wortes „Schaar" siehe Schaarmarkt).

SEEWARTENSTRASSE (1894); die 1943/44 zerstörte Deutsche Seewarte, die sich auf dem Stintfang befand, war der Vorläufer des heutigen Deutschen Hydrographischen Instituts.

SIEVEKINGPLATZ (1912), Ernst Friedrich Sieveking (1836-1909), Senator und Präsident des Hanseatischen Oberlandesgerichts. Hier befinden sich das Oberlandesgericht sowie das Zivil- und das Strafjustizgebäude. 1898-1912: Teil des Holstenplatzes.

Das Hanseatische Oberlandesgericht am Sievekingplatz.

Neustadt

SPECKSTRASSE (1896); die Speckstraße, in der Johannes Brahms das Licht der Welt erblickte, wurde 1896 aus dem schon 1613 erwähnten Specksgang und dem Specksplatz gebildet. Der Name der Straße, die auch Sauermannsgang oder Diebesgang genannt wurde, rührt vermutlich von einem hier ansässigen Grundeigentümer namens Speck her. Oder ist die Straße womöglich nach dem Speck benannt, den Diebe in dem finsteren abgelegenen Gang horteten, wie der Topograph von Heß vermutet?

STADTHAUSBRÜCKE (1889); die als neue Verbindung zwischen Alt- und Neustadt angelegte Stadthausbrücke ist nach dem hier gelegenen „Stadthaus" benannt, einem Gebäudekomplex an der Ecke mit dem Neuen Wall, in dem früher die Verwaltungszentrale von Hamburg untergebracht war. Er umfaßte das um 1710 erbaute Görtzsche Palais am Neuen Wall und diverse ab 1888 errichtete Erweiterungsbauten, die alle 1943 schwer beschädigt wurden. Während des Dritten Reiches befand sich hier die Hamburger Gestapo-Zentrale. Heute ist im „Stadthaus" die Baubehörde ansässig.

STEINHÖFT (1. Hälfte 18. Jhdt.); das Steinhöft oder „Steenen Hoved" war eine 1531 vom Schaarmarkt nach Süden verlängerte Befestigung, die aus einer Steinmauer mit Schießscharten bestand. Der Name ist schon seit 1471 bekannt („tom stenen Hovede").

Das Verkehrsaufkommen hielt sich am Stephansplatz im ersten Jahrzehnt des 20. Jahrhunderts noch in Grenzen. Pferde und Straßenbahnen beherrschen das Bild.

STEPHANSPLATZ (1887; der Stephansplatz wurde nach dem Organisator des deutschen Postwesens und Generalpostmeister des Deutschen Reiches, Heinrich von Stephan (1831-1897) benannt, da hier 1887 das neue Gebäude der Oberpostdirektion fertiggestellt wurde, in dem sich heute u. a. das Postmuseum befindet.

STUBBENHUK (1650); die Straße ist vermutlich nach einem dortigen Grundeigentümer namens Stubbe benannt, der im 17. Jahrhundert an der Ecke zum Vorsetzen eine Wirtschaft besaß.

Neustadt

TEILFELD (1614); der Name ist von Tegel- oder Tejelfeld abgeleitet, was Ziegelei bedeutet. Schon um 1305 befanden sich hier Ziegeleien, die 1624 nach der Einbeziehung der Neustadt in die Stadtbefestigung aufgegeben wurden.

THIELBECK (1614); die Straße könnte nach einem versiegten Nebenfluß der Alster mit diesem Namen benannt worden sein, dessen Quelle in der Nähe des Tegelfeldes (s. Teilfeld) gewesen sein soll, woher der Thielbeck womöglich seinen Namen hat. Vielleicht rührt die Bezeichnung aber auch von einem an dieser Straße gelegenen Grundstück mit diesem Namen.

VALENTINSKAMP (17. Jhdt.); die Straße zwischen Gänsemarkt und Johannes-Brahms-Platz hat ihren Namen von dem Feldstück („Kamp") des Dr. Valentin Rußwurm, den dieser 1591 erwarb.

VENUSBERG (1643); der Venusberg hat nichts mit der Göttin der Liebe zu tun. Vielmehr könnte sich der Name gerade umgekehrt von Fends- oder Feindsberg ableiten und an einen Feind der Hamburger erinnern, den dänischen König Waldemar, der 1215 in dieser Gegend lagerte, um die Stadt im Westen von jeder Zufuhr abzuschneiden. Vielleicht hat aber auch ein Eigentümer des Geländes dieser Straße ihren Namen gegeben oder der Name leitet sich von Veenberg ab, was soviel wie Berg am Sumpf bedeutet.

VORSETZEN (1529); die Straße am Elbufer hat ihren Namen von den Vorsetzen, hölzernen Bollwerken, die gegen Abspülungen der Elbe schützen sollten.

WELCKERSTRASSE (1848), Karl Theodor Welcker (1790-1869), Jurist und Politiker aus Baden, Mitglied der Frankfurter Nationalversammlung 1848/49, Herausgeber des „Staatslexikons".

WEXSTRASSE (1867); die Wexstraße wurde 1867 von den Brüdern Friedrich Hermann und Ernst Wex angelegt, die ein Jahr zuvor die Gegend östlich vom Großneumarkt aufgekauft hatten und anschließend abrissen. Bis 1876 waren die Wex- und die zur selben Zeit angelegte Brüderstraße neu bebaut.

WINCKLERSTRASSE (1906), Johann Winckler (1642-1705), 1684-1705 Hauptpastor von St. Michaelis, gab 1700 das erste amtliche Gesangbuch heraus.

WOLFGANGSWEG (1902); der Wolfgangsweg wurde nach der hier gelegenen Wache der Hafenrunde, „Beim Wolfgang", benannt.

ZEUGHAUSMARKT (im 18. Jhdt.), **ZEUGHAUSSTRASSE** (1896); der 1628 entstandene Zeughausmarkt, der zunächst zur Jakobstraße gehörte, und die Zeughausstraße sind nach dem hier 1661 erbauten Artillerie-Zeughaus benannt, das 1826 abgerissen wurde. Dort steht heute die tempelartige englische Kirche.

Niendorf

NIENDORF

ALWIN-LIPPERT-WEG (1950), Alwin L. (1846-1902), Besitzer eines hiesigen Hofes.

BACHERWEG (1982), Clara Bacher (1898-1944) und Dr. Walter Bacher (1893-1944), jüdisches Lehrerehepaar aus Hamburg, Sozialdemokraten, starben in Auschwitz.

BECKSTEDTWEG (1948), Johann Joachim Beckstedt (1764-1816), Vogt in Niendorf. Bis 1948: Beekwisch.

BERNWARDKOPPEL (1948), Benward von Hildesheim (um 900 - 1022), Bischof, Förderer der Künste, wurde 1193 heilig gesprochen. Bis 1948: Timm-Kröger-Weg.

BOLTENS ALLEE (1905), Claus Bolten, Viehkommissionär, 1875-1895 in Niendorf ansässig, ließ diese Straße anlegen.

CORD-DREYER-WEG (1945), Cord Dreyer (1836-1912), Stellmachermeister, 1881-1899 Vogt in Niendorf. Bis 1945: Hermann-Schmidt-Weg.

EBERSTEINWEG (1948), Ernst Albrecht von Eberstein, dänischer Generalfeldmarschall, 1658-1665 Landdrost in Pinneberg. Bis 1948: Gorch-Fock-Weg.

EMMY-BECKMANN-WEG (1980), Emmy Beckmann (1880-1967), Lehrerin, Hamburgs erste Oberschulrätin, Bürgerschaftsabgeordnete für die DDP und die FDP.

ERNST-MITTELBACH-RING (1982), Ernst Mittelbach (1903-1944), Student, NS-Opfer.

FRIEDRICH-EBERT-STRASSE (1945), Friedrich Ebert (1871-1925), Sattler, SPD-Politiker, 1913-1919 Vorsitzender der SPD, 1919-1925 Reichspräsident. Vor 1945: Pinneberger Straße, 1933-1945 Adolf-Hitler-Straße.

GEORG-APPEL-STRASSE (1982), Georg Appel (1901-1944), NS-Opfer.

GEROWEG, Gero (gest. 965), Markgraf, kämpfte an der mittleren Elbe gegen die Slawen und eroberte die Niederlausitz. Früher: Kiebitzweg.

GOTTSCHALKWEG (1948), Gottschalk (gest. 1066), Obotritenfürst, Förderer der Christianisierung. Bis 1948: Fehrsweg.

GRAF-ANTON-WEG (1948), Graf Anton von Schauenburg, regierte 1510-1525. Bis 1948: Kleekamp.

HADERMANNS WEG (1948), Nach einem Motiv aus Müllenhoffs Schleswig-

Niendorf

Holsteinischen Sagen und Märchen wurde der Hadermanns Weg benannt. Bis 1948: Schnelsener Weg.

HADUBRANDHEIDE (1948), Hadubrand, Sohn des Hildebrand, Gestalt aus dem Hildebrandslied, einem alten deutschen Heldenepos. Bis 1948: Siegfriedstraße.

HANNE-MERTENS-WEG (1982), Hanne Mertens (1909-1945), Schauspielerin, Gegnerin des NS-Regimes. Wurde 1945 ohne Prozeß hingerichtet.

HEGEREITERWEG, Hegereiter waren berittene Forstaufseher.

HERZOG-BRUNO-WEG (1948), Herzog Bruno von Sachsen fand am 2. 2. 880 bei einem Wikinger-Überfall auf Hamburg mit der Blüte des sächsischen Adels den Tod. Bis 1948: Grashof.

JOACHIM-MÄHL-STRASSE (1912), Joachim Mähl (1827-1909), in Niendorf geborener niederdeutscher Dichter.

JOSEPH-NORDEN-WEG (1982), Joseph Norden (1870-1945), Rabbiner, NS-Opfer.

KARL-GUSTAV-WEG (1948); König Karl X. Gustav von Schweden schlug die Dänen 1657 in der Nähe von Niendorf. Bis 1948: Obhof.

KÖNIG-HEINRICH-WEG (1948), Heinrich I. der Sachse (876-936), Herzog von Sachsen, 919-936 Deutscher König. Bis 1948: Erikastraße.

KOPISCHWEG (1948), August Kopisch (1799-1853), Maler und Dichter. Bis 1948: Hermann-Löns-Weg.

KURT-LEDIEN-WEG (1982), Kurt Ledien (1893-1945), Richter, NS-Opfer.

KURT-SCHILL-WEG (1982), Kurt Schill (1911-1944), Chemigraph, NS-Opfer.

LEWETZAUWEG (1948), Albrecht Philipp von Lewetzau, 1789-1817 Landdrost in Pinneberg. Bis 1948: Fichteweg.

MARGARETHA-ROTHE-WEG (1982), Margaretha Rothe (1919-1945), Medizinstudentin, Gegnerin des NS-Regimes, starb 1945 in Gestapo-Haft.

MAX-ZELCK-STRASSE (1986), Max Zelck (1878-1965), Hamburger Lehrer, 1923-1933 Schulrat, 1919-1933 Bürgerschaftsabgeordneter für USPD und SPD, ab 1945 Deputierter der Jugendbehörde.

MECHTILDWEG (1948), Mechtild, Frau des Ulferus, des ältesten Siedlers von Niendorf (um 1347).

Niendorf

MÜNCHHAUSENWEG (1948), Johann von Münchhausen (um 1526), Landdrost in Pinneberg. Bis 1948: Sandkamp.

NIENDORFER MARKTPLATZ (1948); Niendorf bedeutet „neues Dorf". Es wird 1344 als Hamburger Dorf erwähnt. Das „alte Dorf" lag bei der Flur „Ohldörp" (heutige Robert-Blum-Straße). Bis 1948: Marktplatz.

OERTZENSTRASSE (1948), Jasper von Oertzen, 1648-1657 Landdrost in Pinneberg. Bis 1948: Hebbelweg.

ORDULFSTRASSE (1948), Ordulf, Sachsenherzog aus dem Geschlecht der Billunger, regierte von 1059 bis 1071. Vor 1948: Maacks Allee, Fritz-Reuter-Straße.

PAUL-DIEROFF-WEG (1991), Paul Dieroff (1928-1944), jüdischer Schüler aus Niendorf, NS-Opfer.

PAUL-SORGE-STRASSE (1948), Paul Sorge (1876-1944), Gärtnereibesitzer, langjähriger sozialdemokratischer Gemeindevertreter und stellvertretender Gemeindevorsteher in Niendorf. Bis 1948: Jägerstraße.

PERCKENTINWEG (1948), Claus-Hartwig und Gerhard Ulrich von Perckentin, Landdrosten in Pinneberg im 18. Jahrhundert. Bis 1948: Claudiusweg.

REINHOLD-MEYER-STRASSE (1982), Reinhold Meyer (1920-1944), Student, NS-Opfer.

ROBERT-BLUM-STRASSE (1948), Robert Blum (1807-1848), Politiker, Führer der Linken in der Deutschen Nationalversammlung in Frankfurt 1848, wegen Beteiligung an den Unruhen im Wien im selben Jahr standrechtlich erschossen. Bis 1948: Ohldörp.

RUDOLF-KLUG-WEG (1982), Rudolf Klug (1905-1944), Lehrer, NS-Opfer.

SCHIPPELSWEG; hier befand sich einst das Schippelsmoor, an das auch der in die Kollau fließende Schippelsmoorgraben erinnert. Der Name geht auf das alte Wort „skip" für Sumpf und Moor zurück.

SCHÖNWEG, Dr. Johannes Matthias Albrecht Schön (1800-1870), Augenarzt, Schriftsteller unter dem Pseudonym J. Krohm.

STEINHOFFWEG (1948), Johan Steinhoff (1847-1902), Zimmermeister, Vogt in Niendorf. Bis 1948: Finkenweg.

THEODOR-KÖRNER-WEG, Karl Theodor Körner (1791-1813), Schriftsteller und Freiheitskämpfer.

Niendorf

Niendorfs Hauptstraße, der Tibarg, bietet auch Kindern Bewegungsmöglichkeiten.

TIBARG (1948); Tibarg oder Theebarg nannten die Niendorfer ihre Hauptstraße schon, als sie vor 1948 auch amtlich „Hauptstraße" hieß. Der heutige Name geht auf die alte Flur „Theestück" zurück, die an eine alte Dingstätte erinnert, auf der Recht gesprochen wurde. Der Tibarg war also schon bei Niendorfs ältesten Bewohnern der Mittelpunkt des Dorfes.

THÜREYSTRASSE (1982), Magda Thürey (1899-1945) und Paul Thürey (1903-1944), kommunistische Widerstandskämpfer gegen das NS-Regime.

VIETINGHOFFWEG (1962), Friedrich von Vietinghoff, genannt Scheel, Landdrost in Pinneberg im 18. Jahrhundert.

VOGT-CORDES-DAMM (1948), Wilhelm Cordes, 1902-1916 Vogt in Niendorf. Bis 1948: Bornweg.

WENDLOHSTRASSE, WENDLOHSTIEG (1962); an der Autobahnausfahrt „Schnelsen-Nord" liegt heute das Gut Wendlohe, zu dem einst auch ein Dorf gehörte. Wendlohe bedeutet Grenzhain. An das alte Dorf Wendlohe erinnert auch der **WENDLOHER WEG** (1911) in Eppendorf.

Nienstedten

NIENSTEDTEN

APPUHNSTRASSE (1953), Johannes Appuhn (1853-1915), Gärtner und Blumenzüchter. Bis 1953: Beim Quellental.

BARON-VOGHT-STRASSE siehe Groß Flottbek.

BIESTERFELDWEG (1950), Wilhelm E. H. Biesterfeld, Kaufmann, dortiger Grundeigentümer.

BLECHSCHMIDTSTRASSE (1951), Adolf Blechschmidt (1842-1923), legte in Nienstedten Straßen und Sielanlagen an.

BRANDORFFWEG (1955), Johann Brandorff (1688-1777), 1721-1767 Pastor in Nienstedten, erster Pastor der jetzigen, 1751 fertiggestellten Kirche.

CHAMISSOWEG (1936), Adalbert von Chamisso (1781-1857), Dichter.

CHRISTIAN-AUGUST-WEG (1947), Christian Karl Friedrich August, Herzog von Schleswig-Holstein-Augustenburg (1798-1869), dänischer Prinz, stellte sich 1848 auf die Seite der für den Anschluß an Deutschland kämpfenden Schleswig-Holsteiner. Bis 1947: Von-Werder-Straße.

CHRISTIAN-F.-HANSEN-STRASSE (1997), Christian Friedrich Hansen (1756-1845), dänischer Architekt, Landbaumeister von Altona, wohnte hier 1784-1804, baute zahlreiche Bürger- und Landhäuser in Altona und den Elbvororten. Bis 1997: Teil der Georg-Bonne-Straße.

CONZESTRASSE (1947), Prof. Alexander Conze (1831-1914), Archäologe, leitete die Ausgrabungen in Pergamon.

CORDSSTRASSE (1922), Christ. Cords (1855-1928), Handelsgärtner und dortiger Grundeigentümer.

DAMMANNWEG (1951), Gustav Dammann (1874-1935), langjähriger Gemeindevorsteher und stellvertretender Gemeindevorsteher in Nienstedten.

EICHENDORFFSTRASSE (1928), Joseph Freiherr von Eichendorff (1788-1857), Dichter.

ELBCHAUSSEE siehe Othmarschen

ELBSCHLOSSTRASSE (1928); das früher hier gelegene „Elbschlößchen" des Altonaer Kaufmanns J.H. Baur wurde 1881 von Baurs Schwiegersohn Dr. von Hildebrandt an die Gründer der Elbschloß-Brauerei verkauft.

Nienstedten

FERDINAND-ANCKER-STRASSE (1928), Ferdinand Ancker (1837-1920), Kaufmann, seit 1876 Besitzer einer Ziegelei in Groß Flottbek, gründete die Villenkolonien Neu-Othmarschen (1882) und Hochkamp (1896).

GEORG-BONNE-STRASSE (1949), Dr. Georg Bonne (1859-1945), Arzt, Sanitätsrat, war über 50 Jahre als Arzt in den Elbvororten tätig. 1997 erhielten der mittlere Teil (Kanzleistraße-Quellental) den Namen "Am Internationalen Seegerichtshof" und der südliche den Namen Christian-F.-Hansen-Straße. Bis 1949: Mittelstraße.

Strohgedeckte Häuser in der Georg-Bonne-Straße.

HASSELMANNSTRASSE (1928), Zacharias Hasselmann, 1854-1886 Pastor in Nienstedten.

HERMANN-RENNER-STRASSE (1928), **HERMANN-RENNER-STIEG** (1935), Hermann Renner (1863-1921), Kommerzienrat, Stifter der Nienstedtener Turnhalle.

HUMANNSTRASSE (1947), Dr. Karl Humann (1839-1896), Ingenieur und Altertumsforscher. Bis 1947: Ludendorffstraße.

JÜRGENSALLEE (1903), Joachim Christian Jürgens (1825-1903), Gärtnerei- und Baumschulenbesitzer, dortiger Grundeigentümer.

KANZLEISTRASSE (1928); das Gut des Baron Voght (s. Baron-Voght-Straße/Groß Flottbek) im heutigen Jenisch-Park wurde 1829 von König Friedrich IV. von Dänemark zum Kanzleigut erklärt, als Jenisch es übernahm.

KARL-JACOB-STRASSE (1928), Carl Louis Jacob (1827-1908), Inhaber des Restaurants Jacob an der Elbchaussee.

KURT-KÜCHLER-STRASSE (1928), Kurt Küchler (1883-1925), in Nienstedten gestorbener Dichter.

LEPSIUSWEG (1956), Richard Lepsius (1810-1884), Ägyptenforscher, Direktor des „Ägyptischen Museums" in Berlin.

MANTEUFFELSTRASSE (1928), Edwin Freiherr von Manteuffel (1809-1885), preußischer Generalfeldmarschall und Politiker, ab 1865 Oberbefehlshaber der preußischen Truppen in Schleswig-Holstein und Gouverneur von Schleswig, ab 1879 erster deutscher Statthalter in Elsaß-Lothringen.

MÜHLENBERG s. unter Blankenese.

Nienstedten

NEWMANS PARK (1932), Henry Louis Newman und dessen Sohn Edmund Henry Newman, dortige Park- und Hausbesitzer von 1870 bis 1935.

NIENSTEDTENER MARKTPLATZ (1928), **NIENSTEDTENER STRASSE** (1935); Nienstedten wird 1297 als Nigenstede erstmals erwähnt. Der Name soll „zu den neuen Stätten" bedeuten. Das damalige Dorf lag weiter südlich in der heutigen Elbe.

PIKARTENKAMP (1956), Ambrosius Hinrich Piccard erwarb 1754 einen Hof in Dockenhuden.

RUPERTISTRASSE (1949); nach der Familie Ruperti, die über Grundbesitz in Othmarschen und Klein Flottbek verfügte und Mitinhaber des Handelshauses H. J. Merck war, wurde 1949 die Straße „Hummelsbüttel" umbenannt.

SCHLIEMANNSTRASSE (1947), Heinrich Schliemann (1822-1890), Kaufmann und Altertumsforscher, entdeckte Goldschätze in Troja und Mykene.

SIEBERLINGSTRASSE (1951), Gustav Sieberling (1851-1917), Gastwirt in Nienstedten, erwarb sich große Verdienste um das damalige Dorf. Bis 1951: Teil der Hasselmannstraße und des Nienstedtener Marktplatzes.

STAUFFENBERGSTRASSE (1964), Claus Schenk Graf von Stauffenberg (1907-1944), Oberst, führte am 20. Juli 1944 das Attentat auf Hitler durch, wurde nach dem Scheitern des Putschversuches hingerichtet. Bis 1964: Pikartenstraße.

THUNSTRASSE (1949), Carl Thun (1741-1838 ?), 1888-1918 Pastor in Nienstedten. Bis 1949: Matthisonstraße.

UP DE SCHANZ (1928); dieser Flurname geht auf eine Schanze zurück, die die Dänen hier 1679 im Kampf um Hamburg errichteten.

WINCKELMANNSTRASSE (1947), Johann Joachim Winckelmann (1717-1768), Archäologe, Begründer der neueren Archäologie und der modernen vergleichenden Kunstgeschichte.

Ohlsdorf

OHLSDORF

BALLERSTAEDTWEG (1956), Richard Ballerstaedt (1873-1953), Oberschulrat, 1919-1933 Bürgerschaftsabgeordneter, nach 1945 Depurtierter der Schulbehörde.

BEISSERSTRASSE, Georg Michael Heinrich Beisser (1856-1926), Schlachtermeister und hiesiger Grundeigentümer.

BÖCKELWEG, Prof. Dr. Johann Böckel (1535-1605), ab 1591 in Hamburg tätiger Stadtphysikus.

BUEKWEG (1952), Dr. Gustav Buek (1820-1874), Physiker und Armenarzt, Mitglied der Bürgerschaft und des Gesundheitsrates.

BÜRINGSTWIETE, Henning Büring (1469-1499), Kaufmann, Englandfahrer, ab 1486 Hamburger Bürgermeister.

CARPSERWEG (1952), Peter Carpser (1699-1759), international bekannter Wundarzt.

JUSTUS-STRANDES-WEG (1938), Justus Strandes (1859-1930), Hamburger Kaufman und Senator, vertrat Hamburg als Gesandter in Berlin. Bis 1938: Réesweg.

MAIENWEG (1898); der Maienweg hat seinen Namen von den Maien oder dem Maiboom, mit dem früher zu Pfingsten die Häuser geschmückt wurden.

NORDHEIMSTRASSE (1958), Marcus Nordheim (1811-1899), Stifter des nach ihm benannten Seehospitals in Sahlenburg bei Cuxhaven. Daher erhielt eine Nachbarstraße 1959 den Namen SAHLENBURGER STRASSE.

RATSMÜHLENDAMM siehe Fuhlsbüttel.

RÖNTGENSTRASSE siehe Fuhlsbüttel.

SAHLENBURGER STRASSE siehe NORDHEIMSTRASSE.

SCHMUCKSHÖHE (1955), „Schmuckshöhe" hieß ein früher hier gelegenes Ausflugslokal.

SENGELMANNSTRASSE siehe Alsterdorf.

WOERMANNSWEG (1922), **WOERMANNSSTIEG** (1948), Adolph Woermann (1847-1911), Reeder, Hamburger Reichstagsabgeordneter, Wegbereiter für den Erwerb deutscher Kolonien. Woermannstieg: bis 1948 Birkenstieg.

Osdorf

WOLKAUSWEG (1946); ein hiesiger Grundbesitzer gab dem Wolkausweg seinen Namen.

ZWANCKWEG (1952), Johann Gottlieb Zwanck (1783-1859), Frauenarzt, Mitbegründer der Geburtshilflichen Gesellschaft.

OSDORF

ADALBERTSTRASSE, Prinz Adalbert von Preußen (1884-1948), Sohn des letzten deutschen Kaisers Wilhelms II.

AM LANDPFLEGEHEIM (1949); der Name erinnert an das früher hier gelegene städtische Landpflegeheim, das ehemalige Altonaer Armenhaus. Vor 1949: Von-Quast-Weg.

ARNIMSTRASSE (1941), Achim von Arnim (1781-1831), Dichter der Romantik.

BETTINASTIEG (1953), Elisabeth genannt Bettina von Arnim (1788-1859), Dichterin, Frau von Achim von Arnim und Schwester von Clemens Brentano.

BLOMKAMP, Mitglieder der Familie Blohm oder Blome waren von 1629 bis 1720 Vögte in Osdorf.

BOOTHSWEG (1930), James Booth (1772-1814), Gründer der Baumschulen in Klein Flottbek.

BREITENBACHWEG (1953), Paul von Breitenbach (1850-1930), 1895/96 Oberregierungsrat der Eisenbahndirektion Altona, preußischer Minister für öffentliche Arbeiten, Präsident der Eisenbahndirektion Mainz.

BRENTANOSTRASSE (1941), Clemens von Brentano (1778-1842), Dichter der Romantik.

CHARLOTTE-NIESE-STRASSE (1929), Charlotte Niese (1854-1925), Altonaer Dichterin.

DÖRPFELDSTRASSE (1949), **DÖRPFELDSTIEG** (1962), Wilhelm Dörpfeld (1853-1940), Archäologe, leitete zahlreiche Ausgrabungen in Griechenland, Begründer moderner Ausgrabungen. Bis 1949: Kaiser-Wilhelm-Straße.

DROSTE-HÜLSHOFF-STRASSE (1929), Annette Freiin von Droste-Hülshoff (1797-1848), Dichterin.

FONTANESTRASSE (1928), Theodor Fontane (1819-1883), Dichter.

Osdorf

FRIEDRICH-SCHÖNING-WEG (1992), Friedrich Schöning (1878-1968), 1909-1933 Senator in Altona, 1945-1950 Ortsamtsleiter in Blankenese.

GERSTENBERGSTRASSE (1934), Heinrich Wilhelm Gerstenberg (1737-1823), Dichter, lebte ab 1785 in Altona.

GÖRRESRING (1950), Joseph von Görres (1776-1848), Schriftsteller, Germanist.

GUSTAV-SCHWAB-STRASSE (1941), Gustav Schwab (1792-1850), Dichter.

HARDERWEG (1946), Hans Harder (1880-1945), Lehrer und Heimatforscher, Rektor der Schule Rugenbarg.

HATJEWEG, Hans „Schäper" Hatje (1859-1924), letzter Schäfer in Osdorf.

HEIMBURGSTRASSE (1928), Wilhelm Heiburg (Pseudonym für Berta Behrens) (1850-1912), Dichterin.

JENISCHSTRASSE (vor 1908), Martin Johann Jenisch (1793-1857), ab 1827 Senator in Hamburg, Präses der Baudeputation, erwarb 1828 den Klein-Flottbeker Besitz des Baron Voght (s. Baron-Voght-Straße), zu dem der heutige Jenischpark gehört, ließ hier 1831-34 das prachtvolle Jenisch-Haus errichten.

JOACHIMSTRASSE, Prinz Joachim von Preußen (1890-1920), Sohn des letzten Deutschen Kaisers Wilhelm II.

JOCHIM-SAHLING-WEG (1964), Jochim Sahling (1786-1854), erster seminaristisch vorgebildeter und examinierte Lehrer in Osdorf.

JULIUS-BRECHT-STRASSE siehe Groß-Flottbek.

KNABEWEG (1947), Lambert Knabe aus der alten Osdorfer Bauernfamilie Knabe erwarb hier 1771 Grundbesitz, auf dem später das Landpflegeheim erbaut wurde (s. Am Landpflegeheim). Bis 1947: Klüberweg

KÖHLERSTRASSE (1941), Erich Köhler (1873-1914), Fregattenkapitän Kommandant des am 4.11.1914 gesunkenen Kreuzers „Karlsruhe".

KÖNIGGRÄTZSTRASSE (1912), Die Schlacht bei Königgrätz (in der heutigen Tschechei) am 3.7.1866 entschied den preußisch-österreichischen Krieg um die Vorherrschaft in Deutschland zugunsten von Preußen.

LANGELOHSTRASSE, Mitglieder der Familie Langeloh stellten von 1842 bis 1869 und von 1876 bis 1924 die Osdorfer Vögte und Gemeindevorsteher. Früher: Bahnhofstraße.

Osdorf

LESEBERGWEG; die alte Osdorfer Handwerkerfamilie Leseberg gab dem Lesebergweg ihren Namen.

MARCONISTRASSE (1949), Guglielmo Marconi (1874-1937), Erfinder der drahtlosen Telegraphie, erhielt 1909 den Nobelpreis für Physik. Bis 1949: Elsässer Straße.

MEYERHOFSTRASSE (1949), Prof. Dr. Otto Meyerhof (1884-1951), Biochemiker, erhielt 1922 den Nobelpreis für Medizin. Bis 1949: Lothringer Straße.

MINDERMANNWEG (1960); nach der Osdorfer Bauernfamilie Mindermann (17.-19. Jahrhundert) wurde diese Straße benannt.

OSDORFER LANDSTRASSE (1929); Osdorf wird 1268 als „Oslevestorp" erstmalig erwähnt und war vielleicht das Dorf des Oslev. Vor 1929: Chaussee, Redder, Botterbarg, Chaussee.

OTTO-WALLACH-WEG (1949), Otto Wallach (1847-1931), Chemiker, erhielt 1910 den Nobelpreis für Chemie. Bis 1949: Auguststraße.

PLATENSTRASSE (1941), August Graf von Platen-Hallermund (1796-1835), Dichter.

REICHSKANZLERSTRASSE; Reichskanzler Fürst Otto von Bismarck stand bei der Benennung Pate. Früher: Bismarckstraße.

RUGENBARG; dieser häufig vorkommende Flurname bezeichnet eine unerschlossene, meist mit Gestrüpp bewachsene Anhöhe. Früher: Luruper Weg.

STERNBERGWEG (1956), Emil Sternberg (1854-1930), verdienter Gemeindevertreter in Osdorf.

TELLKAMPFWEG (1953), Hermann Tellkampf (1831-1893), Mitglied der Eisenbahndirektion Altona, erwarb sich Verdienste um den Ausbau der Eisenbahn in Schleswig-Holstein.

TIETZESTRASSE (1941), Rudolf Tietze (1874-1916), Fregattenkapitän, Kommandant des Hilfskreuzers Greif, mit dem er sich während des Ersten Weltkrieges am 29. 2. 1916 selbst versenkte.

TISCHENDORFWEG (1958), Konstantin von Tischendorf (1815-1974), Archäologe und Theologe.

VOGHT-GROTH-WEG; die Familie Groth stellte von 1781 bis 1842 die Osdorfer Vögte.

WILDENBRUCHSTRASSE (1947), Ernst von Wildenbruch (1845-1909), Dichter. Bis 1947: Souchonstraße.

Othmarschen

OTHMARSCHEN

AGATHE-LASCH-WEG (1971), Prof. Dr. Agathe Lasch (1879-1942), Philologin. Bis 1971: Teil des Othmarscher Kirchenweges.

ALBERTIWEG (1952), Dr. Eduard Alberti (1827-1898), Herausgeber des Schleswig-Holsteinischen Schriftsteller-Lexikons.

BARON-VOGHT-STRASSE siehe Groß-Flottbek

BEHRINGSTRASSE siehe Ottensen.

BERNADOTTESTRASSE (1948), Graf Folke Bernadotte (1895-1948), schwedischer Philanthrop, UNO-Beauftragter, wurde 1948 von jüdischen Terroristen in Palästina ermordet. Bis 1948: Moltkestraße.

BORCHLINGWEG (1950), Prof. Dr. Conrad Borchling (1872-1946), Direktor des Germanischen Seminars an der Universität Hamburg. Bis 1950: Neulandsweg.

BÜNGERWEG (1950), Rudolf Bünger (1812-1893), Leiter des Bockendahlschen Lehrinstituts am Hochrad. Vor 1950: Adolfstraße, dann Novalisstraße.

CORINTHSTRASSE (1950), Lovis Corinth (1858-1925), Maler. Bis 1950: Lindenallee.

DROYSENSTRASSE (1950), Johann Gustav Droysen (1808-1884), Historiker, 1840-1851 Professor in Kiel, 1848 Vertreter der provisorischen Regierung von Schleswig-Holstein in der Deutschen Nationalversammlung in Frankfurt. Vor 1950: Nienkamp und Slomanstraße, davor gehörte der nördliche Teil zwischen Waldersee- und Jungmannstraße zum Zickzackweg.

ELBCHAUSSEE, Prunkvolle Villen mit parkähnlichen Anwesen säumen Hamburgs Prachtstraße an der Elbe. Hier befinden sich die teuersten Adressen der Stadt. Um Geld ging es auf der Elbchaussee schon in früheren Zeiten. Den sandigen Fahrweg am Elbufer, der entlang der alten Heerstraße Karls des Großen verlief, bauten die Anwohner ab 1780 zu einer Straße und ab 1829 zu einer schmalen Chaussee aus, die bis in die 1890er Jahre ein Privatweg war. Fremde Wagen mußten Passiergeld bezahlen. Am Hohenzollernring stand ein Schlagbaum mit einem Wärterhäuschen, an den die **SCHLAGBAUMTWIETE** (um 1905) erinnert, obwohl

An der Elbchaussee liegt das tradionsreiche Hotel und Restaurant Jacob.

Othmarschen

sie sich nicht dort befindet, wo der Schlagbaum stand. Vor 1951 hieß der östliche Teil zwischen Ottensen und der Parkstraße erst „Chaussee", dann von 1831 bis 1891 „Flottbeker Straße" und von 1891 bis 1951 „Flottbeker Chaussee".

EMKENDORFSTRASSE (1950), Schloß Emkendorf war unter seinem Schloßherrn Graf Reventlow in der zweiten Hälfte des 18. Jahrhunderts der geistige Mittelpunkt Schleswig-Holsteins. Schriftsteller wie Lavater (s. Lavaterweg), Claudius oder Stolberg gingen hier ein und aus. Bis 1950: Margarethenstraße.

ERNST-AUGUST-STRASSE (1898), Ernst August Wriedt, Kaufmann, dortiger Grundeigentümer.

FALCKWEG (1950), Prof. Niels Nicolaus Falck (1784-1850), Rechtsgelehrter, Mitglied der schleswig-holsteinischen Ständeversammlung. Bis 1950: Bogenstraße.

GOTTORPSTRASSE (1897); auf Schloß Gottorp bei Schleswig residierten von 1544 bis 1717 die dänischen Herzöge von Holstein und von 1731 bis 1846 die dänischen Statthalter des Landes, zu dem auch Altona und die Elbvororte gehörten. Im Gottorper Vergleich wurde 1768 die Reichsunmittelbarkeit Hamburgs festgelegt: Hamburg wurde eine selbstständige Stadt im Heiligen Römischen Reich Deutscher Nationen.

GRIEGSTRASSE siehe Ottensen.

HALBMONDSWEG (1899), der „Halbmond" ist ein unter Denkmalschutz stehendes, halbmondförmiges früheres Stallgebäude an der Ecke Elbchaussee.

HAMMERICHSTRASSE (1951), Johann Friedrich Hammerich (1763-1827), Altonaer Buchhändler, gründete 1791 den Verlag „Hammerich & Lesser", war einer der bedeutensten Verleger Deutschlands. Vor 1951: Eichenstraße, danach Dahlmannstraße.

HANDELMANNWEG (1950), Gottfried Heinrich Handelmann (1827-1891), in Altona geborener Geschichts- und Altertumsforscher, beteiligte sich an den Erhebungen des Jahres 1848. Bis 1950: Haidkamp.

HANS-LEIP-UFER, LEIPSTIEG, Hans Leip (1893-1983), in Hamburg geborener Schriftsteller, Zeichner und Journalist, schrieb unter anderem den Text von „Lilli Marleen".

HOCHRAD (1928); die weitgehend in der früheren Gemeinde Klein Flottbek liegende Straße wurde nach der Flur „Die Hohe Rade" benannt. Der westliche Teil hieß vor 1928 Poststraße.

JEPPWEG (1927), Johannes Eduard Jepp (1856-1943), ehrenamtlich tätiger Ge-

Othmarschen

meindevorsteher von Groß Flottbek, übte dieses Amt 40 Jahre aus. Bis 1927: z. Tl. Bahnhofstraße (zw. Hammerich- und Parkstraße).

JES-JUHL-WEG (1960), Jes Juhl (1875-1953), Direktor des Landpflegeheims Osdorf, Altonaer Senator.

JUNGMANNSTRASSE (1894), Eduard Jungmann (1815-1862), Major, Schleswig-Holsteinischer Batteriekommandant im Seegefecht bei Eckernförde am 5.4.1849. In diesem Gefecht zwischen den Schleswig-Holsteinern und den Dänen zeichnete sich der Geschützführer Theodor Preußer (1822-1849) aus, der bei der Explosion des dänischen Kriegsschiffes „Christian VIII." den Tod fand. Nach ihm ist die benachbarte **PREUSSERSTRASSE** (1897) bennant. Der westliche Teil der Jungmannstraße hieß bis 1894 „Othmarscher Straße".

KLEIN-FLOTTBEKER-WEG; dieser alte Weg führte in die frühere Gemeinde Klein-Flottbek, die heute zwischen den Stadtteilen Othmarschen und Nienstedten aufgeteilt ist. Das einstige Dorf wurde 1308 erstmals als Inferior Vlotbeke erwähnt. Vlot ist vermutlich ein altes Wort für „flach".

KUCHELWEG (1951), Theodor Kuchel (1819-1885) und sein Sohn Max Kuchel (1859-1933), Maler. Vor 1951: Christianstraße, danach Tieckstraße.

LANGMAACKWEG (1951), Hans Langmaack (1870-1949), Lehrer, Schriftsteller, Wegbereiter der plattdeutschen Dichtung.

LAVATERWEG (1952), Johann Kaspar Lavater (1741-1801), Schriftsteller und protestantischer Geistlicher.

LIEBERMANNSTRASSE (1947), Max Liebermann (1847-1935), Maler und Radierer. Bis 1947: Wrangelstraße.

LÜDEMANNS WEG siehe Ottensen.

MARXSENWEG (1950), Eduard Marxsen (1806-1887), Komponist, Lehrer von Johannes Brahms.
Vor 1950: Friedrichstraße, danach Schlegelstraße.

MEISTERTWIETE (1930), Hier siedelten sich in den 1870er Jahren die Othmarscher Handwerksmeister an.

NOERSTRASSE siehe REVENTLOWSTRASSE.

Idylle am Elbufer: der Weg Övelgönne.

Othmarschen

ÖVELGÖNNE (1636), „Övelgönne" bedeutet entweder „jenseitiges Elbufer" („övel" = an der äußersten Grenze, „gönt" = jenseits, drüben) oder „übel gegönntes Land", d.h. nach Streit verlorenes Land (s. auch Övelgönnerstraße/Altona).

OHNSORGWEG (1950), Dr. Richard Ohnsorg (1876-1947), Leiter der Niederdeutschen Bühne in Hamburg. Vor 1950: Blumenkamp, ab 1940 Hermann-Künne-Weg.

OLSHAUSENSTRASSE (1929), Theodor Olshausen (1802-1869), Advokat, Führer der demokratischen Bewegung in Schleswig-Holstein, 1848 Mitglied der dortigen provisorischen Regierung.

OTHMARSCHER KIRCHENWEG (um 1900), Othmarschen wurde 1371 als „Othmarshusen" (Dorf des Othmar ?) erstmals erwähnt. Über den Othmarscher Kirchenweg gelangten die Othmarscher einst zu ihrer Kirche in Ottensen.

OTTO-ERNST-STRASSE (1928), Otto Ernst Schmidt (1862-1926), Schriftsteller - unter anderem von Kindergeschichten („Apelschnut"), langjähriger Anwohner dieser Straße im Haus Nr. 16/17.

PAUL-EHRLICH-STRASSE (1971), Paul Ehrlich (1854-1915), Arzt, Begründer der modernen Chemotherapie, erhielt 1908 den Nobelpreis für Medizin.

POPPESWEG (1961), Cornelius Wilhelm Poppes (1775-1838), Vorbesitzer des benachbarten Geländes. Bis 1961: Teil des Halbmondweges.

PREUSSERSTRASSE siehe JUNGMANNSTRASSE.

REVENTLOWSTRASSE (1897), Graf Friedrich von Reventlow (1797-1874), Mitglied der am 24.3.1848 gebildeten provisorischen Regierung Schleswig-Holsteins, einer der zwei Präsidenten der von 1849-1851 amtierenden Schleswig-Holsteinischen Statthalterschaft. Nach diesem gegen die dänische Oberhoheit gerichteten Gremium wurde der **STATTHALTERPLATZ** (1897) benannt. Ein weiteres seiner Mitglieder, Prinz Friedrich August Emil von Noer (1800-1865), fand in der benachbarten **NOERSTRASSE** (1903) Erwähnung.

RÖPERSHEIDE (1979); das dortige Gelände gehörte früher der Familie Röper.

ROOSENS WEG (1914), **ROOSENS PARK** (1935); die Mennonitenfamilie Roosen war von 1832 bis 1920 Eigentümer des Geländes und eines Parks.

RULANTWEG siehe BEI DER ROLANDSMÜHLE (Ottensen).

SCHEFFLERWEG (1957), Karl Scheffler (1869-1951), Kunstschriftsteller und Kunsthistoriker.

Othmarschen

SCHLAGBAUMTWIETE siehe ELBCHAUSSEE.

SCHMIDTKAMP (1953), Hermann Schmidt (1849-1924), letzter Gemeindevorsteher der bis 1890 selbstständigen Gemeinde Othmarschen, Vorbesitzer des Geländes.

SLEVOGTSTIEG (1953), Max Slevogt (1868-1932), Maler und Graphiker.

STATTHALTERPLATZ siehe REVENTLOWSTRASSE.

STINDEWEG (1951), Dr. Julius Stinde (1841-1905), Schriftsteller und Journalist.

TRENKNERWEG (1957), Carl August Theodor Trenkner (1813-1912), Lehrer, Direktor der gewerblichen Fortbildungsschule Altona.

WALDERSEESTRASSE (1903), Alfred Graf von Waldersee (1832-1904), preußischer Generalfeldmarschall, 1891-1898 Kommandeur des IX. Armeekorps in Altona, Oberbefehlshaber der europäischen Truppen im Boxeraufstand in China.

WILHELMISTRASSE (1929), Willi Wilhelmi (1848-1928), Schauspieler, spielte seit 1886 am Altonaer Stadttheater, dessen Ehrenmitglied er war. Bis 1929: Grothkamp.

WRANGELPARK (1936), Friederich Graf von Wrangel (1784-1877), preußischer Generalfeldmarschall, 1848/49 und 1864 Oberbefehlshaber der preußischen Truppen in den Kriegen gegen Dänemark.

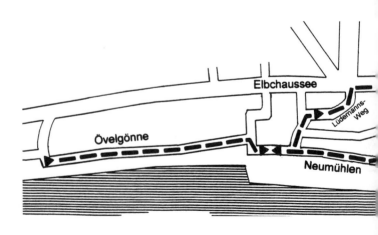

Ottensen

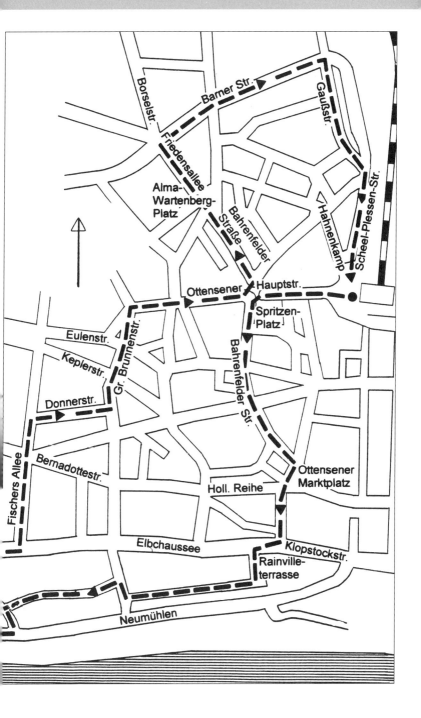

Ottensen

Stadtteilrundgang

Der Rundgang beginnt am westlichen Ausgang des Altonaer Bahnhofs (**Ottensener Hauptstraße**). Er folgt der Ottensener Hauptstraße, solange sie Fußgängerzone ist, und wendet sich dann nach links in die **Bahrenfelder Straße**. Vorbei geht´s am **Spritzenplatz**, dem Zentrum des multikulturellen Stadtteils, zum heute etwas an der Peripherie gelegenen **Ottensener Marktplatz**.

Wir überqueren die **Holländische Reihe**, wenden uns ein wenig nach rechts und dann nach links zum **Klopstockplatz**. Hier steht die 1735-38 erbaute Christianskirche. Auf dem 1929 geschlossenen Friedhof vor der Kirche liegt der Dichter Friedrich Gottlieb Klopstock (1724-1803) begraben.

Vom Klopstockplatz geht´s nach rechts in die **Elbchaussee** am kleinen Piccolo-Theater vorbei und dann nach links in die **Rainvilleterrasse**. In der Stützmauer am Geestabhang befindet sich der Chemnitz-Bellmann-Brunnen, der an den Komponisten (Carl Gottlieb Bellmann) und an den Texter (Matthäus Friedrich Chemnitz) des Schleswig-Holstein-Liedes erinnert. Die Straße führt rechts herum an der Fachhochschule für Seefahrt vorbei zum **Heine-Park**, den wir wie den anschließenden **Donners Park** durchqueren.

Beide Parks waren früher Anwesen wohlhabender Kaufleute. Im Heine-Park verfügte der Hamburger Bankier Salomon Heine, der Onkel des Dichters Heinrich Heine, über ausgedehnten Grundbesitz. Das frühere Gartenhaus aus dem Jahre 1832 ist noch vorhanden. Es dient als Heine-Haus jetzt kulturellen Zwecken.

Über eine der nach links zum Elbufer hinunterführenden Treppen gelangen wir auf die Straße **Neumühlen**, der man nach rechts bis zum gleichnamigen Anleger folgt. Hier lohnt sich ein kleiner Abstecher am Elbufer entlang über den idyllischen Weg **Övelgönne**, der die Fortsetzung der Straße Neumühlen bildet und bereits in Othmarschen liegt. Rechts reihen sich an beiden Straßen kleine früher von Kapitänen und Lotsen bewohnte Häuschen aneinander, von denen die ältesten aus dem 18. Jahrhundert stammen. Links lädt der Museumshafen Övelgönne zu einem Besuch ein. Im Haus Nr. 83 befindet sich ein weiteres Museum (Övelgönner Seekiste).

Vom Anleger Neumühlen erklimmen wir über **Lüdemanns Weg** den Geestabhang, dessen Höhe wir an der **Elbchaussee** erreichen. Der Rundgang folgt der Prachtstraße nach rechts zu einem der kuriosesten Häuser Hamburgs (Nr. 96) an der Einmündung der **Fischers Allee**, in die wir nach links einbiegen. Hier liegt Ottensens bürgerlicher Teil, der bereits an die sich westlich anschließenden Elbvororte erinnert.

Über die **Donnerstraße**, in die wir nach rechts abbiegen (nach Überquerung der **Bernadottestraße**) und die **Große Brunnenstraße**, der der Rundgang nach links folgt, gelangt man wieder in die für Ottensen typischen Mietshausviertel. Nach Überquerung der **Kepler-** und der **Eulenstraße** biegen wir nach rechts in die **Ottensener Hauptstraße**, der wir bis zur Kreuzung mit der Bahrenfelder Straße folgen.

Jetzt wenden wir uns nach links in diese Hauptstraße des Stadtteils mit ihren vielen gemütlichen, zum Teil exotischen Läden, Kneipen und Restaurants, in denen

Ottensen

sich das besondere Flair von Ottensen widerspiegelt. Am **Alma-Wartenberg-Platz,** auf dem man bei sommerlichen Temperaturen wie auf einer südländischen Piazza speisen kann, folgt der Rundgang linker Hand der **Friedensallee**, die an den zu Hamburgs Filmzentrum umgestalteten Zeise-Hallen vorbeiführt. Ein kleiner Abstecher in die auf der linken Seite liegende ehemalige Maschinenfabrik, in der sich heute drei Kinos und drei Bistros sowie Läden und eine Film-Bibliothek befinden, lohnt sich. Ein weiteres Beispiel für die Umnutzung von Fabrikgebäuden zu künstlerischen Zwecken ist das den Zeise-Hallen in einem idyllischen Hinterhof gegenüberliegende Monsun-Theater (Nr. 20), in dem experimentelles Musik- und Tanztheater geboten wird. Auch hier befindet sich eine Restaurant-Kneipe.

Wir folgen der Friedensallee bis zur Kreuzung **Barnerstraße**. Theater- und Architekturfreunden sei hier ein Abstecher nach leicht rechts in die **Borselstraße** empfohlen, in der weitere Fabrikgebäude phantasievoll umgenutzt wurden. Eines von ihnen ist das Theater in der Basilika (Nr. 14-16), in dem meist leichte Kost, aber auch Literaturtheater in einer reizvollen Fabrikhallenatmosphäre gezeigt wird.

Der Hauptrundgang wendet sich von der Friedensallee nach rechts in die Barnerstraße. Links hinter der Kreuzung mit der Bahrenfelder Straße steht „die" Fabrik, das erste größere gewerbliche Gebäude Ottensens, das 1971 zu künstlerischen und kommunikativen Zwecken beispielgebend umgestaltet wurde. Konzertveranstaltungen und Stadtteilkultur gehen hier eine erfolgreiche Symbiose ein.
Über die Barnerstraße, die **Gaußstraße** (nach rechts), die **Scheel-Plessen-Straße** (wieder rechts) und den **Hahnenkamp** (nach links) gelangen wir zum Ausgangspunkt am Altonaer Bahnhof zurück.

Ottensen

OTTENSEN

ABBESTRASSE (1950), Ernst Abbe (1840-1905), Physiker und Sozialpolitiker, revolutionierte den Bau von Mikroskopen und war ab 1875 Teilhaber und seit 1889 alleiniger Inhaber der Zeiß-Werke in Jena. 1870-1895 Kurze Straße (schon1849 angelegt), 1870-1950 Taubenstraße.

ALMA-WARTENBERG-PLATZ (1997), Alma Wartenberg (1872-1928), Ottensener Frauenrechtlerin, stritt für den Gesundheitsschutz schwangerer Arbeiterinnen und für Geburtenkontrolle, SPD-Politikerin.

Auf dem Alma-Wartenberg-Platz locken bei warmen Temperaturen Straßencafés und Restaurants mit Freiluftplätzen zum Verweilen.

ARNEMANNSTRASSE (1891), Carl Theodor Arnemann (1804-1866), Stadtrat von Altona, legte die Straße über sein Grundstück an.

ARNOLDSTRASSE (1854/5), Arnold hieß der Grundeigentümer, der die Straße erbauen ließ.

BAHRENFELDER STRASSE (vor 1856); die schon im 17. Jahrhundert erwähnte Bahrenfelder Straße war ursprünglich ein Fußweg, über den die Bahrenfelder zur Christianskirche nach Ottensen gelangten. Sie ist eine der ältesten Wege des Stadtteils und die erste Straße, die gepflastert wurde. Heute verbindet die von Kneipen und Geschäften gesäumte Straße, die den besonderen Charme des vielschichtigen Stadtteils zeigen, Ottensener Zentren wie den Ottensener Marktplatz, den Spritzenplatz, den Alma-Wartenberg-Platz und die Fabrik miteinander.

BARNERSTRASSE (1893), Hans B.(1504-1569), Amtmann (Drost) von Pinneberg.

BEETSWEG (1950); nach der im 17. Jahrhundert in Altona ansässig gewordenen Mennonitenfamilie Beets wurde 1950 die um 1880 angelegte Große Rabenstraße umbenannt.

Ottensen

BEHRINGSTRASSE (1950), Emil von Behring (1854-1917), Serologe, entdeckte 1890 das Antitoxin gegen Diphterie und Tetanus, erhielt 1901 den ersten Nobelpreis für Medizin. 1895-1950: Roonstraße.

BEI DER ROLANDSMÜHLE (1924); die hier gelegene von dem Rechtsgelehrten Dr. Rutger Ruland 1610 erbaute Rolandsmühle wurde 1953 abgerissen. Nach Ruland (1568-1630) wurden 1950 der benachbarte RÜTGERWEG und der in Othmarschen liegende RULANTWEG (vorher Luisenweg) benannt.

BERGIUSSTRASSE (1950), Friedrich Bergius (1884-1949), Chemiker und Nobelpreisträger von 1931, entwickelte die Hochdruckhydrierung von Kohle. Bis 1950: 2. Bornstraße.

BERNADOTTESTRASSE siehe Othmarschen.

BIELFELDTSTRASSE (1951), August Bielfeldt (1874-1948), Altonaer Pädagoge und Stadtverordneter. Bis 1951: Pestalozzistraße und Pestalozziplatz.

BLEICKENALLEE (1950), Matthias Bleicken (1835-1900), erster Bürgermeister der Stadt Ottensen, amtierte 1874-1884. Bis 1950: Treskowallee.

Die Bahrenfelder Straße zählt zu den ältesten und geschäftigsten Straßen von Ottensen.

BONINSTRASSE (1895), Eduard von Bonin (1793-1865), General, führte die preußischen Truppen im Deutsch-Dänischen Krieg 1848, 1852-54 und 1858-59 preußischer Kriegsminister.

BRAUNSCHWEIGER STRASSE (1895); Herzog Carl Wilhelm Ferdinand von Braunschweig (1735-1806) starb in einem Haus der benachbarten Straße „Am Felde". Bis 1895: Christianstraße.

BÜLOWSTIEG (1950), Hans Guido Freiherr von Bülow (1830-1894), Pianist und Dirigent. Bis 1950: Teilstück der Bülowstraße.

Ottensen

BÜLOWSTRASSE (1909), Fürst Bernhard von Bülow (1849-1929), in Ottensen geborener Politiker, 1900-1909 Deutscher Reichskanzler.

BUNSENSTRASSE (1913), Robert Wilhelm Bunsen (1811-1899), Chemiker und Physiker.

DAIMLERSTRASSE (1950), **DAIMLERTWIETE** (1950), Gottlieb Wilhelm Daimler (1834-1900), Erfinder und Automobilhersteller. Bis 1950: Moortwiete und Kleine Moortwiete (Daimlertwiete).

DONNERSTRASSE (um 1865); Familie Donner besaß von 1820 bis 1911 in der Nähe der Straße ein großes Grundstück mit Villa am Elbhang (heute Donners Park).

„Donnerschloß" wurde das burgähnliche Anwesen der Familie Donner im heutigen Donners Park genannt, das im Zweiten Weltkrieg zerstört wurde

EGGERSALLEE (1884), Christian Friedrich Eggers (1801-1874), Major der Altonaer Bürgerwehr, Eigentümer einer Ölmühle und einer Seifenfabrik in Altona. Seine Erben legten die Straße 1876 an.

ERDMANNSTRASSE (1869), Johann Joachim Erdmann, Erbauer der Straße.

ERZBERGERSTRASSE (1922/1945), Matthias Erzberger (1875-1921), Politiker der Zentrumspartei und Reichsminister, unterzeichnete für Deutschland den Versailler Friedensvertrag und entwickelte die nach ihm benannte Finanzreform. 1895-1922: Kronprinzenstraße, 1933-1945: Adolf-Bartels-Straße.

EULENSTRASSE (vor 1856); die früher hier gelegene Gastwirtschaft „Katt un Uhl" soll der Eulenstraße ihren Namen gegeben haben.

FISCHERS ALLEE (um 1868), Dr. Jacob Heinrich Hermann Fischer (1754-1814), hiesiger Grundeigentümer, Förderer des Schulwesens.

Ottensen

FRIEDENSALLEE (1887); zur Erinnerung an den Friedensvertrag von 1871 nach dem Deutsch-Französischen Krieg erhielt die Friedensallee ihren Namen.

FRIESENWEG (1913); nach der hier gelegenen Friesen-Brauerei, vorher Hirtenweg.

GAUSSTRASSE (1950), Carl Friedrich Gauß (1777-1855), Mathematiker, Astronom und Physiker. 1876-1950: Lagerstraße.

GERMERRING (1955), Martin Andreas Germer (1868-1927), Mitbegründer und Geschäftsführer des Altonaer Spar- und Bauvereins.

GRIEGSTRASSE (1951), Edvard Grieg (1843-1907), norwegischer Komponist. Bis 1951: Brahmsstraße.

GROSSE BRUNNENSTRASSE, KLEINE BRUNNENSTRASSE (beide um 1856), um 1800 wurde hier ein Gesundbrunnen entdeckt, bei dem ein bis 1811 in Betrieb befindliches Kurhaus entstand.

GRÜNEBERGSTRASSE (1950), Dr. med. Benni-Benske genannt Bernhard Grüneberg (1861-1935), Sanitätsrat und leitender Arzt des Altonaer Kinderkrankenhauses an der Bleickenallee. Bis 1950: Richardstraße.

HARMSENSTRASSE (1951), Dr. G. W. Johannes Harmsen (1855-1908), 1886-1889 Bürgermeister von Ottensen und 1890-1908 Senator in Altona. Bis 1951: Kamerunstr.

HELMHOLTZSTRASSE (1912), Hermann Ludwig Ferdinand Helmholtz (1821-1894), Physiker und Physiologe.

HOHENZOLLERNRING (1893/1933); nach dem preußischen Herrscherhaus der Hohenzollern wurde der als Ring um das nordwestliche Altona und Ottensen geplante Hohenzollernring benannt. 1922-1933 Bebelallee (Elbch. bis Behringstr.) und Legienstraße.

HOLLÄNDISCHE REIHE (1755); die Holl. Reihe ist ein Teil des alten Heerweges von Hamburg nach Holstein. Hier siedelten holländische Glaubensflüchtlinge.

KARL-THEODOR-STRASSE (1878), Carl Theodor Arnemann (1804-1866), Vorbesitzer des Geländes (s. Arnemannstraße).

KEPLERSTRASSE (1950), Johannes Kepler (1571-1630), Astronom, entdeckte die nach ihm benannten Gesetze über die Planetenbewegungen. Vor 1950: Preusserstraße (1897-1950 Goebenstraße) und südlicher Teil des Tresckowplatzes.

KLAUSSTRASSE (1889), Claus Peters (1812-1878), Erbauer dieser Straße. Bis 1889: Petersstraße.

Ottensen

KLEINE BRUNNENSTRASSE siehe GROSSE BRUNNENSTRASSE.

KLOPSTOCKSTRASSE (1846), **KLOPSTOCKPLATZ** (nach 1938), **KLOPSTOCKTERRASSE** (1908), Friedrich Gottlieb Klopstock (1724-1803), in Hamburg verstorbener und vor der Ottenser Christianskirche begrabener Dichter. Die Klopstockstraße war bis 1846 ein Bestandteil der Palmaille. Der Klopstockplatz hieß ursprünglich „Bei der Kirche".

LISZTSTRASSE (1928), Franz Liszt (1811-1886), ungarisch-deutscher Pianist und Komponist.

LOBUSCHSTRASSE (vor 1856), Lohebusch hieß ein früher östlich von Ottensen gelegenes Gehölz. Der Name bedeutet Eichengehölz.

LÜDEMANNWEG (1850), Johann Joachim Lüdemann, Gastwirt und Badekarrenhalter.

MOTTENBURGER STRASSE (1950), **MOTTENBURGER TWIETE** (1976); nach Mottenburg, der bislang nicht zweifelsfrei geklärten volkstümlichen Bezeichnung für Ottensen, wurde 1950 die Hörmannstraße umbenannt. Die Mottenburger Twiete gehörte bis 1976 zur Eulenstraße.

NERNSTWEG (1950), Walther Hermann Nernst (1864-1941), Physiker und Nobelpreisträger von 1920. Bis 1950: Schulstraße.

NEUMÜHLEN (17.Jhdt.); die 1568 erbaute Straße hat ihren Namen von der hier 1420 errichteten Wassermühle „Nege Mole", nach der auch das ganze Viertel an der Elbe benannt wurde.

NÖLTINGSTRASSE (1951), Emil Nölting, Generalkonsul, entstammte einer an der Elbchaussee wohnhaften Familie. Bis 1951: 1. Bornstraße.

OHMSTRASSE (1915), Prof. Georg Simon Ohm (1789-1854), Physiker.

OTAWIWEG (1942), Otawi (richtig: Otavi) ist ein Ort in der früheren deutschen Kolonie Deutsch-Südwestafrika (heute Namibia).

OTTENSENER MARKTPLATZ (1900), **OTTENSENER HAUPTSTRASSE** (1950), Ottensen hieß urspünglich Tottenhusen. Der Ottensener Marktplatz wurde im Volksmund schon vor 1900 so genannt. Die Ottensener Hauptstraße setzte sich vor 1950 aus der Bismarckstraße (seit 1871) und der Papenstraße (seit etwa 1868) zusammen.

PLANCKSTRASSE (1950), Prof. Dr. Max Planck (1858-1947), Physiker und Nobelpreisträger von 1918, begründete die Quantentheorie. Bis 1950: Siemensstraße.

Ottensen

PRAHLSTRASSE (1950); nach dem Ottensener Vogt Prahl, einem Vorbesitzer des Geländes, wurde 1950 die Mansteinstraße umbenannt.

RAINVILLETERRASSE (1884), Cesar Claude Rainville(1767-1845), französischer Emigrant und Gastwirt, gründete hier 1799 ein weltbekanntes Restaurant, das 1867 abgerissen wurde.

RÖHRIGSTRASSE (1931), Joh. H. Röhrig (1859-1937), Tischlermeister, Mitbegründer, Vorsitzender und Geschäftsführer des Altonaer Spar- und Bauvereins, der diese Straße bebauen ließ.

ROTHESTRASSE (1848); um 1780 lag hier der „Rother Hof", der nach seinem Besitzer so genannt wurde. Bis1848 auch Rothe Twiete und Timmermanns Twiete.

SCHEEL-PLESSEN-STRASSE (1897), Karl Theodor August Freiherr von Scheel-Plessen (1811-1892), Oberpräsident von Altona und von Schleswig-Holstein. Bis 1897: Gaußstraße.

SPRITZENPLATZ (1865/1922); der Spritzenplatz ist Ottensens erklärtes Zentrum. Hier stand einst das alte Spritzenhaus des Stadtteils, weil sich gleich nebenan ein Teich befand, dessen Wasser die Ottensener Feuerwehrleute zum Löschen benutzten. Vor 1865: Brink, 1904-1922: Kronprinzenplatz.

STANGESTRASSE (1950), Max Stange (1856-1932), Komponist und Dirigent. Bis 1950: Kleine Rabenstraße.

SUSETTESTRASSE (1950), Susette Gontard (1769-1802), Tochter des Hamburger Lustspieldichters Borkenstein. Susette Gontard war eine Freundin des Dichters Friedrich Hölderlin, der sie als „Diotima" in seinen Gedichten verewigte. Bis 1950: Ohlendorffsallee.

TÖNSFELDTSTRASSE (1950), Gottfried Joh. Nic. Tönsfeldt (1844-1900), Lehrer, Rektor und Sportförderer. Bis 1950: Von-der-Tann-Straße.

VÖLCKERSTRASSE (1874), Johann Ludwig Völcker (geb.1811), Vorbesitzer des Geländes.

WINTERSTRASSE (1895), Christian Friedrich Winter (1818-1891), Lehrer, Beigeordneter in der Ottensener Gemeindeverwaltung und früherer Grundeigentümer des Geländes. Bis 1895: Catharinenstraße.

ZEISSTRASSE (1950), **ZEISSTWIETE** (1950), Carl Zeiß (1816-1888), Optiker und Feinmechaniker. Bis 1950: Große Zeisstraße und Kleine Karlstraße.

Poppenbüttel

POPPENBÜTTEL

ALFRED-JAHNCKE-RING (1977), Alfred Jahncke (1901-1962), Bürgerschaftsabgeordneter, Fraktionsvorsitzender im Ortsausschuß Alstertal.

ALTE LANDSTRASSE s. unter Hummelsbüttel.

BAGGESENSTIEG (1947), Jens Baggesen (1764-1826), dänischer Schriftsteller, der Poppenbüttel besungen hat. Bis 1947: Graf-Spee-Straße.

BEIM KUGELWECHSEL (1956); der Name erinnert an ein Duell aus dem Jahre 1698.

BERGDOLTWEG (1952), Bergdolt hieß der Besitzer eines hier gelegenen Hofes um 1804.

CARSTEN-MEYN-WEG (1977), J. Ch. Carsten Meyn (1810-1899), Landschaftszeichner des Alstertals, Bürgerschaftsabgeordneter.

EGGERTWEG (1977), Wilhelm Eggert (1879-1959), Lehrer in Poppenbüttel.

ELGENKAMP (1960), Harms von Elgen (1714-1740), Vorbesitzer des Geländes.

EMEKESWEG siehe STRUTZHANG.

GARLEFF-BINDT-WEG (1977), Garleff Bindt (gest. 1683), Bauernvogt in Poppenbüttel.

GÖDERSENWEG (1977), Dr. Joachim Gödersen (gest. 1677), Grundherr in Poppenbüttel, ab 1658 Dekan des Hamburger Domkapitels.

HARTJE-RÜTER-WEG siehe KRAMER-KREY-WEG.

HENNEBERGSTRASSE; die Braunschweiger Familie Henneberg erwarb 1855 den Poppenbütteler Hof und errichtete 1884-87 auf ihrem Anwesen nach der romantischen Mode der Zeit eine noch heute existierende Burg.

JUNGCLAUSWEG (1977), Richard Jungclaus (1866-1928), Mitbegründer des Alstervereins.

KARL-LIPPERT-STIEG (1985), Karl Lippert (1882-1940), Widerstandskämpfer gegen das NS-Regime.

KRAMER-KRAY-WEG (1950); nach der Erzählung „Kramer Kray" von Hermann Boßdorf (s. Boßdorfstraße/Eimsbüttel) wurde 1950 der Heidkamp umbenannt.

Poppenbüttel

Nach weiteren Geschichten und Figuren des niederdeutschen Dichters wurden 1966 der benachbarte **FÄHRKROOGWEG** sowie 1984 der **MAIKE-HARDER-WEG**, der **KRISCHAN-KREIBOHM-WEG** und der **TÖNNS-WULF-WEG** sowie die Straße **RODE UCHT** benannt.

KRISCHAN-KREIBOHM-WEG siehe KRAMER-KRAY-WEG.

LAMBERT-STRUS-WEG siehe STRUTZHANG.

LANGHEINSTRASSE (1950); nach der Poppenbütteler Bauernfamilie Langhein aus dem 16. Jahrhundert wurde 1950 der Fichteweg umbenannt.

LATEKOPWEG (1977), Siegfried Latekop, Hamburger Priester, 1336 Grundbesitzer in Poppenbüttel

LUNGERSHAUSENWEG (1977), Carl-Hans Lungershausen (1896-1975), Fraktionsvorsitzender im Ortsausschuß Alstertal.

MARIENHOF (1950); nach Marie Henneberg (1835-1906), der Ehefrau des Gutsbesitzers Albert Cäsar Henneberg (s. Hennebergstraße), wurde 1950 der Burgweg umbenannt.

OLDESWEG (1947), Heinrich Christian Oldes, Pächter der Poppenbüttler Kupfermühle ab 1786.

PIEPENBRINKWEG (1977), Adolf Piepenbrink (1872-1942), Mitbegründer des Alstervereins.

POPPENBÜTTLER MARKT (1950), **POPPENBÜTTLER HAUPTSTRASSE** (1950), **POPPENBÜTTELER LANDSTRASSE** (1950), **POPPENBÜTTELER BERG** (1977), **POPPENBÜTTELER BOGEN** (1979), Poppenbüttel war im 14. Jahrhundert das Dorf des Poppilo. Der Poppenbüttler Markt und die Poppenbüttler Hauptstraße hießen bis 1950 „Am Markt" und Hauptstraße, die Poppenbütteler Landstraße hieß Wellingsbüttler Straße.

REHDERSWEG (1950); nach der Poppenbütteler Bauernfamilie Rehders, die hier ab dem 17. Jahrhundert ansässig war, wurde 1950 der Tannenweg umbenannt.

RODE UCHT siehe KRAMER-KRAY-WEG.

STRENGESWEG (1951), Matthias Strenges (1893-1943), Geschäftsführer der Allgemeinen Deutschen Schiffszimmerer-Genossenschaft.
Vor 1951: Scharnhorststraße.

STRUTZHANG (1953), Mitglieder der Ritterfamilie Strutz oder Strus waren im

14. Jahrhundert Grundherren in Poppenbüttel. Nach Poppenbüttler Grundherren aus der Familie Strus wurden außerdem der **LAMBERT-STRUS-WEG** (1977) und der **EMEKESWEG** (1947, vorher Lützowstraße) benannt (Knappe Emekes Strus). Bis 1953: Strutzweg.

TENNIGKEITWEG (1985), Käthe Tennigkeit (1903-1944) und Richard Tennigkeit (1900-1944), kommunistische Widerstandskämpfer gegen das NS-Regime.

TÖNNS-WULF-WEG siehe KRAMER-KREY-WEG.

WAGENERSTIEG (1977); die Bauernfamilie Wagener lebte vom 16. bis zum 19. Jahrhundert in Poppenbüttel.

WALTER-KOPPEL-WEG (1985), Walter Koppel (1906-1982), Widerstandskämpfer gegen das NS-Regime.

WENTZELPLATZ (1930), Johann Vincent Wentzel (1865-1919), Mitbegründer der Alster-Terrain AG.

WILHELM-BAUCHE-WEG (1985), Wilhelm Bauche (1899-1959), Widerstandskämpfer gegen das NS-Regime.

WILHELM-SIEFKE-WEG (1977), Wilhelm Siefke (1888-1970), Mitglied des Ortsausschusses Alstertal, Förderer der Heimatforschung und des Alstertal-Museums.

RAHLSTEDT

ABRAHAMSTRASSE (1967), Paul Abraham (1892-1960), Operettenkomponist.

ADALBERT-STIFTER-WEG (1948), Adalbert Stifter (1805-1868), österreichischer Dichter.
Von seiner Erzählung „Der Hochwald" hat die benachbarte HOCHWALDSTRASSE (1948) ihren Namen.

ALTER ZOLLWEG, FARMSENER ZOLL, von einer alten Zollstelle an der Grenze zwischen dem holsteinischen Rahlstedt und dem hamburgischen Farmsen, die 1838 aufgehoben wurde, hat der Alte Zollweg seinen Namen. Die Straße hieß ursprünglich Farmsener Zoll. Eine Nebenstraße heißt immer noch so.

AM OHLENDORFFTURM (1948), Hermann Ohlendorff, 1893-1906 Gemeindevorsteher von Altrahlstedt. Bis 1948: Teil der Straße „Am Hegen".

AMTSSTRASSE (1950); die Straße, die zum Ortsamt Rahlstedt führt, hieß ursprünglich Waldstraße.

Rahlstedt

BEIDENFLETWEG (1950), Lange Beidenfleth (um 1340), Trittauer Vogt. Bis 1950: Klopstockstraße.

BENATZKYWEG (1972), Ralph Benatzky (1884-1957), Komponist von Operetten („Im weißen Rössl") und Chansons.

BERTHOLD-SCHWARZ-STRASSE, Berthold Schwarz (Anfang 14. Jhdt.), Erfinder des Schießpulvers.

BLINCKMANNWEG (1957), Johann Jacob Hermann Blinckmann, 1813-1835 Bauernvogt in Altrahlstedt.

BLOMEWEG (1950), Heinrich Blomer, 1596-1600 Trittauer Amtmann. Bis 1950: Flurstraße.

BOYTINSTRASSE (1950), Tymmo Boytin (2. Hälfte 14. Jhdt.), hamburgischer Ausreitervogt. Bis 1950: Lindenstraße.

BROCKDORFFSTRASSE (1950), Detlef Brockdorff, um 1606 Trittauer Amtmann. Bis 1950: Feldstraße.

BUCHWALDSTRASSE (1950), **BUCHWALDSTIEG** (1951), Louis Buchwald, 1906/07 Rahlstedter Gemeindevorsteher.
Bis 1950: Wilhelmstraße bzw. bis 1951: Moltkestraße (Buchwaldstieg).

CARLSSONWEG (1960), John C. Carlsson (1841-1922), Vorbesitzer des Geländes.

DASSAUWEG (1950); an die alte Meiendorfer Bauernfamilie Dassau erinnert der Dassauweg, Bis 1950: Talstraße und Teil des Stapelfelder Weges.

EGGERSKAMP (1950); nach einer alten Oldenfelder Bauernfamilie wurde der Eggerskamp benannt. Bis 1950: Eggersallee.

EGILSKAMP (1945), Egil gilt als der Meisterschütze in altisländischen Erzählungen. Er ist die älteste Erscheinung eines Bogenschützen in der germanischen Sage.
Bis 1945: Dietrich-Eckart-Straße.

EILERSWEG (1951), Ernst Eilers (1865-1917), Rahlstedter Schriftsteller.
Bis 1951: Hermannstraße.

EULERWEG (1957), Leonhard Euler (1707-1783), Mathematiker und Physiker.

FALLSTRASSE (1951), Leo Fall (1873-1925), Operettenkomponist.
Bis 1951: Goethestraße.

Rahlstedt

FARMSENER ZOLL siehe ALTER ZOLLWEG.

FEHSENFELDTSTRASSE (1950), August Fehsenfeldt (1861-1933), Vorbesitzer des Geländes. Bis 1950: Ferdinandstraße.

FETRASWEG (1951), Oskar Fetras (= Otto Faster) (1854-1931), Walzerkomponist. Bis 1951: Leibnitzstraße.

GALILEIWEG (1958), Galileo Galilei (1564-1642), Astronom.

GRUBESALLEE, Edward Grubes, Grundeigentümer des dortigen Geländes.

HAUKE-HAIEN-WEG siehe SCHIMMELREITERWEG.

HEESTWEG (1950), Hartwig Heest, Trittauer Vogt im 14. Jahrhundert. Bis 1950: Friedrichstraße.

HEIDEGÄNGERWEG siehe LILIENCRONSTRASSE

HEINRICH-SCHULZ-WEG (1964), Heinrich Schulz (1876-1961), 1919-1927 Gemeindevorsteher in Altrahlstedt und 1927-1933 in Rahlstedt.

HELLMESBERGERWEG (1950), Joseph Hellmesberger (1855-1907), Operettenkomponist. Bis 1950: Friedenstraße.

HERMANN-BALK-STRASSE (1945), Hermann Balk (gest. 1239), erster Landmeister des deutschen Ritterordens in Preußen, gründete die Städte Thorn, Kulm, Marienwerder und Elbing. Vor 1945: Horst-Wessel-Straße.

HERSCHELSTRASSE (1958), Sir William Herschel (1738-1822), Astronom.

HERWARDISTRASSE (1950); Herwardi hieß der erste bekannte Oldenfelder. Auch eine Gestalt der nordischen Sage trägt diesen Namen. Bis 1950: Kurze Reihe.

HEUBERGERSTRASSE (1957), Richard Heuberger (1850-1914), Operettenkomponist.

HINSCHALLEE, Hein Hinsch, Bauernvogt von Oldenfelde.

HOCHWALDSTRASSE siehe ADALBERT-STIFTER-WEG.

HOFFMANNSTIEG (1961), Heinrich Hoffmann (1809-1894), Arzt, Direktor einer Nervenheilanstalt und Jugendschriftsteller, schrieb den „Struwwelpeter".

IMMENSEEWEG (1956), Theodor Storm schrieb die Novelle „Immensee".

Rahlstedt

JARNOSTRASSE (1951), Georg Jarno (1868-1920), Operettenkomponist. Bis 1951: Philosophenweg.

JASPER-PENTZ-STRASSE (1948), Jasper Pentz, um 1615 Trittauer Amtmann. Bis 1948: Richard-Dehmel-Weg.

JESSELALLEE (1960), Leon Jessel (1871-1942), Operettenkomponist.

JOMSBURGER WEG siehe WOLLINER STRASSE.

KALMANSTRASSE (1967), Emmerich Kálmán (1882-1953), Operettenkomponist.

KITTELWEG (1950), Otto Kittel (1895-1960), Gemeindevorsteher in Altrahlstedt. Bis 1950: Hermann-Löns-Straße.

KÖDERHEIDE (1925); hier befand sich einst Heideland, das den Kätnern (= Ködern) zugewiesen war.

KOHÖVEDSTRASSE (1950), Nikolaus von Wedel genannt Kohöved, Grundherr von Rahlstedt im 14. Jahrhundert. Bis 1950: Erlenkamp.

KOLLOWEG (1951), Walter Kollo (1878-1940), Operettenkomponist, Großvater von René Kollo. Bis 1951: Fichtestraße.

KOPERNIKUSSTRASSE (1931), Nikolaus Kopernikus (1473-1543), Astronom.

KRÖGERSTRASSE; nach einem dortigen Grundeigentümer wurde die Krögerstraße benannt.

KÜNNEKESTRASSE (1958), Eduard Künneke (1895-1953), Operettenkomponist („Der Vetter aus Dingsda"). Bis 1958: Teil der Ringstraße.

LANNERWEG (1951), Joseph Lanner (1801-1843), Operettenkomponist. Bis 1951: Reuterstraße.

LEHARSTRASSE (1950), Franz Léhar (1870-1948), Operettenkomponist. Bis 1950: Lohkoppelstraße.

LILIENCRONSTRASSE, Der Dichter Detlef von Liliencron (1844-1909) lebte von 1901 bis zu seinem Tode in Rahlstedt, wo er auch beerdigt wurde. Heute erinnert in Rahlstedt ein Denkmal im Liliencronpark an ihn. Nach Motiven und Figuren aus Liliencrons Werken sind der **HEIDEGÄNGER-**

Ein Denkmal erinnert in Rahlstedt an den Dichter Detlev von Liliencron

Rahlstedt

WEG (1951, vorher Blücherstraße) der **PIDDER-LÜNG-WEG** (1950, vorher Adolfstraße), der **POGGFREEDWEG** (1950, vorher Lornsenstraße), der **POGWISCHRUND** (1955), der **WIEBKESTIEG** (1958) und die Straße **RUNGHOLT** (1947, vorher Roonstraße) benannt. Den **PELLWORMWEG** (1950, vorher Klaus-Groth-Weg) gibt es hier, weil Liliencron auf der Nordseeinsel Hardesvogt war. 1950 wurde die Liliencronstraße um die Hebbelstraße verlängert.

LINCKESTRASSE (1951), Paul Lincke (1866-1946), Operettenkomponist. Bis 1951: Körnerstraße.

LISEISTIEG siehe POPPENSPÄLERWEG.

LOHER STRASSE; Lohe gehörte bis 1927 zur Gemeinde Tonndorf/Lohe, die in diesem Jahr ein Stadtteil von Wandsbek wurde. Ein Teil von Lohe fiel dabei an Rahlstedt. Lohe bedeutet Wald oder Hain.

MEIENDORFER STRASSE, **MEIENDORFER WEG** (1947), Meiendorf, dessen Name von seinem Gründer Mejo abgeleitet wird, wurde 1927 nach Rahlstedt eingemeindet. Meiendorfer Weg: bis 1947 zum Teil Volksdorfer Weg und Händelstraße.

MEYERBEERSTRASSE (1951), Giacomo Meyerbeer (1791-1861), Operettenkomponist. Bis 1951: Freiligrathstraße.

MILLÖCKERWEG (1950), Karl Millöcker (1842-1899), Operettenkomponist. Bis 1950: Schubertstraße.

NIERITZWEG (1962), Gustav Nieritz (1795-1876), Jugendschriftsteller.

NYDAMER WEG (1950), **NYDAMER RING** (1969); im Nydamer Moor in Nordschleswig wurden ab 1859 zwei Wikingerschiffe gefunden.

OFFENBACHWEG (1950), Jacques Offenbach (1819-1880), Opern und Operettenkomponist. Bis 1950: Wagnerstraße.

OLDENFELDER STRASSE, **OLDENFELDER STIEG** (1950); der Ort Oldenfelde, der womöglich auf dem Feld eines alten Dorfes gegründet wurde (Old wie englisch = alt), wurde 1927 nach Rahlstedt eingemeindet.

PAGANINIWEG (1960), Niccolo P. (1782-1840), Komponist und Violinvirtuose.

PARACELSUSSTRASSE (1950), Theophrastus Bombastus von Hohenheim genannt Paracelsus (1494-1541), Arzt, Naturforscher.

PELLWORMWEG siehe LILIENCRONSTRASSE.

Rahlstedt

PFEFFERSTRASSE (1951), Richard Pfeffer (1868-1932), Gemeindevorsteher von Rahlstedt. Bis 1951: Richardstraße.

PIDDER-LÜNG-WEG siehe LILIENCRONSTRASSE.

POGGFREEDWEG siehe LILIENCRONSTRASSE.

POGWISCHRUND siehe LILIENCRONSTRASSE.

POPPENSPÄLERWEG (1964), Theodor Storm schrieb den Roman „Pole Poppenspäler". Nach einer der Hauptfiguren dieses Romans wurde der **LISEISTIEG** (1971) benannt.

PREHNSWEG; nach einem dortigen Grundeigentümer wurde der Prehnsweg benannt.

PUSBACKSTRASSE, PUSBACKWEG (1942); der Gemeindevorsteher Pusback von Meiendorf gab diesen Straßen ihre Namen.

RADOLFSTIEG (1952), Radolfus de Radolfvestede (um 1248), erster urkundlich erwähnter Pfarrer von Rahlstedt. Bis 1952: Karlstraße.

RAHLSTEDTER STRASSE (1950). **RAHLSTEDTER DORFPLATZ** (1950), **RAHLSTEDTER WEG** (1899), Rahlstedt (früher Radolvestedte) hat seinen Namen vermutlich von Radolf, dem Gründer des Dorfes. Die Rahlstedter Straße setzte sich vor 1950 aus der Wandsbeker und der Lübecker Straße zusammen. Der Rahlstedter Dorfplatz, der das alte Zentrum von Neurahlstedt ist, hieß vor 1950 „Im alten Dorfe".

RAIMUNDSTRASSE (1957), Ferdinand Raimund (1790-1836), österreichischer Schauspieler und Komponist.

RASCHWEG (1950), Friedrich von Rasch (18. Jhdt.), Zeichner von Rahlstedter Flurkarten. Bis 1950: Zeppelinstraße.

REMSTEDTSTRASSE (1950); nach der Bauernfamilie Remstedt, die seit dem 18. Jahrhundert in Rahlstedt ansässig ist, wurde 1950 die Straße „Am Gehölz" umbenannt.

RUNGHOLT siehe LILIENCRONSTRASSE.

SCHIERHORNSTIEG (1950); nach der alten Meiendorfer Bauernfamilie Schierhorn wurde 1950 die Bergstraße umbenannt.

SCHIMMELREITERWEG (1964); nach der Novelle „Der Schimmelreiter" von

Rahlstedt

Theodor Storm wurde 1964 ein Teil der Straße „Am Hegen" umbenannt. Eine Figur aus dem Roman gab dem benachbarten HAUKE-HAIEN-WEG (1964) seinen Namen.

SCHMAHLSWEG; nach einem dortigen Grundeigentümer, der in Wandsbek eine wohltätige Stiftung gründete, wurde der Schmahlsweg benannt.

SCHWERINER STRASSE (1945), Rahlstedts Einkaufsparadies liegt in der zur Fußgängerzone umgestalteten Schweriner Straße. Nach mecklenburgischen Städten sind eine Reihe von Straßen in Rahlstedts Zentrum benannt. Vor 1945: Bachstraße und in der NS-Zeit Adolf-Hitler-Straße.

SKALDENWEG (1953), Skalden sind Dichter und Sänger der nordischen Heldensagen.

STARCKWEG (1950), Fritz Starck, 1884-1898 Gemeindevorsteher von Meiendorf. Bis 1950: Mühlenstraße.

STOLZWEG (1979), Robert Stolz (1880-1975), Operettenkomponist.

THEODOR-STORM-STRASSE, Theodor Storm (1817-1888), norddeutscher Dichter.

THIESSENWEG (1950), Johann A.T. Thießen, Zeichner der Stapelfelder Flurkarte von 1781. Bis 1950: Lilienthalstraße.

VELTHEIMSTRASSE (1950), Güntzel von Veltheim, Trittauer Amtmann um 1534. Bis 1950: Claudiusstraße.

VINETASTRASSE siehe WOLLINER STRASSE.

VON-SUPPÉ-STRASSE (1950), Franz von Suppé (1819-1895), Operettenkomponist. Bis 1950: Mozartstraße.

WALDTEUFELWEG (1951), Emil Waldteufel (1837-1915), Walzerkomponist. Bis 1951: Weberstraße.

WESENBERGALLEE (1950); nach der Familie Wesenberg, die in Rahlstedt und anderen Dörfern Einkünfte (den Zehnten) besaß, wurde 1950 die Eichenallee umbenannt.

WIEBKESTIEG siehe LILIENCRONSTRASSE.

WILHELM-GRIMM-STRASSE (1911), Wilhelm Grimm, Rahlstedter Grundeigentümer und Hausmakler um 1890.

Rissen

WITTIGSTIEG (1951), **WITTIGECK** (1965), Otto Wittig, Vorbesitzer des Geländes, gehörte einer Rahlstedter Bauernfamilie aus dem 19. Jahrhundert an.

WOLLINER STRASSE (1951); gleich drei Rahlstedter Straßen sind nach der pommerschen Stadt Wollin benannt, deren Vorläufer das frühgeschichtliche Jomsburg (**JOMSBURGER WEG**,1942) war und die auch mit dem sagenumwobenen Vineta (**VINETASTRASSE**, 1948) identisch ist. Nach Städten in Pommern sind viele weitere Straßen im Rahlstedter Ortsteil Oldenfelde benannt. Die Wolliner Straße hieß vor 1951 Farmsener Straße.

ZELLERSTRASSE (1950), Carl Zeller (1842-1898), Operettenkomponist. Bis 1950: Beethovenstraße und Kantstraße.

ZIEHRERWEG (1950), Karl Michael Ziehrer (1843-1922), Operettenkomponist. Bis 1950: Baumschulenweg.

RISSEN

GRETE-NEVERMANN-WEG (1981), Grete Nevermann (1907-1973), SPD-Politikerin, 1958-1961 stellvertretende und 1969-1972 erste Vorsitzende im Ortsausschuß Blankenese, Frau des Hamburger Bürgermeisters Dr. Paul Nevermann, 1961-1965 während dessen Amtszeit „First Lady" Hamburgs.

GUDRUNSTRASSE (1949), Gudrun steht im Mittelpunkt eines germanischen Heldenepos aus dem 13. Jahrhundert. Nach Figuren der Gudrunsage sind eine Reihe weiterer Straßen im Süden von Rissen benannt.
Bis 1949: Waldstraße.

HEXENTWIETE (1928), **HEXENSTIEG** (1980); die Hexentwiete war einst ein schmaler Hohlweg, der durch einen dunklen Tannenwald führte. Hier wurden Hexen vermutet.

KLÖVENSTEENWEG (1949); diese Straße führt in den Forst Klövensteen, dessen Name „gespaltener Stein" bedeutet. Bis 1949: Kohdrift.

LADIGESTWIETE (1953), Cord Ladiges (1862-1937), letzter Amtsvorsteher in Rissen.

RHEINGOLDWEG (1936); „Das Rheingold" heißt der erste Teil von Richard Wagners Operntrilogie „Der Ring der Nibelungen". An weitere Opern von Richard Wagner erinnern die Straßen nördlich vom Rheingoldweg.

RISSENER DORFSTRASSE (1928), **RISSENER LANDSTRASSE** (1928), **RISSENER UFER** (1929), Das Dorf „Risne" wird 1255 erstmals erwähnt.

Rothenburgsort

SIEGFRIEDSTRASSE (1933); der starke Siegfried zählt zu den Helden der Nibelungensage, nach deren Protagonisten mehrere umliegende Straßen benannt sind.

SÜLLDORFER LANDSTRASSE s. unter Sülldorf/Iserbrook.

TINSDALER KIRCHENWEG (1928); von dem Gehöft Tinsdal führte dieser alte Weg in die Richtung zu der für Rissen zuständigen Nienstedtener Kirche.

ROTHENBURGSORT

AUF DER BRANDSHOFER SCHLEUSE siehe BRANDSHOFER DEICH.

AUSSCHLÄGER ALLEE (1888), **AUSSCHLÄGER BILLDEICH** (1865), **AUSSCHLÄGER ELBDEICH** (1865); der Stadtteil Rothenburgsort führte früher den Namen Billwerder Ausschlag. Als „Ausschlag" bezeichnete man die Wiesen vor den Deichen. Die Ausschläger Allee wurde 1869 als östliche Fortsetzung der Kleinen Vierländerstraße angelegt, die 1899 zu dieser hinzugezogen wurde.

BILLERHUDER WEG (1908); der Billerhuder Weg und die gleichnamige Insel, die heute keine richtige Insel mehr ist, wurden nach dem früher hier gelegenen Wirtshaus Billerhude benannt, das wegen seines schönen Gartens an der Bille bekannt war.

BILLHORNER DEICH (1865), **BILLHORNER BRÜCKENSTRASSE** (1887); beide Straßen haben ihre Namen von der Flußinsel Billhorn, die früher zwischen der Bille und der Elbe lag (West-Rothenburgsort) und durch den 1397 angelegten Ausschläger Steindamm, den heutigen Billhorner Deich, vom Billwerder Ausschlag (s. Ausschläger Allee) abgegrenzt wurde.

BILLHORNER KANALSTRASSE (1865); der Name erinnert an den Billhorner Kanal, der früher nördlich an der Straße entlanglief.

BILLHORNER MÜHLENWEG (1877); am nördlichen Ende dieser Straße stand früher eine Entwässerungsmühle.

BILLHORNER RÖHRENDAMM (1865); der Billhorner Röhrendamm wurde angelegt, um die Rohrleitungen von der Stadtwaserkunst in Rothenburgsort, dem Vorläufer der Hamburger Wasserwerke, in die Stadt zu führen.

BRANDSHOFER DEICH (1960), **AUF DER BRANDSHOFER SCHLEUSE** (1865); hier befand sich der Hof des Ratsherren und Bürgermeisters Johannes Brand (1585-1652), der ab 1633 das höchste Amt der Stadt bekleidete. Die Brandshofer Schleusen, durch die die Bille in den Oberhafen mündet, wurden 1625 angelegt.

Rothenburgsort

BULLENHUSER DAMM (1890); der Name erinnert an das der Straße früher gegenüberliegende Bullenhuser Schleusenhaus, das zu Beginn des 16. Jahrhunderts von dem städtischen Vogt Hans Bulle bewohnt wurde. In jüngster Vergangenheit erlangte die hier gelegene Schule traurige Berühmtheit durch die Ermordung von 20 jüdischen Kindern, ihren vier Betreuern und 24 sowjetischen Kriegsgefangenen durch SS-Leute am 20.4.1945.

FREIHAFENSTRASSE (1870); zwischen der Freihafenstraße und der ZOLLVEREINSSTRASSE (1870) verlief von 1867 bis 1888 an einem Graben die Grenze zwischen dem Freihafengebiet der Stadt Hamburg und dem Gebiet des Zollvereins des Norddeutschen Bundes beziehungsweise des Deutschen Reiches (ab 1871).

GROSSMANNSTRASSE (1893), P. H. W. Großmann (1807-1886), 1864-1885 Senator und Landherr der Hamburger Marschlande, zu denen Rothenburgsort damals gehörte.

GUSTAV-KUNST-STRASSE (1908), Gustav Kunst (1836-1905), Kaufmann, vermachte den Allgemeinen Armenanstalten 350.000 Mark.

LINDLEYSTRASSE (1869), William Lindley (1808-1900), englischer Ingenieur, erbaute die 1842 eröffnete erste Hamburger Eisenbahn nach Bergedorf und schuf in Hamburg ab 1842 das erste Kanalisationssystem Deutschlands, wirkte ferner an zahlreichen Bauprojekten der Stadt mit.

MARCKMANNSTRASSE (1869), Paul Siegfried Marckmann, besaß hier von 1787 bis 1829 drei Gehöfte.

NEUE ELBBRÜCKE siehe Veddel.

ROTHENBURGSORTER MARKTPLATZ (1960), **ROTHENBURGSTRASSE** (1869); die Namen beider Straßen und des Stadtteils gehen auf die Familie Rodenborg zurück, die im 17. Jahrhundert auf dem heutigen Gelände der Hamburger Wasserwerke ein Gehöft besaß. Sie stellte viele Ratsmitglieder und mit Johann Rodenborg von 1536 bis 1547 auch einen Hamburger Bürgermeister. Als Rothenburgsort wurde ursprünglich nur die Deichecke an der Billwerder Bucht bezeichnet (der heutige Trauns Park).

STRESOWSTRASSE (1869); die Stresowstraße hat ihren Namen von der Familie Stresow, die das Rodenborgsche Gehöft (s. Rothenburgsorter Marktplatz) von 1797 bis 1841 besaß. Erworben wurde es 1797 von dem Bankier Meno Hermann Stresow.

ZOLLVEREINSSTRASSE siehe FREIHAFENSTRASSE.

St. Georg

ST. GEORG

ADENAUERALLEE (1971); die 1652 zur Verschönerung der Gegend angelegte Große Allee trägt seit 1971 den Namen des ersten Bundeskanzlers der Bundesrepublik Deutschland Konrad Adenauer (1876-1967). Adenauer war von 1917 bis 1933 Oberbürgermeister von Köln und amtierte von 1949 bis 1963 als Bundeskanzler.

ALEXANDERSTRASSE (1864); Alexander Bentalon Tornquist (1813-1877) legte diese Straße auf seinem Grundstück an.

AN DER ALSTER (1682); die mehrspurige Hauptstraße am Ufer der Alster war schon 1682 eine bebaute Gasse.

BAUMEISTERSTRASSE (1874), Dr. Hermann Baumeister (1806-1877), Präsident am Obergericht und langjähriger Vorsitzender der Hamburger Bürgerschaft.

BEIM STROHHAUSE (17. Jhdt.); hier befand sich einst ein Strohspeicher der Hamburgischen Kavallerie.

BERLINER TOR (1899), **BERLINERTORDAMM** (1905); das Berliner Tor war der Durchlaß an der Landstraße nach Berlin durch das Neue Werk, das 1679-81 zur Befestigung der Vorstadt St. Georg erbaut wurde. Ab 1820 wurde es abgetragen. 1844-1899: Beim Berliner Tor.

BESENBINDERHOF (17. Jhdt.); „Besenbinderhof" hieß ein hier gelegenes Wirtshaus, in das die Besenbinder einzukehren pflegten. Es brannte 1658 ab. Seit 1906 befindet sich hier das Gewerkschaftshaus.

BÖCKMANNSTRASSE (1841), J. H. Böckmann (1767-1854), Inhaber verschiedener öffentlicher Ämter, Kunstgärtner, Besitzer eines dort gelegenen Gartengrundstücks.

BORGESCH (1827); der Borgesch war der Rest der öffentlichen Hamburger Feldmark. Borgesch soll sich aus den Worten „Borch" für „Bürg" (Bürger) und „esch" für „nicht eingezäuntes Saatfeld" zusammensetzen. Nach einer anderen Erklärung ist es der für die Schweinehaltung ausgewiesene Teil dieser öffentlichen Fläche. „Borch" wird danach als eine Bezeichnung für „geschnittene Schweine" gedeutet.

BRENNERSTRASSE (1824); die in dieser Gegend zahlreich vorhandenen Branntwein-Brennereien gaben der Brennerstraße ihren Namen. Eine letzte befand sich noch am Ende des 19. Jahrhunderts an der Ecke Rostocker und Danziger Straße.

BROCKESSTRASSE (1942); Barthold Heinrich Brockes (1680-1747) war einer der meist gelesensten Hamburger Schriftsteller seiner Zeit (Naturlyrik). Er gehörte

St. Georg

außerdem dem Hamburger Rat an, war Amtmann für verschiedene Hamburger Landgebiete und besaß in der Nähe dieser Straße ein Landhaus.

BÜLAUSTRASSE (1892), Gotthard Bülau (1835-1900), seit 1869 bei Patienten sehr beliebter Oberarzt am Allgemeinen Krankenhaus St. Georg.

DANZIGER STRASSE (1899); Danziger Straße heißt seit 1899 die Neuestraße, weil die Straßen rund um den Hansaplatz nach Hansestädten benannt werden sollten. An der Danziger Straße befindet sich die größte katholische Kirche Hamburgs, die 1890-93 erbaute Marienkirche.

ELLMENREICHSTRASSE (1948), Franziska Ellmenreich (1847-1931), Schauspielerin. Bis 1948: Capellenstraße.

ERNST-MERCK-STRASSE (1863), Ernst Merck (1811-1863), Hamburger Kaufmann, Mitglied des Deutschen Parlaments von 1848 und deren Finanzminister, Gründer des Zoologischen Gartens in Hamburg, ab 1853 österreichischer Generalkonsul in Hamburg.

FERDINAND-BEIT-STRASSE (1948), Ferdinand Beit (1858-1928), liberaler Politiker. Bis 1948: Hohe Straße.

GURLITTSTRASSE (1840), Dr. Johann Gottfried Gurlitt (1754-1827), Philologe, ab 1802 Direktor des Johanneums, Professor für orientalische Sprachen am Akademischen Gymnasium.

HACHMANNPLATZ (1909), Dr. Gerhard Hachmann (1838-1904), seit 1900 Hamburger Bürgermeister mit Verdiensten um die Armenpflege, die Polizei, das Gesundheits- und Unterrichtswesen.

HANSAPLATZ (1874); der zentrale Platz von St. Georg, den der 1895 errichtete Hansabrunnen ziert, ist nach dem mittelalterlichen Städtebund der Hanse benannt. Viele umliegende Straßen tragen daher die Namen von Hansestädten

Beschauliche Ruhe am Hansaplatz: das Zentrum von St. Georg war als Mittelpunkt für ein bürgerliches Wohnviertel angelegt worden.

St. Georg

HOLZDAMM (1824); die Straße, an der der Haupteingang des Hotels Atlantic liegt, war selbst nie ein Damm. Sie führte auf einen Holzlagerplatz am Alsterufer zu und hieß daher zunächst „Beim Holzdamm".

KENNEDYBRÜCKE siehe Harvestehude/Rotherbaum.

KIRCHENALLEE (1824); die St. Georger Kirche, auf die sie zuläuft, gab der von der Nähe des Hauptbahnhofs geprägten Kirchenallee ihren Namen. Hotels und Restaurants reihen sich aneinander. Seit 1900 steht hier Deutschlands größtes Theater, das Deutsches Schauspielhaus.

Die Kirchenallee läuft gerade auf die St. Georger Kirche zu.
Die Bäume auf der westlichen Seite sind längst verschwunden.

KNORRESTRASSE (1892), Georg Conrad Knorre (1809-1899), Chirurgischer Oberarzt am Allgemeinen Krankenhaus St. Georg.

KOPPEL (1899); der Name dieser vermutlich schon 1682 bebauten Straße bezeichnete einst ein von der Gemeinweide durch Latten und Erdwälle abgegrenztes Landstück. Vor 1899: Kirchenstraße, An der Koppel, Neue Koppel.

KREUZWEG (um 1800); der Name könnte von einem Kreuz herrühren, das in der Nähe des Nagelswegs am Geestrand stand, oder damit zusammenhängen, daß diese Straße die Adenauerallee kreuzt.

KURT-SCHUMACHER-ALLEE (1962); der Hauptstraßenzug des Besenbinderhofs erhielt 1962 den Namen des SPD-Politikers Kurt Schumacher (1895-1952), der von 1946 bis 1952 Vorsitzender der Sozialdemokratischen Partei Deutschlands war.

LANGE REIHE (1682); sie ist die schillernde Hauptstraße eines schillernden Viertels und eine der ältesten Straßen von St. Georg: die von Kneipen, Restaurants,

St. Georg

Trödelläden und alten Ladengeschäften gesäumte Lange Reihe. Die zur Zeit ihrer Entstehung im 17. Jahrhundert besonders lange Straße wurde als „reihe" bezeichnet, weil sie anfänglich nur an einer Seite bebaut war.

LOHMÜHLENSTRASSE (1858); die Lohmühlenstraße hat ihren Namen von der 1642 hier an der Alster erbauten und 1854 abgerissenen Lohmühle. Sie verläuft heute zum Teil durch das Gelände des Allgemeinen Krankenhauses St. Georg, des ältesten modernen Hamburger Krankenhauses.
Bis 1858: Bei der Lohmühle.

LÜBECKERTORDAMM (1896); der Lübeckertordamm wurde nach einem 1833 am Ende des Steindamms errichteten Tor benannt, das 1836 den Namen „Lübekker Tor" erhielt, weil hier die Landstraße nach Lübeck begann.

MINENSTRASSE (1824); die Mine war ein nicht für den öffentlichen Verkehr freigegebenes Festungstor im Neuen Werk (s. Berliner Tor), das dieser Straße gegenüberlag.

NORDERSTRASSE (1858); von ihrer Lage als Nordgrenze des Hammerbrook hat die Norderstraße ihren Namen.

PULVERTEICH, KLEINER PULVERTEICH (1875); hier befand sich ein Teich, in dessen Nähe 1616 eine Pulvermühle stand. Er verschwand am Anfang des 19. Jahrhunderts.

RAUTENBERGSTRASSE (1899), Johann Wilhelm Rautenberg (1791-1865), 1820-1865 Pastor der St. Georger Kirche. Bis 1899: Kirchenstraße (seit 1814 bebaut).

ROBERT-NHIL-STRASSE (1948), Robert Nhil (1858-1938), Schauspieler. Bis 1948: Teil der Straße Borgesch.

SCHMILINSKYSTRASSE (1899), C. H. Schmilinsky (1818-1891), Gründer eines hier gelegenen Stiftes. Bis 1899: Alsterweg und Bleicherstraße.

SECHSLINGSPFORTE siehe Hohenfelde.

SPADENTEICH (1899); der früher hier befindliche Spadenteich wurde 1850 zugeschüttet. Bis 1899: Beim Spadenteich (seit 1682 bekannt).

STEINDAMM (1539), Hauptverkehrsstraße von St. Georg, Vergnügungsmeile mit Straßenstrich, Hansa-Theater und Kinos: der 1539 als gepflasterte Straße zwischen dem Steintor und dem Lübschen Baum angelegte Steindamm hat viele Gesichter. Eines hat er glücklicherweise längst verloren. Bis ins 19. Jahrhundert führte er zu Hamburgs Hinrichtungsstätte an der Ecke der heutigen Rostocker mit der Stiftstraße und hieß deshalb auch Armesünderdamm.

St. Georg

STEINTORPLATZ (1869), **STEINTORWEG** (1871), **STEINTORDAMM** (1785), **STEINTORWALL** (1858); das Steintor wurde 1266 erstmalig als östliches Stadttor am Ende der Steinstraße erwähnt, von der es seinen Namen hat. Es wurde 1805 abgebrochen und existierte bis zum Ende der Torsperre 1860 noch als einfache Pforte. Am Steintorplatz befindet sich das 1874-76 erbaute Museum für Kunst und Gewerbe.

STIFTSTRASSE (1835); das 1825 erbaute an dieser Straße gelegene Hartwig-Hesse-Stift gab der Stiftstraße ihren Namen, die 1899 um die Bergstraße erweitert wurde.

ST. GEORGSSTRASSE (1824), **ST. GEORGSKIRCHHOF** (17. Jhdt.); das Hospital St. Georg wurde um 1200 für Leprakranke gebaut. Die St. Georger Kirche existiert seit 1220 und war zunächst nur eine Kapelle. Die heutige Kirche, die eigentlich Dreieinigkeitskirche heißt, entstand 1743.

WALLSTRASSE siehe Hohenfelde.

WESTPHALENSWEG (1921), Adolf Libert Westphalen (1851-1916), 1893-1916 Branddirektor von Hamburg.

ZIMMERPFORTE (1874); die Zimmerpforte war ein hier gelegener Ausgang aus dem sogenannten „Zimmer-Borgesch", einem großen Gelände, das zunächst der Schweinehaltung diente (s. Borgesch) und später den Zimmerleuten überlassen wurde.

St. Pauli

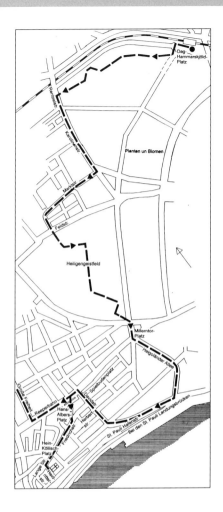

Stadtteilspaziergang

Der Spaziergang durch St. Pauli, der kein Rundgang ist, beginnt am Dammtorbahnhof (Ausgang **Dag-Hammarskjöld-Platz**, CCH), obwohl dieser repräsentative Bahnhof nicht zu St. Pauli gehört. Doch gleich nebenan zur Rechten beginnt die frühere Vorstadt. Schon das Congress Centrum Hamburg und das Plaza Hotel gehören zu St. Pauli. An dem großen Gebäudekomplex vorbei führt der Spaziergang in den Park „Planten un Blomen", auch eine Sehenswürdigkeit dieses Stadtteils! Hier gibt es viele Möglichkeiten, den Ausgang **Rentzelstraße** am Fernsehturm zu erreichen. Je nach Geschmack und Lauffreudigkeit locken der Japanische Garten, im

St. Pauli

Sommer der Große See mit den Wasserspielen (oder Wasserlichtspielen am Abend), der Rosengarten und viele hübsche blumengesäumte Wege. Gegenüber dem Ausgang Rentzelstraße erhebt sich der (mit Antenne) 271,5 Meter hohe Heinrich-Hertz-Turm (Fersehturm), in dessen drehbarem Restaurant Hamburg aus der Vogelperspektive erlebt werden kann.

Vom Fernsehturm aus wenden wir uns nach rechts (von Planten un Blomen aus nach links) in die Rentzelstraße und folgen deren Verlängerung, der **Karolinenstraße**. Zur Linken erstreckt sich das Messegelände. Rechts steht das frühere Gebäude der Israelitischen Töchterschule (Nr. 35).

Wir biegen rechts in die **Marktstraße** ein und erreichen das Karolinenviertel, ein altes Mietshausquartier mit vielen eng bebauten Hinterhöfen und Terrassen. Hier dominiert das Unkonventionelle, Schräge, Bunte: Klein-Kreuzberg in Hamburg. Die Marktstraße ist die Hauptstraße des „Karoviertels". Wir folgen ihr bis zur Einmündung in die **Feldstraße**.

Gleich gegenüber liegt das Heiligengeistfeld, auf dem dreimal im Jahr der „Hamburger Dom" stattfindet. Sollte das große Volksfest gerade stattfinden, lohnt sich ein Bummel über die Festmeile in Richtung Süden bis zum **Millerntorplatz**. Wer das vereinsamte Heiligengeistfeld nicht überqueren möchte, sollte es mit der U-Bahn unterfahren (eine Station von Feldstraße in Richtung Mümmelmansberg/Billstedt bis St. Pauli).

Vorm U-Bahnhof St.Pauli (direkt am Millerntorplatz) überqueren wir den Millerntorplatz und biegen in gerader Richtung in die **Helgoländer Allee** ein, die durch den Alten Elbpark am monumentalen Bismarck-Denkmal vorbei direkt auf die St. Pauli Landungsbrücken zuführt. Hier läßt sich das geschäftige Treiben auf der Elbe beobachten oder der alte Windjammer „Rickmer Rickmers" besichtigen.

Von den Landungsbrücken wendet sich der Spaziergang nach links in die **St. Pauli Hafenstraße** sowie dann nach schräg rechts in die **Davidstraße**, über die wir den Geestabhang wieder hinaufklettern und in den Teil von St. Pauli gelangen, der in der ganzen Welt bekannt ist. Hier reihen sich Vergnügungsetablissements und käufliche Damen aneinander. Links zweigt die berühmte **Herbertstraße** ab.

An der Ecke der Davidstraße mit dem **Spielbudenplatz** steht die legendäre Davidswache. An diesem Platz locken vier Theater mit vielfältigen Angeboten für den Abend. Wir wenden uns von der Davidstraße aber zunächst nach links in die **Reeperbahn**. Nach rund 100 Metern öffnet sich zur Linken der von Kneipen und Freudenmädchen gesäumte **Hans-Albers-Platz**. Hier tobt Nacht für Nacht das Leben. Wer´s etwas ruhiger liebt, sollte ihn überqueren und nach rechts in die **Friedrichstraße** einbiegen. An ihrem Ende liegt der eher beschauliche **Hein-Köllisch-Platz** mit hübschen Kneipen. Überquert man auch ihn, folgt der **Langen Straße** und zweigt nach links in die **Heidritterstraße** ab, so steht man vor dem Gebäude, das St. Pauli seinen Namen gab: der 1819/20 erbauten St. Pauli-Kirche. Wer sich aber weiter ins Vergnügen stürzen möchte, bleibt entweder am Hans-Albers-Platz oder folgt der Reeperbahn weiter nach Westen und biegt beim S-Bahnhof Reeperbahn rechts in die **Große Freiheit** ein. Hier befinden sich weitere einschlägige Etablissements, ein Konzertsaal (Große Freiheit) und eine berühmte Discothek (Grünspan). Dieser Spaziergang sollte am Abend enden!

St. Pauli

ST. PAULI

AM BRUNNENHOF, BRUNNENHOFSTRASSE; eine Quelle wurde hier 1494 von Graf Otto von Schauenburg verliehen, von der bis etwa 1865 eine Wasserleitung ins Katharinenkirchspiel führte.

AM NOBISTEICH (1899); beiderseits der alten Landstraße nach Altona befanden sich hier einst die Nobisteiche (zum Namen siehe Nobistor/Altona), die 1727 zugeschüttet wurden. Bis 1899: Große Petersenstraße.

ANNENSTRASSE siehe PAULINENPLATZ.

ANTONISTRASSE siehe DAVIDSTRASSE.

BALDUINSTRASSE siehe DAVIDSTRASSE.

BARTELSSTRASSE (1844), Dr. Johann Heinrich Bartels (1761-1850), Hamburger Bürgermeister ab 1820.

BECKSTRASSE (1869), Johann C. H. Beck (1830-1904), dortiger Grundeigentümer, legte die Straße an.

BEI DEN KIRCHHÖFEN siehe Neustadt.

BEIM GRÜNEN JÄGER; der Straßenname erinnert an das früher am Neuen Pferdemarkt gelegene Wirtshaus „Zum grünen Jäger".

BEIM TRICHTER (1905); die kleine Straße erinnert an eine große Attraktion von St. Pauli. „Trichter" wurde ein achteckiger trichterförmiger Pavillon genannt, der 1805 erbaut und 1889 zu einem beliebten Tanzlokal umgestaltet wurde. Er stand am östlichen Ende der Reeperbahn und wurde 1942 durch Fliegerbomben zerstört. Nach dem Krieg erlebte er bis zu seinem Abbruch 1958 noch einmal eine Wiederauferstehung, die aber nicht von Erfolg gekrönt war.

BERNHARD-NOCHT-STRASSE (1924), Prof. Dr. Bernhard Nocht (1857-1945), Gründer des hier 1900 erbauten Bernhard-Nocht-Instituts für Schiffs- und Tropenkrankheiten. Bis 1924: Bernhardstraße.

BERNSTORFFSTRASSE siehe Altona.

BERTHA KEYSER WEG (1983), Bertha Keyser (1868-1964), Krankenschwester, war als „Engel von St. Pauli" bekannt, half den obdachlosen und gestrauchelten Menschen der sündigen Meile.

BRIGITTENSTRASSE siehe PAULINENPLATZ.

St. Pauli

BRUNNENHOFSTRASSE siehe AM BRUNNENHOF.

BUDAPESTER STRASSE (1956); die Budapester Straße ist die alte Landstraße vom Millerntor nach Eimsbüttel und hieß deshalb zunächst Eimsbütteler Straße. 1946 wurde sie in „Ernst-Thälmann-Straße" umbenannt. Zehn Jahre später bekam sie zum Gedenken an den in diesem Jahr niedergeschlagenen Ungarn-Aufstand den Namen der Hauptstadt des geschundenen Landes.

CLEMENS-SCHULTZ-STRASSE (1948), Clemens Schultz (1862-1914), Pastor in St. Pauli. Bis 1948: Kieler Straße.

DAVIDSTRASSE (1801); die Davidswache, das Polizeirevier von St. Pauli, machte die Davidstraße weit über Hamburgs Grenzen durch Film und Fernsehen bekannt. Der Grund für die Benennung der Straße ist dagegen wenig spektakulär. Die Davidstraße gehört zu einer Gruppe von Straßen in St. Pauli, die in alphabetischer Reihenfolge nach männlichen Vornamen benannt wurde. Den Anfang machte die **ANTONISTRASSE** (1790). Dann folgten die Bernhardstraße (heute Bernhard-Nocht-Straße), die Carlstraße (1899 umbenannt in **BALDUINSTRASSE**, weil der ritterliche Name besser zu der „etwas rauflustigen Gegend" passe), die Davidstraße, die **ERICHSTRASSE** (1899 aus der ersten und zweiten Erichstraße zusammengelegt), die **FRIEDRICHSTRASSE** (1899 aus der ersten und zweiten Friedrichstraße zusammengelegt), die **GERHARDSTRASSE** (1797) und die Heinrichstraße (s. Herbertstrasse).

DETLEF-BREMER-STRASSE (1948), Detlef Bremer (1403-1464), Seeheld und ab 1447 Hamburger Bürgermeister. Bis 1948: Sophienstraße.

ERICHSTRASSE siehe DAVIDSTRASSE.

FELDSTRASSE (1841); die Feldstraße hat ihren Namen von dem Heiligengeistfeld, dessen nördliche Begrenzung sie bildet.

FRIEDRICHSTRASSE siehe DAVIDSTRASSE.

GERHARDSTRASSE siehe DAVIDSTRASSE.

GLACISCHAUSSEE siehe Neustadt.

GLASHÜTTENSTRASSE (1841); eine 1761 hier angelegte Glashütte gab dieser Straße ihren Namen.

GRABENSTRASSE (1850); die Grabenstraße wurde nach einem früher an ihrer Westseite verlaufenden Graben benannt.

GROSSE FREIHEIT; Freiheit herrscht hier seit 1611/12. Damals wurde der Bezirk

St. Pauli

"Freiheit" eingerichtet, der zu dieser Zeit zu Altona gehörte. Handwerker konnten gegen eine jährliche Abgabe unabhängig von der Zugehörigkeit zu den Zünften ihrem Gewerbe nachgehen. Religiöse Minderheiten wurden hier ebenfalls nicht behelligt. Gleiches galt für die benachbarte **KLEINE FREIHEIT,** die heute die Grenze zwischen Altona und St. Pauli bildet. In jüngster Zeit dominieren in der "Großen Freiheit" freizügige Damen und musikalische Highlights. Hier befand sich der legendäre "Star-Club", in dem die Beatles ihre schwindelerregende Karriere starteten. Heute wird in dem Konzertsaal "Große Freiheit" gute Musik gemacht.

HAFENSTRASSE siehe ST. PAULI HAFENSTRASSE.

HAMBURGER BERG (1938); als „Vorstadt Hamburger Berg" wurde St. Pauli früher bezeichnet, weil sich hier der Geestabhang wie ein bei Hamburg gelegener Berg erhob. Vor 1938: Hinter der Dröge, 1865-1938 Heinestraße.

HANS-ALBERS-PLATZ (1964); nach dem „blonden Hans" Albers (1891-1960), Filmstar, Sänger und Idol einer ganzen Generation, wurde 1964 der Wilhelmsplatz (bis 1899 Wilhelmstraße) umbenannt. Ganz nach der Lebensart des Künstlers tobt das Leben auf „seinem" Platz dank eines ausgedehnten Straßenstrichs und einer vielseitigen Kneipenszene gewöhnlich bis zum frühen Morgen.

HEIDRITTERSTRASSE (1899), Johann Georg Heidritter (1738-1824), Pastor, war 1769 bis 1819 Seelsorger an der St. Pauli-Kirche. Bis 1899: Kirchstraße (befindet sich heute in Altona).

HEIN-HOYER-STRASSE (1948); Hein Hoyer (gest. 1447), ab 1417 Hamburger Bürgermeister, eroberte 1420 zusammen mit lübischen Truppen Bergedorf, Riepenburg und Kuddewörde und nahm seine Beute für beide Städte in Besitz. Bis 1948: Wilhelminenstraße.

HEIN-KÖLLISCH-PLATZ (1949), Hein Köllisch (1857-1901), in St. Pauli geborener und berühmt gewordener Volkssänger.
1888-1949: Paulsplatz.

HERBERTSTRASSE (1922); zu den bekanntesten Straßen Hamburgs gehört die kleine Herbertstraße, denn hier dürfen nur Herren und käufliche Damen ein- und ausgehen. Bordelle gab es hier schon, als sie noch Heinrichstraße (seit 1797) hieß. 1922 wurde die käufliche Liebe verbannt und die Adresse geändert. Die Straße bekam im Rahmen der Motivgruppe männliche Vornamen (siehe Davidstraße) den neuen Namen Herbertstraße. Genützt hat es nichts.

HERRENWEIDE (1830); die Herrenweide, die dem Rat der Stadt, also den Herren von Hamburg gehörte, wurde 1727 auf dem zugeschütteten Süder-Nobisteich oder Reesenteich angelegt und verschwand mit der Bebauung dieser Gegend.

St. Pauli

HOLSTENGLACIS siehe HOLSTENWALL (Neustadt).

HOPFENSTRASSE (1866); die Hopfenstraße hat ihren Namen von der großen Bierbrauerei, an der sie vorbeiführt (heute Bavaria/St. Pauli-Brauerei).

JUNGIUSSTRASSE (1898), Joachim Jungius (1587-1657), Mathematiker, Arzt und Naturforscher, ab 1629 Rektor des Johanneums. 1997 wurde der westliche Teil der Jungiusstraße zwischen dem Messegelände und „Planten un Blomen" in St. Petersburger Straße umbenannt.

KAMPSTRASSE (1843); die heute am Schlachthofgelände endende Kampstraße, die ursprünglich die Schanzen- und die Karolinenstraße miteinander verband, hat ihren Namen nach den früher hier gelegenen eingezäunten Feldern, die man als „Kamp" bezeichnete. Das frühere östliche Teilstück gehört jetzt zur Grabenstraße.

KAROLINENSTRASSE siehe PAULINENPLATZ.

KLEINE FREIHEIT siehe GROSSE FREIHEIT.

LAEISZSTRASSE (1861); Ferdinand Laeisz (1801-1887), Reeder und Konsul, Gründer der Reederei F. Laeisz, erbaute hier 1860/61 das Ferdinand-Laeisz-Stift.

LAGERSTRASSE (1868); an der Ecke mit der Karolinenstraße befand sich früher das Lager des Zollvereins.

LINCOLNSTRASSE (1866), Abraham Lincoln (1809-1865), Präsident der Vereinigten Staaten von Amerika, wurde 1865 ermordet.

LUDWIGSTRASSE (1843), Dr. Johann Ludwig Dammert (1788-1855), ab 1843 Hamburger Bürgermeister, „Patron von St. Pauli".

MARKTSTRASSE (1841), **MARKTWEG** (1880), Die Marktstraße führt in die Richtung auf den Neuen Pferdemarkt. Der Marktweg wurde wegen seiner Nähe zur Marktstraße so benannt.

MATHILDENSTRASSE (1865); die Mathildenstraße wurde auf Antrag von einem der beiden früheren Grundeigentümer der Straße, Eduard Buhbe, nach drei seiner Verwandten benannt. Seine Schwägerin hieß schlicht Mathilde und deren Töchter trugen die Namen Caroline Amalia Mathilde und Gesine Elisabeth Mathilde.

NEUER PFERDEMARKT (1841); auf dem Neuen Pferdemarkt, der bis 1841 Bestandteil der Straße Schulterblatt war, wurde mit Pferden gehandelt. Neu war er im Vergleich zu dem Pferdemarkt der Altstadt, dem heutigen Gerhart-Hauptmann-Platz.

St. Pauli

ÖLMÜHLE (1841); mindestens seit 1633 stand hier eine Ölmühle, die 1686 abgebrochen wurde, um die Sternschanze zu sichern.

OTZENSTRASSE (1948), Johannes Otzen (1839-1911), Kirchenarchitekt, baute viele Hamburger Gotteshäuser. Bis 1948: Paulstraße.

PAULINENPLATZ (1869), **PAULINENSTRASSE** (1860), Der Platz und die Straße in St. Paulis Mitte gehören vermutlich zu einer Gruppe von Straßen, die nach weiblichen Vornamen benannt sind, zu der auch die **KAROLINENSTRASSE** (1841), die **BRIGITTENSTRASSE** (1897), und die **ANNENSTRASSE** (1856) zählen. Auch hier wurde wie bei den nach männlichen Vornamen benannten Straßen (siehe Davidstraße) offenbar mit einer alphabetischen Reihenfolge begonnen, denn die Karolinenstraße schrieb sich ursprünglich mit C

PINNASBERG (18. Jhdt.); ein gelbes Haus, das es allerdings nur im Roman und im Film gibt, machte den Pinnasberg weit über Hamburg hinaus bekannt. Ein hier gelegenes Wirtshaus, das wirklich existierte, gab der Straße ihren Namen. Es hieß „Der neue Pinnas" im Gegensatz zum „Alten Pinnas" an der benachbarten Langen Straße und führte ein Schiff im Schild. „Pinnas" kommt von Pinasse. So wird ein Beiboot aus Fichtenholz genannt. Das Wort stammt vom lateinischen „pinus" für Fichte (gehört heute zu Altona).

Die Reeperbahn vor dem Zweiten Weltkrieg.
Im Hintergrund rechts: der Spielbudenplatz.

REEPERBAHN (um 1830); keine Hamburger Straße ist bekannter als die Reeperbahn, denn an kaum einem anderen Ort in der Welt wird soviel Vergnügen verkauft. Der sündigen Meile haben solide Handwerker ihren Namen gegeben.

St. Pauli

1626 richteten die Seiler oder Reeper hier Bahnen ein, auf denen sie ihre Taue und Seile anfertigten. Ihre alten Bahnen am Eichholz waren durch die Festungserweiterungen zu klein geworden. 1883 mußten sie auch aus St. Pauli weichen. Die Stadt wollte bauen. Die Nähe des Hafens ließ ein Vergnügungsviertel entstehen. Die Straße wurde bereits zwischen 1820 und 1830 angelegt und hieß zunächst „Altonaer Allee".

ROSENHOFSTRASSE (1889); die Straße ist nach dem hier gelegenen Rosenhof benannt, einem Pachthof des St. Johannisklosters.

ST. PETERSBURGER STRASSE (1997); nach Hamburgs russischer Partnerstadt St. Petersburg wurde 1997 der westliche Teil der Jungiusstraße zwischen Messegelände und „Planten un Blomen" umbenannt.

SCHANZENSTRASSE (1875), **STERNSCHANZE** (1870), **STERNSTRASSE** (1843); die Sternschanze wurde 1682 als sternenförmige Befestigung außerhalb der Stadtumwallung im Bereich dieser Straßen angelegt. Ihre Bewährungsprobe bestand sie 1686, als der dänische König Christian V. sie vergebens berennen ließ. An die 1200 Dänen, die bei diesem Angriff ums Leben kamen, erinnert der benachbarte **DÄNENWEG**. 1863-65 enstand auf der abgetragenen Schanze der Sternschanzenpark, in dem 1907-10 ein monumentaler Wasserturm errichtet wurde.

SCHMIDT-ROTTLUFF-WEG (1986), Karl Schmidt-Rottluff (1884-1976), Maler, führender Vertreter des Expressionismus.

SCHMUCKSTRASSE (1868), Georg Schmuck (1821-1874), Vorbesitzer des Geländes.

SCHULTERBLATT (1718); das Schulterblatt eines Wals, welches das Schild eines Wirtshauses zierte, gab der pulsierenden Hauptstraße des vielschichtigen Schanzenviertels vermutlich ihren Namen. Zum Schulterblatt gehörten ursprünglich auch der Neue Pferdemarkt und der Neue Kamp.

SEEWARTENSTRASSE siehe Neustadt.

SEILERSTRASSE (1886), Seiler betrieben hier bis 1883 ihre Bahnen (s. auch Reeperbahn).

SILBERSACKSTRASSE (1815); ein Mann namens Silversack kaufte hier 1697 Land.

SIMON-VON-UTRECHT-STRASSE (1948); Simon von Utrecht (gest. 1437) ist Hamburgs berühmtester Seeheld, besiegte er doch 1401/02 die Piraten der Vitalienbrüder mit ihren Anführern Klaus Störtebecker und Godeke Michels.

St. Pauli

1432-33 schlug von Utrecht außerdem die ostfriesischen Häuptlinge und nahm Emden für Hamburg in Besitz. Ab 1433 amtierte er als Bürgermeister von Hamburg. Vor 1948: Marienstraße, 1899-1948 Eckernförder Straße.

SPIELBUDENPLATZ (1840), Seit 1795 standen an dem Platz vor der Reeperbahn hölzerne „Spielbuden", in denen Seiltänzer, Kunstreiter und Gaukler ihre Triumpfe feierten. Es war „das Eldorado der Hamburger Bevölkerung" wie ein Chronist schrieb. So ist es geblieben. Allerdings sind die Spielbuden steinernen Gebäuden gewichen, in denen sich Theater, Kneipen und Läden etabliert haben

ST. PAULI FISCHMARKT siehe FISCHMARKT (Altona).

ST. PAULI HAFENSTRASSE (1946); unter dem verkürzten Namen „Hafenstraße", den die Straße bis 1946 auch amtlich trug, sorgte die St. Pauli Hafenstraße in den letzten Jahren durch den mal verbal und mal handfest ausgetragenen Kampf um einige besetzte Häuser zwischen den Bewohnern und verschiedenen Staatsorganen immer wieder für Schlagzeilen.

SUSANNENSTRASSE (1860), Susanne Bieber (geb. 1846), Tochter des dortigen Grundeigentümers Claus Bieber.

TIERGARTENSTRASSE (1865); auf dem Gelände von „Planten un Blomen" befand sich von 1861 bis 1934 der erste Zoologische Garten in Hamburg.

TROMMELSTRASSE (1802); die Straße könnte nach dem am Ende des 17.Jahrhunderts erwähnten Wirtshaus mit Namen „Trummelsaal" benannt worden sein.

TURNERSTRASSE (1866); die Turnerstraße wurde nach der alten, aus Fachwerk erbauten und 1902 abgebrochenen, Turnhalle an der Mathildenstraße benannt, auf die sie zuführte.

VOR DEM HOLSTENTOR siehe HOLSTENWALL (Neustadt).

VORWERKSTRASSE (1957); die Vorwerkstraße hieß bis 1957 Asylstraße. Beide Namen stammen von dem hier 1866 erbauten Vorwerkasyl, einer Einrichtung mit billigen Wohnungen, die der Kaufmann Georg Friedrich Vorwerk (1793-1867), der Mitglied der Deutschen Nationalversammlung von 1848 war, für arme Menschen errichten ließ. Heute wird das Gebäude als alternatives Wohnprojekt genutzt.

WOHLWILLSTRASSE (1948), Anna Wohlwill (1841-1920), Vorsteherin des Paulinenstifts, hatte dieses Amt 45 Jahre inne. Bis 1948: Jägerstraße.

ZIRKUSWEG (1879); der Zirkusweg erinnert an die hier gelegenen Gebäude des Zirkus Renz (später Busch), die im Zweiten Weltkrieg zerstört wurden.

Sasel

SASEL

AM PFEILSHOF siehe Wellingsbüttel.

BEIM RIESENSTEIN (1950); der Riesenstein war ein Opferstein, der 1850 gesprengt und zum Brückenbau verwendet wurde. Bis 1950: Teil der Bergstraße.

CHRISTENWEG (1951); nach der Saseler Bauernfamilie Christen, die hier vom 17. bis 19. Jahrhundert lebte, wurde 1951 der Haferkamp umbenannt.

FRAHMREDDER (1951), Hinrich Ludwig F. (1856-1936), Heimatdichter, Lehrer und Rektor, Mitbegr. des Alstervereins. Bis 1951: Groß Kamp und Müller-Emden-Straße.

GILCHERWEG (1957), Julius Gilcher (1875-1955), Gründer des Siedlungsvereins „Sasel e.V.". Bis 1957: Saseler Heideweg.

GOPPELTWEG (1951), Georg Goppelt (1888-1944), Mitbegründer des Siedlungsvereins „Sasel e.V.". Bis 1951: Binsenweg.

ILSENWEG (1941), Ilse Lind, Ehefrau eines Grundbesitzers dieser Gegend.

JOHANN-KRÖGER-STRASSE (1933), Johann Kröger, Bauer aus Sasel, stammte aus einer alteingesessenen Bauernfamilie.

KÄHLERKOPPEL (1956), Alexander Kähler (1805-1890), Besitzer des Gutes Hohenbuchen und sein Sohn Alexander Kähler (1832-1907), 1888-1907 Senator.

KIPPSWEG (1951), die Saseler Bauernfamilie Kipps (17.-19. Jhdt.) besaß um 1800 eine Schäferei.

KONRAD-REUTER-STRASSE (1919/20), Konrad Reuter, 1897-1919 letzter Besitzer des Saselhofes.

KRÖGERKOPPEL (1950), Hermann Kröger, Bauer aus Sasel.

KUNAUSTRASSE (1950), Thomas Kunau (1879-1918), Lehrer in Sasel.

MEINERTSTRASSE (1933), der Gastwirt Meinert war auch Gemeindevorsteher und Schiedsmann in Sasel.

MELLINGBURGREDDER, In der nahegelenen Alsterschleife befand sich im Frühmittelalter die sächsische Mellingburg.

RÖBKESTRASSE (1950), Julius Röbke (1849-1928), Saseler Gemeindevorsteher. Bis 1950: Teil des Binsenwegs.

Schnelsen

SASELER MARKT (1950), **SASELER CHAUSSEE** (1950); der Name Sasel geht vermutlich auf einen altsächsischen Kultbezirk namens Sassloh zurück. Der Saseler Markt hieß vor 1950 „Am Markt", die Saseler Chaussee setzte sich aus der Lübeckerstraße und der Lübecker Chaussee zusammen.

SCHILLINGKOPPEL (1956); nach der Saseler Bauernvogtfamilie Schilling (17.-19.Jhdt.) wurde die Schillingkoppel benannt.

STADELMANNWEG (1955), Johannes Stadelmann (1861-1949), Mitbegründer des Siedlungsvereins Sasel.

WILDEHOVETWEG (1950), Carsten Wildehovet, Saseler Bauer aus dem 16. Jahrhundert. Bis 1950: Roggenkamp.

WÖLCKENSTRASSE (1950), Peter Wölcken, Saseler Bauern aus dem 17. Jahrhundert. Bis 1950: Pfeilshoferweg.

SCHNELSEN

ALBERTINE-ASSOR-STRASSE (1993), **ALBERTINENSTIEG** (1993). **ASSOR-WEG** (1993), Albertine Assor (1863-1953), Diakonissin, gründete 1927 in Eimsbüttel das seit 1964 in Schnelsen gelegene Albertinen-Krankenhaus unter dem Namen „Siloah". Von dieser Bezeichnung, die nach dem Abfluß der Marienquelle auf dem Burgberg in Jerusalem benannt ist, hat der **SILOAHWEG** (1993) seinen Namen.

ALTE FRANZOSENHEIDE siehe FRANZOSENHEIDE.

ANNA-SUSANNA-STIEG (1940); die Märchenlieder über Anna-Susanna aus Karl Müllenhoffs Sagen (s. Müllenhoffweg/Groß Flottbek) führten zu dieser Benennung dieser alten Schnelsener Straße. Bis 1940: Mittelweg. Nach weiteren Gestalten und Motiven aus Müllenhoffs Sagen sind die **KLAUS-NANNE-STRASSE** (1988), der **ISERN-HINNERK-WEG**(1948, vorher bis 1940 Distelweg, 1940-1948 Isern-Hinnerk-Straat), der **HERZOG-ALF-WEG** (1940, vorher Heidhörn), der **KULEMANNSTIEG** (1940, vorher Brombeerweg), und der **HANS-ADOLF-WEG** (1948, vorher „Im Dornbusch") sowie die Straßen **MEDDENWARF** (1948, vorher, Kehrwieder, 1906-1940 Heinrichstraße, 1940-1948 Mettenwarf), **PFENNIGWIESE** (1940, vorher Fuchsloch), **PUCKHOLM** (1949, vorher Heideweg und 1940-1949 Pugholm), **WOGEMANNSBURG** (1940, vorher seit 1906 Feldstraße) und **WUNDERBRUNNEN** (1940, vorher Fliederweg) benannt.

BRÜDER-HORNEMANN-STRASSE (1993); Alexander Hornemann (1936-1945) und Eduard Hornemann (1933-1945) wurden am 20.4.1945 von der SS in der Schule Bullenhuser Damm erhängt.

Schnelsen

BURGWEDEL (1940), **BURGWEDELKAMP, BURGWEDELSTIEG** (1953), **BURGWEDELTWIETE** (1980); Burgwedel oder Borgwedel hieß ein hier gelegener Ort, der nach Schnelsen eingemeindet wurde. Der Name könnte Schweinefurt bedeuten (Wedel = Furt, Borg = verschnittenes männliches Schwein). Heute tragen eine Siedlung und eine AKN-Station diesen Namen. Bis 1940: Jungfernstieg. Burgwedelstieg: vorher Burgwedel (im Volksmund „Alter Jungfernstieg"), Burgwedeltwiete: vor 1980 zum Burgwedelkamp.

EDUARD-REICHENBAUM-WEG (1993), Eduard Reichenbaum (1934-1945), wurde am 20.4.1945 von der SS in der Schule Bullenhuser Damm erhängt.

EIMERSKAMP (1948), Peter Eimers, 1711 Vogt in Schnelsen. 1906-1940: Hochstraße, 1940-1948: Vogt-Eimers-Kamp.

FRANZOSENHEIDE, ALTE FRANZOSENHEIDE (1961); Französische Emigranten bekamen hier im Jahre 1800 Heideland zwecks Kultivierung zugewiesen, verließen Schnelsen aber bald wieder. „Franzosenheide" ist eine alte Straße, die schon 1789 existierte.

FROHMESTRASSE (1947), Karl Frohme (1850-1933), SPD-Politiker und Journalist, Reichstagsabgeordneter (1881-1924 mit Unterbrechungen). Vor 1947: Dorfstraße, Hauptstraße, Pinneberger Straße, 1906-1940 Hamburger Straße, 1940-1947 Niendorfer Heerstraße.

GEORGES-ANDRÉ-KOHN-STRASSE (1992), Georges André Kohn (1932-1945), wurde am 20.4.1945 von der SS in der Schule Bullenhuser Damm erhängt.

GESCHWISTER-WITONSKI-STRASSE (1993), Eleonora Witonski (1939-1945) und Roman Witonski (1938-1945), wurden am 20.4.1945 von der SS in der Schule Bullenhuser Damm erhängt.

GLISSMANNWEG (1940); nach der alteingesessenen Schnelsener Bauernfamilie Glißmann wurde der Glißmannweg benannt. Bereits 1585 wird Simon Glißmann als Besitzer eines Schnelsener Hofes erwähnt. 1906-1940: Bürgerstraße.

GRAF-ERNST-WEG (1973), Graf Ernst von Schauenburg (1569-1622), 1601-1622 Graf von Pinneberg, richtete 1610 in Altona den Bezirk „Freiheit" ein (s. Große Freiheit/St-Pauli).

GRAF-JOHANN-WEG (1940); der Graf-Johann-Weg ist ein alter Weg. Er erinnert an einige Schauenburger Grafen mit dem Namen Johann, die im 14. bis 16. Jahrhundert die Grafschaft Pinneberg regierten. 1906-1940: Krayenkamp.

GRAF-OTTO-WEG (1940), Graf Otto V. von Schauenburg (1614-1640), 1635-1640 letzter schauenburgischer Graf von Pinneberg.

Schnelsen

HANS-ADOLF-WEG siehe ANNA-SUSANNA-STIEG.

HEKETWEG (1948), Heket war der erste nachgewiesene Siedler in Schnelsen. Vor 1948: Knickweg, 1940-1948 Jäger-Arendt-Weg.

HERZOG-ALF-WEG siehe ANNA-SUSANNA-STIEG.

HOLSTEINER CHAUSSEE (1956); die Holsteiner Chaussee, die schon 1789 in Teilbereichen existierte, wurde 1834 als erste Kunststraße Schleswig-Holsteins angelegt.
1906-1940: Altonaer Straße (zw. Eidelstedter Grenze und Oldesloer Straße), Kieler Straße (zw. Oldesloer Straße und Bönningstedter Grenze), 1940-1951 Schnelsener Reichsstraße, 1951-1956 Schnelsener Hauptstraße.

ISERN-HINNERK-WEG siehe ANNA-SUSANNA-STIEG.

JACQUELINE-MORGENSTERN-WEG (1993), Jacqueline Morgenstern (1932-1945, wurde am 20.4.1945 von der SS in der Schule Bullenhuser Damm erhängt.

JUNGLIEB-STRASSE (1995), W. Junglieb, wurde am 20.4.1945 von der SS in der Schule Bullenhuser Damm erhängt.

KETTELERWEG (1967), Emanuel Freiherr von Ketteler (1811-1877), Bischof von Mainz, Förderer sozialer Reformen. Bis 1967: Teilstück der Straße „Flagentwiet".

KÖNIGSKINDERWEG (1940); der alte schon 1789 existierende Weg ist wie viele umliegende Straßen nach einem Märchen aus der Sammlung der Gebrüder Grimm benannt worden („Die beiden Königskinder"). 1906-1940: Gärtnerstraße.

KLAUS-NANNE-STRASSE siehe ANNA-SUSANNA-STIEG.

KULEMANNSTIEG siehe ANNA-SUSANNA-STIEG.

LANDDROSTENWEG (1957), **WALDVOGTEIWEG** (1957); der Landdrost war der höchste Beamte der Haus- und Waldvogtei Pinneberg, zu der Schnelsen lange Zeit gehörte.

MANIA-ALTMANN-WEG (1992), Mania Altmann, wurde am 20.4.1945 von der SS in der Schule Bullenhuser Damm erhängt.

MAREK-JAMES-STRASSE (1995), Marek James, wurde am 20.4. 1945 von der SS in der Schule Bullenhuser Damm erhängt.

MAREK-STEINBAUM-WEG (1993), Marek Steinbaum, wurde am 20.4.1945 von der SS in der Schule Bullenhuser Damm erhängt.

Schnelsen

MEDDENWARF siehe ANNA-SUSANNA-STIEG.

OLDESLOER STRASSE (1906); die alte Landstraße nach Garstedt wurde 1840 ein Teil der Kunststraße von Schnelsen über Bad Oldesloe nach Lübeck. 1903 wurden Teile der Straße zwischen der Frohmestraße und der Landesgrenze auch Oldesloer Chaussee und Steinkamp genannt. Das Teilstück zwischen Frohmestraße und Holsteiner Chaussee hieß von 1906 bis 1940 Bahnhofstraße und von 1940 bis 1949 Landdrostenallee.

PETER-TIMM-STRASSE (1940), Peter Timm (1841-1916), Tischler, Dorfvogt in Schnelsen. 1906-1940: Mühlenstraße.

PFENNINGWIESE siehe ANNA-SUSANNA-STIEG.

PUCKHOLM siehe ANNA-SUSANNA-STIEG.

RIEKBORNWEG (1956), Henneke Riekborn, Schnelsener Bauer, lebte um 1464. Bis 1956: Teil des nicht mehr existierenden Rethmannsredder.

RIWKA-HERSZBERG-STIEG (1993), Riwka Herszberg (1938-1945), wurde am 20.4.1945 von der SS in der Schule Bullenhuser Damm erhängt.

ROMAN-ZELLER-PLATZ (1995), Roman Zeller, wurde am 20.4.1945 von der SS in der Schule Bullenhuser Damm erhängt.

SASSENHOFF (1948); die Bauernfamilie Saß, deren Hof sich hier befand, gab dieser kleinen Straße ihren Namen. 1906-1940: Ringstraße, 1940-1948 Bin Sassenhoff.

SCHEELRING (1968), Jürgen Ernst Scheel (1737-1795), 1770-1784 Landdrost in der königlich-dänischen Herrschaft Pinneberg.

SCHNELSER HÖHE (1958); hier befindet sich der höchste Punkt von Schnelsen.

SERGIO-DE-SIMONE-STIEG (1993), Sergio de Simone (1937-1945), wurde am 20.4.1945 von der SS in der Schule Bullenhuser Damm erhängt.

SILOAHWEG siehe ALBERINE-ASSOR-STRASSE.

SPANISCHE FURT (1940); der Name leitet sich nicht von Spanien ab. Er hat sich aus dem Flurnamen "Spannfohrts Wisch" entwickelt, der eine Furt durch den heutigen Brookgraben bezeichnete, die auch Gespanne passieren konnten. 1906-1940: Brookstraße.

SÜNTELSTRASSE (1940); im Süntelgebirge bescherten sächsische Freiheitskämpfer dem Heer Karls des Großen 782 eine empfindliche Niederlage. 1906-1940: Weidenstr.

Steilshoop

SUHMWEG (1948), Hinrich von Suhm (1636-1700), 1685-1695 Amtmann in Pinneberg, wurde 1683 in den Addelsstand erhoben. 1927-1940: Steenkamp, 1940-1948: Brüder-Behrmann-Straße.

UPHOFFWEG (1940), Johann Uphoff, Jägermeister, 1684 Dorfvogt in Schnelsen. Bis 1940: Asternweg.

VOGT-BORNKAST-WEG (1940), Heinrich Jakob Bornkast (1826-1905), 1876-1894 Gemeindevorsteher in Schnelsen.
Vor 1940: Waldstraße, Baumschulweg, 1928-1933 Legienstraße, 1933-1940 Danziger Straße.

VOGT-KOCK-WEG (1945), Hinrich Kock, erster urkundlich erwähnter Bauernvogt in Schnelsen (1666). 1938-1945: Josef-Klant-Straße.

VON-HERSLO-WEG (1945), Nortmann von Herslo, Ritter, erster bekannter Grundherr in Schnelsen (um 1250).

WÄHLINGSALLEE (1927), **WÄHLINGSWEG** (1949), Heinrich Wähling (1856-1943), Bauernhofbesitzer, 1894-1906 und 1910-1916 Gemeindevorsteher in Schnelsen. Vor 1927: Hinter den Höfen, 1906-1927 Schulstraße. Wählingsweg: 1912-1940 Friedensallee, 1940-1949 Vorn Dörp.

WALDVOGTEIWEG siehe LANDDROSTENWEG.

WIETERSHEIM (1940), Ernst von Wieterheim, 1633-1638 Drost in Pinneberg. 1928-1940 Luruper Weg.

WOGEMANNSBURG siehe ANNA-SUSANNA-STIEG.

WUNDERBRUNNEN siehe ANNA-SUSANNA-STIEG.

ZYLBERSTRASSE (1992), **ZYLBERGSTIEG** (1992), Ruchla Zylberg (1936-1945), wurde am 20.4.1945 von der SS in der Schule Bullenhuser Damm erhängt.

STEILSHOOP

ALFRED-MAHLAU-RING (1972), Prof. Alfred Mahlau (1894-1967), Maler, Graphiker und Kunsterzieher.

ALLERSKEHRE (1958), Christian Wilhelm Allers (1857-1915), Maler.

BORCHERTRING (1973), Wolfgang Borchert (1921-1947), Hamburger Schriftsteller, schrieb das Antikriegsstück „Draußen vor der Tür".

Steilshoop

BOSSARDSTRASSE (1955), Johann Michael Bossard (1874-1950), seit 1908 Lehrer an der Kunstgewerbeschule Hamburg.

CESAR-KLEIN-RING (1973), Prof. César Klein (1876-1954), Maler, Graphiker und Bühnenbildner.

EDWIN-SCHARFF-RING (1971), Edwin Scharff (1887-1955), Bildhauer und Radierer.

ERICH-ZIEGEL-RING (1973), Erich Ziegel (1876-1950), Schauspieler, Regisseur, Intendant der Hamburger Kammerspiele (am Besenbinderhof in den 20er Jahren).

FEHLINGHÖHE (1973), Jürgen Fehling (1885-1968), Schauspieler und Regisseur.

FRITZ-FLINTE-RING (1970), Fritz Flinte (1876-1963), Maler.

GEORG-RALOFF-RING (1972), Georg Raloff (1902-1965), 1956-1965 Bürgerschaftsabgeordneter, machte sich um Steilshooper Kleingärten verdient.

GROPIUSRING (1972), Prof. Walter Gropius (1883-1960), Architekt, Begründer des „Bauhauses".

GRÜNDGENSSTRASSE (1971), Gustaf Gründgens (1899-1969), Schauspieler, Regisseur, 1955-1963 Intendant des Deutschen Schauspielhauses in Hamburg.

GUSTAV-SEITZ-WEG (1972), Gustav Seitz (1906-1969), Bildhauer.

HANS-MAHLER-STRASSE (1977), Hans Mahler (1900-1970), Schauspieler, Regisseur, Leiter des Ohnsorg-Theaters.

HERMANN-BUCK-WEG (1975), Hermann Buck (1888-1969), Mitglied der Bramfelder Gemeindevertretung vor 1933 und des Ortsausschusses nach 1949, Bezirksabgeordneter.

ILLIESWEG (1955), Prof. Arthur Illies (1870-1952), Maler und Kunsterzieher.

NOLDERING (1962), Emil Nolde (1867-1956), Maler und Graphiker.

OTTO-BURRMEISTER-RING (1974), Otto Burrmeister (1899-1966), kaufmännischer Direktor des Deutschen Schauspielhauses, Intendant der Ruhrfestspiele.

RICHEYSTRASSE siehe Bramfeld.

RIEFESELLSTRASSE (1956), Theobald Riefesell (1836-1896), Maler von Hamburgensien.

Stellingen

RUWOLDTWEG (1972), Hans Martin Ruwoldt (1891-1969), Bildhauer.

SCHMACHTHÄGER STRASSE siehe Barmbek.

SCHREYERRING (1973), Lothar Schreyer (1886-1966), Maler und Dramaturg.

SCHUREKSTRASSE (1977), Paul Schurek (1890-1962), niederdeutscher Schriftsteller.

STEILSHOOPER ALLEE (1971); das 1347 erstmals erwähnte Steilshoop war einst das Dorf des Steygel. Bis 1971: Teil der Steilshooper Straße.

STEILSHOOPER STRASSE siehe Barmbek.

STELLINGEN (MIT LANGENFELDE)

ARMINIUSSTRASSE (1928), **CHERUSKERWEG** (1936), Arminius, eigentlich Armin (auch Hermann genannt), (16 v.Chr. - vermutlich 21. n.Chr), Cheruskerfürst, besiegte die Römer im Jahre 9 n. Chr. im Teutoburger Wald. Nach seiner Frau Thusnelda wurde die **THUSNELDASTRASSE** (1929) benannt.

BREHMWEG (1948), Alfred Edmund Brehm (1829-1884), Zoologe, ab 1863 Direktor des Zoologischen Gartens in Hamburg, schrieb Reisebücher und das sechsbändige Werk „Tierleben". Bis 1948: Löwenstraße.

CHERUSKERWEG siehe ARMINIUSSTRASSE.

DOERRIESWEG (1964), Friedrich Doerries (1852-1933), Forschungsreisender.

EMMASTRASSE siehe WIECKSTRASSE.

ERNST-HORN-STRASSE (1961), Ernst Horn (1875-1948), Vorsitzender der Baugenossenschaft Langenfelde.

FÖRSTERWEG (1928); die hier gelegene Gaststätte „Das Forsthaus" gab dem Försterweg seinen Namen.

FROHBÖSESTRASSE (1972), Ferdinand Frohböse (1871-1943), Förderer visueller Pädagogik.

GUTENBERGSTRASSE (1928), Johannes Gutenberg (1400-1468), Erfinder des Buchdrucks.

HAGENBECKSTRASSE (1949), **HAGENBECKALLEE** (1928), Carl Hagenbeck (1844-1913), Tierhändler, rüstete Tierexpeditionen aus, leitete völkerkundliche

Stellingen

Hagenbeck´s Tierpark ist in vielen Stellinger Straßennamen präsent.

Schaustellungen und einen Zirkus, gründete 1907 den nach ihm benannten Tierpark in Stellingen, Hagenbeckstraße: Bis 1949 Kaiser-Friedrich-Straße.

JACOBSENWEG (1964), Adrian Jacobsen (1853-1947), Forschungsreisender.

JOHANN-WENTH-STRASSE (1949), Johann Wenth (gest.1541), Lektor der Theologie, Magister, Mitstreiter von Martin Luther bei der Reformation. Bis 1949: Bugenhagenstraße.

KIELER STRASSE (1834); die Kieler Straße, die zu den längsten Ausfallstraßen Hamburgs zählt, wurde 1834 als erste Kunststraße Schleswig-Holsteins angelegt.

LANGENFELDER DAMM (1863); Langenfelde hat seinen Namen von der Bezeichnung „lang den Felde" für den Weg von Hamburg nach Langenfelde, an dem früher langgestreckte Felder lagen. Bis 1863: zum Teil Hansastraße.

LENZWEG (1953), Prof. Dr. Harald Lenz (1798-1870), Zoologe.

MELANCHTHONSTRASSE (1928), Philipp Melanchthon (1497-1560), humanistischer Theologe, Mitstreiter von Martin Luther bei der Reformation.

MOLKENBUHRSTRASSE (1945), Hermann Molkenbuhr (1851-1928), SPD-Politiker und Journalist, 1887-1902 Redakteur beim „Hamburger Echo", Reichstagsabgeordneter. Vor 1945: Trommerstraße.

ROHLFFSWEG (1949), Gerhard Rohlff (1831-1896), Afrikaforscher. Bis 1949: Erlenstr.

STELLINGER STEINDAMM (1928); Stellingen ist vermutlich von Stallo-ing abgeleitet und war somit das Dorf des Stallo.

THEODOR-SCHÄFER-DAMM (1992), Theodor Schäfer (1846-1911), Vorsteher der Evangelisch-Lutherischen Diakonissenanstalt für Schleswig-Holstein in Altona, gründete 1902 das „Krüppelheim Alten Eichen" in Stellingen, Pionier der Körperbehinderten-Fürsorge.

Sülldorf/Iserbrook

THUSNELDASTRASSE siehe ARMINIUSSTRASSE.

VOGT-KÖLLN-STRASSE (1928); der Familie Kölln gehörten alle Vögte in Stellingen von 1598 bis 1829 an.

WARNSTEDTSTRASSE (1949), F. von Warnstedt, Oberlandweginspektor, erbaute 1834 die Chaussee von Altona nach Kiel als erste Kunststraße Schleswig-Holsteins. Bis 1949: Brüderstraße.

WIECKSTRASSE (1928), Heinrich Adolf Wieck (1850-1915), dortiger Grundeigentümer, legte hier drei Straßen an und benannte sie nach seinen Kindern: die **EMMASTRASSE** (vor 1915), die Adolphstraße (heutige Wieckstraße) und die Helenenstraße (heute: Steenwisch).

WÖRDEMANNS WEG (1910), Joachim Wördemann, 1882-1896 Ortsvorsteher von Stellingen.

SÜLLDORF/ISERBROOK

ANDERSENSTRASSE (1930), Hans Christian Andersen (1805-1875), dänischer Märchendichter.

AUERBACHSTRASSE (1952), Berthold Auerbach (1812-1882), Schriftsteller.

BECHSTEINWEG (1939), Ludwig Bechstein (1801-1860), Schriftsteller und Sammler deutscher Sagen und Märchen.

DARBOVENSTIEG (1949); die hier ansässige Familie Darboven ermöglichte durch die Hergabe ihrer Grundstücke den Bau des Krankenhauses der Elbgemeinden.

FUHLENDORFWEG (1953), Caspar Hinrich Fuhlendorf (1844-1903), Lehrer in Sülldorf, machte sich um die Aufdeckung von Urnengräbern in Sülldorf und Rissen verdient.

GRIMMSTRASSE (1930), Jacob Grimm (1785-1863) und sein Bruder Wilhelm Grimm (1786-1859), Sammler und Herausgeber deutscher Kinder- und Hausmärchen.

GÜLLWEG (1953), Friedrich Güll (1812-1879), Dichter von Kinderliedern.

HEIN-KRÖGER-STRASSE (1949), Hein Kröger (1844-1881), Blankeneser Kapitän, segelte als erster Blankeneser an die Westküste Amerikas. Bis 1949: Gorch-Fock-Straße.

HEYTWIETE (1953), Wilhelm Hey (1790-1854), Fabeldichter und Jugendschriftsteller.

Sülldorf/Iserbrook

ISERBROOKER WEG (1928), **LÜTT ISERBROOK** (1928), Iserbrook bedeutet Bruch (Brook=Bruch) am eisenhaltigen Wasser (Isern=eisern).

JOCHEN-FINK-WEG (1949), Jochen Fink (1844-1920), Blankeneser Schiffszimmerer. Bis 1949: Hermann-Löns-Straße.

LACHMANNWEG (1960), Karl Lachmann (1793-1851), Sprachforscher, Mitbegründer der germanischen Philologie.

LOEWENBERGSTRASSE (1952), Jakob Loewenberg (1856-1929), Schuldirektor und Schriftsteller.

MESTORFWEG (1953), Prof. Johanna Mestorf (1829-1909), Forscherin für Vor- und Frühgeschichte, erste deutsche Professorin, beschrieb Sülldorfer Urnengräber.

MUSÄUSSTRASSE (1930), Johann Karl Musäus (1735-1787), Schriftsteller und Märchenerzähler.

PIEPERWEG (1949), Harm Pieper, Kapitän des größten Blankeneser Schiffes um 1690. Bis 1949: Walter-Flex-Weg.

PLETSCHGANG (1953), Oskar Pletsch (1830-1888), Kinderbuch-Illustrator.

RAMCKEWEG (1952), Johannes H. Ramcke (1887-1932), angesehener Sülldorfer Bauer.

REINHEIMERWEG (1953), Sophie Reinheimer (1874-1935), Märchendichterin und Jugendschriftstellerin.

SAPPERWEG (1953), Agnes Sapper (1852-1929), Märchen- und Jugendschriftstellerin.

SIMROCKSTRASSE (1928), Karl Simrock (1802-1876), Germanist und Dichter.

SPLIEDTWEG (1954), Wilhelm Spliedt (1862-1901), 1892-1901 Kustos am Museum Vaterländischer Altertümer in Kiel.

SÜLLDORFER KIRCHENWEG; diesen alten Weg benutzten die Sülldorfer beim Kirchgang in die Nienstedtener Kirche.

SÜLLDORFER LANDSTRASSE (1928), Sülldorf wird als „Suldorpe" 1256 erstmals erwähnt. Die Silbe „Süll" taucht in den nahegelegenen Ortsbegriffen Süllberg und Süllfeld (alte Flur) auf.

WISSERWEG (1947), Dr. Wilhelm Wisser (1843-1935), Sammler holsteinischer Märchen. Bis 1947: Frontkämpferweg.

Tonndorf

TONNDORF

ALBERT-SCHWEITZER-RING (1975), Prof. Dr. Albert Schweitzer (1875-1965), Theologe und Arzt, Friedensnobelpreisträger 1952.

AM PULVERHOF s. PULVERHOFSWEG (Farmsen/Berne).

AM WASSERTURM; hier stand der Wandsbeker Wasserturm, der 1953 abgebrochen wurde.

ECKENERSTRASSE (1928), Dr. Hugo Eckener (1868-1954), Pilot von Verkehrsluftschiffen, Mitarbeiter des Grafen Zeppelin.

EUCKENSTRASSE (1951), Rudolf Eucken (1846-1926), Philosoph, erhielt 1908 den Nobelpreis für Literatur. Bis 1951: Gneisenaustraße.

HOLSTENHOFWEG siehe Wandsbek.

HÜNEFELDSTRASSE (nach 1928), Günther Freiherr von Hünefeld (1892-1929), Flieger, nahm am 12. April 1928 an dem ersten Transatlantikflug in ost-westlicher Richtung teil. Vorher: Erzbergerstraße.

KUEHNSTRASSE siehe Jenfeld.

MARTENSALLEE (1909); der Name erinnert an die alte Tonndorfer Bauernfamilie Martens, deren Hof sich hier befand.

ÖLMÜHLENWEG (vor 1913), Hier befand sich die zum Meierhof Mühlenbek gehörende Ölmühle.

Die frühere Ölmühle an der Wandse gehört zu den schönsten Gebäuden von Wandsbek und Umgebung.

Tonndorf

OSTENDE (1930); der nahegelegene Ostender Teich ist eine vollgelaufene Tongrube, an dem sich ein Strandbad befindet. Kriegsteilnehmer des 1. Weltkrieges nannten das Bad scherzhaft Ostende nach dem gleichnamigen belgischen Seebad. Bis 1930: Rennbahnstraße, Eberstraße.

REISNERSKAMP (1950), Johann Reisner (1823-1896), Besitzer von „Reisners Ballsälen" in Wandsbek. Bis 1950: Nibelungenweg.

SCHILLSTRASSE (1933), Ferdinand von Schill (1776-1809), Freiheitskämpfer der Befreiungskriege gegen Napoleon. Bis 1933: Rathenaustraße. Der benachbarte **WESELER WEG** (1950, vorher Langstücken) wurde so benannt, weil in Wesel elf Offiziere des Schillschen Freikorps erschossen wurden.

SCHWEINFURTHWEG (1951), Georg Schweinfurth (1836-1925), Afrikaforscher. Bis 1951: Am Hochbahnerheim.

SINGELMANNSWEG (1909); von einer Tonndorfer Bauernfamilie hat der Singelmannsweg seinen Namen.

SÖDERBLOMSTRASSE (1950), Nathan Söderblom (1866-1931), Erzbischof von Upsala und Friedensnobelpreisträger von 1930. Bis 1950: Scharnhorststraße.

STEIN-HARDENBERG-STRASSE (1930), Freiherr Karl vom Stein (1757-1831) und Fürst Karl August von Hardenberg (1750-1822), preußische Staatsreformer. Bis 1930: Hindenburgstraße.

TONNDORFER HAUPTSTRASSE (1950); Tonndorf oder Todendorpe war das Dorf des Todo. Die Tonndorfer Hauptstraße, die ein Bestandteil der alten Landstraße von Hamburg nach Lübeck ist, hieß ursprünglich nur Hauptstraße.

WERTHWEG (1950), Peter Werth alias Julius Cäsar Stülcken (1867-1925), Wandsbeker Schriftsteller und Werftbesitzer. Bis 1950: Siegfriedsweg.

WESELER WEG siehe SCHILLSTRASSE.

WILLÖPERSTRASSE (1950), Johannes Willöper (1850-1927), Kommerzienrat, gründete das im Zweiten Weltkrieg abgebrannte Willöperstift in der Hörnumstraße. Bis 1950: Tondernstraße.

WILSONSTRASSE (1947), Woodrow Wilson (1856-1924), 1913 bis 1921 Präsident der USA, erhielt 1919 den Friedensnobelpreis. Bis 1947: Tanga-Straße.

YORKSTRASSE (1930), Hans David Ludwig Graf York von Wartenburg (1759-1830), preußischer Feldmarschall, schloß 1812 die Konvention von Tauroggen, mit der der Abfall Preußens von Napoleon eingeleitet wurde.

Uhlenhorst

UHLENHORST

ARNDTSTRASSE (um 1860), Ernst Moritz Arndt (1769-1860), patriotischer Schriftsteller und Publizist.

AUGUSTSTRASSE (1845); die Auguststraße wurde nach dem Vornamen des früheren Miteigentümers der Uhlenhorst, Dr. August Abendroth, benannt (s. auch Karlstraße).

AVERHOFFSTRASSE (1899), Johann Peter Averhoff (1713-1809), Unterstützer des Hamburger Waisenhauses und Gründer einer wohltätigen Stiftung. Das Waisenhaus befand sich von 1858 bis zu seiner Zerstörung im Zweiten Weltkrieg an dieser Straße auf dem heutigen Gelände des THC Klipper. Bis 1899: Schulweg.

FÄHRHAUSSTRASSE (1946); die Fährhausstraße erinnert an das im Zweiten Weltkrieg zerstörte Uhlenhorster Fährhaus, auf das sie einst zulief. Bis 1946: Fährstraße.

FINKENAU siehe LERCHENFELD.

GRILLPARZERSTRASSE (1948), Franz Grillparzer (1791-1872), Dichter. Bis 1948: Goethestraße.

GUSTAV-FREYTAG-STRASSE (1899), Gustav Freytag (1816-1895), Dichter und Schriftsteller. Bis 1899: Friedrichstraße.

HANS-HENNY-JAHNN-WEG, Hans Henny Jahnn (1894-1959), Dichter und Orgelbauer. Früher: Abendrothstraße (bis 1899), Teil der Osterbekstraße.

HARTWICUSSTRASSE (1872); die Hartwicusstraße hat ihren Namen von dem ältesten urkundlich bekannten Eigentümer der früher in der Nähe gelegenen Kuhmühle (s. Kuhmühle/Hohenfelde), einem Herrn Hartwicus, der um 1247 lebte.

HAUFFSTRASSE (1890), Wilhelm Hauff (1802-1827), Dichter und Schriftsteller, schrieb unter anderem Märchen.

HEIDEWEG (1877); der Heideweg liegt auf einem Ausläufer der alten Barmbeker Rönnhaide, in deren Richtung er früher verlief.

HEBBELSTRASSE (1892), Friedrich Hebbel (1813-1863), Dramatiker.

HEINRICH-HERTZ-STRASSE (1899), Heinrich Rudolf Hertz (1857-1894), in Hamburg geborener Physiker, entwickelte mit anderen die Grundlagen der Funktechnik. Bis 1899: Bleicherstraße, Kleine Bleicherstraße und Blücherstraße, 1938-1945 Leipziger Straße.

Uhlenhorst

HERBERT-WEICHMANN-STRASSE (1986), Herbert Weichmann (1896-1983), Jurist, SPD-Politiker, 1957-1965 Finanzsenator in Hamburg, 1965-1971 Erster Bürgermeister von Hamburg. Die Herbert-Weichmann-Straße stellt zusammen mit der Sierichstraße als Richtungsstraße eine Besonderheit dar. Von vier Uhr morgens bis 12 Uhr mittags rollt der Verkehr nur in Richtung City, und danach nur in Richtung Norden. Vor 1986: Erste und Zweite Adolphstraße, 1897-1986 Adolphstraße.

HERDERSTRASSE (1865), Johann Gottfried Herder (1744-1803), Philosoph, Theologe und Schriftsteller.

HÖLTYSTRASSE (1899), Ludwig Christoph Heinrich Hölty (1748-1776), Dichter. Bis 1899: Zweite Richterstraße.

HOFWEG (1837); die Hauptgeschäftsstraße des Stadtteils, führte früher auf den am Langen Zug gelegenen Uhlenhorster Hof.

IMMENHOF (1872); hier wurde 1608 ein Immen- oder Bienenhof angelegt, der seit 1698 eine Gaststätte beherbergte. 1750 erwarb der Weinhändler Mund das Gebäude und ließ an dessen Stelle ein Landhaus errichten (s. Mundsburger Damm).

Der Hofweg führte früher zum Uhlenhorster Hof und ist heute die Hauptstraße des Stadtteils.

KARLSTRASSE (1845); nach dem Vornamen von einem der drei früheren Besitzer der Uhlenhorst, Karl Heine, wurde die Karlstraße benannt. Heine hatte den Meierhof Uhlenhorst 1835 zusammen mit Dr. August Abendroth und Adolph Jencquel erworben.

LERCHENFELD; an der Straße Lerchenfeld, die wie die parallel verlaufende FINKENAU (1889) ohne einen Bezug auf die umliegende Gegend einen Vogelnamen erhielt, befindet sich die 1910-1913 erbaute Hamburger Kunsthochschule.

MARIENTERRASSE (1863), Maria Christina Henriette Söllner (1810-1900), Ehefrau von C. H. T. Söllner, der die Straße anlegen ließ.

MUNDSBURGER DAMM (1872); wie ein Damm verlief die heutige Hauptverkehrs- und Geschäftsstraße einst durch das Wiesen- und Weideland des Weinhändlers Johann Hinrich Mund, dessen früher hier gelegener Besitz rund um ein nach 1750 errichtetes Landhaus als Mundsburg bezeichnet wurde.

Uhlenhorst

Nichts ist von der alten Bebauung am Mundsburger Damm geblieben. Auch die Straßenbahn fährt nicht mehr.

OVERBECKSTRASSE (1899), Jobst von Overbeck (1580-1653), Provisor des Hamburger Waisenhauses, engagierte sich besonders für ausgesetzte Kinder. Bis 1899: Kleine Schulstraße.

PAPENHUDER STRASSE (1872); Papenhude hieß früher das zwischen Mundsburg (s. Mundsburger Damm) und der Alster gelegene Wiesen- und Ackerland. Der Name wurde auch für ganz Uhlenhorst verwendet. Er stammt aus dem 13. Jahrhundert, als der Graf Albrecht von Orlamünde, der Hamburg als Statthalter des dänischen Königs Waldemar II. regierte, den Priestern (Papen) des Stifts St. Georg 1220 das besagte Land an der Alster überließ.

PETKUMSTRASSE (1899), Simon von Petkum (um 1600), einer der Initiatoren des Hamburger Waisenhauses. Bis 1899: Heinrichstraße.

RICHTERSTRASSE siehe ZIMMERSTRASSE.

SCHENKENDORFSTRASSE (1899), Max von Schenkendorf (1783-1817), Dichter patriotischer und religiös-mystischer Lieder. Bis 1899: Gärtnerstraße.

SCHÖNE AUSSICHT (1899); die „Schöne Aussicht", die man von dieser Straße über die Außenalster genießt, hat zu sündhaft teuren Grundstücks- und Mietpreisen geführt. Spaziergänger können den Traumblick umsonst genießen. 1845-1899: An der Schönen Aussicht.

SCHRÖTTERINGKSWEG (1907), Jürgen Schrötteringk (1551-1631), finanzierte zu Beginn des 17. Jahrhunderts das erste Hamburger Waisenhaus.

SCHÜRBEKER STRASSE (um 1866), **SCHÜRBEKER BOGEN** (1961); der Schür-

Uhlenhorst

bek floß hier einst in den Eilbek. Die Schürbeker Straße ist eine alte Landstraße im Verlauf der einzigen Verbindung, die früher von Hamburg nach Barmbek über den Eilbek führte.

STOLBERGSTRASSE (1948), Christian Reichsgraf zu Stolberg-Stolberg (1748-1821) und Friedrich Leopold Reichsgraf zu Stolberg-Stolberg (1750-1819), in Hamburg (Christian) beziehungsweise in Bad Bramstedt geborene Dichter-Brüder. Bis 1948: Reuterstraße.

STORMSWEG (1903), Theodor Storm (1817-1888), norddeutscher Dichter und Novellist.

THERESIENSTIEG (1846); der Theresienstieg ist vermutlich nach der Gattin Conradine Therese (1805-1874) oder nach der Tochter Therese (1830-1860) von Dr. August Abendroth, einem der drei früheren Besitzer des Hofes Uhlenhorst benannt worden.

UHLENHORSTER WEG (1846); der Uhlenhorster Weg ist ein alter Feldweg, der einst von dem Schürbek auf die Uhlenhorster Wiesen führte und 1837 ausgebaut wurde. Das Pachtgut Uhlenhorst war noch im 17. Jahrhundert ein Immenhof (Bienenhof). Er diente später den Kämmereibürgern als Lusthaus. Der Name hängt vermutlich mit der Tatsache zusammen, daß der Hof sich in einer abgelegenen Gegend befand, einige Zeit unbewohnt war und verfiel. Es war also ein Anwesen, auf dem Eulen (niederdeutsch: Uhlen) sich bevorzugt aufhielten.

VOSSWEG (1914), Johann Heinrich Voß (1751-1826), Dichter und Altertumsforscher. Bis 1914: Teil der Richterstraße.

WINTERHUDER WEG (1846); der Winterhuder Weg ist ein alter Feldweg zwischen Barmbek und Winterhude. 1946 wurde er um die Schillerstraße von der Herderstraße zum Mühlenkamp verlängert.

Zu den schönsten Stadtteilen Hamburgs zählt das an der Außenalster gelegene Uhlenhorst.

ZIMMERSTRASSE (1851); die Zimmerstraße wurde ebenso wie die RICHTERSTRASSE (bis 1899 Erste Richterstraße) auf Antrag von einem der früheren Besitzer der Uhlenhorst, Dr. August Abendroth, vermutlich nach einer Familie dieses Namens benannt, von der ein Zusammenhang mit Uhlenhorst aber unbekannt ist.

272

Veddel

VEDDEL

EINSIEDELDEICH (1910); die Herren von Einsiedel waren die Besitzer des Gutes Veddel bis 1736, als sie es für 94.785 Taler an König Christian VI. von Dänemark verkauften.

HARBURGER CHAUSSEE (1852); die Harburger Chaussee wurde als gepflasterte Straße auf dem Fahrdamm angelegt, den die Franzosen 1813 geschaffen hatten.

HOVESTRASSE (1910; der Name erinnert an den früheren Hamburger Staatspachthof „Kalte Hofe", den der Elbdurchstich von 1875-79 in zwei Teile teilte. Über den kleineren südlichen führt ein Teil der Hovestraße.

MÜGGENBURGER STRASSE (1914), **MÜGGENBURGER HAUPTDEICH** (1970); im Bereich des heutigen Müggenburger Zollhafens und nördlich davon befanden sich die Staatspachthöfe „Peuter Müggenburg" und „Veddeler Müggenburg", die vielleicht einer Familie Mügge gehörten.

NEUE ELBBRÜCKE (1887); die Neue Elbbrücke wurde 1884-87 als erste Straßenbrücke über die Norderelbe erbaut. Sie erhielt 1928/29 eine zweite Fahrbahn und bekam 1957-60 ihre heutige Gestalt.

PEUTESTRASSE (1887); der Name erinnert an den früher etwa in der Mitte des Stadtteils gelegenen Staatspachthof Peute, der vor 1768, als er zu Hamburg kam, ein adeliges Lehnsgut war.

SIELDEICH (um 1894); ein hölzernes, der Marschentwässerung dienendes Siel durchquerte einst diese Straße.

SLOMANSTRASSE (1882), **SLOMANSTIEG** (1929); der Name erinnert an die alte Hamburger Reederfamilie Sloman. Der Sohn des Firmengründers, Robert Miles Sloman der Jüngere (1813-1900), gründete auf der Veddel die „Gemeinnützige Baugesellschaft", die hier eine Siedlung von Einzelhäusern anlegte.

VEDDELER BRÜCKENSTRASSE (1887); auf den Namen Veddeler Brückenstraße wurde die Neue Harburger Landstraße 1887 umgetauft, weil sie nach der Fertigstellung der Straßenbrücke über die Norderelbe in diesem Jahr auf diese Brücke zuführte.

VEDDELER ELBDEICH (1897), **VEDDELER MARKTPLATZ** (1887), **VEDDELER STRASSE**; die Elbinsel Veddel, die sich von 1460 bis 1485 im Pfandbesitz von Hamburg befand, gelangte 1768 endgültig in den Besitz von Hamburg.

Vier- und Marschlande

**VIER- UND MARSCHLANDE
(MOORFLEET, TATENBERG, SPADENLAND, BILLWERDER,
ALLERMÖHE, REITBROOK, OCHSENWERDER, KIRCHWERDER,
NEUENGAMME, CURSLACK, ALTENGAMME)**

ACHTERSCHLAG; eine Zuteilung von Land außerhalb des Ortes wurde als Achterschlag bezeichnet.

ADOLF-KÖSTER-DAMM (1995), Adolf Köster (1883-1930), SPD-Politiker, März-Juni 1920 Reichsaußenminister, 1921-1922 Reichsinnenminister, verbrachte einen Teil seiner Jugend in Hamburg-Horn.

AMEISWEG (1979), Otto Ameis (1881-1958), Architekt, baute zahlreiche Geschäfts- und Landhäuser in Hamburg.

ASCHERRING (1979), Felix Ascher (1883-1952), Architekt, baute zusammen mit Robert Friedmann (1888-1940), nach dem der benachbarte **FRIEDMANN-BOGEN** (1979) benannt ist, den jüdischen Tempel in der Oberstraße (heute NDR-Studio).

AUF DEM SÜLZBRACK (1925), **SÜLZBRACKRING** (1977); das schon 1576 erwähnte Brack wurde vermutlich nach dem früher hier wohnhaften Sülfmeister Lütke Töbing aus Lüneburg benannt. Es wurde für den Bau der Vierländer Bahn zugeschüttet.

BAEDEKERBOGEN (1979), Walther Baedeker, Architekt, baute zahlreiche Villen und Landhäuser in den Elbvororten.

BEIM AVENBERG (1935); Avenberg hieß früher der Westteil von Ochsenwerder.

BEIM BIEBERHOF (1950); der heute im Staatsbesitz befindliche Bieberhof war von 1804 bis 1933 der Mittelpunkt eines großen Besitzes der Hamburger Familie Bieber, der 1933 nach dem Tod von Henry Bieber parzelliert wurde. Der den Bieberhof umgebende Park wurde als Naturschönheit gepriesen.

BENSELWEG (1979), Carl G. Bensel (1878-1949), Architekt, baute zahlreiche Geschäftshäuser in der Hamburger City (u.a. Karstadt in der Mönckebergstraße).

BLOCKWEG (1979), Dr. Ing. Fritz Block (1889-1955), Architekt und Architekturschriftsteller, war am Bau des Deutschland-Hauses in der Dammtorstraße beteiligt.

BOEHRINGERWEG (1955), Albert Boehringer (1861-1939), Chemiker, Gründer einer chemisch-pharmazeutischen Fabrik in Ingelheim. Bis 1984 befand sich ein Werk der Firma Boehringer in Billbrook.

Vier- und Marschlande

BRENNERHOF (1927); die Straße hat ihren Namen von dem früheren Besitzer des umliegenden Geländes.

CURT-BÄR-WEG (1995), Curt Bär (1901-1981), Studienrat an der Hansa-Schule Bergedorf, Mitglied des ISK (Internationaler Sozialistischer Kampfbund), Widerstandskämpfer gegen das NS-Regime.

DEICHVOGT-PETERS-STRASSE (1948), Peter Peters (1855-1941), Hufner und ab 1906 Deichvogt in Neuengamme. West-Kraul gehörte bis 1937 zu Neuengamme.

EICHHOLZFELDER DEICH (1910); eine Fährbauerfamilie names Eikholt, die am Ende des 15. Jahrhunderts lebte, gab dem Eichholzfelder Damm vermutlich seinen Namen.

ELINGIUSPLATZ (1979), Erich Elingius (1879-1948), Architekt, baute zahlreiche Geschäfts- und Wohnhäuser in Hamburg.

ELVERSWEG (1910); der Elversweg hat seinen Namen von einer alten Ochsenwerder Familie.

ERBESTIEG (1979), Dr. Ing. Albert Erbe (1868-1922), Architekt, Bauinspektor im Hochbauwesen in Hamburg, baute hier zahlreiche öffentliche Gebäude.

ERNST-TICHAUER-WEG (1995), Dr. med. Ernst Tichauer (1888-1944), jüdischer Zahnarzt aus Bergedorf, wurde 1944 deportiert und ermordet.

FELIX-JUD-WEG (1995), Felix Jud (1899-1985), Hamburger Buchhändler, Widerständler gegen das NS-Regime.

FERSENWEG; der Fersenweg war ein Wirtschaftsweg an der der Elbe „entferntesten" Wetterung.

FRIEDMANNBOGEN siehe ASCHERRING.

GAMMER WEG (1922); die Bezeichnung „Gamme", die in den Stadtteilnamen Altengamme und Neuengamme enthalten ist, soll vom indogermanischen „Ghama" abgeleitet worden sein, was Erde bedeutet.

GAUERTER HAUPTDEICH (1965); der Ochsenwerder Ortsteil Gauert hieß ursprünglich Gowerke. Dieser Name bezeichnete das gemeinsame Werk des Deichverbandes.

GERNTKEBOGEN (1979), Max Gerntke (1895-1964), Architekt, baute expressionistische Villen in den Elbvororten und einen Alsterpavillon.

Vier- und Marschlande

GERSONWEG (1979), Hans Gerson (1881-1931) und Oscar Gerson (1886-1966), Architekten-Brüder, bauten Hamburger Geschäftshäuser (u.a. den Meßberghof und zusammen mit Fritz Höger den Sprinkenhof).

GRAMKOWWEG (1965), Heinrich Gramkow (1848-1940), Hauptlehrer und Organist in Curslack.

GRAUMANNTWIETE (1972), Henry Graumann (1890-1960), 1933-1960 Deichvogt des Deichverbandes der Vier- und Marschlande.

HACKMACKBOGEN (1979), Hermann Hackmack (1895-1973), Gemeindevertreter in Sande, Hamburger Bürgerschaftsabgeordneter, Gründer und Vorsitzender der Baugenossenschaft Bergedorf-Bille, stellvertretender Vorsitzender der Bezirksversammlung Bergedorf.

HANS-DUNCKER-STRASSE (1983), Hans Duncker (1904-1974), Landwirt aus Reitbrook, Hamburger Bürgerschaftsabgeordneter, Repräsentant des Bauernverbandes (Sparte Gemüsebau).

HANS-FÖRSTER-BOGEN (1979), Hans Förster (1885-1966), Kunstmaler und Heimatschriftsteller.

HANS-STOLL-STRASSE (1995), Hans Stoll (1912-1940), Sozialdemokrat, Widerstandskämpfer gegen das NS-Regime, kam 1940 bei der Flucht nach Schweden ums Leben.

HEIN-BAXMANN-STIEG (1963), Hein Baxmann (gest. 1647), Hamburger Bildschnitzer, schuf unter anderem die Altäre in den Kirchen von Moorfleet, Ochsenwerder und Allermöhe.

HEINRICH-OSTERATH-STRASSE (1934), Heinrich Osterath, langjähriger leitender Baubeamter bei der Landherrenschaft.

HEINRICH-STUBBE-WEG (1927), Heinrich Stubbe, 1919-1933 Landherr von Bergedorf und den Vierlanden.

Dieses Bauernhaus steht an der Heinrich-Osterath-Straße.

HERBERT-PARDO-WEG (1995), Dr. Herbert Pardo (1887-1974), jüdischer Anwalt und SPD-Politiker, 1919-1931 Hamburger Bürgerschaftsabgeordneter, emigrierte 1933 nach Israel, kehrte 1947 nach Hamburg zurück, starb in Israel.

Vier- und Marschlande

HERMANN-WÜSTHOF-RING (1991), Herman Wüsthof (1898-1964), gründete 1945 die CDU in den Vier- und Marschlanden, Deputierter in der Behörde für Landwirtschaft und Ernährung.

HOFSCHLÄGER DEICH, HOFSCHLÄGER WEG (1916); jeder Bauer mußte früher ein Stück dieses Deiches in Ordnung halten. Diese Stücke hießen Hofschlag.

HOMANNRING (1992), Vorbesitzer des Geländes war die Familie Homann.

JEAN-DOLDIER-WEG (1986), Jean-Aimeé Doldier (gest. 1971), französischer Widerstandskämpfer im KZ Neuengamme, war nach dem Krieg lange Jahre Präsident der „Amicale International de Neuengamme" und der Invalidenversicherung Frankreichs. Bis 1986: Teil des Neuengammer Heerweges.

KÄTE-LATZKE-WEG (1995), Käte Latzke (1899-1945), Kommunistin, Widerstandskämpferin gegen das NS-Regime, starb im KZ Ravensbrück an Thyphus.

KARBERGSWEG (1979), Bruno Karberg (1896-1967), Maler und Grafiker, wirkte in Bergedorf, entwarf unter anderem das Hamburger Staatswappen.

KARL-RÜTHER-STIEG (1995), Karl Rüther (1906-1937), Tischler, Sozialdemokrat, Widerstandskämpfer gegen das NS-Regime, verstarb 1937 an Haftfolgen.

KATHARINA-FELLENDORF-STRASSE (1995), Katharina Fellendorf (1884-1944), gewährte Widerstandskämpfern gegen das NS-Regime, unter anderem ihrem Sohn Wilhelm, Unterschlupf, wurde 1944 hingerichtet.

KLOPHAUSRING (1979), Rudolf Klophaus (1885-1957), Architekt, baute Hamburger Kontorhäuser (u.a. den Mohlenhof), Siedlungen und öffentliche Gebäude.

KONRAD-VEIX-STIEG (1995), Konrad Veix (1891-1974), Schuster in Bergedorf, Kommunist, Widerstandskämpfer gegen das NS-Regime.

KRAPPHOFSTRASSE (1979); hier befand sich einst die Kattunfabrik der Hamburger Familie Dankert, die „Krapp" (roten Farbstoff) gewann.

KRAUELER HAUPTDEICH (1968); hier Krauler Hauptdeich setzte sich früher aus dem Ost- und dem West-Krauler Elbdeich zusammen. Kraul hieß einst Crowel. Der Name kommt vielleicht von „kro" oder „krog", was abseits gelegenes Land bedeutet.

KURFÜRSTENDEICH; der Kurfürstendeich hat seinen Namen vermutlich von sieben hier gelegenen Katen, die als die „7 Kurfürsten" bezeichnet wurden. Soviele Kurfürsten gab es im alten „Heiligen Römischen Reich Deutscher Nationen".

Vier- und Marschlande

KUWERDAMM (1899); als Kuwerdamm wurden durch Wühl- oder Kuwerwasser erforderlich gewordene Notdämme bezeichnet.

LIESBETH-ROSE-STIEG (1995), Liesbeth Rose (1910-1945), Widerstandskämpferin gegen das NS-Regime.
Ursprünglich: Elisabeth-Rose-Stieg.

LUNDTWEG (1979), Werner Lundt (1855-1936), Architekt, baute zahlreiche Geschäftshäuser und öffentliche Gebäude in Hamburg (u.a. das Thalia Theater und das Hanseatische Oberlandesgericht).

LUXWEG (1956), Frieda Lux (1890-1953), förderte die Wohlfahrtspflege in Billwerder, nach 1945 Leiterin der dortigen Arbeiterwohlfahrt.

MARGARETE-MROSEK-BOGEN (1995), Margarete Mrosek (1902-1945), Widerständlerin gegen das NS-Regime, wurde 1945 ohne Prozeß hingerichtet.

MARGIT-ZINKE-STRASSE (1995), Margit Zinke (1914-1945), Widerstandskämpferin gegen das NS-Regime, wurde 1945 ohne Prozeß hingerichtet.

MARIE-HENNING-WEG (1995), Marie Henning (1895-1948), Kommunistin, 1931-1933 Hamburger Bürgerschaftsabgeordnete, lebte in Bergedorf, in der NS-Zeit mehrfach verhaftet, Ehefrau von Ernst Henning (s. Ernst-Henning-Weg/Bergedorf).

METTE-HARDEN-STRASSE (1995), Mette Harden, Einwohnerin aus Kirchwerder-Sande, wurde 1612 der Hexerei bezichtigt, beteuerte aber trotz Folterungen ihre Unschuld und wurde nicht verurteilt.

MOORFLEETER DEICH (1960), **MOORFLEETER HAUPTDEICH** (1968), **MOORFLEETER KIRCHENWEG** (1948); der Name Moorfleet stammt von dem Urenfleet, einem früheren Wasserweg zwischen der Dove und der Billwerder Elbe. Aus „tom Urenfleet" wurde Murenfleet und dann Moorfleet.

OORTKATENWEG (1924); „Oort" bedeutet Ecke und bezeichnete früher die Deichkrümmung an dieser Stelle.

OTTO-GROT-STRASSE (1995), Otto Grot (1905-1987), Polizeibeamter, Sozialdemokrat, Widerstandskämpfer gegen das NS-Regime, 1952-1965 Kommandeur der Hamburger Schutzpolizei.

PAUL-BUNGE-STIEG (1995), Paul Waldemar Bunge (1904-1942), Sozialdemokrat, Widerstandskämpfer gegen das NS-Regime, starb 1942 an Haftfolgen.

PURITZWEG (1979), Walter Puritz (1882-1957), Architekt, baute zusammen mit Emil Schaudt unter anderem das Curio-Haus und viele U-Bahnhaltestellen.

Vier- und Marschlande

REITDEICH (1927), **REITBRROOKER HINTERDEICH** (1948), **REITBROOKER WESTERDEICH** (1948); eine Elbinsel namens Ragit oder Reit, was wohl Reet bedeutet, gab diesen Straßen und dem Stadtteil Reitbrook ihre Namen. „Die Reit" heißt hier immer noch ein Naturschutzgebiet.

RIBENWEG (1922); dem Rittergeschlecht Ribe gehörte die hier im Mittelalter an der Elbe gelegene Riepenburg.

RUNGEDAMM (1980), Friedlieb Ferdinand Runge (1794-1867), in Billwerder geborener Chemiker, entdeckte unter anderem Anilin und Stearin.

SOPHIE-SCHOOP-WEG (1995), Sophie Schoop (1875-1945), Jüdin, setzte sich 1943 in Hamburg für russische und französische Kriegsgefangene ein, wurde daraufhin nach Auschwitz deportiert.

SPADENLÄNDER HAUPTDEICH (1965), **SPADENLÄNDER ELBDEICH**; ein Spadenland oder Spatenland war das Land, das ein Marschländer verlor, wenn er seine „Deichlast" (Verpflichtung ein Stück Deich in Ordnung zu halten) nicht erbracht hatte. In ein solches Grundstück wurde ein Spaten gesteckt. Demjenigen, der den Spaten herauszog, gehörte fortan das Land. Wurde der Spaten nicht gezogen, mußte der Hamburger Rat die Deichpflichten übernehmen. 1495 wurde Spadenland so an Hamburg „verspadet".

SPECKENWEG; der Speckenweg, einer der ältesten Fahrwege der Vierlande, war einst ein aus „Specken" eigentlich Speeken (= Speichen oder Knüppel) bestehender Bohlenweg über das moorige Land der Brookwetterung.

STELLBRINKWEG (1995), Karl-Friedrich Stellbrink (1894-1943), Lübecker Pastor, predigte gegen die Euthanasie, wurde 1943 zum Tode verurteilt und hingerichtet.

TATENBERGER DEICH, TATENBERGER DAMM (1933), Tatenberg wird von Thadekenberg oder Tadeken, der Verkleinerungsform des Namens Tade abgeleitet, der sich wiederum aus den Worten Tiet oder Diet entwickelt haben könnte, was Volk bedeutet.

TÖNERWEG (1949), Theodor Töner (1864-1938), 1890-1936 Pastor in Curslack und zuletzt auch stellvertretender Probst des Kreises Bergedorf.

VON-HACHT-WEG (1995), Fritz von Hacht (1898-1988), Sozialdemokrat aus einer alten Familie der Vier- und Marschlande, Widerstandskämpfer gegen das NS-Regime.

VON-HAEFTEN-STRASSE (1995), Hans Bernd von Haeften (1905-1944), Legationsrat, und Werner Karl von Haeften (1908-1944), Jurist, Brüder, Widerstands-

Vier- und Marschlande

kämpfer gegen das NS-Regime, wurden beide im Zusammenhang mit dem Attentat auf Hitler vom 20. Juli 1944 hingerichtet, Werner Karl von Haeften war der Adjutant des Hitler-Attentäters Oberst Graf von Stauffenberg.

VON-HALEM-STRASSE (1995), Nikolaus Christoph von Halem (1905-1944), angehender Jurist, schied 1933 aus Gegnerschaft zu Hitler aus dem Referendardienst aus, Widerstandskämpfer gegen das NS-Regime, wurde 1944 hingerichtet.

VON-MOLTKE-BOGEN (1995), Helmuth James Graf von Moltke (1907-1945), Jurist, gründete den Kreisauer Kreis, in dem sich Widerstandskämpfer gegen das NS-Regime über politische Gegensätze hinweg zusammenfanden, wurde 1945 hingerichtet.

VON-SCHELIHA-STRASSE (1995), Rudolf von Scheliha (1897-1942), Diplomat, Widerstandskämpfer gegen das NS-Regime, informierte das Ausland über die Vernichtungslager, wurde 1942 hingerichtet.

WALTER-BECKER-STRASSE (1995), Walter Becker (1912-1970), Setzer aus Sande (heute Lohbrügge), Sozialdemokrat, Widerstandskämpfer gegen das NS-Regime.

WALTER-ROTHENBURG-WEG (1995), Walter Rothenburg (1889-1975), Hamburger Schriftsteller, Boxpromoter und Schlagertexter („Junge, komm bald wieder"), Gegner und Verfolgter des NS-Regimes.

WALTER-RUDOLPHI-WEG (1995); Julius Aloys Walter Rudolphi (1880-1944), in Hamburg geborener jüdischer Jurist, war an verschiedenen Gerichten in Bergedorf tätig, wurde 1944 in Auschwitz ermordet.

WARWISCHER HAUPTDEICH (1965), **WARWISCHER HINTERDEICH**; als „War" wurde ein zwecks Fischfangs ins Wasser gebautes Wehr bezeichnet. „Wisch" bedeutet Wiese.

WERNER-WITT-STRASSE (1991), Werner Witt (1919-1986), Kommunalpolitiker, war 20 Jahre in verschiedenen Ausschüssen der Bezirksversammlung Bergedorf tätig, 1966-1969 stellvertretender Vorsitzender des Ortsausschusses Vier- und Marschlande.

WILHELM-IWAN-RING (1986), Wilhelm Iwan (1899-1975), 1947/48 Förderer des Wohnungsbaus in Billwerder/Moorfleet, Mitbegründer der Gemeinnützigen Baugenossenschaft Bergedorf-Bille EG.

WILHELM-OSTERHOLD-STIEG (1995), Wilhelm Osterhold (1891-1971), Buchdrucker, Redakteur, SPD-Politiker, 1933 Redakteur des Bergedorfer Volksblattes, Widerstandskämpfer gegen das NS-Regime, 1946-1949 und 1953 Hamburger Bürgerschaftsabgeordneter.

Vier- und Marschlande

WILHELMINE-HUNDERT-WEG (1995), Wilhelmine Hundert (1896-1945), Widerstandskämpferin gegen das NS-Regime, wurde 1945 im KZ Oranienburg umgebracht.

WÖHLECKEBOGEN (1979), Otto Wöhlecke, Architekt, baute die St. Pauli Landungsbrücken und den Elbtunnel.

WULFFSBRÜCKE (1929), Ernst Wulff (1848-1917), Gemeindevorsteher in Reitbrook, Besitzer des hier gelegenen Wulffs-Hofes.

ZOLLENSPIEKER HAUPTDEICH (1965); hier befand sich einst ein turmartiges Zollhaus, von dem aus die Zöllner nach zollpflichtiger Ware Ausschau hielten („spieken" = ausspähen). Heute ist Zollenspieker mit seinem Fährhaus ein beliebtes Ausflugsziel.

Der Zollenspieker Hauptdeich ersetzte 1965 den alten Kirchwerder Elbdeich als Hauptdeichlinie.

Volksdorf

VOLKSDORF

AMALIE-SIEVEKING-WEG (1957), Amalie Sieveking (1794-1859), eine der Begründerinnen der weiblichen evangelischen Diakonie, gründete 1832 den „Weiblichen Verein für Armen- und Krankenhilfe".

CLAUS-FERCK-STRASSE (1948); die meisten männlichen Mitglieder der alteingesessenen Voksdorfer Bauernfamilie Ferck hörten auf den Vornamen Claus. Bis 1948: Bahnhofsweg.

CORNEHLSWEG; der Cornehlsweg ist nach der alten Volksdorfer Bauernfamilie Cornehls benannt.

EULENKRUGSTRASSE (1936); der an der Landesgrenze gelegene Eulenkrug gab dieser Straße ihren Namen. 1903-1936: Eulenkrugchaussee.

GUSTAV-WEIHRAUCH-WEG (1968), Gustav Weihrauch (1862-1940), Lehrer, Pionier für Grünanlagen in Hamburg.

HEINRICH-GOEBEL-STRASSE (1950), Heinrich Goebel (1818-1892), Erfinder der elektrischen Glühlampe, kam Edison zuvor, wurde aber erst nach ihm bekannt. Bis 1950: Rainweg.

HEINRICH-VON-OHLENDORFF-STRASSE (1943), **OHLENDORFFS TANNEN** (1948), Freiherr Heinrich von Ohlendorff (1836-1928), verfügte über umfangreichen Grundbesitz in Volksdorf. Ohlendorffs Tannen: bis 1948 Grasweg.

HEINSONWEG (1929), Theodor Heinson (1856-1922), Verwalter des Ohlendorffschen Besitzes in Volksdorf, machte sich um die Erschließung des Geländes verdient.

HOLTHUSENSTRASSE (1905), Gottfried Holthusen (1848-1920), Senator, Präses der Baubehörde.

HUUSBARG (1951); die nach einer alten Flur namens Hoisberg benannte Straße hieß seit 1913 Friedrich-Sthamer-Straße und später Huusbargallee.

JOHANNES-SCHULT-WEG (1968), Johannes Schult (1884-1965), Oberschulrat und Bürgerschaftsabgeordneter.

KOHMANNWEG (1948); nach der alten Volksdorfer Bauernfamilie Kohmann wurde 1948 die Straße Am Foßbarg umbenannt.

MAETZELWEG (1960), Emil Maetzel (1877-1955), Hamburger Maler (seit 1933 in Volksdorf tätig), 1907-1933 Mitarbeit bei der Bauleitung des Hauptbahnhofs und Leiter der Städtebauabteilung in der Baubehörde.

Wandsbek

MEIENDORFER WEG siehe Rahlstedt.

PHILIPP-REIS-WEG (1956), Johann Philipp Reis (1834-1874), Physiker, Erfinder des Telefons. Bis 1956: Reisweg.

PRALLEWEG (1960), Heinrich Pralle (1860-1951), Begründer des Werkunterrichts an Hamburger Schulen.

SCHEMMANNSTRASSE (1906), Conrad H. Schemmann (1842-1910), seit 1885 Senator und Landherr der Geestlande.

ZABELWEG (1961), Albrecht Zabel (um 1320), früherer Besitzer Lottbeks und der Volksdorfer Mühle.

WANDSBEK (MIT MARIENTHAL)

AM ALTEN POSTHAUS (1955), „Zum Posthaus" hieß eine beliebte Gaststätte mit Poststation im 18. Jahrhundert, die an der Stelle stand, an der sich heute das Bezirksamt Wandsbek befindet. Bis 1955: Bestandteil der Goethestraße.

ASMUSWEG (1950), Asmus, Pseudonym des Dichters Matthias Claudius. Bis 1950: Buchenstraße.

AUF DEM KÖNIGSLANDE (1891); der größte Teil des Gutes Wandsbek wurde 1807 vom Grafen Schimmelmann an den dänischen König verkauft. Dieses Gebiet, das Wandsbek, Hinschenfelde und Tonndorf/Lohe umfaßte, bezeichnete man deshalb als Königsland. Der östliche Teil der Straße (ab Holzmühlenstr.) hieß bis 1951 Röperstraße.

BÄRENALLEE (zw. 1850 u. 1878); an einen lebendigen Bären erinnert die Bärenallee. Das Tier wurde von dem Besitzer des 1746 erbauten Gasthofes „Zum schwarzen Bären" gehalten, der sich an der heutigen Wandsbeker Marktstraße befand. Seine Gärten, das Domizil des Bären, reichten bis an die Bärenallee.

BANDWIRKERSTRASSE (1950); die Bandwirker waren die Arbeiter der früher in Wandsbek ansässigen Tuch- und Bandindustrie. Bis 1950: Langestraße.

BEHRENSSTRASSE (zw. 1850 u. 1878); die Hamburger Familie Behrens gelangte 1645 in den Besitz des Gutes Wandsbek und vergrößerte es um die Dörfer Tonndorf und Hinschenfelde.

BEI DER HOPFENKARRE (1892); Hopfenkarre hieß ein altes Wirtshaus an der Chaussee nach Lübeck, der heutigen Ahrensburger Straße. Karren oder Kohr war ein Hohlmaß zum Messen des Hopfens.

Wandsbek

BIRTSTRASSE (1947), Prof. Theodor Birt (geb. 1852), in Wandsbek geborener Altertumsforscher. Bis 1947: Roonstraße.

BÖHMESTRASSE (1950), August Böhme, Tischlermeister und letzter Oberbrandmeister der Wandsbeker Freiwilligen Feuerwehr. Bis 1950: Stiftstraße.

BOTHMANNSTRASSE (1961), Bernhard Bothmann (1884-1952), 26 Jahre Pastor in Wandsbek-Hinschenfelde.

BOVESTRASSE (1950); der Wandsbeker Kaufmannsfamilie Bove gehörte früher das umliegende Gelände. Vor 1950: Hinter dem Fort, Rennbahnstraße.

BRAUHAUSSTRASSE (1950), **BRAUHAUSSTIEG** (1951); hier stand einst ein Wandsbeker Brauhaus. Brauhausstraße: vor 1950 Redder, Holstenstraße. Brauhausstieg: vor 1951 Mathildenstraße.

BRODERSENSTRASSE (1965), Ernst Wilhelm Brodersen (1854-1929), Pastor in Wandsbek.

CLAUDIUSSTRASSE (1890), **CLAUDIUSSTIEG** (1961), Matthias Claudius (1740-1815), Dichter, bekannt als „Wandsbecker Bothe" und durch seine Lyrik („Der Mond ist aufgegangen"). Nach seiner Ehefrau Rebecca wurde der **REBECCA-WEG** (1917) benannt. Claudiusstieg: vor 1961 Klopstockstraße.

DERNAUER STRASSE (1936); für den Weinort Dernau an der Mosel hat die Stadt Wandsbek die Patenschaft übernommen. Nach einem weiteren Wandsbeker Patenort wurde die **GUDERUPER STRASSE** benannt (Guderup auf der dänischen Insel Alsen).

DOTZAUERWEG (1957), Justus Dotzauer (1808-1878), früherer Besitzer des Quarrees. Bis 1957: Teil der Straße Quarree.

EFFTINGESTRASSE (1951), Johannes Efftinge (1863-1909), Wandsbeker Stadtverordneter und erster Vorsitzender des Sozialdemokratischen Vereins von Wandsbek. Bis 1951: Eduardstraße.

EICHTALSTRASSE (1950); den gegenüberliegenden Eichtalpark ließ der Lederfabrikant Caspar Oskar Luetkens durch Anpflanzungen von Eichen anlegen. Bis 1950: Moltkestraße.

EICKHOFFSTRASSE (1951), Prof. Paul Eickhoff (1850-1931), Wandsbeker Heimatforscher, war als Lehrer am Wandsbeker Gymnasium tätig. Bis 1951: Mansteinstraße.

ERNST-ALBERS-STRASSE (zw. 1850 u.1878), Ernst Albers, Oberalter und Ham-

Wandsbek

burgischer Kaufmann, hatte größeren Grundbesitz in Wandsbek; nach seinem Sohn Oktavio wurde die OKTAVIOSTRASSE benannt, die im Dritten Reich Schlageterstraße hieß.

FENGLERSTRASSE (1950), Christian Fengler (1834-1919), Wandsbeker Pastor. Bis 1950: Goebenstraße.

FREESENSTRASSE (zw. 1850 u.1878), Johann Freesen, 1572-1578 Pächter des Gutes Wandsbek.

FRIEDRICH-EBERT-DAMM (1945), Friedrich Ebert (1871-1925), Sattler, SPD-Politiker, 1913-1919 Vorsitzender der SPD, Präsident des Deutschen Reiches. Vor 1945: Grüner Weg, Adolf-Hitler-Damm.

GLADOWSTRASSE (1950); der Familie Gladow gehörte einst das umliegende Gelände. Bis 1950: Heinrichstraße.

GUDERUPER STRASSE siehe DERNAUER STRASSE.

GUSTAV-ADOLF-STRASSE (zw. 1850 u. 1878), Gustav II. Adolf (1594-1632), König von Schweden.

HEINRICH-MÜLLER-STIEG (1980), Heinrich Müller (1885-1966), 1945-1954 Leiter des Bezirksamtes Wandsbek.

HELBINGSTRASSE (nach 1913), **HELBINGTWIETE** (1947); die alte Wandsbeker Brauerfamilie Helbing verfügte seit dem 18. Jahrhundert über Landbesitz in Wandsbek und Bramfeld. Helbingtwiete: vor 1947 Legienstraße, Hugenbergstraße.

HINSCHENFELDER STRASSE (1912), **HINSCHENFELDER STIEG** (1967); das frühere Dorf Hinschenfelde, dessen Name von einem gewissen Hinrich abgeleitet wird, ist seit 1949 ein Bestandteil von Wandsbek. Hinschenfelder Straße (östl. Teil): bis 1950 Annenstraße.

HINTERM STERN (1950); hier befand sich ein Vogel mit Stern für die Schießübungen der seit dem 17. Jahrhundert bestehenden Wandsbeker Brand- und Schützengilde. Vor 1950: Hinter dem Stern, Sternstraße.

HOGREVESTRASSE (1950), Heinrich Hogreve (1858-1915), Gastwirt und Wandsbeker Stadtverordneter. Bis 1950: Dietrichstraße.

HOLSTENHOFWEG; der hier gelegene Holstenhof wurde vom Rauhen Haus für seine Zöglinge gegründet und fungierte später als Waisenhaus und Altersheim der Stadt Wandsbek. Bis 1913: Jüthornstieg.

Wandsbek

HOLZMÜHLENSTRASSE (1950), **HOLZMÜHLENSTIEG** (1982); nach einer der Wassermühlen an der Wandse, der Holzmühle, die Farbhölzer mahlte, wurde 1950 ein Teil der Bramfelder Straße umbenannt.

HUNDTSTRASSE (1951), Heinrich Hundt (1876-1943), Wandsbeker Rektor. Bis 1951: Schwarzestraße.

HUSARENWEG (nach 1913); hier befand sich der Exerzierplatz der Wandsbeker Husaren.

IVERSSTRASSE (1950), Die Lehrerfamilie Ivers lebte im 19. und 20. Jahrhundert in Wandsbek. Bis 1950: Paulstraße.

JOSEPHSTRASSE siehe MOREWOODSTRASSE.

JÜTHORNSTRASSE (vor 1878), **JÜTHORNKAMP** (1951), Hier befand sich einst der Bauernhof Jüthorn, dessen Name sich von Jetthorn ableitet. Jett bedeutet Ziege oder junges Rind. 1933-1950: Dietrich-Eckart-Straße. Jüthornkamp: vor 1951 Amalienstraße.

KATTUNBLEICHE (1951); beiderseits der Wandse befanden sich im 18. und 19. Jahrhundert die Bleichflächen der Wandsbeker Kattundruckereien. Bis 1951: Bleicherstraße.

KEDENBURGSTRASSE (1950), Dietrich Johann Kedenburg (1831-1900), Hauptpastor von Wandsbek. Bis 1950: Manteuffelstraße.

KESSLERSWEG (um 1894); ein früherer Besitzer der Wandsbeker Farbholzmühle hieß Keßler.

KIELMANNSEGGSTRASSE (1950), **KIELMANNSEGGSTIEG** (1954); der Familie Kielmannsegg gehörte das Gut Wandsbek von 1679 bis 1705. Bis 1950: Goßlerstraße.

KLAPPSTRASSE (1950), Dr. Hermann Klapp (1840-1895), Schuldirektor in Wandsbek. Bis 1950: 1. Schulstraße.

KNEESESTRASSE (1950), Heinrich Kneese (1853-1916), Wandsbeker Bürgervorsteher und Vorsitzender des Wandsbeker Turnerbundes. Vor 1950: Auguststraße, Jahnstraße.

KNUTZENWEG (1954), Friedrich Knutzen (1881-1938), 1920-1933 Landrat im Kreis Stormarn.

KÖNIGSREIHE (1950); unter diesem Namen wurden 1950 die Kurze und die

Wandsbek

Lange Reihe zusammengefaßt. Ursprünglich hieß die alte Wandsbeker Straße „Bei den langen Wohnungen". Der dänische König Christian IV. ließ hier 1620 als Eigentümer des Gutes Wandsbek eine Reihe kleiner Häuser errichten.

KOLPINGWEG (1967), Adolf Kolping (1813-1865), Begründer der katholischen Gesellenvereine.

KORNBERGSTRASSE (1950), Gabriel Kornberg (1711-1781), am Bau des Wandsbeker Schlosses beteiligter Maurermeister. Bis 1950: Werderstraße.

KRAMERKOPPEL (1951), Kramer hieß ein früher hier ansässiger Grundbesitzer. Bis 1951: Blücherstraße.

KRANICHFELDSTRASSE (1950), Johann Friedrich Anton Kranichfeld (1789-1860), einstiger Besitzer des Gutes Wendemuth (s. Wendemuthstraße). Bis 1950: Friedrichstraße.

LENGERCKESTRASSE (vor 1936), **LENGERCKESTIEG** (1962), Peter von Lengercke, Gründer und Besitzer von Wandsbeks größter Kattunfabrik. Lengerckestieg: vor 1962 Teil der Dietrichstraße.

LESSERSTRASSE (1891), Wilhelm Lesser (1813-1889), 1870-1882 Erster Bürgermeister und Ehrenbürger der Stadt Wandsbek. Der nördliche Teil der Lesserstraße gehörte bis 1950 zur Bramfelder Straße.

Die heutige Lesserstraße im Jahre 1933: ihr nördlicher Teil, der damals zwischen Grünflächen und der Siedlung Wandsbek Gartenstadt entlangführte, gehörte noch zur Bramfelder Straße.

LITZOWSTRASSE (kurz nach 1850), **LITZOWSTIEG** (1955), Gottfried Litzow, Besitzer einer großen Schafweide, Mitglied einer alten Wandsbeker Familie.

LOMERSTRASSE (1950), Johann Julius Lomer (1818-1889), Vorbesitzer des Geländes. Bis 1950: Amandastraße.

Wandsbek

LUETKENSALLEE (1950); der Wandsbeker Unternehmerfamilie Luetkens gehörten im 19. Jahrhundert das umliegende Gelände und eine Lederfabrik. Bis 1950: Bismarckstraße.

LYDIASTRASSE siehe MOREWOODSTRASSE.

MARTIN-MARK-WEG (1965), Martin Mark (1865-1948), Wandsbeker Stadtverordneter, bis 1933 Stadtrat, Aufsichtrat der Gemeinnützigen Gartenstadtgesellschaft in Wandsbek.

MELLMANNWEG (1980), Friedrich Mellmann (1897-1972), Hamburger Bürgerschafts- und Wandsbeker Bezirksabgeordneter.

MOOJERSTRASSE (1950); nach der Kattunfabrikantenfamilie Moojer, die im 18. und 19. Jahrhundert in Wandsbek lebte, wurde 1950 die Juliusstraße umbenannt.

MORELLENWEG (1952), Morellen (Kirschen) pflegten bei den Wandsbeker Pferderennen 1835-1850 als Leckerbissen verkauft zu werden.

MOREWOODSTRASSE (kurz vor 1850), **JOSEPHSTRASSE** (1950), Joseph Morewood (1757-1841), aus England eingewanderter Wandsbeker Kaufmann. Nach seiner Tochter Lydia, die zusammen mit ihrer Schwester Helene die noch heute in Wandsbek zwei Seniorenheime unterhaltende Morewoodstiftung gründete, wurde die LYDIASTRASSE (zw. 1878 u. 1913) benannt.

NEBENDAHLSTRASSE (1950), Carl Nebendahl (1841-1913), Stadtbaumeister und Direktor des Wandsbeker Gaswerks. Bis 1950: Johannisstraße.

NEUMANN-REICHARDT-STRASSE (nach 1913), Dr. h.c. Friedrich Neumann-Reichardt, Besitzer der früheren Reichardt-Kakao-Werke in Wandsbek. Früher: Rennbahnstraße, Brauereistraße.

ÖLMÜHLENWEG siehe Tonndorf.

OKTAVIOSTRASSE siehe ERNST-ALBERS-STRASSE.

OSTPREUSSENPLATZ; der Ostpreussenplatz weist den Weg zu den Namen der westlich von ihm liegenden Straße, die nach Flüßen und Städten des ehemaligen Ostpreußen benannt sind.

PUVOGELSTRASSE (1950), Friedrich Puvogel, 1873-1907 2. ehrenamtlich tätiger-Wandsbeker Bürgermeister, Verleger des „Wandsbeker Bothen".
Bis 1950: Von-der-Tann-Straße.

QUARREE (1842); in viereckiger Form wurden 1842 die Straßen um die Wands-

Wandsbek

beker Mittelschule angelegt und erhielten daher den Namen Quarree. Heute befindet sich hier das gleichnamige Wandsbeker Einkaufszentrum.

RANTZAUSTRASSE (1950), Graf Heinrich Rantzau (1564-1614), Erbauer der Wandesburg und Besitzer des Gutes Wandsbek von 1564 bis 1598 und sein Sohn Breido (Besitzer bis 1614). Bis 1950: Löwenstraße.

RAUCHSTRASSE (1929), Eduard Rauch (1844-1931), 1888-1912 Wandsbeker Oberbürgermeister. Bis 1929: Schröderstraße.

REBECCAWEG siehe CLAUDIUSSTRASSE.

ROBERT-SCHUMAN-BRÜCKE (1988), Robert Schuman (1886-1963), französischer Politiker, Präsident des Europäischen Parlaments. Vor 1988: Teil der Wandsbeker Allee, Wandsbeker Rathausbrücke.

RODIGALLEE siehe Jenfeld.

RÜTERSTRASSE (1951), Hugo Rüter (1859-1949), Komponist und Musiklehrer am Wandsbeker Gymnasium. Bis 1951: Kampstraße.

SCHÄDLERSTRASSE (1945), Schädler hieß der Besitzer eines Wandsbeker Bauernhofs. Vor 1945: Neue Bahnhofstraße, Stresemannstraße, ab 1933 Horst-Wessel-Straße.

SCHATZMEISTERSTRASSE siehe SCHIMMELMANNSTRASSE.

SCHIMMELMANNSTRASSE (vor 1864), **SCHIMMELMANNALLEE** (1951), **SCHIMMELMANNSTIEG** (1945), Heinrich Carl Schimmelmann (1724-1782), 1762-1782 Besitzer des Gutes Wandsbek, dänischer Finanzminister. Schimmelmannallee: bis 1951 Graf-Spee-Straße. Schimmelmannstieg: bis 1945 Eppstraße.
Nach Schimmelmann wurde wegen seiner Tätigkeit als Finanzminister auch die SCHATZMEISTERSTRASSE (1950, vorher Marienstraße) benannt.

SCHLOSSTRASSE, SCHLOSSGARTEN (1951); beide Namen erinnern an das Wandsbeker Schloß, das sich von 1770 bis 1865 südlich vom Buszentrum Wandsbek Markt befand. Die Schloßstraße hieß früher Posthausstraße. Schloßgarten: bis 1951 Schillerstraße.

SCHMÜSERSTRASSE (vor 1878), Heinrich C. M. Schmüser (1823-1895), Wandsbeker Grundbesitzer.

SCHÜNEMANNSTIEG (1968), Waldemar Schünemann (1850-1930), Schulrat in Wandsbek und Stormarn.

Wandsbek

SCHWARZLOSESTRASSE (1950), Andreas Schwarzlose (1732-1792), am Bau des Wandsbeker Schloßes beteiligter Maurermeister. Bis 1950: Bergstraße.

SEYDECKREIHE (1950), Johann Seydeck, Steinmetz, wirkte im 18. Jahrhundert am Bau des Wandsbeker Schloßes mit. Bis 1950: Geibelstraße.

STEPHANSTRASSE (1936), Heinrich von Stephan (1831-1897), Organisator des deutschen Postwesens. Bis 1936: Katharinenstraße.

THIEDEWEG (1951), Albert Thiede (1848-1933), 1894-1900 Gemeinde- und dann bis 1922 Bezirksvorsteher von Hinschenfelde. Bis 1951: Karlstraße.

TRATZIGERSTRASSE (1950), Dr. Adam Tratziger (1523-1584), Hamburger Syndikus und Chronist, war 1556-1564 Besitzer des Gutes Wandsbek. Bis 1950: Jägerstraße.

TRAUNSALLEE (1914); die Hamburger Kaufmannsfamilie Traun besaß in Marienthal einen Park.

VON-BARGEN-STRASSE (zw. 1850 u. 1878); die alteingesessene Wandsbeker Bauernfamilie von Bargen gab dieser Straße ihren Namen.

VON-HEIN-STRASSE (1950), Johannes von Hein (1848-1936), Schornsteinfegermeister und Hauptmann der Wandsbeker Freiwilligen Feuerwehr. Bis 1950: Vereinsstraße.

WALTER-FRAHM-STIEG (1983), Walter Frahm (1883-1970), Wandsbeker Lehrer und Heimatforscher.

WALTHER-MAHLAU-STIEG (1973), Walther Mahlau (1902-1970), Pastor an der Kreuzkirche.

In Wandsbeks Zentrum herrschte in den 30er Jahren noch ein kleinstädtisches Flair: an der Wandsbeker Marktstraße standen vorwiegend ein- bis zweistöckige Häuser.

Wandsbek

WANDSBEKER MARKTSTRASSE (1950), **WANDSBEKER ALLEE** (1955), Wandsbek oder Wantesbeke lag entweder am Bach des Wanto oder wahrscheinlicher am Grenzbach zwischen Wandsbek und Tonndorf. Danach wäre Wandsbek von dem Wort Wand im Sinne von Grenze abgeleitet. Die Wandsbeker Marktstraße setzte sich vor 1950 aus der Hamburger und der Lübecker Straße zusammen. Die Wandsbeker Allee bestand vor 1955 aus dem Gasweg, der Hirschstraße und der Goethestraße.

WANDSBEKER KÖNIGSTRASSE (1950), Diese Straße durchquerte der dänische König Christian VIII. bei seinem Besuch in Wandsbek im Jahre 1840. Bis 1950: Königstraße.

WANDSBEKER ZOLLSTRASSE (1950); entlang dieser Straße verlief von 1838 bis 1888 eine Zollgrenze, die Wandsbek in zwei Zollbereiche aufteilte. Bis 1950: Zollstraße und Lübsche Landstraße/Lübecker Straße.

WENDEMUTHSTRASSE (1863); im 17. Jahrhundert errichtete der damalige Pächter des Gutes Wandsbek, Adam Basilier, nördlich der Wandse die Hofanlage Wendemuth. Der Name wird von „Wend' den Unmuth" abgeleitet, was ähnlich wie „sans souci" sorgenfrei bedeutet. Das 1762 zum Lusthof ausgebaute Anwesen wurde 1900 abgerissen. Die Hochbahn errichtete hier ein Straßenbahndepot, das später zu einem Busbetriebshof umgebaut wurde.

WICHELMANNWEG (1980), Heinrich Wichelmann (1893-1974), Hamburger Bürgerschafts- und Wandsbeker Bezirksabgeordneter.

WIEMANNWEG (1950), Hermann Wiemann (1854-1926), Wandsbeker Lehrer und Stadtverordneter. Bis 1950: Carolinenstraße.

WISSMANNSTRASSE (1950), Hermann von Wißmann (1853-1905), Afrikaforscher und Gouverneur von Deutsch-Ostafrika. Bis 1950: Wrangelstraße.

WITTHÖFTSTRASSE (zw. 1913 u. 1927), Witthöft hieß ein Wandsbeker Weinhändler, der auch Stadtrat war.

ZIESENISSTRASSE (1950), Friedrich Zieseniß (1839-1902), Wandsbeker Stadtverordneter. Bis 1950: Wilhelmstraße.

ZIETHENSTRASSE (vor 1913), Hans-Joachim von Ziethen (1699-1786), preußischer General der Kavallerie zur Zeit Friedrichs des Großen.

ZITZEWITZSTRASSE (1938), Oberst Wedig von Zitzewitz (1856-1920), kommandierte 1902-1907 die Wandsbeker Husaren. Bis 1938: Voßstraße.

Wellingsbüttel

WELLINGSBÜTTEL

BANTSCHOWSTRASSE (1951), Heinrich Bantschow, Besitzer des Gutes Wellingsbüttel aus dem Jahre 1522, war Lehrer am Hamburger Dom. Bis 1951: Mühlenstraße.

CLASSENWEG (1950), **CLASSENSTIEG** (1951), Dr. Johannes Classen (1805-1891), 1864-1874 Direktor des Johanneums.

DELIUSWEG (1950), Mattaeus Delius (gest.1565), Rektor des Johanneums. Bis 1950: Mittelweg.

ECKERKAMP (1951); der Eckerkamp war ein mit Eichen bestandenes Feld. Ecker oder Eeker ist ein altes Wort für Eiche. Bis 1951: Feldstraße.

FRIEDRICH-KARL-STRASSE (1960), Herzog Friedrich Karl Ludwig von Holstein-Beck (1757-1816), Besitzer des Gutes Wellingsbüttel.

FRIEDRICH-KIRSTEN-STRASSE, Friedrich Kirsten (1842-1924), letzter Besitzer des Gutes Wellingsbüttel.

HOCHESTIEG (1950), Prof. Dr. Richard Hoche (1834-1906), Pädagoge, 1874-1888 Direktor des Johanneums, anschließend bis 1900 Schulrat. Bis 1950: Lünkenstieg.

HUSWEDELWEG (1950), Johann Huswedel (1576-1651), 1627/28 Rektor des Johanneums. Bis 1950: Jahnstraße.

KASPAR-OHM-WEG (1950); nach der Erzählung „Kaspar Ohm un ick" von John Brinckmann wurde 1950 die Herzog-Widukind-Straße umbenannt.

KELTERSTRASSE (1950), Prof. Dr. Edmund Kelter (1867-1942), 1925-1933 Direktor des Johanneums. Bis 1950: Teil der Bramfelder Straße.

LAGERLÖFSTRASSE (1947), Selma Lagerlöf (1858-1940), schwedische Dichterin, erhielt 1901 den Nobelpreis für Literatur. Bis 1947: Buchenweg.

LAUREMBERGWEG (1951), **LAUREMBERGSTIEG** (1971), Peter Lauremberg (1585-1639), 1615-1618 Direktor des Akademischen Gymnasiums in Hamburg.

LICHTENSTEINWEG (1951), Heinrich Lichtenstein (1753-1816), 1782 -1799 Rektor des Johanneums. Bis 1951: Lerchenkamp.

PFEILSHOFER WEG, AM PFEILSHOF (1950); das Gut Pfeilshof in Sasel gehörte um 1900 einem Herrn Pfeil. Am Pfeilshof: bis 1950 Lindenallee.

REINKINGSTRASSE (1960), Dietrich R. (1590-1664), Besitzer des Gutes Wellingsbüttel.

Wilhelmsburg

ROLFINCKSTRASSE (1950), **ROLFINCKSTIEG** (1955), Werner Rolfinck (gest. 1590), ab 1575 Rektor des Johanneums.
Bis 1950: Eichenstraße.

SANDERSKOPPEL; die Sanderskoppel hat ihren Namen von einem früheren Gastwirt und Grundbesitzer des umliegenden Geländes.

SASELER CHAUSSEE siehe Sasel.

SCHULTESSDAMM (1950), **SCHULTESSTIEG** (1950), Prof. Dr. Friedrich Schulteß, Direktor des Johanneums. Bis 1950: zusammen Schulstraße.

SPECKMANNSTRASSE (1950), Dietrich Speckmann (1872-1938), niederdeutscher Dichter. Bis 1950: Johann-Hinrich-Fehrs-Straße.

STELLMANNKAMP (1948); nach dem früheren Besitzer dieses Flurstückes wurde der Stellmannkamp benannt.

VON-KURTZROCK-RING (1950); der Familie von Kurtzrock gehörte das Gut Wellingsbüttel von 1673 bis 1806. Bis 1950: Verbindungsweg und Hübbesweg.

WALDINGSTRASSE (1950); ein Siedler namens Walding gilt als der Gründer von Wellingsbüttel.

WELLINGSBÜTTLER WEG (1950), Wellingsbüttel ist das Dorf des Walding. Der Wellingsbüttler Weg setzte sich vor 1950 aus der Hamburger und der Poppenbüttler Straße zusammen.

WESTHUSENSTRASSE (1950), Peter Westhusen (1613-1660), 1651-1660 Rektor des Johanneums. Bis 1950 Steenkamp.

WIBBELTWEG (1950), Augustin Wibbelt (1862-1947), niederdeutscher Schriftsteller. Bis 1950: Memeldank.

WILHELMSBURG

ALGERMISSENSTRASSE (1969), Franz Algermissen (1876-1943), 1909-1925 Pfarrer der katholischen Bonifatiuskirche.

ALTE HARBURGER ELBBRÜCKE siehe Harburg.

BAUVEREINSWEG siehe RÜDEMANNSWEG.

BAUWIESENSTRASSE siehe SCHLENGENDEICH.

Wilhelmsburg

BERTHA-KRÖGER-PLATZ (1982), Bertha Kröger (1891-1962), SPD-Politikerin, 1919-1927 Mitglied des Gemeinderates Wilhelmsburg, 1921-1933 preußische Landtagsabgeordnete, 1946-1962 Hamburgische Bürgerschaftsabgeordnete, seit 1957 Präsidiumsmitglied der Bürgerschaft.

BEYESTIEG siehe KUCKUCKSHORN.

BRÜCKE DES 17. JUNI siehe Harburg.

BUDDESTRASSE (1903), Hermann von Budde (1851-1906), preußischer Eisenbahnminister.

DAHLGRÜNRING (1975), Dr. Rolf Dahlgrün (1908-1969), Bundestagsabgeordneter, Bundesfinanzminister.

DIERKSSTRASSE, Heinrich Dierks, Besitzer eines hier bis um 1890 gelegenen Hofes.

DRATELNSTRASSE; die Familie von Drateln besaß hier seit 1650 einen Hof. Nikolaus von Drateln schenkte dieses Grundstück 1902 der Gemeinde Wilhelmsburg zum Bau eines Rathauses.

ECKERMANNSTRASSE (1949), Johann Peter Eckermann (1792-1854), Sekretär und Vertrauter von Goethe. Bis 1949: Goethestraße.

EINLAGEDEICH; ein Einlagedeich ist ein Deich, der infolge der Zerstörung eines älteren Deichs weiter landeinwärts angelegt werden muß. Dieser Einlagedeich wurde 1368 zwischen dem Altenfelder und dem Goetjensorter Deich „eingelegt".

ELEONORENWEG (1956), Eleonore d'Olbreuse, französische Adelige, Gattin des Herzogs Georg Wilhelm von Braunschweig-Lüneburg-Celle (s. Georg-Wilhelm-Straße), „Gräfin von Harburg".

ERLERRING (1975), Fritz Erler (1913-1967), SPD-Politiker, Bundestagsabgeordneter, ab 1964 Vorsitzender der SPD-Bundestagsfraktion.

ERNST-AUGUST-DEICH (1852), **ERNST-AUGUST-STIEG**, Ernst-August, damaliger Kronprinz des Königreichs Hannover, zu dem Wilhelmsburg gehörte.

FINKENRIEK; der 1374 erbaute Deich „Finkenriek" umfaßte vermutlich ein Stück Land, in dem Vogelfang betrieben wurde. Unter „Finken" verstand man damals ganz allgemein Vögel.

FISKALISCHE STRASSE; die Fiskalische Straße führte einst über Grundstücke des früheren Domänenfiskus, also über staatliches Gebiet.

Wilhelmsburg

FITGERWEG (1951), Arthur Fitger (1840-1909), Maler und Dichter.

GEHRKENSWEG (1935), Albertus Gerkens (1856-1943), 1909-1925 Pfarrer der katholischen Bonifatiuskirche.

GEORGSWERDER BOGEN (1949), **NIEDERGEORGSWERDER DEICH, OBERGEORGSWERDER DEICH,** Die Insel Georgswerder wurde 1609 eingedeicht und 1672 von Herzog Georg-Wilhelm (s. Georg-Wilhelm-Straße) mit den Nachbarinseln Stillhorn und Rotehaus zu Wilhelmsburg zusammengedeicht.

GEORG-WILHELM-STRASSE (1947), Herzog Georg Wilhelm von Braunschweig-Lüneburg-Celle (1624-1705) schuf durch die Zusammendeichung der Inseln Stillhorn, Georgswerder und Rotehaus, die er der adeligen Familie Grote (s. Grotestraße) 1672 abgekauft hatte, die nach ihm benannte Insel Wilhelmsburg. Seine Tochter Sophie Dorothea erhielt sogar den Titel einer „Gräfin von Wilhelmsburg". Die Georg-Wilhelm-Straße wurde entlang der 1813 von Napoleon angelegten Straße als Verbindung zwischen den Fährstellen an der Norder- und der Süderelbe angelegt. 1908-1933: Chaussee, 1933-1947: Hindenburgstraße.

GERD-SCHWÄMMLE-WEG (1990), Gerd Schwämmle (1927-1979), Vorsitzender im Ortsausschuß Wilhelmsburg.

GOETJENSORTER DEICH; nach dem Besitzer eines hier gelegenen Hofes namens Gödeke wurde der Goetjensorter Deich benannt.

GROSS-SAND; von hier zieht sich bis nach Kirchdorf eine Sandbank quer durch Wilhelmsburg, die aus alten Ufersanden eines früheren Elbarms besteht. Daher befindet sich in diesem Bereich fester Sandboden im Gegensatz zum ansonsten sumpfigen Untergrund des übrigen Wilhelmsburg.

GROTESTRASSE (1927); dem Adels-Geschlecht der Groten gehörte von 1361 bis 1672 der größte Teil der Inseln, die heute Wilhelmsburg bilden. Hier in der Nähe lag der erste Grotenhof, der vermutlich als erstes Gebäude mit roten Ziegelsteinen gedeckt war. Die Grotenstraße hieß früher Marienstraße und wurde beim Bau der Aßmann-Kanal-Siedlung etwas nach Westen verlegt.

HARBURGER CHAUSSEE siehe Veddel.

HEINRICH-GROSS-STRASSE (1949), Heinrich Groß (1848-1914), Begründer der Schifszimmerer-Genossenschaft.1911-1927 Reuterstraße, 1927-1933 Paul-Ehrlich-Straße, 1933-1949 Gneisenaustraße.

HONARTSDEICH, HONARTSDEICHER WEG, HONARTSDEICHER KEHRE (1962), Der fürstlich-ostfriesländische Ingenieur-Offizier Johann van den Honaert baute 1680/81 diesen Deich, wodurch 203 Morgen Land nutzbar gemacht wurden.

Wilhelmsburg

IM SCHÖNENFELD siehe SCHÖNENFELDER STRASSE.

JAFFESTRASSE (1949), Ludwig Salomo Jaffe (1845-1923), Industrieller und Grundstücksmakler, Teilhaber der Wilhelmsburger Terraingesellschaft, die hier Gelände erwarb. 1909-1949 Heinrichstraße.

JENERSEITEDEICH; der 1363 angelegte Deich lag von Stillhorn aus gesehen jenseits des Sieden Feldes und nicht auf „jener Seite" dieses Feldes. Der heutige Name des Deichs resultiert vermutlich aus einem Fehler bei der Übersetzung des plattdeutschen „Günner Sied", das eben „Jenseits des Sieden" bedeutet, ins Hochdeutsche.

JULIUS-ERTEL-STRASSE (1930/1945), Julius Ertel, Unternehmer, gründete die Kupferhütte Ertel, Bieber & Co auf dem Kleinen Grasbrook, die Wohnhäuser in dieser Straße erbaute. Nach Mitinhabern dieser Firma mit Namen Rudolf wurde die benachbarte, von der Kupferhütte angelegte, RUDOLFSTRASSE benannt. Vor 1945: 1. Kanalstraße, 1904-1927 Juliusstraße, 1927-1930 Auerstraße, 1930-1933 teils Auer- teils Julius-Ertel-Straße, 1933-1945 Blücherstraße.

JUNGNICKELSTRASSE (1903), Friedrich Jungnickel, 1893-1907 Präsident der Eisenbahn-Direktion Altona.

KARL-ARNOLD-RING (1975), Karl Arnold (1901-1958), CDU-Politiker aus der christlichen Gewerkschaftsbewegung, 1947-1958 Ministerpräsident von Nordrhein-Westfalen.

KARL-KUNERT-STRASSE (1990), Karl-Hermann Kunert (1911-1970), Pastor, Mitglied des Ortsausschusses Wilhelmsburg.

KEINDORFFSTRASSE (1903), Gustav Keindorff, 1904 Regierungs-Assessor bei der Eisenbahn-Direktion Altona.

KIRCHDORFER STRASSE; die Kirchdorfer Straße ist die alte Haupt- und Kreisstraße von Finkenriek durch Kirchdorf zum Georgswerder Deich. Früher hieß nur der heute nach Norden abgeteilte und zum Teil zur Fußgängerzone umgebaute mittlere Abschnitt Kirchdorfer Straße. Die nördlich anschließende Strecke hieß bis zum Jenerseitedeich „Steindamm" und von dort bis zum Niedergeorgswerder Deich „Neuer Weg" (erst 1840 angelegt). Der südliche Teil wurde „Am alten Deich" genannt.

KLÜTJENFELDER HAUPTDEICH siehe KLÜTJENFELDER STRASSE (Hafen).

KÖNIG-GEORG-DEICH, KÖNIG-GEORG-STIEG, KÖNIG-GEORG-WEG, König Georg V. von Hannover (1819-1878), regierte von 1851 bis 1866. Der Deich wurde 1851 zur Eindeichung der Harburger Schweineweide angelegt.

Wilhelmsburg

KORALLUSSTRASSE (1957), **KORALLUSRING** (1957), Hermann Korallus (1849-1925), Mitbegründer und langjähriger Vorsitzender des 1895 gegründeten Wilhelmsburger Eisenbahn-Bau-Spar- und Consum-Vereins.

KRIETERSTRASSE (1969), Karl-Andreas Krieter (1890-1963), Geistlicher Rat, Pfarrer an der katholischen Bonifatius-Kirche.

KUCKUCKSHÖRN; hier befand sich ein altes Gehöft mit diesem Namen, das der Wilhelmsburger Sippe Beye gehörte, nach der der benachbarte BEYESTIEG (1957) benannt wurde.

KURDAMM; ein Kurdamm ist ein vorläufiger Deich, um ein neu entstandenes Brack zu „kuren" oder „karen", d.h. das Eindringen von Wasser zu verhindern.

LEIPELTSTRASSE (1964), Hans Leipelt (1921-1945), Student, Widerstandskämpfer gegen das NS-Regime.

MANNESALLEE (1950), Georg Ernst Wilhelm Gustav Mannes (geb.1865), 1895-1915 Pastor an der Emmausgemeinde in Wilhelmsburg, 1915-1931 Superintendent in Harburg. Bis 1950: Kirchenallee.

MAX-EYTH-STRASSE (1933), Max von Eyth (1836-1906), Ingenieur und Schriftsteller, wirkte bei der Konstruktion der ersten Dampfpflüge mit, Gründer der Deutschen Landwirtschaftsgesellschaft. Vor 1933: Ernst-Schmidt-Straße, danach Oeserstraße.

MAXIMILIAN-KOLBE-WEG (1975), Maximilian Kolbe (1894-1941), polnischer Franziskanerpater, ging in Auschwitz statt eines Mitgefangenen in den Hungertod, wurde 1982 heiliggesprochen.

MENGESTRASSE, MENGEPLATZ, Adolf Menge (1856-1917), 1903-1917 Erster Bürgermeister von Wilhelmsburg, führte Wilhelmsburg von der Landgemeinde zur Industriestadt.

MODERSOHNSTRASSE (1951), Paula Modersohn-Becker (1876-1907), expressionistische Malerin.

MOKRYSTRASSE (1990), Rudolf Mokry (1905-1944), Wilhelmsburger Schlosser, Kommunist, Widerstandskämpfer gegen das NS-Regime.

NEUENFELDER STRASSE; das „Neue Feld", das im Gegensatz zum alten Stillhorn (s. Stillhorner Weg) diesen Namen trug, wurde 1372 eingedeicht.

NEUHÖFER STRASSE, NEUHÖFER DAMM (1949); die Insel Neuhof war ursprünglich der Mittelpunkt der von Finkenwerder bis Georgswerder reichenden

Wilhelmsburg

Insel Gorrieswerder. Bis 1700 hieß Neuhof Kirchhof, da sich hier die Kirche und der Friedhof von Gorrieswerder befanden. An den längst verschwundenen Kirchhof erinnert noch die kleine Straße OLE KARKHOFF (1949, vorher seit 1910 Meisterstraße). Der Neuhöfer Damm hieß ursprünglich Neuhöfer Deich, was auch richtiger ist, denn die Straße verläuft entlang des alten Deiches am Reiherstieg. „Ortsfremde" änderten den Namen 1949 ab!

NIPPOLDSTRASSE (1933), **NIPPOLDWEG**, Ferdinand Nippold (1871-1929), Direktor der Aktiengesellschaft Neuhof, die die Insel Neuhof 1895/96 aufhöhte und für industrielle Ansiedelungen erschloß. Bis 1933: Freihafenstraße.

OLE KARKHOFF siehe NEUHÖFER STRASSE.

OTTO-BRENNER-STRASSE (1975), Otto Brenner (1907-1972), Gewerkschafter, seit 1952 Vorsitzender der Industriegewerkschaft Metall.

PETER-BEENCK-STRASSE (1949), Peter Beenck (1750-1820), Schiffbaumeister, baute 1799 ein Bauernhaus auf dem Hof Kuckuckshörn und fertigte viele wertvolle Gegenstände, darunter die beiden ältesten Leichensteine auf dem Kirchdorfer Friedhof. Bis 1949: Eichen Allee.

PRASSEKSTRASSE (1964), Johann Prassek (1911-1943), Widerstandskämpfer gegen das NS-Regime.

RAHMWERDER STRASSE; die Insel Rahmwerder war vor der Erbauung des Honartsdeichs (s. Honartsdeich) eine Insel im dortigen Hövelgebiet.

REINSTORFWEG (1966), Ernst Reinstorf (1868-1960), Lehrer und Heimatforscher, Rektor in Wilhelmsburg.

RIECHELMANNWEG (1975), Johann Heinrich Riechelmann (1794-1876), Lehrer in Kirchdorf.

ROSELIUSWEG (1951), Ludwig Roselius (1874-1943), Kaffee-Großhändler in Bremen, Gründer von „Kaffee Hag", Förderer des Worpsweder Künstlerkreises.

ROTENHÄUSER STRASSE, ROTENHÄUSER DAMM, ROTENHÄUSER END (1949), **ROTENHÄUSER TWIETE** (1943); die Rotenhäuser Straße verläuft auf der Linie eines alten Deiches, der 1594 von der Adelsfamilie Grote (s. Grotestraße) um das Gebiet „Rote Haus" angelegt wurde. Es hat seinen Namen von dem zwischen der heutigen Jaffe- und der Rubbertstraße gelegenen alten Haus der Groten, das als einziges unter den ansonsten reetgedeckten Lehmhäusern der Bauern mit roten Ziegeln oder Backsteinen gebaut war. Der Rotenhäuser Damm wurde zwischen den Weltkriegen angelegt. Der nördliche Teil hieß zunächst Goeschenstraße. Von 1927 bis 1943 trug die ganze Straße den Namen Lessingstraße. „Rotenhäuser End" hieß vor 1949 Parallelstraße.

Wilhelmsburg

RUBBERTSTRASSE (1938); nach dem seit 1700 in Wilhelmsburg ansässigen Bauerngeschlecht der Rubbert, das hier einen Hof besaß, wurde die Rubbertstraße benannt.
1907-1938: Davidstraße.

RUDOLFSTRASSE siehe JULIUS-ERTEL-STRASSE.

RÜDEMANNWEG (1952), Friedrich Rüdemann (1860-1932), Gastwirt aus der Fährstraße, Mitbegründer und Vorstandsmitglied des „Gemeinnützigen Bauvereins Reiherstieg", nach dem der BAUVEREINSWEG (1949, vorher seit 1907 Vereinsstraße und seit 1927 Freiligrathstraße) benannt wurde.

SANITASSTRASSE; die Gesellschaft „Sanitas" errichtete hier eine Fabrik für sanitäre Einrichtungen.

SCHLATERMUNDWEG (1956); die alte Wilhelmsburger Bauernfamilie Schlatermund, der dortige Ländereien gehörten, gab dieser Straße ihren Namen. 1935-1956: Beim Arbeitslager.

SCHLENGENDEICH; der Schlengendeich, dessen Name vermutlich von seinem stark gekrümmten Verlauf herrührt, wurde 1624 zur Eindeichung der alten Bauwiese gebaut, von der die BAUWIESENSTRASSE (1927, vorher seit 1907 Bahnhofstraße) ihren Namen hat.

SCHMIDTS BREITE (1949); die Bau-Terraingesellschaft F. H. Schmidt erwarb hier Gelände, höhte es 1890 zusammen mit der Veringschen GmbH auf und erbaute die Vering- und die Schmidtstraße sowie Vering- und Schmidtkanal. Bis 1949: Schmidtstraße.

SCHÖNENFELDER STRASSE, IM SCHÖNENFELD (1937); das „Schöne Feld" wurde 1491 von den Freiherren von Grote eingedeicht. Es hat seinen Namen vermutlich von der Tatsache, das die hier gelegenen Weiden zu den besten Wilhelmsburgs gehörten.

SCHWENTNERRING (1964), Dr. Bernhard Schwentner (1891-1944), Vikarischer Widerstandskämpfer gegen das NS-Regime.

SIEDENFELDER WEG; das „Siede Feld" war das niedrigste Gelände von Wilhelmsburg und hat daher seinen Namen. Siedes Feld bedeutet niedriges, seichtes Feld. Es wurde 1368 eingedeicht. Der Siedenfelder Weg ist der alte, 1363 bei der Eindeichung von Jenerseite angelegte Achterdeich.

SPERLSDEICHERWEG, Johann Jakob Sperl, Amtmann, zu dessen Zeit hier der Sperlsdeich zur Eindeichung der Höveln und des Geländes an der Dove Elbe 1672 angelegt wurde.

Wilhelmsburg

STILLHORNER WEG (1888); Stillhorn war eine der Elbinseln, aus denen Wilhelmsburg 1672 zusammengedeicht wurde. Sie befand sich in einem stillen abgelegenen, den Weststürmen nicht so ausgesetzten Winkel der Insellandschaft zwischen Norder- und Süderelbe. Daher begann hier auch die Besiedelung des heutigen Wilhelmsburg. Heute ist der Name der alten Insel vor allem Autofahrern bekannt, denn nur eine Autobahnausfahrt und eine Raststätte tragen offiziell noch den Namen Stillhorn.

STÜBENPLATZ (1955); die Familie Stüben besaß am nahen Reiherstieg ein beliebtes Gartenlokal mit großen Parkanlagen, das im Zweiten Weltkrieg zerstört wurde. In „Stübens Volksgarten" fanden viele Volks- und Heimatfeste statt.

THIELENSTRASSE (1903), Karl von Thielen (1832-1906), 1891-1902 preußischer Eisenbahnminister.

TRETTAUSTRASSE (1927), Karl Trettau (1858-1924), Kommerzienrat, Direktor der hier gelegenen Plangeschen Mühle. Bis 1927: Mühlenstraße.

VERINGSTRASSE, VERINGPLATZ, VERINGWEG (1942), Dr. Ing. h.c. Hermann Vering (1846-1922), Unternehmer, dessen Firma das umliegende Gelände erwarb, aufhöhte und für die Besiedelung erschloß.

VOGELHÜTTENDEICH; Vogelhüttenfelder, wie sie hier bis mindestens 1755 existierten, dienten dem Vogelfang.

WEHRMANNSTRASSE (1903), Leo Wehrmann (1840-1919), Ministerialdirektor im preußischen Eisenbahnministerium, förderte Siedlungsunternehmen des Bau- und Sparvereins der Eisenbahnbediensteten.

WILHELM-CARSTENS-WEG (1966), Wilhelm Carstens (1885-1958), Stifter der Wilhelm-Carstens-Gedächtnis-Stiftung.

WILHELMSBURGER REICHSSTRASSE (1945), Herzog Georg Wilhelm von Braunschweig-Lüneburg-Celle (siehe Georg-Wilhelm-Straße) ließ die Elbinseln Stillhorn, Georgswerder und Rotehaus 1672 zu der neuen „Groß-Insel" Wilhelmsburg zusammendeichen, die daher seinen Namen trägt. Die Wilhelmsburger Reichsstraße wurde von 1930 bis 1948 als autobahnähnliche Schnellstraße von Veddel nach Harburg angelegt. Sie war als den heutigen Bundesstraßen vergleichbare Reichsstraße konzipiert und sollte ursprünglich Friedrich-Ebert-Straße heißen. 1933 wurde dann der Name Adolf-Hitler-Straße festgelegt.

WILHELM-STRAUSS-WEG (1969), Wilhelm Strauß (1896-1963), Leiter des Ortsamtes in Wilhelmsburg.

WILMANSSTRASSE (1929), Adolf Wilmans, 1887-1893 letzter ehrenamtlich tätiger Gemeinde-Hauptvorsteher von Wilhelmsburg.

Wilhelmsburg

WITTERNSTRASSE, Chr. Wittern (1861-1938), Domänenrat und Gemeindevertreter von Wilhelmsburg.

WITTESTRASSE (1903), Geheimrat Witte arbeitete im preußischen Eisenbahnministerium.

WÜLFKENWEG (1950), Wülfken ist einer der seit Jahrhunderten am häufigsten vorkommenden Familiennamen in Wilhelmsburg. Bis 1950: Adebarstraße.

ZEIDLERSTRASSE (1933), Johannes Zeidler (1874-1945), 1917-1925 letzter Bürgermeister von Wilhelmsburg. 1927-1933: Legienstraße.

Winterhude

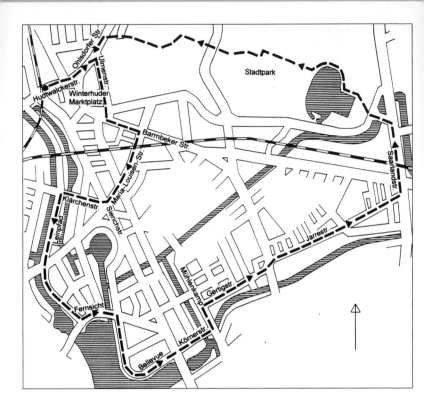

Stadtteilrundgang

Der Rundgang beginnt am U-Bahnhof Hudtwalckerstraße (U1). Er führt nach links durch die **Hudtwalckerstraße** zum **Winterhuder Marktplatz** und von dort nach schräg links in die **Ohlsdorfer Straße**. Auf der linken Seite finden sich noch einige zweistöckige Bleicherhäuser, die sich die seit der ersten Hälfte des 19. Jahrhunderts in Winterhude ansässigen Wäscher und Bleicher erbauten. Weitere Exemplare dieser kleinen Häuschen können zum Teil in Hinterhöfen in der reizvollen **Ulmenstraße** bewundert werden, in die wir von der Ohlsdorfer Straße nach rechts abbiegen.

Am Ende der Ulmenstraße führt der Rundgang nach links in die **Barmbeker Straße** und nach gut 200 Metern nach rechts in die **Maria-Louisen-Straße**. Auf der linken Seite steht das Johanneum, Hamburgs älteste Schule, dessen jetziges Gebäude allerdings erst 1912-14 erbaut wurde.

Wir folgen der Maria-Louisen-Straße bis zur **Sierichstraße** und wenden uns hier nach schräg rechts in die **Klärchenstraße**. Dieser für den alsternahen Teil von

Winterhude

Winterhude typischen ruhigen Wohnstraße mit Reihenvillen und Einzelhäusern folgen wir bis zum **Leinpfad**, in den wir nach links abzweigen. An der beschaulichen Uferstraße am Alsterkanal reihen sich prächtige Villen aneinander. Auf der anderen Kanalseite reichen die Gärten der Eppendorfer Villen bis ans Ufer. Wir folgen dem schönen Leinpfad bis zu seinem Ende an der Straße **Fernsicht**, in die wir nach links einbiegen. Die Straße macht ihrem Namen alle Ehre. Vom Bootssteg von Bobby Reich, gleich gegenüber der Einmündung Leinpfad, läßt sich der „Fernblick" über die Außenalster genießen.

Von der Fernsicht geht es nach rechts zum „Schönen Blick" in die Straße **Bellevue**, deren Häuser zu den teuersten Adressen Hamburgs zählen. Der ausgedehnte Spaziergang an der Alster hat mit dem Ende dieser Straße ebenfalls ein Ende. Geradeaus geht es weiter durch die **Körnerstraße** bis zum **Mühlenkamp**, in den man nach links abbiegt.

Wir wenden uns dann nach rechts in die **Gertigstraße** und befinden uns jetzt in dem „ärmeren" Teil von Winterhude mit Mietshausbebauung und vielen urigen Kneipen. Gerade in der Gertigstraße findet man viele attraktive Lokalitäten. Sie führt geradewegs auf die Kampnagel-Kulturfabrik zu, die ab 1998 hinter Gewerbebebauung verschwunden sein wird.

Um die Hallen der früheren Maschinenfabrik zu erreichen, die seit 1984 für experimentelle Schauspielkunst und andere Kulturveranstaltungen genutzt wird, bedarf es eines Linksschwenks in die **Barmbeker Straße** sowie eines Rechtsschwenks in die **Jarrestraße**. Hier liegt der Eingang zu dem phantasievoll genutzten Gelände, in dessen Mitte sich eine Kartenvorverkaufsstelle befindet.

Gleich gegenüber beginnt die Jarrestadt, eine Mustersiedlung aus den 20er Jahren, in die sich für architektonisch interessierte Zeitgenossen ein Abstecher lohnt. Wir folgen der Jarrestraße bis zu ihrem Ende und wenden uns nach links in die **Saarlandstraße**. Dort kann der Spaziergang mit der U-Bahn (U3) beendet werden.

Wer aber noch Lust auf einen großen Spaziergang hat, sollte der Saarlandstraße unter der Hochbahnbrücke hindurch folgen und nach links in den Stadtpark abzweigen, edem von Oberbaudirektor Fritz Schumacher ab 1911 aus verschiedenen Elementen der Gartenbauarchitektur zusammengesetztem 180 Hektar großen Areal mit einem großen See (mit Bademöglichkeit), einer großen Festwiese, viel Blumenpracht, einem Gehölz und dem Planetarium im ehemaligen Wasserturm am westlichen Ende des Parks. Erholung findet man hier überall - im Wasser, auf der Wiese oder im Landhaus Walter mit Biergarten. Wer´s bis zum Planetarium geschafft hat, gelangt an der hinter dem Turm liegenden Jahnkampfbahn vorbei wieder auf die Ohlsdorfer Straße und von dort über den Winterhuder Marktplatz zurück zum U-Bahnhof Hudtwalckerstraße. Wer nun noch Lust auf Boulevard-Theater verspürt, sollte die Hudtwalckerstraße noch ein wenig weiter bis zur „komödie winterhuder fährhaus" gehen, um vielleicht noch eine Karte für die meist ausverkauften Vorstellungen mit prominenten Schauspielern zu ergattern.

Winterhude

WINTERHUDE

AGNESSTRASSE siehe SIERICHSTRASSE.

ALSTERDORFER STRASSE siehe Alsterdorf.

ANDREASSTRASSE (1866), Franz Ferdinand Carl Andreas Meyer (s. Andreas-Meyer-Straße Billbrook), Hamburger Oberingenieur, beriet den Winterhuder Grundbesitzer Adolph Sierich (s. Sierichstraße) bei der Anlage von Straßen in Winterhude.

ARENSWEG, Johann August Arens (1757-1806), Hamburger Architekt.

BARMBEKER STRASSE (1863); die Barmbeker Straße ist ein alter von Winterhude nach Osten führender Weg. Sie begann in Winterhude zunächst am Eppendorfer Stieg und wurde 1900 um das Straßenstück bis zum Winterhuder Marktplatz verlängert.

BEBELALLEE siehe Alsterdorf.

BELLEVUE (1866); ein schöner Blick (französisch: „belle vue") über die Außenalster ist den meisten Anwohnern dieser Straße gewiß, weshalb sie zu den teuersten Adressen der Stadt gehört und viele prächtige Villen aufzuweisen hat.

Die meisten Anwoher der Straße Bellevue haben wirklich einen „schönen Blick" über die Außenalster.

BORGWEG (1863); der Borgweg ist ein alter Weg. Schon 1779 wurden Fluren an den Seiten dieses Weges als „Neben den Borgweg" und „Baben den Borgweg" bezeichnet. Die Herkunft des Namens ist unbekannt.

BUSSESTRASSE (1879); die Bussestraße wurde auf Antrag ihres Erbauers, Claus Joachim Rippens, über dessen Grundstück sie verlief, nach dem Mädchennamen seiner Frau benannt.

Winterhude

CÄCILIENSTRASSE (1914), Cäcilie von Oldessem, wurde 1522 die erste protestantische Domina des Klosters St. Johannis, dem Winterhude bis 1830 gehörte.

CARL-COHN-STRASSE (1948), Carl Cohn (1857-1931), Senator. Bis 1948: Mackensenstraße.

DOROTHEENSTRASSE siehe SIERICHSTRASSE.

ELEBEKEN (1905), Magdalene Elebeken, 1671-1701 Domina des Klosters St.Johannis.

EPPENDORFER STIEG (1863); über den Eppendorfer Stieg und eine in seiner Verlängerung liegende wackelige Holzbrücke gelangte man bis 1841 nach Eppendorf. Die in diesem Jahr erbaute neue Fahrbrücke entstand einige Meter weiter nördlich in der Verlängerung der Eppendorfer Straße (heute Hudtwalckerstraße). Die alte Brücke wurde abgerissen. Der Eppendorfer Stieg verlor seine verbindende Bedeutung.

FERSENFELDTSWEG (1907), Professor Hermann Peter Fersenfeldt (1786-1853), Architekt, erbaute 1827 den Turm der Jacobikirche und stellte 1842 den Turm der Petrikirche nach dem Großen Brand wieder her, stiftete außerdem die Hamburger Bauschule.

FLEMINGSTRASSE (1911), Paul Fleming (1609-1640), in Hamburg verstorbener Dichter.

FLÜGGESTRASSE (1907), Johannes Flügge (1775-1816), Botaniker, gründete 1810 an der Alster den ersten Botanischen Garten Hamburgs (wurde bereits 1813 von den Franzosen zerstört).

FORSMANNSTRASSE (1907), Gustav Forsmann (1795-1878), Architekt, baute zusammen mit Wimmel (s. Wimmelsweg) das alte Johanneum am Speersort und die Börse.

GEIBELSTRASSE (1888), Emanuel Geibel (1815-1884), national-konservativer Dichter aus Lübeck.

GEISSLERTWIETE, Hermann Geißler (1859-1939), Hamburger Architekt, baute viele Banken und Kontorhäuser, Miterbauer des Rathauses und der Michaeliskirche (nach Brand von 1906).

GELLERTSTRASSE (1891), Christian Fürchtegott Gellert (1715-1769), volkstümlicher Dichter der Aufklärung.

GEORG-THIELEN-GASSE (1948), Georg T.(1853-1901), Hamburger Architekt.

Winterhude

GERTIGSTRASSE (1887), Julius Gertig (1831-1898), Unternehmer, zeitweise Grundeigentümer des gesamten Ostens von Winterhude rund um den Mühlenkamp, Betreiber des Ausflugslokals Mühlenkamp und einer nahegelegenen Trabrennbahn, erschloß diesen Teil von Winterhude mit Straßen und Brücken.

GOTTSCHEDSTRASSE (1910), Johann Christoph Gottsched (1700-1766), Dichter und geistiger Führer der frühen Aufklärung.

GRASWEG (1863); der Grasweg ist ein alter Weg, der schon 1779 vorhanden war. Als „Grasweg" wurden in Hamburg oft Feldaufschließungsswege bezeichnet.

GREFLINGERSTRASSE (1910), Georg Greflinger (ca.1620-ca.1677), in Hamburg verstorbener volkstümlicher Dichter.

GROOTHOFFGASSE (1929), Hugo Groothoff (1851-1918), Hamburger Architekt.

GRYPHIUSSTRASSE (1911), Andreas Gryphius (1616-1664), Dichter, schuf die barocke Tragödie mit fünf Akten.

HAMELAUSWEG, Hans Hamelau (1610-1671), Architekt, baute in Hamburg unter anderem das Millerntor, das Baumhaus und das Spinn- und Zuchthaus.

HANSSENSWEG, Bernhard Hanssen (1844-1911), Hamburger Architekt, einer der Rathausbaumeister.

HAUERSWEG, Wilhelm Hauers (1836-1905), Hamburger Architekt, wirkte am Bau des Rathauses mit.

HEBEBRANDSTRASSE, Werner Hebebrand (1899-1966), Architekt, 1952-1964 Oberbaudirektor von Hamburg, entwarf die Ost-West-Straße, die City-Nord und viele neue Wohnviertel.

HENRY-BUDGE-STRASSE (1945), Henry Budge (1840-1928), amerikanischer Bankier, lebte im nach ihm benannten Budge-Palais am Harvestehuder Weg, in dem heute die Hochschule für Musik und Theater untergebracht ist, vermachte sein Vermögen wohltätigen Zwecken in Hamburg.
1938-1945: Schlieffenstraße.

HERTHA-FEINER-ASMUS-STIEG (1991), Hertha Feiner Asmus (1896-1943), jüdische Lehrerin, unterrichtete an der Schule Meerweinstraße in Winterhude, beging 1943 auf dem Transport nach Auschwitz Selbstmord.

HIMMELSTRASSE (1877); die Himmelstraße wurde vermutlich nach dem Mädchennamen der Frau von einem der beiden früheren Grundeigentümer des umliegenden Geländes, Johannes Timmermann oder Carl Hinrich Krochmann, benannt.

Winterhude

HINDENBURGSTRASSE, Paul von Beneckendorff und von Hindenburg (1847-1934), deutscher Heerführer, 1916-18 Chef der Obersten Heeresleitung, 1925-34 Reichspräsident.

HÖLDERLINSALLEE (1928), Friedrich Hölderlin (1770-1843), Dichter, galt seit 1807 als unheilbar geisteskrank.

HUDTWALCKERSTRASSE (1899); aus der Hamburger Familie Hudtwalcker gingen im 18. und 19. Jahrhundert einige Ratsherren hervor. Bis 1899: Eppendorfer Straße.

JAHNRING, Friedrich Ludwig Jahn (1778-1852), „Turnvater", begründete die deutsche Turnbewegung, die neben sportlichen ursprünglich auch politische Ziele hatte (Einheit und Freiheit für Deutschland).

JARRESTRASSE (1892); die Jarrestraße, die einem ganzen Viertel, der in den 20er Jahren erbauten Jarrestadt, ihren Namen gegeben hat, wurde nach der Hamburger Familie Jarre benannt, deren bedeutenster Vertreter der ab 1650 amtierende Bürgermeister Nicolaus Jarre (gest. 1678) war. Er fungierte auch als Patron des St. Johannis Klosters, dem Winterhude bis 1830 gehörte.

JEAN-PAUL-WEG, Jean Paul (eigentlich Johann Paul Friedrich Richter)(1763-1825), Dichter, schrieb Prosa, beschäftigte sich mit dem Humor.

JOLLASSESTIEG, Wilhelm Jollasse (1856-1921) und Jean Jollasse (1810-1876), Hamburger Architekten.

KAEMMERERUFER (1907); deas Kaemmererufer ist nach der Hamburger Familie Kaemmerer benannt, deren bedeutenster Vertreter, der Kaufmann Georg Heinrich Kaemmerer (1786-1860), die Hamburgische Verfassung von 1860 mit vorbereitete.

KAEMPSWEG (1903), R. H. Kaemp (1837-1899), Mitbegründer der Maschinenbaufirma Nagel & Kaemp, die das Kampnagel-Gelände errichtete.

KLÄRCHENSTRASSE siehe SIERICHSTRASSE.

KÖRNERSTRASSE (1863), Karl Theodor Körner (1791-1813), patriotischer Dichter der Freiheitskämpfe gegen Napoleon.

KROCHMANNSTRASSE (1877), Carl Hinrich Krochmann, früherer Eigentümer der umliegenden Ländereien. An der Krochmannstraße liegt die Sporthalle Hamburg.

KUHNSWEG (1907), Nicolaus Kuhn (gest. 1744), Architekt, erbaute das Görtzsche Palais am Neuen Wall und die Vorderseite des St. Katharinen-Kirchturms.

Winterhude

LATTENKAMP (1863); der Lattenkamp ist ein alter Feldweg, der bis zur Regulierung der Alster 1914-26 von der Ecke Alsterdorfer Straße/Himmelstraße zur Alster führte. Auch ein dort gelegenes Flurstück hieß so. Die heutige Straße Lattenkamp wurde 1914 / 15 angelegt.

LEINPFAD (1866); die von vielen prächtigen Villen gesäumte Straße am Alsterkanal war früher wirklich ein Pfad. Mit Leinen wurden von hier aus die Alsterkähne stromaufwärts gezogen - meistens von Frauen.

LINNÉRING (1948), Carl von Linné (1707-1778), schwedischer Naturforscher, schuf die botanische Fachsprache. Bis 1948: Waldring.

LORENZENGASSE (1929), Fernando Lorenzen (1859-1917), Architekt, baute in Hamburg zahlreiche neugotische Kirchen.

MAACKSGASSE (1929), Johann Hermann Maack (1838-1868), Architekt, baute in Hamburg u.a. die Wassertreppe am Rathausmarkt, die Lombardsbrücke und die Straßen des Wallrings.

MARIA-LOUISEN-STRASSE siehe SIERICHSTRASSE.

MARTIN-HALLER-RING, Martin Haller (1835-1925), Architekt, baute in Hamburg zahlreiche Villen und öffentliche Gebäude (u.a. die Musikhalle zusammen mit Meerwein), leitete ab 1880 den Bau des Rathauses. 1938-1945: Hans-Schemm-Platz.

MEERWEINSTRASSE (1928), Wilhelm Emil Meerwein (1844-1927), führender Hamburger Architekt, baute u.a. zusammen mit Martin Haller die Musikhalle und wirkte ab 1880 am Bau des Rathauses mit.

MEURONSTIEG (1929), Auguste de Meuron (geb. 1813), Architekt, wirkte von 1842-1867 in Hamburg.

MOORFURTHWEG (1876); der Moorfurthweg ist ein alter Weg, der durch die einstmals moorigen Flächen zu beiden Seiten des Goldbeks führte und den Fluß als Furt durchquerte.

MÜHLENKAMP (1898); der Mühlenkamp war und ist das Zentrum des östlichen Winterhude. In ältester Zeit trug eine Flur diesen Namen, im 19. Jahrhundert ein Ausflugslokal und heute heißen eine geschäftige Straße und ein Anleger für die Alsterschiffe so. Der Name soll von einer Wassermühle am Osterbek herrühren, deren Existenz aber nicht zweifelsfrei bewiesen ist. 1863-1898: Am Mühlenkamp.

NECKELMANNSTRASSE (1929), Skjold Neckelmann (1854-1903), Hamburger Architekt.

Winterhude

NOVALISWEG, Novalis (eigentl. Georg Philipp Friedrich Freiherr von Hardenberg) (1772-1801), Dichter, Hauptvertreter der Romantik.

OHLSDORFER STRASSE (1863); dem alten Weg von Winterhude nach Ohlsdorf folgte ursprünglich die Ohlsdorfer Straße. Heute endet sie an der Carl-Cohn-Straße.

OPITZSTRASSE (1910), Martin Opitz (1597-1639), Dichter, „Vater der deutschen Poesie" der Barockzeit.

PETER-MARQUARD-STRASSE (1907), Peter Marquard (gest. 1672), Architekt, baute die Kirchtürme von St. Katharinen (1943 zerstört, 1950-58 wiederhergestellt), St. Michaelis (1750 zerstört) und St. Nikolai (1842 zerstört).

POELCHAUKAMP (1948), Dr. Hermann Johann Daniel Poelchau (1817-1912), Oberlandesgerichtsrat, Bürgerschatsabgeordneter. Bis 1948: Langenkamp.

PREYSTRASSE (1907), Johann Bernhard Prey (gest. 1755), Architekt, erbaute die St. Georger Kirche, Mitarbeiter beim Bau der 1762 vollendeten zweiten Michaeliskirche.

RAMBATZWEG (1929), Johann Gottlieb Rambatz (1859-1920), Hamburger Architekt.

REHMSTRASSE (1897); die Rehmstraße durchschnitt die Rehmkoppel, als sie angelegt wurde. Der Name deutet darauf hin, daß es sich um ein von schmalen Waldstreifen, sogenannten Rehmen, durchzogenes Gelände handelte.

RISTSTRASSE (1910), Johann Rist (1607-1667), Pfarrer und Dichter, schrieb kirchliche und weltliche Lyrik sowie allegorische Dramen.

ROEPERSWEG (1904), Oscar Roeper (1844-1896), Bauinspektor der Baudeputation.

RONDEEL (1866); zu den teuersten Adressen Hamburgs gehören die Häuser an der nach ihrer rundlichen Form benannten Straße Rondeel, weil sie an dem für die Öffentlichkeit unzugänglichen Rondeelteich liegen.

Einen Blick auf den Rondeelteich können außer Fluggästen und Wassersportlern nur die Anwohner werfen.

Winterhude

SAARLANDSTRASSE (1935); die Saarlandstraße erinnert an die Angliederung des Saarlandes an Deutschland 1935. Vor 1935: Alsterdorfer Straße, 1899-1930 Flurstraße, 1930-1935 Stresemannstraße.

SCHEFFELSTRASSE (1891), Victor von Scheffel (1826-1886), Dichter, schrieb „Der Trompeter von Säckingen" sowie Studentenlieder wie zum Beispiel „Gaudeamus".

SCHINKELSTRASSE (1907), Karl Friedrich Schinkel (1781-1841), Berliner Architekt und Maler, baute zahlreiche öffentliche Gebäude in Berlin, fertigte den Entwurf für das 1826 errichtete Hamburger Stadttheater an.

SEMPERSTRASSE (1907), **SEMPERPLATZ** (1928), Professor Gottfried Semper (1803-1879), in Hamburg geborener Architekt, baute zahlreiche Gebäude in Dresden (u.a. die Oper), arbeitete am Wiederaufbau Hamburgs nach dem Großen Brand von 1842 mit.

SIERICHSTRASSE (1863), Adolph Sierich (1826-1889); kaufte ab 1850 den ganzen Westen von Winterhude mit dem alten Dorfkern auf und schuf hier die für einen Stadtteil nötige Infrastruktur. Einige der von ihm angelegten Straßen tragen Namen seiner Angehörigen und Verwandten. So trägt die **DOROTHEENSTRASSE** (1863) den Vornamen seiner Mutter und die **MARIA-LOUISENSTRASSE** (1863) ist nach seiner ersten Frau benannt. Sierichs zweite Frau wurde mit der Benennung der **KLÄRCHENSTRASSE** (1866) verewigt und auch ihre Schwester Agnes ging nicht leer aus (**AGNESSTRASSE**, 1866). Nach einem Sohn aus zweiter Ehe wurde die **WILLISTRASSE** (1866) benannt.

STAMMANNSTRASSE (1928), Hugo Stammann (1831-1909), Architekt, wirkte am Bau des Hamburger Rathauses mit.

TIMMERMANNSTRASSE (1877), Johannes Timmermann, einer der früheren Grundeigentümer des umliegenden Geländes.

ULMENSTRASSE (1863); zu den reizvollsten Straßen von Winterhude gehört die 1835 und 1853 angelegte Ulmenstraße hinter dem Winterhuder Marktplatz. An der mit Ulmen bepflanzten Straße stehen noch eine Reihe von zweistöckigen Bleicher- und Wäscherhäuser, die zum Teil reizvoll umgetaltet sind.

WENTZELSTRASSE (1907), Adolph Emil Wentzel (1826-1918), langjähriges Mitglied der Bürgerschaft, leitete die Testamentsverwaltung von Adolph Sierich und setzte so die von Sierich begonnene Erschließung von Winterhude fort.

WESSELYRING (1964), Adam Hermann Wessely (1845-1922), Bürgerschaftsabgeordneter.

WILLISTRASSE siehe SIERICHSTRASSE.

Wohldorf/Ohlstedt

WIMMELSWEG (1907), Carl Ludwig Wimmel (1786-1845), Architekt, baute das St. Georger Krankenhaus und zusammen mit Forsmann (s. Forsmannstraße) das alte Johanneum am Speersort und die Börse.

WINTERHUDER MARKTPLATZ (1900); das Zentrum des Stadtteils, der Winterhuder Marktplatz, ist nie ein Marktplatz gewesen. Das kleine Dorf Winterhude, das seinen Namen vermutlich von einem Überwinterungsplatz für Schiffe an der Alster hat, verfügte über keinen offiziellen Mittelpunkt. Die Benennung erfolgte in Anlehnung an andere Stadtteilzentren.

ZESENSTRASSE (1927), Philipp von Zesen (1619-1684), Dichter, gründete die „Deutsch gesinnte Genossenschaft".

WOHLDORF/OHLSTEDT

ALTE DORFSTRASSE (1936); die 1898 gepflasterte alte Dorfstraße von Ohlstedt hieß von 1903 bis 1936 „De Chapeaurougestraße".

BREDENBEKSTRASSE (1903); die alte nach dem Bredenbek benannte Straße von Wohldorf in Richtung Hamburg wurde 1805 Hamburger Weg genannt.

DIESTELSTRASSE (1912), Dr. Arnold Diestel (1857-1924), Senator (seit 1908) und Hamburger Bürgermeister (ab 1920).

HOLLÄNDERBERG (1942); der Holländerberg ist entweder nach den Holländern benannt, die einst auf dem Wohldorfer Hofe arbeiteten und in der Holländerkate lebten oder nach Melkern, die nach holländischer Art arbeiteten.

MELHOPWEG (1948), Wilhelm Melhop (1856-1943), Oberbaurat und Verfasser heimatkundlicher Bücher („Die Alster").

OHLSTEDTER STRASSE (1929), **OHLSTEDTER PLATZ** (1929), **OHLSTEDTER STIEG** (1950); Ohlstedt ist entweder eine „alte Stätte" oder es war die Stätte des Ohl.

STHAMERSTRASSE (1903), Dr. Eduard Sthamer (1803-1872), Senator und 1844-1847 sowie 1853-1860 Landherr der Geestlande.

TIMMS HEGE (1937); nach der alten Flur „Das große Hege" (Hege = Waldstück) der Ohlstedter Hufnerfamilie Timm wurde 1937 ein Teil der „De Chapeaurougestraße" benannt.

Index

A

- Abbestrasse 224
- Abc-Strasse 192
- Abendrothsweg 101
- Abrahamstrasse 232
- Abteistrasse 161
- Achterschlag 274
- Ackermannstrasse 165
- Adalbert-Stifter-Weg 232
- Adalbertstrasse 213
- Adenauerallee 242
- Adickesstrasse 114
- Admiralitätsstrasse 192
- Adolf-Köster-Damm 274
- Adolf-von-Elm-Hof 133
- Adolf-Wagner-Strasse 133
- Adolph-Schönfelder-Strasse 45
- Adolphsbrücke 26
- Adolphsplatz 26
- Agathe-Lasch-Weg 216
- Agnes-Wolffson-Strasse 59
- Agnesstrasse 310
- Alardusstrasse 90
- Albers-Schönberg-Stieg 45
- Albers-Schönberg-Weg, ... 45
- Albershardtweg 109
- Albert-Schweitzer-Ring 267
- Albertine-Assor-Strasse 257
- Albertinenstieg 257
- Albertiweg 216
- Albertstrasse 127
- Albrechtstrasse 85
- Aldenrathsweg 45
- Alexander-Zinn-Strasse 114
- Alexanderstrasse 242
- Alfred-Beit-Weg 156
- Alfred-Jahncke-Ring 230
- Alfred-Mahlau-Ring 261
- Alfredstrasse 121
- Algermissenstrasse 293
- Allende-Platz 156
- Allerskehre 261
- Alma-Wartenberg-Platz 224
- Alsenplatz 13
- Alsenstrasse 13
- Alsterdorfer Strasse 8
- Alsterglacis 156
- Alsterkrugchaussee 111
- Alstertor 26
- Alsterufer 156
- Alte Aue, ... 109
- Alte Dorfstrasse 311
- Alte Franzosenheide 258
- Alte Harburger Elbbrücke 133
- Alte Holstenstrasse 178
- Alte Landstrasse 171
- Alte Rabenstrasse 156
- Alte Wöhr 45
- Alter Fischmarkt 26
- Alter Postweg 133
- Alter Steinweg 192
- Alter Teichweg 45
- Alter Wall 26
- Alter Wandrahm 118
- Alter Zollweg 232
- Altmannbrücke 128
- Altstädter Strasse 27
- Alwin-Lippert-Weg 205
- Am Alten Nincop 10
- Am Alten Posthaus 283
- Am Baum, ... 59
- Am Beckerkamp 178
- Am Brink 59
- Am Brunnenhof 249
- Am Burgberg 148
- Am Dalmannkai 118
- Am Diebsteich 42
- Am Hohen Stege 59
- Am Holthusenkai 118
- Am Kiekeberg 76
- Am Landpflegeheim 213
- Am Licentiatenberg 111
- Am Nobisteich 249
- Am Ochsenzoll 175
- Am Ohlendorffturm 232
- Am Pfeilshof 292
- Am Pool 59
- Am Pulverhof 108
- Am Sandtorkai 118
- Am Wasserturm 267
- Am Weinberg 133
- Amalie-Sieveking-Weg 282
- Amalienstrasse 151
- Ameisweg 274
- Amelungstrasse 192
- Amsinckstrasse 128
- Amtsstrasse 232
- Amundsenstrasse 13
- An der Alster 242
- An der Rennkoppel 133
- An der Verbindungsbahn 156
- Anberg 192
- Anckelmannsplatz 121
- Anckelmannstrasse 121
- Anderheitsallee 82
- Andersenstrasse 265
- Andreas-Meyer-Strasse 69
- Andreasstrasse 304
- Andreasweg 107
- Angerstrasse 165
- Anita-Rée-Strasse 59
- Anna-Hollmann-Weg 76
- Anna-Lühring-Weg 168
- Anna-Siemsen-Gang 59
- Anna-Susanna-Stieg 257
- Anna-von-Gierke-Ring 59
- Anne-Frank-Strasse 76
- Annemarie-Ladewig-Kehre 59
- Annenstrasse 253

Index

Ansgarweg 183
Ansorgestrasse 114
Anton-Reé-Weg 128
Antonie-Möbis-Weg 85
Antonistrasse 250
Anzengruberstrasse 133
Appuhnstrasse 209
Archenholzstrasse 70
Arensweg 304
Armbruststrasse 90
Armgartstrasse 165
Arminiusstrasse 263
Arndesstieg 70
Arndtstrasse 269
Arndtweg 59
Arnemannstrasse 224
Arnimstrasse 213
Arningstrasse 118
Arno-Holz-Weg 133
Arnold-Heise-Strasse 101
Arnoldistieg 59
Arnoldstrasse 224
Arp-Schnitger-Stieg 9
Asbeckstrasse 133
Ascherring 274
Asmusweg 283
Asserstieg 173
Assorweg 257
Audorfring 168
Aue-Hauptdeich 109
Aue-Insel 109
Auedeich 109
Auenstieg 86
Auenstrasse 86
Auerbachstrasse 265
Auersreihe 168
Auesiel 109
Auf dem Königslande 283
Auf dem Sande 118
Auf dem Sülzbrack 274
Auf der Bojewiese 178
Auf der Brandshofer Schleuse 240
August-Bebel-Strasse 60
August-Bolten-Weg 76
August-Kirch-Strasse 42
August-Krogmann-Strasse 107
August-Macke-Weg 70
August-Somann-Weg 186
Augustastrasse 59
Auguste-Baur-Strasse 76
Auguste-Schmidt-Weg 60
Augustenhöh 42
Auguststrasse 269
Ausschläger Allee 240
Ausschläger Billdeich 240
Ausschläger Elbdeich 240
Ausschläger Weg 121
Aussenmühlendamm 133
Aussenmühlenweg 133
Avenariusstrasse 76
Averhoffstrasse 269
Axel-Springer-Platz 192

B

Billstedter Platz 70
Baakenwerder Strasse 118
Babendieckstrasse 76
Bacherweg 205
Bachstrasse 45
Bäckerbreitergang 192
Badestrasse 156
Baedekerbogen 274
Baererstrasse 134
Baggessenstieg 230
Bahrenfelder Chaussee 42
Bahrenfelder Kirchenweg 42
Bahrenfelder Marktplatz 42
Bahrenfelder Steindamm 42
Bahrenfelder Strasse 224
Bahrstrasse 134
Balduinstrasse 250
Ballerstaedtweg 212
Ballindamm 27
Balthasarweg 13
Bandelstrasse 134
Bandwirkerstrasse 283
Banksstrasse 128
Bannwarthstrasse 82
Bansenstrasse 134
Bantschowstrasse 292
Barcastrasse 165
Barckhusendamm 70
Bärenallee 283
Bargfredestrasse 76
Barkhausenweg 171
Barkhof 27
Barlachstrasse 134
Barmbeker Markt 46
Barmbeker Strasse 304
Barnerstrasse 224
Baron-Voght-Strasse 114
Bartelsstrasse 249
Bartholomäusstrasse 46
Bartmanns Treppe 76
Basedowstrasse 128
Baubürgerweg 122
Bauerberg 168
Bauerbergweg 168
Baumeisterstrasse 242
Baumwall 193
Baurs Park 76
Baurs Weg 76
Baurstrasse 42
Baxmannstrasse 70
Baxmannweg 70
Bebelallee 8
Bechsteinweg 265
Beckers Treppe 76
Beckmannstrasse 114

313

Index

Beckstedtweg ... 205
Beckstrasse ... 249
Beethovenstrasse ... 46
Beetsweg ... 224
Behaimweg ... 70
Behnstrasse ... 13
Behrensstrasse ... 283
Behringstrasse ... 225
Behrmannplatz ... 183
Bei dem Neuen Krahn ... 27
Bei den Kirchhöfen ... 193
Bei den Mühren ... 35
Bei der Alten Börse ... 27
Bei der Hopfenkarre ... 283
Bei der Rolandsmühle ... 225
Bei der Stadtwassermühle ... 193
Bei St. Annen ... 118
Beidenfletweg ... 233
Beim Alten Schützenhof ... 46
Beim Alten Waisenhause ... 28
Beim Andreasbrunnen ... 101
Beim Avenberg ... 274
Beim Bieberhof ... 274
Beim Gesundbrunnen ... 122
Beim Grünen Jäger ... 249
Beim Kugelwechsel ... 230
Beim Riesenstein ... 256
Beim Schlump ... 157
Beim Strohhause ... 242
Beim Trichter ... 249
Beimoorstrasse ... 46
Beisserstrasse ... 212
Bellealliancestrasse ... 90
Bellevue ... 304
Bellmannstrasse ... 114
Beltgens Garten ... 122
Benatzkyweg ... 233
Bendixenstwiete ... 46
Bengelsdorfstieg ... 82
Bengelsdorfstrasse ... 82
Benittstrasse ... 109
Bennigsenstrasse ... 134
Benselweg ... 274
Benzenbergweg ... 46
Benzstrasse ... 82
Bergdoltweg ... 230
Bergedorfer Markt ... 60
Bergedorfer Strasse ... 178
Bergiusstrasse ... 225
Bergmannring ... 168
Bergmannstrasse ... 175
Bergstrasse ... 28
Berkefeldweg ... 134
Berlepschweg ... 134
Berliner Platz ... 173
Berliner Tor ... 242
Berlinertordamm ... 242
Bernadottestrasse ... 216
Berner Heerweg ... 107
Bernhard-Nocht-Strasse ... 249

Bernstorffstrasse ... 13
Bernwardkoppel ... 205
Bertha-Keyser-Weg ... 250
Bertha-Kröger-Platz ... 294
Bertha-Uhl-Kamp ... 114
Berthold-Schwarz-Strasse ... 233
Berzeliusstrasse ... 69
Beselerplatz ... 114
Beselerstrasse ... 114
Besenbinderhof ... 242
Besselstrasse ... 134
Bessemerweg ... 42
Bethesdastrasse ... 122
Bettinastieg ... 213
Beutnerring ... 134
Bieberstrasse ... 157
Biedermannplatz ... 46
Bielfeldtstrasse ... 225
Biernatzkistrasse ... 13
Biesterfeldweg ... 209
Billbrookdeich ... 69
Billerhuder Weg ... 240
Billhorner Brückenstrasse ... 240
Billhorner Deich ... 240
Billhorner Kanalstrasse ... 240
Billhorner Mühlenweg ... 240
Billhorner Röhrendamm ... 240
Billrothestrasse ... 13
Billstedter Hauptstrasse ... 70
Billstedter Mühlenweg ... 70
Billwerder Steindamm ... 128
Bilser Strasse ... 8
Binderstrasse ... 157
Birtstrasse ... 284
Bismarckstrasse ... 90
Bissingstrasse ... 134
Björnsonweg ... 76
Blankeneser Hauptstrasse ... 77
Blankeneser Landstrasse ... 77
Blättnerring ... 134
Blechschmidtstrasse ... 209
Bleckering ... 168
Bleichenbrücke ... 196
Bleickenallee ... 225
Blinckmannweg ... 233
Blockweg ... 274
Blohmstrasse ... 134
Blomeweg ... 233
Blomkamp ... 213
Blostwiete ... 168
Blosweg ... 168
Blücherstrasse ... 13
Blumenau ... 86
Bobzienweg ... 178
Böckelweg ... 212
Böcklerstrasse ... 168
Böckmannstrasse ... 242
Bockrisweg ... 42
Bodelschwinghstrasse ... 8
Bodemannweg ... 109

Index

Bodenstedtstrasse 13
Bodestrasse 178
Boehringerweg 274
Bogenallee 157
Bogenstrasse 157
Bohlens Allee 173
Böhmersweg 157
Böhmestrasse 284
Böhmkenstrasse 193
Bohnstrasse 77
Börsweg 135
Boldtstrasse 60
Bollweg 85
Boltens Allee 205
Bömelburgstieg 168
Bömelburgweg 168
Bonhoefferstrasse 70
Boninstrasse 225
Bonusstrasse 135
Boothsweg 213
Borchardsheide 70
Borchertring 261
Borchlingweg 216
Bordersweg 157
Borgesch 242
Borgfelder Allee 122
Borgfelder Stieg 122
Borgfelder Strasse 122
Borgweg 304
Bornemannstrasse 135
Börnestrasse 86
Bornstrasse 157
Borracksweg 77
Börsenbrücke 28
Borsigstrasse 69
Borsteler Chaussee 112
Borstelmannsweg 122
Boschstrasse 42
Bossardstrasse 262
Bossdorfstrasse 90
Bothmannstrasse 284
Böttcherkoppel 178
Böttgerstrasse 157
Bovestrasse 284
Boytinstrasse 233
Bozenhardweg 165
Brabandstrasse 8
Brachetweg 83
Brackdamm 128
Brahmsallee 157
Bramfelder Chaussee 82
Bramfelder Dorfplatz 82
Bramfelder Redder 82
Bramfelder Strasse 46
Brandesstrasse 135
Brandorffweg 209
Brandsende 28
Brandshofer Deich 240
Brandstwiete 28
Brandts Weg 77

Bräsigweg 83
Brauerknechtgraben 193
Brauhausstrasse 284
Braunschweiger Strasse 225
Braunstieg 70
Brausspark 122
Breckwoldtstrasse 77
Bredenbekstrasse 311
Bredowstrasse 69
Brehmweg 263
Breite Strasse 13
Breitenbachweg 213
Breitenfelder Strasse 101
Breiter Gang 193
Brekelbaumspark 122
Bremer Strasse 135
Bremers Weg 77
Brennerhof 275
Brennerstrasse 242
Brentanostrasse 213
Brigittenstrasse 253
Brockdorffstrasse 233
Brockesstrasse 242
Brockhausweg 70
Brockmannsweg 157
Brödermannsweg 112
Brodersenstrasse 284
Brodschrangen 28
Bröers Treppe 77
Brook 118
Brooktor 119
Brooktorkai 119
Brücke des 17. Juni 135
Brucknerstrasse 46
Brüder-Hornemann-Strasse 257
Brüderstrasse 193
Brüdtweg 178
Brüggemannsweg 46
Brunnenhofstrasse 249
Bruno-Lauernroth-Weg 175
Brunsberg 183
Brunsstrasse 135
Bubendeyweg 119
Buchheisterstrasse 119
Buchnerweg 107
Buchwaldstieg 233
Buchwaldstrasse 233
Budapester Strasse 250
Buddenbrookweg 84
Buddestrasse 294
Buekweg 212
Bülaustrasse 243
Bulckestrasse 77
Bullenhuser Damm 241
Bullerdeich 128
Bullskamp 107
Bülowstieg 225
Bülowstrasse 226
Bult 60
Bunatwiete 135

315

Index

Bundesstrasse 157
Bundsensweg 122
Büngerweg 216
Bunsenstrasse 226
Burchard-Platz 28
Burchardstrasse 28
Bürgerweide 122
Burggraben 148
Burgstrasse 122
Burgwedel 258
Burgwedelkamp 258
Burgwedelstieg 258
Burgwedeltwiete 258
Büringstwiete 212
Büschstrasse 194
Bussestrasse 304
Butendeichsweg 109
Buxtehuder Strasse 135

C

Cäcilienstrasse 305
Caffamacherreihe 194
Caprivistrasse 77
Carl-Bremer-Ring 82
Carl-Cohn-Strasse 305
Carl-Petersen-Strasse 123
Carlebachstrasse 13
Carlssonweg 233
Carpserweg 212
Carsten-Fock-Weg 109
Carsten-Meyn-Weg 230
Carsten-Rehder-Strasse 13
Carsten-Reimers-Ring 82
Caspar-Voght-Strasse 123
Celsiusweg 42
Cesar-Klein-Ring 262
Chamissoweg 209
Chapeaurougeweg 123
Charitas-Bischoff-Treppe 77
Charlotte-Niese-Strasse 213
Charlottenstrasse 92
Chemnitzstrasse 14
Cheruskerweg 263
Christenweg 256
Christian-August-Weg 209
Christian-F.-Hansen-Strasse 209
Christian-Förster-Strasse 90
Christian-Koch-Weg 171
Christinenstrasse 178
Chrysanderstrasse 60
Cilly-Cohrs-Weg 109
Clasingstrasse 90
Classenstieg 292
Classenweg 292
Claudiusstieg 284
Claudiusstrasse 284
Claus-Ferck-Strasse 282
Clemens-Schultz-Strasse 250
Colonnaden 194

Comeniusplatz 165
Compeweg 135
Contastrasse 90
Conventstrasse 86
Conzestrasse 209
Cord-Dreyer-Weg 205
Cordesweg 176
Cordsstrasse 209
Corduaweg 135
Corinthstrasse 216
Cornehlsweg 282
Corneliusstrasse 114
Corthumstrasse 60
Corveystrasse 183
Cottaweg 71
Cranachplatz 115
Cranachstrasse 115
Cranzer Elbdeich, ... 9
Cranzer Hauptdeich 9
Cremon 28
Culinstrasse 169
Curienstrasse 29
Curschmannstrasse 101
Curt-Bär-Weg 275
Curt-Goetz-Strasse 82
Curtiusweg 126
Cuxhavener Strasse 186

D

Dulsberg-Süd 47
Dahlgrünring 294
Dahrendorfweg 169
Daimlerstrasse 226
Daimlertwiete 226
Dalenstieg 123
Dalmannstrasse 118
Damaschkestrasse 135
Damerowsweg 46
Dammannweg 209
Dammtordamm 194
Dammtorstrasse 194
Dammtorwall 194
Danckwerthweg 71
Dänenweg 254
Daniel-Bartels-Weg, ... 169
Daniel-Frese-Strasse 71
Daniel-Hinsche-Strasse 60
Danielsenstieg 78
Dannmeyerstrasse 112
Danziger Strasse 243
Darbovenstieg 265
Daseweg 71
Dassauweg 233
Davidstrasse 250
De-Voss-Strasse 20
Dehnhaide 46
Deichhausweg 135
Deichstrasse 29
Deichtorplatz 29

Index

Deichvogt-Peters-Strasse 275
Del-Banco-Kehre 60
Deliusweg 292
Dellestrasse 173
Dempwolffstrasse 136
Denickestrasse 136
Dennerstrasse 46
Depenau 29
Dernauer Strasse 284
Desenisstrasse 47
Dethlefstwiete 178
Detlef-Bremer-Strasse 250
Detmerstrasse 47
Diebsteichweg 42
Dienerreihe 119
Dierksstrasse 294
Dieselstrasse 47
Diestelstrasse 311
Diesterwegstrasse 47
Dietrich-Schreyge-Strasse 60
Dillstrasse 158
Dimpfelweg 123
Dirks-Paulun-Weg 78
Ditmar-Koel-Strasse 194
Dockenhudener Strasse 78
Doerriesweg 263
Dohnanyiweg 178
Döhnerstrasse 123
Dohrnweg 14
Doktorberg 60
Dominikweg 173
Domstrasse 30
Donnerstrasse 226
Doormannsweg 91
Döringweg 183
Dormienstrasse 78
Dornbusch 30
Dorothea-Kasten-Strasse 8
Dorotheenstrasse 310
Dörpfeldstieg 213
Dörpfeldstrasse 213
Dörpsweg 85
Dosestrasse 14
Dotzauerweg 284
Dovenfleet 30
Dradenaustrasse 119
Dragonerstall 194
Dratelnstrasse 294
Drehbahn 194
Dreieichenweg 61
Dreyerpfad 176
Dritte Meile 186
Drögestrasse 47
Droopweg 123
Droste-Hülshoff-Strasse 213
Droysenstrasse 216
Dudenweg 71
Dulsberg-Nord 47
Dunckersweg 169
Durchschnitt 158

Dürerstrasse 115
Duschweg 14
Düsternstrasse 195
Duwockskamp 61

E

Ebelingstrasse 136
Ebersteinweg 205
Ebertallee 42
Ebner-Eschenbach-Weg 61
Eckenerstrasse 267
Eckerkamp 292
Eckermannstrasse 294
Eckhoffplatz 186
Eckmannweg 47
Eddelbüttelkamp 136
Eddelbüttelstrasse 136
Edgar-Ross-Strasse 101
Edmund-Siemers-Allee 158
Eduard-Reichenbaum-Weg 258
Eduardstrasse 91
Edvard-Munch-Strasse 71
Edwin-Scharff-Ring 262
Efftingestrasse 284
Eggersallee 226
Eggerskamp 233
Eggerstedtstrasse 14
Eggersweide 107
Eggertweg 230
Egilskamp 233
Ehestorfer Weg 136
Ehrenbergstrasse 14
Ehrenschildtstrasse 183
Eichendorffstrasse 209
Eichholz 195
Eichholzfelder Deich 275
Eickhoffstrasse 284
Eidelstedter Dorfstrasse, ... 85
Eidelstedter Platz 85
Eidigweg 136
Eiffestrasse 123
Eilbeker Weg 87
Eilbektal 87
Eilenau 86
Eilersweg 233
Eimerskamp 258
Eimsbütteler Chaussee 91
Eimsbütteler Marktplatz 91
Einhausring 136
Einlagedeich 294
Einsiedeldeich 273
Eisenlohrsweg 101
Eissendorfer Strasse 136
Eitnerweg 171
Ekhofstrasse 165
Elbchaussee 216
Elbschlosstrasse 209
Elebeken 305
Eleonorenweg 294

Index

Elgenkamp 230
Elingiusplatz 275
Elisabeth-Lange-Weg 136
Elisabeth-Thomann-Weg 61
Elisabeth-von-Thadden-Kehre 61
Elise-Averdiek-Strasse 123
Elisenstrasse 165
Ellerholzdamm 119
Ellerntorsbrücke 195
Elligersweg 47
Elly-Heuss-Knapp-Ring 61
Elmenhorststrasse 14
Elmenreichstrasse 243
Elsa-Bauer-Weg 8
Elsa-Brandström-Strasse 173
Elsastrasse 47
Else-Rauch-Platz 91
Elversweg 275
Emekesweg 232
Emil-Andresen-Strasse 183
Emilie-Günther-Weg 178
Emilienstrasse 96
Emkendorfstrasse 217
Emmastrasse 265
Emmy-Beckmann-Weg 205
Enckeplatz 195
Engelbrechtstieg 186
Engelbrechtweg 186
Englische Planke 195
Eppendorfer Baum 101
Eppendorfer Landstrasse 102
Eppendorfer Marktplatz 102
Eppendorfer Stieg 305
Eppendorfer Weg 91
Erbestieg 275
Erdmannstrasse 226
Erich-Kästner-Ring 83
Erich-Plate-Weg 175
Erich-Ziegel-Ring 262
Erichstrasse 250
Ericus 119
Ericusbrücke 119
Erika-Etter-Kehre 61
Erikastrasse 102
Erlerring 294
Erna-Behling-Kehre 61
Erna-Mohr-Kehre 61
Ernst-Albers-Strasse 284
Ernst-August-Deich 294
Ernst-August-Stieg 294
Ernst-August-Strasse 217
Ernst-Bergeest-Weg 136
Ernst-Cassirer-Weg 179
Ernst-Eger-Strasse 136
Ernst-Finder-Weg 179
Ernst-Henning-Strasse 61
Ernst-Horn-Strasse 263
Ernst-Kabel-Stieg 165
Ernst-Mantius-Strasse 61
Ernst-Merck-Strasse 243
Ernst-Mittelbach-Ring 205
Ernst-Thälmann-Platz 102
Ernst-Tichauer-Weg 275
Erntingweg 83
Erpmannstieg 108
Erste Brunnenstrasse 195
Erzbergerstrasse 226
Eschelsweg 14
Esmarchstrasse 15
Esplanade 195
Euckenstrasse 267
Eulenkrugstrasse 282
Eulenstrasse 226
Eulerweg 233
Evastrasse 87
Everlingweg 71
Ewaldsweg 124

F

Faassweg 103
Faberstrasse 91
Fabriciusstieg 83
Fabriciusstrasse 83
Fährhausstrasse 269
Fährkroogweg 231
Falckweg 217
Falkenried 103
Falladabogen 83
Fallstrasse 233
Fangdieckstrasse 85
Fanny-David-Weg 179
Fanny-Elssler-Bogen 61
Fanny-Lewald-Ring 61
Farmsener Zoll 232
Feddersenstrasse 115
Fehlandstrasse 195
Fehlinghöhe 262
Fehrsweg 110
Fehsenfeldtstrasse 234
Feiningerstrasse 71
Feldbrunnenstrasse 158
Feldnerstrasse 137
Feldstrasse 250
Felginer Weg 71
Felix-Dahn-Strasse 91
Felix-Jud-Weg 275
Femerlingstrasse 137
Fenglerstrasse 285
Ferdinand-Ancker-Strasse 210
Ferdinand-Beit-Strasse 243
Ferdinands Höhe 78
Ferdinandstor 30
Ferdinandstrasse 30
Fersenfeldtsweg 305
Fersenweg 275
Fesslerstrasse 47
Fetrasweg 234
Fettstrasse 91
Feuerbachstrasse 115

Index

Fibigerstrasse 175
Fichtestrasse 87
Finkenriek 294
Finkenwerder Landscheideweg 109
Finksweg 109
Fischersallee 226
Fischmarkt 15
Fiskalische Strasse 294
Fitgerweg 295
Flachsland 47
Flashoffs Treppe 78
Flebbestrasse 137
Flemingstrasse 305
Flotowstrasse 47
Flüggestrasse 305
Focksweg 109
Fontanestrasse 213
Fontenay 158
Fontenay-Allee, ... 158
Forsmannstrasse 305
Försterweg 263
Föttingergarten 48
Fraenkelstrasse 48
Frahmredder 256
Frahmstrasse 78
Framheinstrasse 48
Francoper Hinterdeich 10
Franz-Beckermann-Weg 175
Franz-Marc-Strasse 71
Franzosenheide 258
Franzosenkoppel 186
Frauenthal 161
Freesenstrasse 285
Freihafenstrasse 241
Freiligrathstrasse 165
Freiweide 62
Freudenthalweg 137
Frickestrasse 103
Friedensallee 227
Friedenstrasse 87
Friedmannbogen 274
Friedrich-Ebert-Damm 285
Friedrich-Ebert-Strasse 205
Friedrich-Frank-Bogen 62
Friedrich-Karl-Strasse 292
Friedrich-Kirsten-Strasse 292
Friedrich-Legahn-Strasse 78
Friedrich-List-Strasse 137
Friedrich-Ludwig-Jahn-Strasse 137
Friedrich-Naumann-Strasse 137
Friedrich-Schöning-Weg 214
Friedrichsberger Strasse 48
Friedrichstrasse 250
Friesenweg 227
Fritz-Flinte-Ring 262
Fritz-Lindemann-Weg 179
Fritz-Neubers-Weg 48
Fritz-Reuter-Strasse 83
Fritz-Schumacher-Allee 175
Fritz-Solmitz-Weg 175
Fritz-Stoffert-Strasse 62
Fröbelstrasse 158
Frobeniusweg 71
Frohbösestrasse 263
Frohmestrasse 258
Fruchtallee 92
Frustbergstrasse 112
Fuhlendorfweg 265
Fuhlentwiete 195
Fuhlsbüttler Strasse 48
Funhofweg 48
Funkstrasse 15
Fürstenmoordamm 137

G

Gademannstrasse 15
Gaedechensweg 103
Gählerstrasse 15
Gaiserstrasse 137
Galileiweg 234
Gammer Weg 275
Gänsemarkt 195
Garbestrasse 92
Garleff-Bindt-Weg 230
Garrelsweg 78
Gärtnerstrasse 92
Gätgensstrasse 78
Gauerter Hauptdeich 275
Gausstrasse 227
Gayensweg 44
Gazertstrasse 137
Geerzkamp 71
Geffckenstrasse 103
Gehrkensweg 295
Geibelstrasse 305
Geibweg 169
Geisslertwiete 305
Gellersenweg 137
Gellertstrasse 305
Genslerstrasse 48
Georg-Appel-Strasse 205
Georg-Blume-Strasse 169
Georg-Bonne-Strasse 210
Georg-Clasen-Weg 175
Georg-Raloff-Ring 262
Georg-Thielen-Gasse 305
Georg-Wilhelm-Strasse 295
Georges-André-Kohn-Strasse 258
Georgiweg 112
Georgsplatz 30
Georgswerder Bogen 295
Gerckensplatz 171
Gerd-Schwämmle-Weg 295
Gerhard-Falk-Strasse 62
Gerhardstrasse 250
Gerhart-Hauptmann-Platz 30
Gerhofstrasse 196
Gerlachstrasse 137
Germerring 227

Index

Gerntkebogen	275
Geroweg	205
Gerritstrasse	20
Gersonweg	276
Gerstäckerstrasse	196
Gerstenbergstrasse	214
Gertigstrasse	306
Gertrud-Bäumer-Stieg	62
Gertrud-Pardo-Weg	8
Gertrud-Seele-Kehre	62
Gertrud-Werner-Weg	62
Gertrudenkirchhof	30
Gertrudenstrasse	30
Geschwister-Beschütz-Bogen	112
Geschwister-Scholl-Strasse	103
Geschwister-Witonski-Strasse	258
Giesestrasse	115
Gilbertstrasse	15
Gilcherweg	256
Glacischaussee	196
Glashüttenstrasse	250
Gläszweg	62
Glissmannweg	258
Glitzaweg	71
Glockengiesserwall	31
Gluckstrasse	48
Gneisenaustrasse	92
Godeffroystrasse	78
Gödeke-Michels-Weg	186
Gödersenweg	230
Goebenstrasse	92
Goerdelerstrasse	179
Goernestrasse	103
Goeschenstrasse	138
Goetheallee	15
Goethestrasse	15
Goetjensorter Deich	295
Goldbachstrasse	15
Goldene Wiege	138
Goldtschmidtstrasse	138
Goppeltweg	256
Gorch-Fock-Strasse	92
Gorch-Fock-Wall	196
Gordonkehre	62
Gordonstrasse	138
Görlitzer Strasse	174
Görresring	214
Görttwiete	31
Gosslers Park	78
Gosslerstrasse	78
Götkensweg	175
Gotthelfweg	138
Gottorpstrasse	217
Gottschalkring	138
Gottschalkweg	205
Gottschedstrasse	306
Goverts-Weg	20
Grabbestrasse	15
Grabenstrasse	250
Grabkeweg	174
Grädenerstrasse	92
Graf-Anton-Weg	205
Graf-Ernst-Weg	258
Graf-Johann-Weg	258
Graf-Otto-Weg	258
Gramkowweg	276
Grandweg	183
Gräpelweg	62
Graskeller	31
Grasweg	306
Graumannsweg	166
Graumanntwiete	276
Graustrasse	62
Greflingerstrasse	306
Grelckstrasse	183
Grete-Nevermann-Weg	239
Grevenweg	124
Griegstrasse	227
Griesenwerder Damm	120
Griesstrasse	124
Grillparzerstrasse	269
Grimm	31
Grimmstrasse	265
Grindelallee	158
Grindelberg	158
Grindelhof	159
Grögersweg	48
Gromballring	138
Groothoffgasse	306
Gropiusring	262
Gross-Flottbeker-Strasse	115
Gross-Sand	295
Grosse Bäckerstrasse	31
Grosse Bergstrasse	15
Grosse Bleichen	196
Grosse Brunnenstrasse	227
Grosse Freiheit	250
Grosse Johannisstrasse	31
Grosse Reichenstrasse	32
Grosse Strasse	138
Grosse Theaterstrasse	196
Grosser Burstah	31
Grosser Schippsee	138
Grosser Trampgang	196
Grossweg	169
Grossmannstrasse	241
Grossneumarkt	196
Grotestrasse	295
Grotiusweg	78
Grotjahnstrasse	16
Grovestrasse	49
Grube	79
Grubesallee	234
Grumbrechtstrasse	138
Gründgensstrasse	262
Grundstrasse	92
Grünebergstrasse	227
Grüner Deich	128
Grünewaldstrasse	43
Grüningweg	169

Index

Grusonstrasse 69
Grützmühlenweg 171
Gryphiusstrasse 306
Guderuper Strasse 284
Gudrunstrasse 239
Guerickeweg 49
Guldtweg 76
Güllweg 265
Gundermannstrasse 71
Güntherstrasse 165
Gurlittstrasse 243
Gustav-Adolf-Strasse 285
Gustav-Falke-Strasse 92
Gustav-Freytag-Strasse 269
Gustav-Klimt-Weg 71
Gustav-Kunst-Strasse 241
Gustav-Leo-Strasse 103
Gustav-Mahler-Platz 196
Gustav-Schwab-Strasse 214
Gustav-Seitz-Weg 262
Gustav-Stille-Weg 62
Gustav-Weihrauch-Weg 282
Gutenbergstrasse 263
Gutzkowstrasse 115

H

Habermannstrasse 179
Habichtstrasse 49
Habigerstieg 138
Hachmannplatz 243
Hackmackbogen 276
Hadermanns Weg 205
Hadubrandheide 206
Haeckelstrasse 139
Hafentor 196
Hagedornstrasse 159
Hagenau 86
Hagenbeckallee 263
Hagenbeckstrasse 263
Hahnemannstrasse 103
Hahntrapp 32
Halbmondsweg 217
Haldesdorfer Strasse 83
Hallerplatz 159
Hallerstrasse 159
Halskestrasse 69
Hamburger Berg 251
Hamburger Hochstrasse 16
Hamburger Strasse 49
Hamelausweg 306
Hammer Deich 124
Hammer Hof 124
Hammer Landstrasse 124
Hammer Steindamm 124
Hammerbrookstrasse 128
Hammerichstrasse 217
Handelmannweg 217
Händelstrasse 43
Hanne-Mertens-Weg 206
Hannoversche Strasse 139
Hans-Adolf-Weg 257
Hans-Albers-Platz 251
Hans-Duncker-Strasse 276
Hans-Förster-Bogen 276
Hans-Freese-Weg 62
Hans-Henny-Jahnn-Weg 269
Hans-Hinnik-Weg 109
Hans-Lange-Strasse 79
Hans-Leip-Ufer 217
Hans-Mahler-Strasse 262
Hans-Matthiessen-Strasse 63
Hans-Much-Weg 103
Hans-Sachs-Strasse 16
Hans-Stoll-Strasse 276
Hans-Thoma-Weg 115
Hansaplatz 243
Hansastrasse 159
Hansingweg 139
Hanssensweg 306
Harburger Chaussee 273
Harburger Rathausplatz 139
Harburger Rathausstrasse 139
Harburger Schlossstrasse 139
Hardenbergstrasse 79
Harders Kamp 179
Harderweg 214
Hardorffsweg 49
Harkortstieg 16
Harkortstrasse 16
Harmsenstrasse 227
Harmsstrasse 139
Harmsweg 83
Harnackring 179
Harnacksweg 175
Hartmannsau 175
Hartsprung 184
Hartungstrasse 159
Hartwicusstrasse 269
Hartwig-Hesse-Strasse 92
Harvestehuder Weg 159
Harzensweg 49
Hasenbanckweg 71
Hasencleverstrasse 169
Hasselbrookstrasse 87
Hasselmannstrasse 210
Hasselwerder Strasse 10
Hassestrasse 63
Hastedtplatz 140
Hastedtstrasse 140
Hastedtweg 140
Hatjeweg 214
Haubachstrasse 16
Hauersweg 306
Hauffstrasse 269
Hausbrucher Bahnhofsstrasse 187
Hausbrucher Strasse 187
Häusslerstrasse 179
Havermannstieg 83
Haydnstrasse 43

Index

Haynstrasse ... 103	Helma-Steinbach-Weg ... 169
Hebbelstrasse ... 269	Helmholtzstrasse ... 227
Hebebrandstrasse ... 306	Helmsweg ... 140
Heckkatenweg ... 179	Helmut-Nack-Strasse ... 63
Heckscherstrasse ... 92	Helmuth-Bartsch-Weg ... 140
Heestweg ... 234	Helmuth-Hübener-Weg ... 179
Hegarstrasse ... 43	Hennebergstrasse ... 230
Hegereiterweg ... 206	Henning-Wulf-Weg ... 183
Hegestieg ... 104	Henningsweg ... 169
Hegestrasse ... 104	Henriette-Herz-Garten ... 63
Heidegängerweg ... 235	Henriette-Herz-Ring ... 63
Heidenkampsweg ... 128	Henriettenstrasse ... 96
Heideweg ... 269	Henry-Budge-Strasse ... 306
Heidritterstrasse ... 251	Herbert-Pardo-Weg ... 276
Heiligengeistbrücke ... 197	Herbert-Thörl-Weg ... 140
Heilwigstrasse ... 104	Herbert-Weichmann-Strasse ... 270
Heimburgstrasse ... 214	Herbertstrasse ... 251
Heimfelder Strasse ... 140	Herbstweg ... 50
Heimhuder Strasse ... 160	Herderstrasse ... 270
Heimstättenstrasse ... 85	Hermann Kaufmann Strasse ... 50
Hein-Baxmann-Stieg ... 276	Hermann-Allmers-Strasse ... 140
Hein-Hoyer-Strasse ... 251	Hermann-Balk-Strasse ... 234
Hein-Köllisch-Platz ... 251	Hermann-Behn-Weg ... 160
Hein-Kröger-Strasse ... 265	Hermann-Blohm-Strasse ... 120
Hein-Möller-Weg ... 179	Hermann-Buck-Weg ... 262
Hein-Sass-Weg ... 109	Hermann-Distel-Strasse ... 63
Heinickestrasse ... 104	Hermann-Löns-Höhe ... 63
Heino-Marx-Weg ... 140	Hermann-Löns-Weg ... 110
Heinrich-Barth-Strasse ... 160	Hermann-Maul-Strasse ... 140
Heinrich-Bomhoff-Weg ... 115	Hermann-Renner-Stieg ... 210
Heinrich-Goebel-Strasse ... 282	Hermann-Renner-Strasse ... 210
Heinrich-Gross-Strasse ... 295	Hermann-Wüsthof- Ring ... 277
Heinrich-Heine-Strass ... 140	Hermannstal ... 169
Heinrich-Heine-Weg ... 63	Hermannstrasse ... 32
Heinrich-Helbing-Strasse, ... 83	Hermesweg ... 141
Heinrich-Hertz-Strasse ... 269	Herrengraben ... 197
Heinrich-Müller-Stieg ... 285	Herrenweide ... 251
Heinrich-Osterath-Strasse ... 276	Herrlichkeit ... 32
Heinrich-Plett-Strasse ... 115	Herschelstrasse ... 234
Heinrich-Schulz-Weg ... 234	Hertelstieg ... 72
Heinrich-Stubbe-Weg ... 276	Hertha-Feiner-Asmus-Stieg ... 306
Heinrich-Stück-Gang ... 72	Herthastrasse ... 83
Heinrich-Traun-Platz ... 110	Hertogestrasse ... 169
Heinrich-Traun-Strasse ... 110	Herwardistrasse ... 234
Heinrich-Von-Ohlendorff-Strasse ... 282	Herzog-Alf-Weg ... 257
Heinskamp ... 49	Herzog-Bruno-Weg ... 206
Heinsonweg ... 282	Heuberg ... 197
Heitmannstrasse ... 50	Heubergerstrasse ... 234
Heketweg ... 259	Heuertweg ... 83
Helbingstrasse ... 285	Heussweg ... 93
Helbingtwiete ... 285	Hexenberg ... 17
Helene-Heyckendorf-Kehre ... 63	Hexenstieg ... 239
Helene-Lange-Strasse ... 160	Hexentwiete ... 239
Helenenstieg ... 16	Heymannstrasse ... 93
Helenenstrasse ... 16	Heynemannstrasse ... 175
Helferichweg ... 140	Heysestrasse ... 63
Hellasweg ... 85	Heytwiete ... 265
Hellbrookstrasse ... 50	Hiddingaweg ... 50
Hellkamp ... 93	Hilda-Monte-Weg ... 63
Hellmesbergerweg ... 234	Hildeboldtweg ... 83

Index

Hilgendorfweg	79
Hilpertweg	85
Himmelstrasse	306
Hindenburgstrasse	307
Hinrichsenstrasse	124
Hinschallee	234
Hinschenfelder Stieg	285
Hinschenfelder Strasse	285
Hinschstrasse	85
Hinter Der Markthalle	26
Hirschfeldplatz	141
Hirschfeldstrasse	141
Hirschgraben	87
Hochallee	160
Hochestieg	292
Hochrad	217
Hoffmann-von-Fallersleben-Strasse	63
Hoffmannstieg	234
Hoffstrasse	141
Höfnageleck	72
Hofschläger Deich	277
Hofschläger Weg	277
Hofweg	270
Högerdamm	129
Hogrevestrasse	285
Hohe Bleichen	196
Hohe Brücke	33
Hohe Landwehr	124
Hohe Strasse	141
Hohe Weid	93
Hoheluftchaussee	104
Hohenfelder Allee	166
Hohenfelder Strasse	166
Hohenwischer Strasse	10
Hohenzollernring	227
Hoheschulstrasse	17
Hohler Weg	197
Holbeinstrasse	115
Holbergweg	79
Hölderlinsallee	307
Hölderlinstrasse	115
Hölertwiete	141
Holländerberg	311
Holländische Reihe	227
Holländischer Brook	120
Hollestrasse	72
Hölscherweg	141
Holsteiner Chaussee	259
Holsteinischer Kamp	50
Holstenglacis	197
Holstenhofweg	285
Holstenplatz	17
Holstenstrasse	17
Holstenwall	197
Holtenklinker Strasse	63
Holthusenstrasse	282
Höltystrasse	270
Holzbrücke	33
Holzdamm	244
Holzmühlenstieg	286
Holzmühlenstrasse	286
Homannring	277
Homannstrasse	141
Honartsdeich	295
Honartsdeicher Kehre	295
Honartsdeicher Weg	295
Hondiusweg	72
Höperfeld	179
Hopfenmarkt	33
Hopfensack	33
Hopfenstrasse	252
Hoppenstedtstrasse	141
Horner Landstrasse	169
Horner Weg	170
Hornungsweg	83
Hospitalstrasse	17
Hovestrasse	273
Höxterstrasse	183
Hübbesweg	125
Hübenerstrasse	120
Hude	63
Hudtwalckerstrasse	307
Hufnerstrasse	50
Hugo-Klemm-Strasse	141
Hühnerposten	129
Hulbepark	64
Hullstrasse	197
Humannstrasse	210
Humboldtstrasse	50
Humelsbütteler Weg	172
Hummelsbütteler Dorfstrass	172
Hummelsbütteler Hauptstrasse	172
Hummelsbütteler Kirchenweg	110
Hummelsbütteler Markt	172
Humperdinckweg	43
Hundtstrasse	286
Hünefeldstrasse	267
Hürthweg	176
Husarenweg	286
Huswedelweg	292
Hütten	197
Huusbarg	282

I

Ibsenweg	79
Ida-Boy-Ed-Strasse	64
Ifflandstrasse	166
Ihlestrasse	72
Illiesweg	262
Ilsenweg	256
Im Neugrabener Dorf	187
Im Schönenfeld	299
Immenhof	270
Immenseeweg	234
Immermannstrasse	17
Imstedt	50
Ingwersens Weg	79
Innocentiastrasse	160
Irma-Sperling-Weg	8

Index

Isekai 161
Iseplatz 161
Iserbrooker Weg 266
Isern-Hinnerk-Weg 257
Isestrasse 161
Ittenstrasse 72
Ivensweg 50
Iversstrasse 286
Ivo-Hauptmann-Ring 108

J

Jacobikirchhof 34
Jacobsenweg 264
Jacqueline-Morgenstern-Weg 259
Jaffestrasse 296
Jägerstrasse 141
Jahnkeweg 83
Jahnring 307
Jakob-Kaiser-Strasse 180
Jakob-Mores-Weg 51
Jakobstrasse 197
Jaksteinweg 115
Jan-Valkenburg-Strasse 197
Jarnostrasse 235
Jarrestrasse 307
Jasper-Pentz-Strasse 235
Jean-Doldier-Weg 277
Jean-Paul-Weg 307
Jeanette-Wolff-Ring 64
Jenerseitedeich 296
Jenfelder Allee 174
Jenfelder Strasse 174
Jenischstrasse 214
Jenkelweg 72
Jensenknick 111
Jeppweg 217
Jes-Juhl-Weg 218
Jesselallee 235
Jessenstrasse 17
Jevenstedter Strasse 186
Joachim-Mähl-Strasse 206
Joachimstrasse 214
Jochen-Fink-Weg 266
Jochim-Sahling-Weg 214
Jochim-Wells-Weg 172
Johann-Kröger-Strasse 256
Johann-Meyer-Strasse 180
Johann-Wenth-Strasse 264
Johannes-Böse-Weg 176
Johannes-Brahms-Platz 197
Johannes-Bremer-Weg 141
Johannes-Büll-Weg 172
Johannes-Rabe-Stieg 180
Johannes-Schult-Weg 282
Johannisbollwerk 197
Johanniswall 35
Johnsallee 161
Johnsstieg 141
Johnsweg 141

Jollassestieg 307
Jomsburger Weg 239
Jörn-Uhl-Weg 76
Joseph-Carlebach-Platz 156
Joseph-Norden-Weg 206
Josephstrasse 288
Josthöhe 172
Jostweg 172
Julia-Cohn-Weg 8
Julienstrasse 44
Julius-Brecht-Strasse 115
Julius-Campe-Weg 72
Julius-Ertel-Strasse 296
Julius-Leber-Strasse 17
Julius-Ludowieg-Strasse 142
Julius-Vosseler-Strasse 183
Jungclausweg 230
Jungfernbrücke 120
Jungfernmühle 187
Jungfernstieg 198
Jungfrauenthal 161
Jungiusstrasse 252
Junglieb-Strasse 259
Jungmannstrasse 218
Jungnickelstrasse 296
Junkersdamm 111
Junkerstrasse 142
Jürgensallee 210
Jürgensstrasse 142
Jürsweg 170
Justus-Brinckmann-Strasse 64
Justus-Strandes-Weg 212
Jutestrasse 148
Jüthornkamp 286
Jüthornstrasse 286

K

Kaemmererufer 307
Kaempsweg 307
Kaeriusweg 72
Kählerkoppel 256
Kaiser Wilhelm Strasse 198
Kaiser-Friedrich-Ufer 93
Kaiser-Wilhelm-Platz 64
Kajen 34
Kalckreuthweg 115
Kalischerstrasse 142
Kalkhof 198
Kallmorgenweg 115
Kalmanstrasse 235
Kaltenkircher Platz 17
Kaltenkircher Strasse 17
Kampchaussee 64
Kampstrasse 252
Kanalplatz 142
Kandinskyallee 72
Kantstrasse 87
Kanzleistrasse 210
Kanzlershof 142

Index

Kanzlerstrasse	142
Kapellenweg	142
Kapitän-Dreyer-Weg	79
Kapitelbuschweg	86
Karbergsweg	277
Karczweg	142
Karl-Arnold-Ring	296
Karl-Gustav-Weg	206
Karl-Jacob-Strasse	210
Karl-Kock-Weg	142
Karl-Kunert-Strasse	296
Karl-Lippert-Stieg	230
Karl-Müller-Ring	83
Karl-Reese-Weg	142
Karl-Rüther-Stieg	277
Karl-Strutz-Weg	72
Karl-Theodor-Strasse	227
Karlshöhe	83
Karlstrasse	270
Karnapp	142
Karnapphof	142
Karolinenstrasse	253
Karpfangerstrasse	198
Karstenstrasse	79
Kaspar-Ohm-Weg	292
Kaspar-Siemers-Stieg	72
Kaspar-Siemers-Weg	72
Käte-Latzke-Weg	277
Katharina-Fellendorf-Strasse	277
Katharina-Jacob-Weg	112
Katharinenbrücke	34
Katharinenfleet	34
Katharinenkirchhof	34
Katharinenstrasse	34
Käthnerort	51
Kattrepel	34
Kattrepelsbrücke	34
Kattunbleiche	286
Kaulbachstrasse	115
Kedenburgstrasse	286
Kegelhofstrasse	105
Kehrwieder	120
Kehrwiederspitze	120
Kehrwiedersteg	120
Keindorffstrasse	296
Kellinghusenstrasse	105
Kelloggstrasse	174
Kelterstrasse	292
Kennedybrücke	161
Kentzlersdamm	125
Keplerstrasse	227
Kernerreihe	51
Kerschensteinerstrasse	142
Kerstensweg	87
Kesslersweg	286
Ketteler weg	259
Kibbelsteg	120
Kickbuschweg	143
Kiebitzhof	87
Kiebitzstrasse	87
Kiehnshecken	64
Kieler Strasse	264
Kielmannseggstieg	286
Kielmannseggstrasse	286
Kielortallee	93
Kiesselbachweg	172
Kiesslingstieg	51
Kindtsweg	51
Kippingstrasse	93
Kippsweg	256
Kirchdorfer Strasse	296
Kirchenallee	244
Kirchenpauerstrasse	120
Kirchnerweg	72
Kirschtenstrasse	79
Kittelweg	235
Klapperhof	180
Klappstrasse	286
Klärchenstrasse	310
Klaus-Groth-Strasse	125
Klaus-Nanne-Strasse	257
Klaus-Schaumann-Strasse	64
Klausstrasse	227
Klein Fontenay	158
Klein-Flottbeker-Weg	218
Kleine Bergstrasse	15
Kleine Brunnenstrasse	227
Kleine Freiheit	251
Kleine Johannisstrasse	31
Kleine Reichenstrasse	32
Kleine Rosenstrass	35
Kleine Strasse	138
Kleine Theaterstrasse	196
Kleiner Burstah	31
Kleiner Kielort	93
Kleiner Pulverteich	245
Kleiner Schäferkamp	93
Kleiner Schippsee	138
Kleinworts Höh,	186
Kleiststrasse	88
Klingberg	34
Klinikweg	51
Klophausring	277
Klopstockplatz	228
Klopstockstrasse	228
Klopstockterrasse	228
Klosterallee	161
Klostergarten	161
Klosterstern	161
Klosterstieg	161
Klostertor	129
Klosterwall	35
Klövensteenweg	239
Klütjenfelder Strasse	120
Knabeweg	214
Knauerstrasse	105
Kneesestrasse	286
Kniggestrasse	143
Knochenhauertwiete	35
Knoopstrasse	143

Index

Knorrestrasse 244
Knutzenweg 286
Köderheide 235
Köhlerstrasse 214
Kohlhöfen 198
Kohmannweg 282
Köhnckeweg 180
Kohövedstrasse 235
Koldeweystrasse 112
Kolloweg 235
Kolpingweg 287
Komödienstieg 18
König-Georg-Deich 296
König-Georg-Stieg 296
König-Georg-Weg 296
König-Heinrich-Weg 206
Königgrätzstrasse 214
Königsberger Strasse 84
Königskinderweg 259
Königsreihe 286
Königstrasse 17
Konjetznystrasse 176
Konrad-Reuter-Strasse 256
Konrad-Veix-Stieg 277
Konsul-Francke-Strasse 143
Konsul-Renck-Strasse 143
Konsul-Ritter-Strasse 143
Koopstrasse 93
Kopernikusstrasse 235
Kopischweg 206
Koppel 244
Köppenstrasse 112
Korachstrasse 180
Korallusring 297
Korallusstrasse 297
Kornbergstrasse 287
Körnerstrasse 307
Kornhausbrücke 35
Kornträgergang 198
Korverweg 73
Kösterbergstrasse 79
Kösterstrasse 105
Kottwitzstrasse 93
Kraepelinweg 51
Kramer-Kray-Weg 230
Kramerkoppel 287
Kranichfeldstrasse 287
Krapphofstrasse 277
Kraueler Hauptdeich 277
Krausestrasse 51
Krayenkamp 198
Krellweg 180
Kreuslerstrasse 35
Kreuzweg 244
Krieterstrasse 297
Krischan-Kreibohm-Weg 231
Krochmannstrasse 307
Krögerkoppel 256
Krögers Treppe 79
Krögerstrasse 235

Krohnstieg 176
Kroneweg 108
Kroosweg 143
Krügers Redder 84
Krugtwiete 125
Krumbeksweg 108
Krummholzberg 143
Krusestrasse 180
Krüsistrasse 51
Krüssweg 51
Kuchelweg 218
Küchgarten 143
Kuckuckshörn 297
Kuehnstieg 174
Kuehnstrasse 174
Kuhberg 199
Kuhmühle 166
Kuhnsweg 307
Kulemannstieg 257
Külpersweg 109
Kümmellstrasse 105
Kunaustrasse 256
Kunhardtstrasse 105
Künnekestrasse 235
Kupferdamm 108
Kupferhof 64
Kurdamm 297
Kurfürstendeich 277
Kurt-Adams-Platz 180
Kurt-Küchler-Strasse 210
Kurt-Ledien-Weg 206
Kurt-Schill-Weg 206
Kurt-Schumacher-Allee 244
Kurze Mühren 35
Küsterstieg 143
Küstersweg 143
Kuwerdamm 278

L

Lachmannweg 266
Lachnerstrasse 51
Lademannbogen 172
Ladigestwiete 239
Laeiszstrasse 252
Lagerlöfstrasse 292
Lagerstrasse 252
Lahrmannstrasse 18
Lambert-Strus-Weg 232
Lambrechtsweg 51
Lämmertwiete 144
Lammstrasse 18
Lamp´Lweg 18
Lampenland 64
Lampéstrasse 86
Lamprechtstrasse 65
Landahlweg 172
Landdrostenweg 259
Landwehr 166
Landwehrdamm 124

Index

Landwehrplatz	124
Langbehnstrasse	43
Lange Mühren	35
Lange Reihe	244
Langelohstrasse	214
Langenfelder Damm	264
Langenhorner Chaussee	176
Langenhorner Markt	176
Langermannsweg	51
Langheinstrasse	231
Langmaackweg	218
Lannerweg	235
Lappenbergsallee	93
Lasallestrasse	144
Lastropsweg	94
Latekopweg	231
Lattenkamp	308
Lauenbruch Ost	144
Lauenbrucher Deich	144
Lauenbrucher Hauptdeich	144
Lauenbrucher Strasse	144
Lauensteinstrasse	51
Laufgraben	162
Laukamp	176
Laurembergstieg	292
Laurembergweg	292
Lauterbachstrasse	144
Lavaterweg	218
Lawaetzweg	18
Legienstrasse	170
Leharstrasse	235
Lehmweg	105
Leiblstieg	116
Leibnitzstrasse	88
Leinpfad	308
Leipeltstrasse	297
Leipstieg	217
Leiserweg	144
Leistikowstieg	116
Lembekstrasse	184
Lemkusweg	73
Lenaustrasse	166
Lenbachstrasse	116
Lengerckestieg	287
Lengerckestrasse	287
Lenhartzstrasse	105
Lentersweg	172
Lentheweg	144
Lenzingweg	83
Lenzweg	264
Lepsiusweg	210
Lerchenfeld	270
Lesebergweg	215
Lesemanns Treppe	79
Lessers Passage	18
Lesserstrasse	287
Lessingstrasse	167
Leuschnerstrasse	180
Leuteritzweg	173
Lewenwerder	146
Lewetzauweg	206
Leysahtbogen	73
Licentiatenweg	111
Lichtensteinweg	292
Lichtheimweg	80
Lichtwarkstrasse	105
Liebermannstrasse	218
Liebigstrasse	69
Liebrechtstrasse	144
Liebzeitstrasse	73
Lienaustrasse	108
Lienhardstrasse	52
Liepmannweg	173
Liesbeth-Rose-Stieg	278
Liliencronstrasse	235
Lilienstrasse	35
Lilienthalplatz	111
Lilienthalstrasse	111
Lilo-Gloeden-Kehre	65
Lily-Braun-Strasse	65
Linckestrasse	236
Lincolnstrasse	252
Lindenbergweg	65
Lindleystrasse	241
Lindnersweg	52
Linnéring	308
Lippeltstrasse	129
Lisbeth-Bruhn-Strasse	65
Liseistieg	237
Lissmannseck	52
Lisztstrasse	228
Litzowstieg	287
Litzowstrasse	287
Lobuschstrasse	228
Loehrsweg	105
Loewendorfstrasse	266
Löfflerstrasse	18
Lohbrügger Landstrasse	180
Lohbrügger Markt	180
Lohbrügger Weg	180
Loher Strasse	236
Lohmannsweg	145
Lohmühlenstrasse	245
Lohseplatz	120
Lokstedter Steindamm	184
Lombardsbrücke	35
Lomerstrasse	287
Lönsstrasse	145
Loogeplatz	106
Loogestieg	106
Loogestrasse	106
Lorenzengasse	308
Lorichsstrasse	52
Lornsenstrasse	18
Lortzingstrasse	52
Louise-Schroeder-Strasse	18
Löwenstrasse	103
Lübbersweg	145
Lübecker Strasse	167
Lübeckertordamm	245

Index

Lucie-Suhling-Weg 65
Lüdemannstrasse 116
Lüdemannsweg 228
Lüdersring 186
Ludolfstrasse 106
Ludwig-Erhard-Strasse 199
Ludwig-Richter-Strasse 116
Ludwig-Rosenberg-Ring 180
Ludwigstrasse 252
Luetkensallee 288
Lühmannstrasse 145
Luise-Otto-Peters-Weg 65
Luisenweg 125
Lundtweg 278
Lüneburger Strasse 145
Lüneburger Tor 145
Lungershausenweg 231
Lünkenweg 52
Luruper Hauptstrasse 186
Lutherhöhe 43
Lütt Iserbrook 266
Lutterothstrasse 94
Luxweg 278
Lyserstrasse 43

M

Maacksgasse 308
Maetzelweg 282
Magdalenenstrasse 162
Mählstrasse 86
Maienweg 212
Maike-Harder-Weg 231
Maikstrasse 181
Malzweg 126
Mania-Altmann-Weg 259
Mannesallee 297
Manshardtstrasse 170
Manstadtsweg 52
Mansteinstrasse 94
Manteuffelstrasse 210
Marckmannstrasse 241
Marconistrasse 215
Marek-James-Strasse 259
Marek-Steinbaum-Weg 259
Maretstrasse 145
Margarete-Mrosek-Bogen 278
Margaretha-Rothe-Weg 206
Margarethenstrasse 91
Margit-Zinke-Strasse 278
Maria-Louisen-Strasse 310
Maria-Terwiel-Kehre 65
Marie-Fiering-Kehre 65
Marie-Henning-Weg 278
Marienhof 231
Marienstrasse 145
Marienterrasse 270
Marktstrasse 252
Marktweg 252
Markusstrasse 199

Marlowring 43
Marmstorfer Poststrasse 145
Marmstorfer Weg 145
Marnitzstrasse 181
Marschnerstrasse 52
Marta-Damkowski-Kehre 65
Martensallee 267
Martensweg 52
Marthastrasse 92
Martin-Haller-Ring 308
Martin-Luther-King-Platz 162
Martin-Luther-Strasse 199
Martin-Mark-Weg 288
Martinistrasse 106
Marxsenweg 218
Mary-Marcus-Kehre 65
Mathildenstrasse 252
Mattentwiete 35
Matthesonstrasse 94
Matthias-Scheidts-Weg 52
Maukestieg 73
Maurienstrasse 52
Max-Brauer-Allee 19
Max-Eichholz-Ring 181
Max-Eyth-Strasse 297
Max-Halbe-Strasse 145
Max-Klinger-Strasse 73
Max-Nonne-Strasse 176
Max-Pechstein-Strasse 73
Max-Zelck-Strasse 206
Maximilian-Kolbe-Weg 297
Maxstrasse 88
Maybachstrasse 84
Mechtildweg 206
Meddenwarf 257
Meerweinstrasse 308
Mehrenskamp 73
Mehringweg 145
Meiendorfer Strasse 236
Meiendorfer Weg 236
Meinertstrasse 256
Meissnerstrasse 94
Meister-Bertram-Strasse 52
Meister-Francke-Strasse 52
Meistertwiete 218
Melanchthonstrasse 264
Melhopweg 311
Mellingburgredder 256
Mellmannweg 288
Menckesallee 88
Mendelssohnstrasse 43
Mendelstrasse 181
Mengeplatz 297
Mengestrasse 297
Mensingstrasse 145
Menzelstrasse 116
Merckelweg 113
Mergellstrasse 146
Mergenthalerweg 86
Meriandamm 73

Index

Meridianstrasse 126
Merkatorweg 73
Messberg 36
Mestorfweg 266
Methfesselstrasse 94
Mette-Harden-Strasse 278
Mettlerkampsweg 126
Meuronstieg 308
Mewesweg 109
Meyer-Delius-Platz 176
Meyerbeerstrasse 236
Meyerhofstrasse 215
Meyermannweg 184
Meyerstrasse 146
Michael-Hering-Weg 73
Michaelisbrücke 199
Michaelisstrasse 199
Michelsenweg 129
Middendorfstrasse 52
Milcherstrasse 116
Milchstrasse 162
Mildestieg 52
Millerntordamm 199
Millerntorplatz 199
Millöckerweg 236
Mindermannweg 215
Minenstrasse 245
Mirowstrasse 53
Mittelweg 162
Modersohnstrasse 297
Mohlenhofstrasse 36
Möhlmannweg 80
Mohnhof 65
Mokrystrasse 297
Molkenbuhrstrasse 264
Möllers Kamp 65
Möllers Treppe 80
Mollerstrasse 162
Moltkestrasse 94
Moltrechtweg 9
Mommsenstrasse 80
Mönckebergstrasse 36
Mondrianweg 73
Monetastrasse 162
Mönkedamm 36
Moojerstrasse 288
Moorende 126
Moorfleeter Deich 278
Moorfleeter Hauptdeich 278
Moorfleeter Kirchenweg 278
Moorfurthweg 308
Moorstrasse 146
Moorweidenstrasse 162
Morellenweg 288
Morewoodstrasse 288
Morgensternweg 53
Mörikestrasse 80
Mörkenstrasse 19
Mottenburger Strasse 228
Mottenburger Twiete 228

Mozartstrasse 53
Müggenburger Hauptdeich 273
Müggenburger Strasse 273
Mühlenberger Weg 80
Mühlendamm 167
Mühlenkamp 308
Müllenhoffweg 116
Mümmelmannsberg 73
Mumsenstrasse 19
Münchhausenweg 207
Mundsburger Damm 270
Münstermannsweg 53
Münsterstrasse 184
Münterweg 73
Münzplatz 129
Münzstrasse 129
Münzweg 129
Musäusstrasse 266
Mutzenbecherstrasse 184
Mützendorpsteed 84

N

Neuländer Ring 146
Nagelsweg 129
Nansenstrasse 43
Nartenstrasse 146
Neanderstrasse 200
Nebendahlstrasse 288
Neckelmannstrasse 308
Neddermeyerstieg 73
Neehusenstrasse 187
Neelandstieg 187
Nehlsstrasse 120
Nernstweg 228
Ness 37
Ness-Hauptdeich 110
Nettelbeckstrasse 43
Nettelnburger Kirchenweg 66
Nettelnburger Landweg 65
Nettelnburger Strasse 65
Neuberger Weg 176
Neubertstrasse 167
Neue Abc Strasse 192
Neue Burg 37
Neue Elbbrücke 273
Neue Gröningerstrasse 37
Neue Grosse Bergstrasse 15
Neue Rabenstrasse 162
Neue Strasse 146
Neuenfelder Fährdeich 10
Neuenfelder Hauptdeich 10
Neuenfelder Strasse 297
Neuer Jungfernstieg 200
Neuer Pferdemarkt 252
Neuer Steinweg 192
Neuer Wall 200
Neuer Wandrahm 118
Neugrabener Markt 187

Index

Neuhöfer Damm 297
Neuhöfer Strasse 297
Neuländer Elbdeich 146
Neuländer Strasse 146
Neuländer Weg 146
Neumann-Reichardt-Strasse 288
Neumayerstrasse 200
Neumühlen 228
Neustädter Neuerweg 200
Neustädter Strasse 200
Neuwiedenthaler Strasse 187
Newmans Park 211
Nickischstrasse 43
Niederbaumbrücke 200
Niedergeorgswerder Deich 295
Niedernstrasse 37
Niederschleems 74
Niemannstrasse 147
Niendorfer Marktplatz 207
Nienstedtener Marktplatz 211
Nienstedtener Strasse 211
Nieritzweg 236
Nincoper Deich, ... 10
Nincoper Ort 10
Nincoper Strasse 10
Nippoldstrasse 298
Nippoldweg 298
Nirnheimweg 113
Nissenstrasse 106
Noackstieg 147
Nobistor 19
Nobleéstrasse 147
Noerstrasse 219
Nöldekestrasse 147
Noldering 262
Nölkensweg 53
Nöltingstrasse 228
Nonnenstiegs 161
Norbert-Schmid-Platz 173
Norderstrasse 245
Nordheimstrasse 212
Nordkanalstrasse 129
Nordquistweg 116
Notkestrasse 43
Novalisweg 309
Nüsslerkamp 83
Nydamer Ring 236
Nydamer Weg 236

O

Oben Borgfelde 122
Obenhauptstrasse 113
Oberaltenallee 53
Oberbaumbrücke 200
Obergeorgswerder Deich 295
Oberschleems 74
Oberstrasse 162
Odenwaldstrasse 94
Oderfelder Strasse 163

Oehleckerring 176
Oelkersallee 19
Oelsnerring 116
Oertzenstrasse 207
Oertzweg 53
Oesterleystrasse 80
Oestmanns Treppe 80
Offakamp 184
Offenbachweg 236
Ohlendorffs Tannen 282
Ohlendorffstrasse 126
Ohlsdorfer Strasse 309
Ohlstedter Platz 311
Ohlstedter Stieg 311
Ohlstedter Strasse 311
Ohmstrasse 228
Ohnsorgweg 219
Öjendorfer Weg 74
Olberskamp 74
Olbersweg 19
Oldachstrasse 53
Oldenfelder Stieg 236
Oldenfelder Strasse 236
Oldesloer Strasse 260
Oldesweg 231
Ölmühle 253
Ölmühlenweg 267
Olshausenstrasse 219
Onckenstrasse 116
Oortkatenweg 278
Opitzstrasse 309
Ordulfstrasse 207
Ortleppweg 113
Ortrudstrasse 47
Osdorfer Landstrasse 215
Oskar-Schlemmer-Strasse 74
Ossietzkystrasse 174
Ost-West-Strasse 37
Ostende 268
Osterbrook 126
Osterhoffstrasse 147
Ostermeyerstrasse 116
Osterstrasse 94
Osterweg 80
Ostpreussenplatz 288
Oswald-Kanzler-Weg 147
O'swaldstrasse 170
Otawiweg 228
Othmarscher Kirchenweg 219
Ottensener Hauptstrasse 228
Ottensener Marktplatz 228
Ottersbekallee 94
Ottilie-Baader-Strasse 66
Otto-Brenner-Strasse 298
Otto-Burrmeister-Ring 262
Otto-Ernst-Strasse 219
Otto-Grot-Strasse 278
Otto-Schumann-Weg 181
Otto-Sill-Brücke 38
Otto-Speckter-Strasse 53

Index

Otto-Wallach-Weg 215
Ottostrasse 86
Otzenstrasse 253
Övelgönne 219
Övelgönner Strasse 19
Overbeckstrasse 271

P

Paalzowweg 66
Paarmanns Weg 80
Paeplowstieg 113
Paeplowweg 113
Paganiniweg 236
Palmaille 19
Palmerstrasse 126
Pamirweg 110
Pannerweg 66
Panzerstrasse 80
Papendamm 163
Papenhuder Strasse 271
Papenstrasse 88
Paracelsusstrasse 236
Parkallee 161
Parowstrasse 176
Pasmannstrasse 200
Pastorenstrasse 200
Paul-Bunge-Stieg 278
Paul-Dieroff-Weg 207
Paul-Ehrlich-Strasse 219
Paul-Gerhardt-Strasse 147
Paul-Klee-Strasse 74
Paul-Nevermann-Platz 20
Paul-Roosen-Strasse 20
Paul-Sorge-Strasse 207
Paul-Stritter-Weg 9
Paulinenallee 91
Paulinenplatz 253
Paulinenstrasse 253
Paulsenplatz 20
Paulstrasse 38
Peiffersweg 53
Pellwormweg 236
Pelzerstrasse 38
Pepermölenbek 20
Perckentinweg 207
Perelstrasse 181
Perthesweg 126
Pestalozzistrasse 53
Peter-Beenck-Strasse 298
Peter-Lurenz-Weg 147
Peter-Marquard-Strasse 309
Peter-Mühlens-Weg 177
Peter-Timm-Strasse 260
Petersdorfstrasse 147
Petershof 187
Peterstrasse 201
Petersweg 147
Petkumstrasse 271
Peutestrasse 273

Pezolddamm 84
Pezoldtwiete 84
Pfefferstrasse 237
Pfeilshofer Weg 292
Pfennigwiese 257
Pfenningwiese 260
Pfingstberg 66
Pfitznerstrasse 44
Philipp-Reis-Weg 283
Philipsstrom 81
Pickhuben 120
Pidder-Lüng-Weg 236
Piepenbrinkweg 231
Pieperweg 266
Pikartenkamp 211
Pilatuspool 201
Pinelsweg 53
Pinnasberg 253
Pitersenstieg 74
Plan 38
Planckstrasse 228
Platenstrasse 215
Plathweg 53
Platz Der Republik 20
Pletschgang 266
Plettenbergstrasse 181
Plogstieg 113
Poeckstrasse 181
Poelchaukamp 309
Poggendorfstrasse 69
Poggenmühle 121
Poggfreedweg 236
Pogwischrund 236
Poolstrasse 201
Poppelauweg 176
Poppenbütteler Berg 231
Poppenbütteler Bogen 231
Poppenbüttler Hauptstrasse 231
Poppenbüttler Landstrasse 231
Poppenbüttler Markt 231
Poppenhusenstrasse 53
Poppenspälerweg 237
Poppesweg 219
Porgesring 69
Pöseldorfer Weg 163
Posteltsweg 170
Poststrasse 201
Potosistrasse 81
Prahlstrasse 229
Pralleweg 283
Präsident-Krahn-Strasse 20
Prassekstrasse 298
Prätoriusweg 95
Prehnsweg 237
Preusserstrasse 218
Preystrasse 309
Pröbenweg 126
Probst-Paulsen-Strasse 81
Professor-Brix-Weg 21
Puckholm 257

Index

Pulverhofsweg 108
Pulverteich 245
Pulverturmsbrücke 201
Pumpen 38
Puritzweg 278
Pusbackstrasse 237
Pusbackweg 237
Puvogelstrasse 288

Q

Quarree 288

R

Raapeweg 173
Raboisen 38
Rademachergang 201
Radickestrasse 147
Radolfstieg 237
Rahel-Varnhagen-Weg 66
Rahlstedter Dorfplatz 237
Rahlstedter Strasse 237
Rahlstedter Weg 237
Rahmwerder Strasse 298
Raimundstrasse 237
Rainvilleterrasse 229
Rambachstrasse 201
Rambatzweg 309
Ramckeweg 266
Rantzaustrasse 289
Rappoltweg 181
Rappstrasse 163
Raschweg 237
Rathausmarkt 39
Rathausstrasse 39
Rathenaustrasse 9
Ratsmühlendamm 111
Rauchstrasse 289
Rautenbergstrasse 245
Rebeccaweg 284
Reclamstrasse 74
Reeperbahn 253
Reeperstieg 66
Reesendamm 39
Reesendammbrücke 39
Reesestrasse 54
Reetwerder 66
Regerstieg 44
Regerstrasse 44
Rehdersweg 231
Rehhoffstrasse 202
Rehmstrasse 309
Reichardtstrasse 44
Reichskanzlerstrasse 215
Reimarusstrasse 202
Reimboldweg 66
Reimersbrücke 39
Reimerstwiete 39
Reimersweg 147

Reinckeweg 173
Reineckestrasse 44
Reinheimerweg 266
Reinhold-Meyer-Strasse 207
Reinkingstrasse 292
Reinstorfweg 298
Reisnerskamp 268
Reitbrooker Westerdeich 279
Reitbrrooker Hinterdeich 279
Reitdeich 279
Reitzeweg 113
Rektor-Ritter-Strasse 66
Rellingweg 174
Rembrandtstrasse 147
Remstedtstrasse 237
Rentzelstrasse 163
Repgowstieg 184
Repsoldstrasse 129
Rethelstrasse 116
Reventlowstrasse 219
Reyesweg 54
Rheingoldweg 239
Rhiemsweg 170
Ribenweg 279
Ricarda-Huch-Ring 66
Richard-Dehmel-Strasse 81
Richard-Linde-Weg 181
Richeystrasse 84
Richtbornweg 86
Rickelstrasse 148
Riechelmannweg 298
Rieckhoffstrasse 148
Riefesellstrasse 262
Riehlstrasse 181
Riekbornweg 260
Riemenschneiderstieg 44
Riepenhausenweg 148
Riesserstrasse 126
Rilkeweg 116
Rimbertweg 184
Rissener Dorfstrasse 239
Rissener Landstrasse 239
Rissener Ufer 239
Riststrasse 309
Ritterstrasse 88
Riwka-Herszberg-Stieg 260
Robert-Blum-Strasse 207
Robert-Finnern-Weg 9
Robert-Koch-Strasse 106
Robert-Nhil-Strasse 245
Robert-Schuman-Brücke 289
Röbkestrasse 256
Rode Ucht 231
Rodeweg 74
Rodigallee 174
Rödingsmarkt 39
Roepersweg 309
Roggenbuckstieg 113
Roggestrasse 148
Rohlffsweg 264

Index

Röhrigstrasse 229
Rolandsbrücke 40
Rolfinckstieg 293
Rolfinckstrasse 293
Roman-Zeller-Platz 260
Rombergstrasse 95
Rondeel 309
Rönneburger Strasse 148
Röntgenstrasse 111
Roonstrasse 95
Roosens Park 219
Roosens Weg 219
Röpersheide 219
Rosa-Schapire-Weg 66
Rosamstwiete 54
Roseggerstrasse 148
Roseggerweg 148
Roseliusweg 298
Rosenallee 130
Rosenhagenstrasse 116
Rosenhofstrasse 254
Rosenstrasse 35
Rossberg 88
Rossdamm 121
Rotenhäuser Damm 298
Rotenhäuser End 298
Rotenhäuser Strasse 298
Rotenhäuser Twiete 298
Rothenbaumchaussee 163
Rothenburgsorter Marktplatz 241
Rothenburgstrasse 241
Rothenhauschaussee 66
Rothesoodstrasse 202
Rothestrasse 229
Rubbertstrasse 299
Rückersweg 126
Rückertstrasse 88
Ruckteschellweg 88
Rüdemannweg 299
Rudolf-Kinau-Allee 110
Rudolf-Klug-Weg 207
Rudolf-Ross-Allee 170
Rudorffweg 181
Rugenbarg 215
Rugenberger Damm 121
Rümkerstrasse 54
Rumpffsweg 127
Rungedamm 279
Rungestieg 54
Rungestrasse 54
Rungholt 236
Rupertistrasse 211
Ruscheweyhstrasse 173
Ruselerweg 181
Ruststrasse 148
Rüterstrasse 289
Ruthsweg 54
Rutsch 81
Rutschbahn 163
Ruwoldtweg 263

S

Saarlandstrasse 310
Sachsentor 67
Sachtestieg 81
Sagebiels Weg 81
Sägemühlenstrasse 21
Sahlenburger Strasse 212
Salomon-Heine-Weg 106
Salomon-Petri-Ring 74
Salzburger Häuser 148
Salzmannstrasse 130
Sand 148
Sander Damm, ... 67
Sanderskoppel 293
Sandkrug 88
Sandweg 95
Sanitasstrasse 299
Sanmannreihe 182
Sapperweg 266
Sartoriusstrasse 95
Saseler Chaussee 257
Saseler Markt 257
Sassenhoff 260
Sasstrasse 21
Schaapkamp 187
Schaarmarkt 202
Schaarsteinweg 202
Schaartor 202
Schadesweg 127
Schädlerstrasse 289
Schäferkampsallee 95
Schäferstrasse 93
Schanzenstrasse 254
Schärstrasse 182
Schaudinnstwiete 54
Schauenburgerstrasse 40
Schedestrasse 106
Scheel-Plessen-Strasse 229
Scheelring 260
Scheffelstrasse 310
Schefflerweg 219
Scheideweg 95
Scheidingweg 83
Schellerdamm 148
Schellingstrasse 89
Schemmannstrasse 283
Schendelstieg 149
Schenkendorfstrasse 271
Scheplerstrasse 21
Scheteligsweg 170
Schierhornstieg 237
Schiffbeker Schanze 74
Schiffbeker Weg 74
Schillerstrasse 21
Schillerufer 67
Schillingkoppel 257
Schillstrasse 268
Schimmelmannallee 289
Schimmelmannstieg 289

Index

Schimmelmannstrasse 289
Schimmelreiterweg 237
Schinkelstrasse 310
Schippelsweg 207
Schlagbaumtwiete 216
Schlagemihls Treppe 81
Schlankreye 164
Schlatermundweg 299
Schlebuschweg 67
Schleestrasse 21
Schlegelsweg 89
Schleidenstrasse 54
Schlengendeich 299
Schlicksweg 54
Schliemannstrasse 211
Schloostrasse 109
Schlossgarten 289
Schlossmühlendamm 149
Schlosstrasse 289
Schlüterstrasse 164
Schmachthägerstrasse 54
Schmahlsweg 238
Schmarjestrasse 21
Schmidt-Rottluff-Weg 254
Schmidtkamp 220
Schmidts Breite 299
Schmidts Passage 21
Schmidts Treppe 81
Schmidtweg 67
Schmiedestrasse 40
Schmilinskystrasse 245
Schmuckshöhe 212
Schmuckstrasse 254
Schmüserstrasse 289
Schnackenburgallee 44
Schnellstrasse 21
Schnelser Höhe 260
Schnudts Treppe 81
Schöfferstieg 74
Schomburgstrasse 21
Schönaich-Carolath-Strasse 117
Schönbornreihe 170
Schöne Aussicht 271
Schönenfelder Strasse 299
Schönweg 207
Schopenstehl 40
Schopstrasse 95
Schorchtstrasse 149
Schorrhöhe 67
Schottmüllerstrasse 106
Schottweg 167
Schrammsweg 106
Schreberstrasse 113
Schreyerring 263
Schröderstiftsstrasse 164
Schröderstiftweg 164
Schröderstrasse 167
Schrödersweg 113
Schrötteringksweg 271
Schubackstrasse 106

Schubertstrasse 54
Schuldorffstrasse 67
Schulenbeksweg 127
Schulenburgring 182
Schulterblatt 254
Schultessdamm 293
Schultesstieg 293
Schultzweg 130
Schulweg 95
Schumannstrasse 54
Schünemannstieg 289
Schürbeker Bogen 271
Schürbeker Strasse 271
Schurekstrasse 263
Schüslerweg 149
Schüttstrasse 149
Schützenstrasse 44
Schwanenwik 167
Schwarze Strasse 127
Schwarzenbergstrasse 149
Schwarzlosestrasse 290
Schweimlerstrasse 167
Schweinfurthweg 268
Schwenckestrasse 95
Schwentnerring 299
Schwenweg 176
Schweriner Strasse 238
Schwindstrasse 117
Schwingeweg 117
Sechslingspforte 167
Sedanstrasse 164
Seehofring 10
Seestrasse 117
Seewartenstrasse 202
Seilerstrasse 254
Selliusstrasse 95
Sellschopstieg 67
Semperplatz 310
Semperstrasse 310
Sengelmannstrasse 9
Sentastrass 47
Sergio-de-Simone-Stieg 260
Serrahnstrasse 67
Seumestrasse 89
Seyboldstrasse 182
Seydeckreihe 290
Sibbertstrasse 81
Sichter 68
Siebenschön 184
Sieberlingstrasse 211
Siedenfelder Weg 299
Siegfriedstrasse 240
Sieldeich 273
Siemersplatz 184
Siemssenstrasse 107
Sierichstrasse 310
Sievekingdamm 127
Sievekingsallee 127
Sievekingsplatz 202
Sievertstrasse 44

Index

Silbersackstrasse 254	St. Petersburger Strasse 254
Sillemstrasse 96	Stadelmannweg 257
Siloahweg 257	Stader Strasse 135
Simon-von-Utrecht-Strasse 254	Stadtdeich 130
Simrockstrasse 266	Stadthausbrücke 203
Singelmannsweg 268	Stahltwiete 44
Sinstorfer Kirchenweg 149	Stammannstrasse 310
Skaldenweg 238	Stangestrasse 229
Slevogtstieg 220	Stapelstrasse 184
Slomanstieg 273	Starckweg 238
Slomanstrasse 273	Statthalterplatz 219
Smidtstrasse 127	Staudingerstrasse 117
Snitgerreihe 170	Stauffenbergstrasse 211
Snitgerstieg 170	Stavenhagenstrasse 113
Söderblomstrasse 268	Steckelhörn 40
Solferinostrasse 177	Stedingweg 185
Soltaus Allee 84	Steendiek 110
Soltaustrasse 68	Stefan-Zweig-Strasse 84
Sommerhuder Strasse 21	Steffens Weg 150
Sonnenau 86	Stegerwaldring 170
Sonninstrasse 130	Steilshooper Allee 263
Sophie-Kloers-Weg 174	Steilshooper Strasse 54
Sophie-Schoop-Weg 279	Stein-Hardenberg-Strasse 268
Sophienallee 91	Steinbeker Hauptstrasse 75
Sophienstrasse 150	Steinbeker Markt 75
Sophienterrasse 164	Steinbeker Marktstrasse 75
Sörensenweg 81	Steindamm 245
Sorthmannweg 184	Steinfeldtstrasse 75
Sottorfallee 184	Steinhauerdamm 167
Spadenländer Elbdeich 279	Steinhoffweg 207
Spadenländer Hauptdeich 279	Steinhöft 203
Spadenteich 245	Steinikestrasse 150
Spaldingstrasse 130	Steintordamm 246
Spanische Furt 260	Steintorplatz 246
Speckenweg 279	Steintorwall 246
Speckmannstrasse 293	Steintorweg 246
Speckstrasse 203	Steintwiete 41
Speersort 40	Steintwietenhof 41
Spengelweg 96	Stellbrinkweg 279
Sperlsdeicherweg 299	Stellinger Steindamm 264
Spielbudenplatz 255	Stellmannkamp 293
Spieringstrasse 68	Stengelestrasse 170
Spitalerstrasse 40	Stengeletwiete 170
Spitzwegstrasse 117	Stephansplatz 203
Spliedtweg 266	Stephanstrasse 290
Spoerlweg 84	Sternbergweg 215
Spohrstrasse 54	Sternschanze 254
Spökelbarg 74	Sternstrasse 254
Spökelbargring 74	Sterntwiete 182
Sportallee 113	Sthamerstrasse 311
Springeltwiete 40	Stiftstrasse 246
Spritzenplatz 229	Stillhorner Weg 300
St. Annenufer 118	Stindeweg 220
St. Anscharplatz 202	Stockflethweg 177
St. Benedictstrasse 161	Stockmeyerstrasse 121
St. Georgskirchhof 246	Stoeckhardtstrasse 127
St. Georgsstrasse 246	Stolbergstrasse 272
St. Jürgens Holz 177	Stoltenstrasse 171
St. Pauli Fischmarkt 15	Stolzweg 238
St. Pauli Hafenstrasse 255	Stormsweg 272

Index

Störtebekerweg ... 187
Stöttrupweg ... 55
Stradellakehre ... 55
Strassburger Strasse ... 55
Strassweg ... 117
Strengesweg ... 231
Stresemannallee ... 185
Stresemannstrasse ... 21
Stresowstrasse ... 241
Strindbergweg ... 81
Struenseestrasse ... 21
Strutzhang ... 231
Strüverweg ... 113
Stubbenhuk ... 203
Stübenplatz ... 300
Stuhlmannplatz ... 22
Stuhlmannstrasse ... 22
Stuhlrohrstrasse ... 68
Stuhtsweg ... 108
Suckweg ... 176
Sudekstrasse ... 107
Sudermannstrasse ... 150
Süderstrasse ... 130
Suhmweg ... 261
Suhrsweg ... 55
Sülldorfer Kirchenweg ... 266
Sülldorfer Landstrasse ... 266
Sülzbrackring ... 274
Süntelstrasse ... 260
Susannenstrasse ... 255
Susettestrasse ... 229
Suttnerstrasse ... 22
Sven-Hedin-Strasse ... 86
Sylvesterallee ... 44

T

Theodor-Rumpel-Stieg ... 55
Tangstedter Landstrasse ... 176
Tarpenbekstrasse ... 107
Tatenberger Damm ... 279
Tatenberger Deich ... 279
Tauchnitzweg ... 75
Teerhof ... 121
Tegelweg ... 108
Tegetthoffstrasse ... 96
Teilfeld ... 204
Telemannstrasse ... 96
Tellkampfweg ... 215
Tempoweg ... 187
Tennigkeitweg ... 232
Teubnerweg ... 75
Tewessteg ... 107
Thadenstrasse ... 22
Thedestrasse ... 22
Theodor-Fahr-Strasse ... 177
Theodor-Heuss-Platz ... 164
Theodor-Körner-Weg ... 207
Theodor-Rumpel-Weg ... 55
Theodor-Schäfer-Damm ... 264

Theodor-Storm-Strasse ... 238
Theodorstieg ... 44
Theodorstrasse ... 44
Therese-Giese-Bogen ... 68
Theresienstieg ... 272
Thiedeweg ... 290
Thielbeck ... 204
Thielenstrasse ... 300
Thiemannstrasse ... 187
Thiessenweg ... 238
Thomas-Mann-Strasse ... 84
Thomasstrasse ... 44
Thörlstrasse ... 150
Thörlweg ... 150
Thormannstrasse ... 86
Thunstrasse ... 211
Thüreystrasse ... 208
Thusneldastrasse ... 263
Tibarg ... 208
Tiecksweg ... 89
Tiergartenstrasse ... 255
Tietzestrasse ... 215
Tilemannhöhe ... 150
Timm-Kröger-Weg ... 111
Timmermannsredder ... 84
Timmermannstrasse ... 310
Timmkoppel ... 173
Timms Hege ... 311
Timmstieg ... 177
Timmweg ... 177
Tinsdaler Kirchenweg ... 240
Tischbeinstrasse ... 55
Tischendorfweg ... 215
Tivoliweg ... 150
Tönerweg ... 279
Tonistrasse ... 87
Tonndorfer Hauptstrasse ... 268
Tönns-Wulf-Weg ... 231
Tönsfeldtstrasse ... 229
Töpferhof ... 68
Töpfertwiete ... 68
Tornquiststrasse ... 96
Tratzigerstrasse ... 290
Traunsallee ... 290
Traunstieg ... 150
Traunweg ... 150
Trenknerweg ... 220
Tresckowstrasse ... 96
Trettaustrase ... 300
Trittauer Amtsweg ... 84
Trommelstrasse ... 255
Troplowitzstrasse ... 185
Trostbrücke ... 41
Trübnerweg ... 117
Trummersweg ... 107
Tucholskyring ... 85
Turnerstrasse ... 255
Tycho-Brahe-Weg ... 174

Index

U

Uhdeweg	117
Uhlandstrasse	167
Uhlenbüttler Kamp	173
Uhlenhoffweg	110
Uhlenhorster Weg	272
Ulmenstrasse	310
Unnastrasse	96
Unzerstrasse	22
Up De Schanz	211
Uphoffweg	261
Ursula-Querner-Strasse	68
Utkiek	147

V

Vagel-Griep-Platz	147
Vahlenkampffweg	150
Valentinskamp	204
Van-der-Smissen-Strasse	20
Veddeler Brückenstrasse	273
Veddeler Elbdeich	273
Veddeler Marktplatz	273
Veddeler Strasse	273
Veit-Stoss-Weg	44
Veltheimstrasse	238
Venusberg	204
Vereinsstrasse	96
Vereinsweg	22
Veringplatz	300
Veringstrasse	300
Veringweg	300
Versmannstrasse	121
Vietinghoffweg	208
Vinetastrasse	239
Vinhagenweg	68
Vinzenzweg	150
Virchowstrasse	22
Vizelinstrasse	185
Vogelerstrasse	150
Vogelhüttendeich	300
Voght-Groth-Weg	215
Vogt-Bornkast-Weg	261
Vogt-Cordes-Damm	208
Vogt-Kock-Weg	261
Vogt-Kölln-Strasse	265
Vogt-Wells-Kamp	185
Vogt-Wells-Strasse	185
Vogteistrasse	151
Vogteiweg	55
Voigtstrasse	96
Völckerstrasse	229
Volkmannstrasse	55
Volkswohlweg	151
Vollmersweg	55
Volzekenweg	108
Von der Tann-Strasse	96
Von-Anckeln-Strasse	68
Von-Axen-Strasse	55
Von-Bargen-Strasse	290
Von-Cölln-Weg	110
Von-Eicken-Strasse	185
Von-Elm-Stieg	171
Von-Elm-Twiete	171
Von-Elm-Weg	171
Von-Essen-Strasse	55
Von-Hacht-Weg	279
Von-Haeften-Strasse	279
Von-Halem-Strasse	280
Von-Hein-Strasse	290
Von-Herslo-Weg	261
Von-Hess-Weg	126
Von-Hutten-Strasse	44
Von-Kurtzrock-Ring	293
Von-Melle-Park	164
Von-Moltke-Bogen	280
Von-Sauer-Strasse	45
Von-Scheliha-Strasse	280
Von-Suppé-Strasse	238
Von-Thünen-Strasse	117
Vor dem Holstentor	197
Vorbeckweg	45
Vorsetzen	204
Vorwerkstrasse	255
Vossweg	272

W

Wachsbleiche	68
Wagenerstieg	232
Wagenfeldstrasse	55
Wagnerkoppel	108
Wagnerstrasse	56
Wählingsallee	261
Wählingsweg	261
Waitzstrasse	117
Walderseestrasse	220
Waldingstrasse	293
Waldteufelweg	238
Waldvogteiweg	259
Walkmühlenweg	151
Wallgraben	151
Wallstrasse	168
Walter-Becker-Strasse	280
Walter-Dudek-Brücke	151
Walter-Flex-Strasse	151
Walter-Frahm-Stieg	290
Walter-Freitag-Strasse	182
Walter-Koch-Weg	151
Walter-Koppel-Weg	232
Walter-Rothenburg-Weg	280
Walter-Rudolphi-Weg	280
Waltershofer Damm	121
Walther-Mahlau-Stieg	290
Wandsbeker Allee	291
Wandsbeker Chaussee	89
Wandsbeker Königstrasse	291
Wandsbeker Marktstrasse	291
Wandsbeker Zollstrasse	291

Index

Warburgstrasse	164
Warnckesweg	113
Warnstedtstrasse	265
Wartenau	168
Warwischer Hauptdeich	280
Warwischer Hinterdeich	280
Washingtonallee	171
Wasmannstrasse	56
Wasmerstrasse	151
Wassermannweg	182
Waterloohain	96
Waterloostrasse	96
Wattenbergstrasse	151
Weberstrasse	56
Weckmannweg	97
Weddestrasse	171
Weg beim Jäger	113
Wehmerstieg	185
Wehmerweg	185
Wehrmannstrasse	300
Weidenallee	97
Weidenbaumsweg	68
Weinligstrasse	151
Welckerstrasse	204
Wellingsbüttler Weg	293
Wendemuthstrasse	291
Wendenstrasse	130
Wendloher Weg	208
Wendlohstieg	208
Wendlohstrasse	208
Wendts Weg	151
Wentzelplatz	232
Wentzelstrasse	310
Werderstrasse	164
Werfelring	85
Werfelstieg	85
Werner-Siemens-Strasse	69
Werner-Witt-Strasse	280
Werthweg	268
Weseler Weg	268
Wesenbergallee	238
Wesselyring	310
Westhusenstrasse	293
Westphalensweg	246
Wetteringe	68
Weusthoffstrasse	151
Wexstrasse	204
Weygandtsrasse	177
Wibbeltweg	293
Wiben-Peter-Strasse	184
Wichelmannweg	291
Wicherns Garten	127
Wichernsweg	127
Wichmannstieg	45
Wichmannstrasse	45
Widukindstrasse	185
Wiebekingweg	68
Wiebkestieg	236
Wieckstrasse	265
Wielandstrasse	90
Wieleweg	177
Wiemannweg	291
Wienbargstrasse	45
Wiesinger Weg	97
Wietersheim	261
Wigandweg	114
Wildehovetweg	257
Wildenbruchstrasse	215
Wildermuthring	177
Wilhelm-Bauche-Weg	232
Wilhelm-Bergner-Strasse	182
Wilhelm-Bock-Weg	9
Wilhelm-Busch-Weg	152
Wilhelm-Carstens-Weg	300
Wilhelm-Grimm-Strasse	238
Wilhelm-Iwan-Ring	280
Wilhelm-Jensen-Stieg	174
Wilhelm-Lehmbruck-Stieg	75
Wilhelm-Metzger-Strasse	9
Wilhelm-Osterhold-Stieg	280
Wilhelm-Raabe-Weg	111
Wilhelm-Siefke-Weg	232
Wilhelm-Stein-Weg	172
Wilhelm-Strauss-Weg	300
Wilhelm-Weber-Strasse	152
Wilhelmine-Hundert-Weg	281
Wilhelmistrasse	220
Wilhelms Allee	82
Wilhelmsburger Reichsstrasse	300
Wilhelmstrasse	152
Willebrandstrasse	22
Willersweg	176
Willistrasse	310
Willöperstrasse	268
Willy-Nissen-Ring	85
Wilmans Park	82
Wilmansstrasse	300
Wilsdorfallee	186
Wilsonstrasse	268
Wilstorfer Strasse	152
Wimmelsweg	311
Winckelmannstrasse	211
Wincklerstrasse	204
Winfriedweg	185
Winklers Platz	22
Winsener Strasse	152
Winterhuder Marktplatz	311
Winterhuder Weg	272
Winterstrasse	229
Wisplerstrasse	117
Wisserweg	266
Wissmannstrasse	291
Witternsstrasse	301
Wittestrasse	301
Witthöftstrasse	291
Wittigeck	239
Wittigstieg	239
Wittingstrasse	152
Witts Allee,	82
Witts Park	82

Index

Woderichweg 111
Woellmerstrasse 152
Woermannsstieg 212
Woermannsweg 212
Wogemannsburg 257
Wöhleckebogen 281
Wöhlers Allee 22
Wöhlerstrasse 69
Wöhlersweg 152
Wohltorfkamp 182
Wohlwillstrasse 255
Wölberstieg 41
Wölckenstrasse 257
Woldsenweg 107
Wolffsonstieg 9
Wolffsonweg 9
Wolfgangsweg 204
Wolkausweg 213
Wolliner Strasse 239
Wolsteinkamp 117
Woltersstrasse 114
Woltmannstrasse 130
Wördemanns Weg 265
Woyrschweg 45
Wrangelpark 220
Wrangelstrasse 97
Wriedestrasse 109
Wroostweg 152
Wulffsbrücke 281
Wülfkenweg 301
Wullenweberstieg 86
Wunderbrunnen 257
Würffelstrasse 152
Wuthenowstrasse 174

Y

Yorkstrasse 268
Yvonne-Mewes-Weg 9

Z

Zabelweg 283
Zamenhofweg 108
Zeidlerstrasse 301
Zeiseweg 22
Zeissstrasse 230
Zeisstwiete 230
Zellerstrasse 239
Zeppelinstrasse 111
Zesenstrasse 311
Zeughausmarkt 204
Zeughausstrasse 204
Ziehrerweg 239
Ziesenisstrasse 291
Ziethenstrasse 291
Zimmermannstrasse 152
Zimmerpforte 246
Zimmerstrasse 272
Zippelhaus 41

Zirkusweg 255
Zitadellenstrasse 152
Zitzewitzstrasse 291
Zollenspieker Hauptdeich 281
Zöllnerstrasse 45
Zollvereinsstrasse 241
Zur Graft 10
Zürnerweg 171
Zum Fürstenmoor 137
Zwanckweg 213
Zylbergstieg 261
Zylberstrasse 261

ARCHIVE, BIBLIOTHEKEN

Bibliothek des Altonaer Museums

Bibliothek des Helms Museums in Harburg

Tiefbauabteilungen der Bezirke Nord, Bergedorf, Altona, Eimsbüttel, Harburg und Mitte

Ortsamt Blankenese

Archiv der Hamburger Architektenkammer

Stadtteilarchiv Eppendorf

Staatsarchiv Hamburg

BILDNACHWEIS

Michael Zapf: S. 14, 20, 27, 29, 37, 39, 64, 67, 156, 161, 192, 198, 199, 201, 202, 304, 309

Polster & Rutsch: S. 16, 18, 26, 28, 32, 33, 36, 38, 41, 119, 125, 149, 193, 194, 203, 226, 243, 244, 253

Staatliche Landesbildstelle: S. 48, 49, 50, 88, 89, 159, 160, 271, 287, 290.

Christian Hanke: S. 4, 77, 80, 101, 112, 139, 140, 144, 146, 172, 210, 216, 218, 224, 225, 235, 276, 281. Archiv Christian Hanke: S. 102, 104, 185

Bildarchiv Hermann Hinrichsen: S. 166.

Katharina Marut-Schröter: S. 97, 208.

Uwe Schubert: S. 267.

LITERATUR

Rita Bake: Hamburgs Straßen, die nach Frauen benannt sind; Hamburg 1996.

Otto Brandt/Dr. Wilhelm Klüver: Geschichte Schleswig-Holsteins; Kiel 1976.

Wolfgang Burmester: Unser Schnelsen – ein Verkehrszentrum besonderer Art; Norderstedt 1996.

Paul Dohm: Holsteinische Ortsnamen, die ältesten urkundlichen Belege gesammelt und erklärt; Kiel 1908.

Flottbek-Othmarschen, einst und jetzt; Hrsgb. vom Bürgerverein Flottbek-Othmarschen; Hamburg 1981.

Hans-Günther Freitag/ Hans-Werner Engel: Altona - Hamburgs schöne Schwester; Hamburg 1982.

C. E. Gaedechens: Historische Topographie der Freien und Hansestadt Hamburg und ihrer nächsten Umgebung; Hamburg 1880.

Wilhelm Grabke: Wandsbek und Umgebung; Hamburg 1960.

Horst Grijart: Hamburg-Niendorf - von der Steinzeit bis zur Gegenwart; Hamburg 1972.

Groß Borstel – vom Dorf zum Stadtteil; Hrsgb. vom Kommunalverein von 1889 in Groß Borstel r.V.; Hamburg 1989.

Heimatchronik der Freien und Hansestadt Hamburg; Hamburg 1967.

Hamburger Adressbuch, Bd. III (Straßenteil); Hamburg 1966.

Hamburg - Geschichte der Stadt und ihrer Bewohner; Hrsgb. von Hans-Dieter Loose. Bd. I, Hamburg 1982, Bd. II, Hamburg 1986.

Hans Harder: Kulturgut in den Flurnamen Altonas; Altona 1934.

Hermann Hipp: Freie und Hansestadt Hamburg – Geschichte, Kultur und Stadtbaukunst an Elbe und Alster; Köln 1989 (DuMont Kunst-Reiseführer).

J. L. von Heß: Hamburg – topographisch, politisch und historisch beschrieben (3 Bände); Hamburg 1810/11.

Paul Th. Hoffmann: Neues Altona 1919-1929 (2 Bände); Jena 1929.

Adalbert Holtz/Horst Homann: Die Straßennamen von Harburg nebst stadtgeschichtlichen Tabellen und einem Straßenplan; Hamburg 1970.

Reinhold Hübbe: Stellinger Chronik; Hamburg 1988.

Bernhard Jungwirth: St. Pauli im Wandel; Hamburg 1993.

H. Keesenberg: Wilhelmsburger Straßen im Wandel der Zeit; Hamburg 1963.

Horst Krug: Hamburgs Fleete – Lebensadern einer Stadt im Wandel; Hamburg 1993.

Udo Krell: Lurup – Von der holsteinischen Landgemeinde zum Hamburger Stadtteil; Hamburg 1978.

Kunst in Hamburg 1870-1950; Hrsgb. von der Galerie Herold; Hamburg 1996.

Annemarie Lutz: Altrahlstedt an der Rahlau; Hamburg 1989.

Wilhelm Melhop: Die Alster – geschichtlich, ortskundlich und flußbautechnisch beschrieben; Hamburg 1932.

Wilhelm Melhop: Historische Topographie der Freien und Hansestadt Hamburg von 1880 bis 1895; Hamburg 1895.

Wilhelm Melhop: Historische Topographie der Freien und Hansestadt Hamburg von 1895-1920
Bd. I (Mit Nachträgen bis 1923); Hamburg 1923
Bd. II (Mit Nachträgen bis 1924); Hamburg 1925.

Helmut Müller: Hoheluft – Geschichte(n) eines Hamburger Stadtteils; Hamburg 1986.

Franz Heinrich Neddermeyer: Topographie der Freien und Hanse-Stadt Hamburg; Hamburg 1832.

900 Jahre Neuenfelde; Hrgb. von Gustav Fock; Hamburg 1959.

Osdorf – Vom holsteinischen Bauerndorf zum Großstadtvorort Hamburgs; Hrsgb. vom Bürger- und Heimatverein Osdorf und von der Elisabeth-Gätgens Stiftung Heidbarghof; Hamburg 1995.

Ottensen-Chronik – Chronologie eines Elbdorfes; Hrgb. vom Förderkreis „Ottensen-Chronik" e.V.; Hamburg 1994.

Hans Georg Prager: F. Laeisz; Herford 1974.

Dorothee Rackowitz, Caspar von Baudissin: 700 Jahre Wellingsbüttel 1296-1996; Hamburg 1993.

Günther Radach: Barmbeck basch – Eine Erinnerung an vergangene Zeiten; Hamburg 1996.

Harald Richert: Verdiente Hamburger; Hamburg 1991.

Harald Richert: Zwischen Bille und Elbe; Hamburg 1987.

Georg-Wilhelm Röpke/Helmuth Fricke: Wandsbeker Straßen; Hamburg 1992.

Georg-Wilhelm Röpke: Zwischen Alster und Wandse; Hamburg 1985/86.

Angelika Rosenfeld: Sasel – Ein Stadtteil hat Geschichte; Hamburg 1991.

Wilhelm Schade: Langenhorn – Vergangenheit und Gegenwart; Hamburg 1979.

Alf Schreyer: Wohldorf und Ohlstedt – Geschichte und Geschichten aus sieben Jahrhunderten; Hamburg 1971.

Jan Schröter/Katharina Marut-Schröter: Eimsbüttel im Wandel; Hamburg 1992.

Siegfried und Ingrid Seeler: Bramfeld, Hellbrook, Steilshoop – Vom Dorf zum Stadtteil; Hamburg 1988.

H. Sievers: Heimatkunde von Altona; Altona 1926.

Otto Steigleder: Straßennamen in Neuallermöhe-West – Lebensgeschichten; Hrsgb vom Bezirksamt Bergedorf; Hamburg.

Heinrich Steinfath: Hummelsbüttel – Grützmühle und Hallenhäuser, Leben unter dem Strohdach; Hamburg 1986.

Stellingen-Langenfelde – wat hest du di verennert; Hrsgb vom Bürger- und Heimatverein Stellingen; Hamburg 1982.

Straßen- und Gebietsverzeichnis der Freien und Hansestadt Hamburg; Hamburg 1997.

Erik Verg: Das Abenteuer das Hamburg hieß – der weite Weg zur Weltstadt; Hamburg 1977.

UNSER BESONDERER DANK gilt Thomas Hoyer für seine freundliche Unterstützung.

DER AUTOR Christian Hanke wurde 1952 in Hamburg geboren. Nach der Ausbildung zum Buchhändler studierte er Geschichte, Sozial- und Wirtschaftsgeschichte sowie Geographie. Während des Studiums begann Hanke journalistisch zu arbeiten. Er schrieb für den Medien-Verlag Schubert die Stadtteilbücher über Winterhude und Harvestehude/Rotherbaum sowie „Hamburg im Bombenkrieg 1940-1945."

Unser Verlagsprogramm

Hamburg

Alstertal im Wandel, das
Altona im Wandel
Barmbek im Wandel
Bergedorf, Lohbrügge,
　Vier- und Marschlande im Wandel
Bramfeld, Steilshoop im Wandel
Das große Feuerwehr-Buch Hamburg
Das große Polizei-Buch Hamburg
Eimsbüttel im Wandel
Eine Stadt überlebt ihr Ende – Feuer-
　sturm in Hamburg 1943 (Video)
Elbvororte, die
Elbvororte im Wandel, die (zwei Bände)
Eppendorf im Wandel
Finkenwerder im Wandel
Geschichte der
　Hamburger Wasserversorgung
Hamburg im Bombenkrieg
Hamburg – Weltstadt am Elbstrand
Hamburger Dom – Das Volksfest
　des Nordens im Wandel
Hamburgs Fleete im Wandel
Hamburgs Kirchen –
　Wenn Steine predigen
Hamburgs Straßennamen
　erzählen Geschichte
Harburg im Wandel
Harvestehude, Rotherbaum im Wandel
Konstruktion zwischen
　Kunst und Konvention
Langenhorn im Wandel
Niendorf, Lokstedt, Schnelsen
　im Wandel
Rothenburgsort, Veddel im Wandel
Schmidt, Johannes –
　In Alt-Stormarn und Hamburg
Schumacher, Fritz – Mein Hamburg
Süderelbe – Region der Gegensätze
St. Pauli im Wandel
Walddörfer im Wandel, die
Winterhude im Wandel

Schleswig-Holstein

Ahrensburg im Wandel
Bad Segeberg im Wandel
Eckernförde –
　Portrait einer Ostseestadt
Flensburg, Glücksburg, Holnis
　im Wandel
Itzehoe im Wandel
Norderstedt – Junge Stadt im Wandel
Pinneberg im Wandel
Reinbek und der Sachsenwald
Stormarn – Geschichte, Land und Leute
　– ein Porträt
Sylt – Menschen, Strand und Meer
　im Wandel
Sagenhaftes Sylt

Niedersachsen

Altes Land, Buxtehude, Stade
　im Wandel
Braunschweig – Löwenstadt zwischen
　Harz und Heide
Cuxhaven – Stadt am Tor zur Welt
Die List (Hannover) im Wandel
Lüneburg –
　alte Hansestadt mit Tradition

Nordrhein-Westfalen

Mönchengladbach im Wandel

Bayern

Mittenwald – Geigenbauort zwischen
　Karwendel und Wetterstein
Rosenheim – Tor zum Inntal
Garmisch-Partenkirchen – Herz des
　Werdenfelser Landes